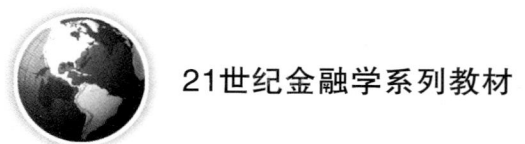
21世纪金融学系列教材

教育部金融学核心课程教材

金融衍生工具

陈威光 著

Financial Derivatives

WUHAN UNIVERSITY PRESS
武汉大学出版社

图书在版编目(CIP)数据

金融衍生工具/陈威光著. —武汉:武汉大学出版社,2013.6
教育部金融学核心课程教材
21世纪金融学系列教材
ISBN 978-7-307-10664-2

Ⅰ.金⋯　Ⅱ.陈⋯　Ⅲ.金融衍生工具—高等学校—教材　Ⅳ.F830.9

中国版本图书馆 CIP 数据核字(2013)第 070051 号

责任编辑:范绪泉　　责任校对:刘　欣　　版式设计:马　佳

出版发行:武汉大学出版社　　(430072　武昌　珞珈山)
　　　　　(电子邮件:cbs22@whu.edu.cn　网址:www.wdp.com.cn)
印刷:湖北省京山德兴印务有限公司
开本:787×1092　1/16　印张:19.75　字数:451 千字　插页:1
版次:2013 年 6 月第 1 版　　2013 年 6 月第 1 次印刷
ISBN 978-7-307-10664-2　　定价:35.00 元(配 CD 光盘一张)

版权所有,不得翻印;凡购买我社的图书,如有质量问题,请与当地图书销售部门联系调换。

陈威光　中国台湾政治大学金融系教授，美国纽约州立大学经济学博士（主修金融）（1992）。有丰富的金融实践和政策研究经历，历任彰化银行行员、中国台湾经济研究院助理研究员、劳工退休基金监理委员、成功大学会计系副教授。

◎ 书籍著作：

1. 期权—理论、实务与风险管理，2000年初版；2011年再版
2. 衍生性商品-期权、期货、交换与风险管理，2001年初版；2010年再版
3. 新金融商品个案集1，2003年
4. 新金融商品个案集Ⅰ，2006年

◎ 期刊著作：

1. "An Empirical Study on Early Surrender: The Cointegration Approach"，*Journal of Risk and Insurance* 70,2003：489-508. (SSCI)
2. "Early Surrender and the Distribution of Policy Reserves"，*Insurance, Mathematics, and Economics*. 31,2002:429-445.(SSCI)
3. "Testing Options Market Efficiency with Applications to Implied Volatility Pair Trading Test"，管理与系统期刊，2011.(TSSCI)
4. "Macroeconomic Conditions, Firm-Level Productivity, and Capital Structure Choices"，*Middle Eastern Finance and Economics*,2011:44-52.(Ecolist 期刊)
5. "Valuation of Ratchet Equity-Lindexed Annuities"，*Journal of Financial Studies*，2012.(TSSCI))
6. "On the Distribution of Life Insurance Reserves in a Stochastic Mortality, Interest Rate, and Surrender Rate Environment"，证券市场发展季刊，2003.(TSSCI)
7. "以实质选择权法评估高科技产业股价"，管理评论，V. 21, No. 3,2001:97-113.(TSSCI)
8. "动态隐含波动度模型：以台指选择权为例"，期货与选择权学刊，V.2,No.2, 2009:47-89.
9. "Option Pricing in Ornstein-Uhlenbeck Position Process: The Application in the Impact of Price Limits"，风险管理学报，V.9,No.2, 2008.

序 言

近十年来,随着中国经济的繁荣、财富的增加,不论是公司的避险,还是个人的投资都有极大的发展,因此对于金融衍生工具的需求也日益增加。2010年4月,上海沪深300股指期货的推出,更是中国金融衍生工具一个重要的里程碑。

2008年全球金融海啸重创各国金融市场,股市大跌,公司倒闭,失业率大增,一时金融衍生工具被视为罪魁祸首、洪水猛兽。其实,金融衍生工具最初是用来避险,但结果往往造成更大的风险。既然如此,公司企业或投资者是否就不要操作金融衍生工具呢?其实,万事万物都有一体两面,就如同厨房的利刃,可作为切菜烹饪之用,也可以当作杀人的武器;又譬如,有人因触电而亡,或因用火不慎引起火灾,我们需要做的是让大家具有用电、用火的安全常识,知道电和火的危险性,而不是因为一些意外事件,就要大家不要用电用火。"水可载舟,亦可覆舟"这句话用到金融衍生工具领域最为贴切。只要我们能了解金融衍生工具的特性,以及严格控管其风险,金融衍生工具就可以为企业或投资者所用。

笔者二十多年前在美国研读博士学位时,对金融衍生工具及金融工程便很有兴趣,博士论文即针对1987年全球股市大崩盘时期的S&P500指数期权的价格做研究。1992年,笔者回台湾地区任教,教授金融衍生工具、金融工程及风险管理相关的课程。教学研究之余,也常有机会跟实务界的人士互相切磋。故本书内容有些来自笔者教学研究的心得,有些来自和学生或实务界人士共同讨论所激发出来的想法,有些来自对国内外此领域期刊书籍的了解。本书在章节的安排上,是根据这些年来的教学经验,将各章节前后呼应、相互连贯,使学生能循序渐进,以达学习之效。此外,本书的一个特色是以口语化的方式撰写,期盼读者在读此书时好像有人在台上讲授,使初学者能花最少的时间,进入金融衍生工具的殿堂并吸收其中的精华。

近年来,笔者有机会分别在台湾政治大学和武汉大学与叶永刚副院长见面认识。笔者获悉叶教授的专长也在金融工程,而他对金融工程的教学与推广有很大的贡献,令我十分敬佩。我知道叶教授所著《金融工程概论》一书内容丰富,甚受好评,曾获得教育部国家优秀教材。笔者不揣浅陋,有幸能得到叶教授的推荐,使得本书增色不少。另外,叶教授的诗词造诣极佳,笔者曾获赠所著《珞珈山浅草》一书,真可谓允文允武。

本书能够出版,首先感谢刘荣辉博士的推荐、鼓励、联系及催生;也感谢武汉大学出版社范绪泉先生精心的审读,并统筹出版有关事宜。另外,也要感谢华东师范大学金融所的周瓛小姐,以及上海复旦大学金融系的杨春小姐。她们两位曾到政治大学商学院当半年的交换生,协助我将本书的用词稍作修改,以适合中国大陆的读者。此外,我也要感谢政治大学金融所的马丹威先生,他协助完成本书的简体中文版评价软件。

这几年来，笔者有机会到上海、北京、武汉等地造访并探视在当地工作的政治大学学生，对大陆经济及金融市场蓬勃发展印象深刻，很高兴本书能够与中国大陆读者见面。鉴于金融衍生工具理论与实务日新月异，加上两岸用词略有差异，以笔者平庸之质，力有不逮，谬误难免，尚祈读者不吝赐教，俾再版时更正。

陈威光 谨上

政治大学金融系教授
2013 年 5 月
于台北木栅指南山下

推 荐 序

为陈教授这本书撰写推荐序,是我的荣幸。本人曾在2009年到台湾政治大学访问,认识陈教授。陈教授早年赴美专攻金融衍生工具及金融工程,1992年返回台湾地区,于顶尖的政治大学商学院任教。陈教授在教学和研究上,成就卓著,而且通晓实务,在台湾地区金融衍生工具和财务工程界享有盛誉。

2011年,政治大学金融系跟武汉大学经济与管理学院在武汉大学联合举办了海峡两岸金融研讨会,陈教授发表一篇有关波动度期权(VIX Option)的文章,令我印象深刻。陈教授同时把他在台湾地区的三本金融衍生工具相关的著作——《衍生性商品》、《选择权》和《新金融商品个案》送给我。这三本著作是陈教授教学与研究的结晶,是深受好评的专业书籍。

本人于1996年赴美国康奈尔大学研修金融工程与风险管理,这些年来也一直致力于金融衍生工具及金融工程教学和研究的推广。本人认为金融工程不是数学,不是计算器,也不是真正意义上的工程。它的本质是金融和财务,是要创造性地运用各种金融工具和策略来解决金融和财务问题。换句话说,金融工程是要教会读者如何将现货市场上的金融工具和衍生品市场上的金融工具进行创造性的运用,来帮助公司及个人理财,而陈教授这本书相当吻合本人的观念。

陈教授的这本书以口语化方式撰写,避免过多的数学公式,行文流畅,浅显易懂,使读者能很快地进入金融衍生工具及金融工程领域。本书内容丰富,包括金融衍生工具的大部分主题和风险管理,每章所附的实务专栏更可以使读者能达到理论和实务相结合的目标。此外,书中更有期权评价软件,可以做期权评价、敏感度分析及交易策略损益图。读者在看过这本书之后,对于金融衍生工具的理论与实务将会有全面的认识与了解。

武汉大学经济与管理学院 副院长
2013年5月
于武汉珞珈山

目 录

第一编 导 论

第一章 金融衍生工具导论 ·· 3
第一节 金融衍生工具与风险管理 ································· 3
第二节 金融衍生工具的定义与种类 ····························· 5
第三节 金融衍生工具的特性及功能 ····························· 8
第四节 全球金融衍生工具交易概况 ····························· 10
实务专栏1：期货教父帮金融衍生工具洗刷污名 ············ 12
小结 ·· 12
习题 ·· 13

第二编 期 权

第二章 期权导论 ·· 17
第一节 期权的发展沿革 ·· 17
第二节 期权专有名词介绍 ··· 18
第三节 期权日常生活实例 ··· 21
第四节 结合期权的产品实例 ······································ 23
第五节 结构型债券介绍 ·· 24
第六节 金融工程与金融创新 ······································ 27
实务专栏2：花旗银行率先推出投资型外币存款 ············ 29
小结 ·· 30
习题 ·· 31

第三章 期权的价格及其上下限 ·· 32
第一节 影响期权价格的因素 ······································ 32
第二节 期权到期时的价值 ··· 34
第三节 期权到期前的价值 ··· 36
第四节 看涨期权价格上下限 ······································ 39
第五节 看跌期权价格上下限 ······································ 41
实务专栏3：怡富投信发行日本美元保本型共同基金 ······ 43
小结 ·· 44

习题 ·· 45

第四章　看跌看涨期权平价关系 ·· 46
　　第一节　看跌看涨期权平价关系 ·· 46
　　第二节　看跌看涨期权平价关系公式的解析 ······························ 47
　　第三节　看跌看涨期权平价关系公式的推导 ······························ 49
　　第四节　平价理论与证券的复制 ·· 50
　　第五节　看跌看涨期权平价关系的延伸 ···································· 52
　　实务专栏4：远东纺织发行多空浮动利率公司债 ························ 55
　　小结 ·· 56
　　习题 ·· 57

第五章　Black-Scholes 期权定价模型 ·· 58
　　第一节　Black-Scholes 看涨期权定价公式 ································ 58
　　第二节　Black-Scholes 公式的解析 ·· 61
　　第三节　Black-Scholes 看跌期权定价公式 ································ 64
　　第四节　Black-Scholes 公式中变量的选取 ································ 66
　　第五节　隐含波动率与笑状波幅 ·· 67
　　实务专栏5：莫顿和舒尔茨研究金融衍生工具的定价方法获得1997年诺贝尔经济
　　　　　　　学奖 ·· 70
　　小结 ·· 72
　　习题 ·· 73

第六章　期权的交易策略 ·· 74
　　第一节　单一策略 ·· 74
　　第二节　对冲策略 ·· 81
　　第三节　组合策略 ·· 84
　　第四节　价差策略 ·· 89
　　第五节　合成策略 ·· 97
　　第六节　套利策略 ·· 98
　　第七节　波动率交易策略 ·· 101
　　实务专栏6：金融海啸期间 VIX 飙升到历史新高 ························ 103
　　小结 ·· 104
　　习题 ·· 105

第七章　股指期权与外汇期权 ·· 107
　　第一节　股指期权的发展沿革 ·· 107
　　第三节　股指期权的功能与特性 ·· 108

第三节	股指期权定价公式	110
第四节	外汇期权及其定价	112
第五节	台指期权市场	114
第六节	认购权证与认沽权证	116

实务专栏7："中华电信"操作外汇选择权造成巨额损失 … 119
小结 … 119
习题 … 120

第三编　期货及互换

第八章　远期契约与期货导论 … 123

第一节	远期契约的发展沿革	123
第二节	远期外汇及定价	124
第三节	远期利率协议	126
第四节	期货的发展沿革	128
第五节	期货契约的种类	130
第六节	期货专有名词介绍	132

实务专栏8：区间远汇——外汇的另一种对冲 … 134
小结 … 135
习题 … 136

第九章　期货的定价 … 138

第一节	持有成本理论	138
第二节	持有成本理论的修正与预期理论	140
第三节	基差和价差	142
第四节	期货期权及其定价	143

实务专栏9：通货膨胀连动债券——抗通膨利器 … 146
小结 … 147
习题 … 147

第十章　期货的交易策略 … 149

第一节	投机策略	149
第二节	对冲策略	150
第三节	最适期货对冲数量	153
第四节	价差策略	157
第五节	套利策略	158

实务专栏10：外资台股期货及台股现货两面操作手法 … 159
小结 … 160
习题 … 161

第十一章　股价指数期货 ... 162
  第一节　股价指数期货发展沿革 ... 162
  第二节　股价指数期货的定价 ... 163
  第三节　股价指数期货的应用 ... 164
  第四节　股价指数期货造成的灾难 ... 167
  第五节　台指期货市场 ... 170
  实务专栏 11：沪深 300 股价指数期货 ... 171
  小结 ... 172
  习题 ... 173

第十二章　外汇期货与利率期货 ... 174
  第一节　外汇期货的发展沿革 ... 174
  第二节　外汇期货的定价 ... 176
  第三节　利率期货的发展沿革 ... 177
  第四节　利率期货的定价 ... 178
  实务专栏 12：对冲基金将会是下一个金融风暴的主角吗？ ... 181
  小结 ... 182
  习题 ... 183

第十三章　互换契约 ... 184
  第一节　互换契约的沿革与现状 ... 184
  第二节　利率互换 ... 186
  第三节　货币互换 ... 190
  第四节　商品互换 ... 193
  第五节　权益互换 ... 194
  第六节　信用违约互换 ... 195
  第七节　其他互换契约 ... 197
  实务专栏 13：信用链接债券 ... 198
  小结 ... 200
  习题 ... 200

第四编　风险管理

第十四章　风险值 VAR ... 205
  第一节　操作金融衍生工具失利的案例 ... 205
  第二节　风险的种类 ... 209
  第三节　风险值（VAR）的简介 ... 211
  第四节　历史模拟法 ... 213
  第五节　标准差法 ... 216

第六节　蒙特卡罗法 ⋯⋯⋯⋯⋯⋯⋯⋯⋯⋯⋯⋯⋯⋯⋯⋯⋯⋯⋯⋯⋯⋯⋯⋯⋯⋯⋯⋯⋯ 219
　　实务专栏14：2008年金融海啸经过及对全球股市的冲击 ⋯⋯⋯⋯⋯⋯⋯⋯⋯⋯⋯ 220
　　小结 ⋯⋯⋯⋯⋯⋯⋯⋯⋯⋯⋯⋯⋯⋯⋯⋯⋯⋯⋯⋯⋯⋯⋯⋯⋯⋯⋯⋯⋯⋯⋯⋯⋯⋯ 222
　　习题 ⋯⋯⋯⋯⋯⋯⋯⋯⋯⋯⋯⋯⋯⋯⋯⋯⋯⋯⋯⋯⋯⋯⋯⋯⋯⋯⋯⋯⋯⋯⋯⋯⋯⋯ 223

第十五章　金融衍生工具风险值的估算 ⋯⋯⋯⋯⋯⋯⋯⋯⋯⋯⋯⋯⋯⋯⋯⋯⋯⋯⋯ 224
　　第一节　期货与远期契约的VAR ⋯⋯⋯⋯⋯⋯⋯⋯⋯⋯⋯⋯⋯⋯⋯⋯⋯⋯⋯⋯⋯ 224
　　第二节　期权的VAR：完全评价法 ⋯⋯⋯⋯⋯⋯⋯⋯⋯⋯⋯⋯⋯⋯⋯⋯⋯⋯⋯⋯ 226
　　第三节　期权的VAR：部分评价法 ⋯⋯⋯⋯⋯⋯⋯⋯⋯⋯⋯⋯⋯⋯⋯⋯⋯⋯⋯⋯ 227
　　第四节　波动率风险值 ⋯⋯⋯⋯⋯⋯⋯⋯⋯⋯⋯⋯⋯⋯⋯⋯⋯⋯⋯⋯⋯⋯⋯⋯⋯ 228
　　第五节　互换与债券的VAR求法 ⋯⋯⋯⋯⋯⋯⋯⋯⋯⋯⋯⋯⋯⋯⋯⋯⋯⋯⋯⋯⋯ 230
　　实务专栏15：2008年金融海啸事件原因探讨 ⋯⋯⋯⋯⋯⋯⋯⋯⋯⋯⋯⋯⋯⋯⋯⋯ 232
　　小结 ⋯⋯⋯⋯⋯⋯⋯⋯⋯⋯⋯⋯⋯⋯⋯⋯⋯⋯⋯⋯⋯⋯⋯⋯⋯⋯⋯⋯⋯⋯⋯⋯⋯⋯ 233
　　习题 ⋯⋯⋯⋯⋯⋯⋯⋯⋯⋯⋯⋯⋯⋯⋯⋯⋯⋯⋯⋯⋯⋯⋯⋯⋯⋯⋯⋯⋯⋯⋯⋯⋯⋯ 233

第十六章　VAR相关主题 ⋯⋯⋯⋯⋯⋯⋯⋯⋯⋯⋯⋯⋯⋯⋯⋯⋯⋯⋯⋯⋯⋯⋯⋯⋯ 235
　　第一节　流动性风险 ⋯⋯⋯⋯⋯⋯⋯⋯⋯⋯⋯⋯⋯⋯⋯⋯⋯⋯⋯⋯⋯⋯⋯⋯⋯⋯ 235
　　第二节　信用风险 ⋯⋯⋯⋯⋯⋯⋯⋯⋯⋯⋯⋯⋯⋯⋯⋯⋯⋯⋯⋯⋯⋯⋯⋯⋯⋯⋯ 237
　　第三节　压力测试 ⋯⋯⋯⋯⋯⋯⋯⋯⋯⋯⋯⋯⋯⋯⋯⋯⋯⋯⋯⋯⋯⋯⋯⋯⋯⋯⋯ 239
　　第四节　回溯测试 ⋯⋯⋯⋯⋯⋯⋯⋯⋯⋯⋯⋯⋯⋯⋯⋯⋯⋯⋯⋯⋯⋯⋯⋯⋯⋯⋯ 242
　　第五节　VAR的应用 ⋯⋯⋯⋯⋯⋯⋯⋯⋯⋯⋯⋯⋯⋯⋯⋯⋯⋯⋯⋯⋯⋯⋯⋯⋯⋯ 243
　　实务专栏16：美国银行第三次压力测试，花旗银行等四家没过 ⋯⋯⋯⋯⋯⋯⋯ 245
　　小结 ⋯⋯⋯⋯⋯⋯⋯⋯⋯⋯⋯⋯⋯⋯⋯⋯⋯⋯⋯⋯⋯⋯⋯⋯⋯⋯⋯⋯⋯⋯⋯⋯⋯⋯ 245
　　习题 ⋯⋯⋯⋯⋯⋯⋯⋯⋯⋯⋯⋯⋯⋯⋯⋯⋯⋯⋯⋯⋯⋯⋯⋯⋯⋯⋯⋯⋯⋯⋯⋯⋯⋯ 246

第五编　期权进阶

第十七章　奇异期权 ⋯⋯⋯⋯⋯⋯⋯⋯⋯⋯⋯⋯⋯⋯⋯⋯⋯⋯⋯⋯⋯⋯⋯⋯⋯⋯⋯ 249
　　第一节　奇异期权导论 ⋯⋯⋯⋯⋯⋯⋯⋯⋯⋯⋯⋯⋯⋯⋯⋯⋯⋯⋯⋯⋯⋯⋯⋯⋯ 249
　　第二节　平均式期权 ⋯⋯⋯⋯⋯⋯⋯⋯⋯⋯⋯⋯⋯⋯⋯⋯⋯⋯⋯⋯⋯⋯⋯⋯⋯⋯ 250
　　第三节　障碍期权 ⋯⋯⋯⋯⋯⋯⋯⋯⋯⋯⋯⋯⋯⋯⋯⋯⋯⋯⋯⋯⋯⋯⋯⋯⋯⋯⋯ 251
　　第四节　回顾型期权 ⋯⋯⋯⋯⋯⋯⋯⋯⋯⋯⋯⋯⋯⋯⋯⋯⋯⋯⋯⋯⋯⋯⋯⋯⋯⋯ 253
　　第五节　多因子期权 ⋯⋯⋯⋯⋯⋯⋯⋯⋯⋯⋯⋯⋯⋯⋯⋯⋯⋯⋯⋯⋯⋯⋯⋯⋯⋯ 254
　　第六节　其他奇异期权 ⋯⋯⋯⋯⋯⋯⋯⋯⋯⋯⋯⋯⋯⋯⋯⋯⋯⋯⋯⋯⋯⋯⋯⋯⋯ 256
　　实务专栏17：台湾地区第一种台指连动债券——茂硅股价指数连动公司债券
　　⋯⋯⋯⋯⋯⋯⋯⋯⋯⋯⋯⋯⋯⋯⋯⋯⋯⋯⋯⋯⋯⋯⋯⋯⋯⋯⋯⋯⋯⋯⋯⋯⋯⋯⋯⋯⋯ 259
　　小结 ⋯⋯⋯⋯⋯⋯⋯⋯⋯⋯⋯⋯⋯⋯⋯⋯⋯⋯⋯⋯⋯⋯⋯⋯⋯⋯⋯⋯⋯⋯⋯⋯⋯⋯ 260
　　习题 ⋯⋯⋯⋯⋯⋯⋯⋯⋯⋯⋯⋯⋯⋯⋯⋯⋯⋯⋯⋯⋯⋯⋯⋯⋯⋯⋯⋯⋯⋯⋯⋯⋯⋯ 261

第十八章　二项式定价及蒙特卡罗模拟法 　263
 第一节　二项式期权定价模型　263
 第二节　多期二项式定价法　264
 第三节　二项式美式期权定价法　266
  第四节　蒙特卡罗模拟法　268
 第五节　二项式及蒙特卡罗模拟法实例　269
 实务专栏 18：蒙特卡罗模拟法名称的由来　271
 小结　272
 习题　272

第十九章　波动率相关主题 　274
 第一节　历史波动率的估计　274
 第二节　隐含波动率的估计　276
 第三节　隐含波幅的特性　277
  第四节　波动率指数（VIX）　280
 实务专栏 19：对冲新工具——波动率期货与波动率期权　281
 小结　282
 习题　283

第二十章　其他期权相关主题 　284
 第一节　B-S 公式的推导　284
 第二节　二项式看涨期权公式的推导　286
 第三节　期权敏感度分析　287
  第四节　delta 及 gamma 中立对冲　289
 第五节　实质选择权　292
 实务专栏 20：巨灾债券——风险转移新工具　295
 小结　297
 习题　297

期权评价及策略作图软件 3.0 版使用说明　299

第一编 导 论

第一章 金融衍生工具导论

近20年来，全球金融衍生工具（也称为金融衍生产品，本书交替使用）发展相当快速，在金融市场上所占的角色也愈来愈重要。中国过去十多年在这方面不断有新产品推出。譬如，1997年9月4日台湾地区开始有股票认购权证的交易，接着台股指数期货也在1998年7月21日推出，台指期权在2001年12月开始交易。1993年郑州商品交易所开始有小麦期货的交易，随后大连的大豆期货、上海期货交易所的金属期货等交易量也都很大。2010年中国金融期货交易所开始沪深300股指期货的交易。在期权方面，2005年8月22日，首只权证宝钢权证在上海证券交易所上市。然而，在2008年金融海啸后，金融衍生工具成为众矢之的，加强金融衍生工具监管的呼声也方兴未艾。

本章首先简要介绍金融衍生工具，让读者对金融衍生工具有一个概括性的了解。第一节将介绍金融衍生工具与风险管理，并举几个金融衍生工具失利的事件；第二节介绍金融衍生工具的定义及四种基本的金融衍生工具，包括期权、远期契约、期货、互换；第三节则探讨金融衍生工具的特性及功能；第四节介绍全球目前金融衍生工具交易情形；实务专栏是关于CME荣誉董事长为金融衍生工具洗刷污名的介绍。

第一节 金融衍生工具与风险管理

一、全球金融衍生工具失利事件频传

相信很多人第一次接触金融衍生工具（derivatives）这个名词，都是来自报刊杂志有关操作金融衍生工具失败的例子。2008年9月，全球金融海啸重创各国金融市场，全球股市纷纷大跌，美国道琼斯工业指数（DJIA）下挫近35%；台湾地区的加权股价指数从6 800点下跌到4 100点附近，跌幅超过4成。世界性的股灾随后波及实体经济，造成许多企业倒闭、工厂减产裁员、各国失业率不断飙升。结果，金融衍生工具便成为众矢之的，被认为是造成此次灾害的罪魁祸首。

操作金融衍生工具造成重大损失的事件时有所闻。譬如1998年8月，正好就在金融海啸发生的10年前，美国著名的长期资本管理公司（Long Term Capital Management，LTCM）因操作金融衍生工具及债券等商品发生巨额亏损，损失约20亿美元。最后由美国联邦储备银行（Fed）出面召开银行团会议，由14家美国银行接管，当时在全球金融市场上造成极大的震撼。1987年10月19日黑色星期一，全球股票大崩盘，道琼斯工业指数单日狂跌22.7%，是史上少见的，而指数期货被认为是加速股票崩盘的元凶之一。

另外，1995 年的巴林事件（Barings），主角李森（Nick Leeson）因为投资日经股指期货、期权及长期国债期货等金融衍生工具，亏损了 14 亿美元以上，导致巴林银行这家百年老店毁于一旦，最后被荷兰兴业银行以 1 美元买下。比较近的如 2008 年 1 月 24 日，法国第二大银行——兴业银行（Societe Generale Bank）宣布，因为一名 33 岁的交易员凯维尔（Jerome Kerviel）隐匿交易，持有数量庞大的欧股期货，导致公司损失 49 亿欧元（约 71.5 亿美元）。此一案件如同巴林银行李森案件的翻版。

无独有偶，在台湾地区也不乏这些失利的事件。较远的有，华侨银行在 1995 年因为投资美国债券、债券期货及利率互换等金融衍生工具，损失了将近新台币 5 亿元以上。比较近的例子，如"中华电信"在 2008 年 3 月宣布，因为买卖外汇期权而导致新台币 40 亿元的账面损失。在 2008 年的金融海啸中，大家所熟悉的雷曼兄弟公司（Lehman Brothers）的连动债券违约事件，也造成台湾地区和香港银行、保险公司等巨额损失；甚至一般的投资者，包括一些退休人士，也因购买了此类连动债券，血本无归。

二、金融衍生工具对冲？制造风险？

接二连三发生损失惨重的金融衍生工具操作事件，让我们不得不思考"金融衍生工具是用来对冲还是增加风险呢？"的确，金融衍生工具最初主要是用来对冲，但结果往往造成更大的风险。既然如此，金融机构及企业或投资者是否还要继续操作金融衍生工具呢？其实，万事万物都是一体两面，就如同厨房的利刃，可作为切菜烹饪之用，也可以当作杀人武器；又譬如，有人因为触电而死亡，或者有人因用火不慎而引起火灾，我们需要做的是让大家都能普遍具有用电、用火的安全常识，知道电和火的危险性，而非因为一些意外事件，就要求大家不要用电或用火。"水可载舟，亦可覆舟"这句话用到金融衍生工具上面最为贴切。

因此，只要能了解金融衍生工具的特性，以及严格控管其风险，金融衍生工具就可以为投资者或企业所用。俗谚"水火无情"，可用来形容金融衍生工具之使用就如同水火，必须怀着戒慎恐惧之心，以免稍有不慎即酿成大祸。其实，根据调查，全球公司使用金融衍生工具来规避风险的比率愈来愈高。根据 Bartram 等 3 位学者在 2003 年针对 48 个国家、7 292 家企业所做的调查，超过 60% 的公司使用过金融衍生工具。笔者根据台湾地区前 100 家大公司公布的 2010 年财务报表发现，有高达 88 家使用金融衍生工具。这些都证明金融衍生工具确实有存在的必要。只不过，金融体系不只要利用金融衍生工具来规避风险，同时也要严格监控金融衍生工具本身可能造成的风险。

三、全球主管机关加强 OTC 金融衍生工具监管

金融海啸发生后，各国纷纷提出加强金融衍生工具的管理措施，包括金融衍生工具信息的透明化及风险告知、推动场外交易市场（over-the-Counter，OTC）金融衍生工具的集中结算，以及加强监控及限制金融衍生工具的销售等业务。各国一致的目标就是希望不要让金融衍生工具造成的灾难再次重演。也因此，金融衍生工具的风险管理就显得日益重要。鉴于二三十年来，欧美主要国家的监管机构对场外交易的金融衍生工具管理较为松散，目前都加强这方面的管理。英国在 2009 年 7 月出台的金融市场改革政策白皮

书，便建议将复杂性高、价格高且风险高的"三高"金融衍生工具，以红色标签标示以提醒投资者。美国奥巴马总统在 2009 年 6 月公布的金融改革方案中，也要求将 OTC 金融衍生工具标准化并集中结算，尤其酿成大祸的信用违约互换(Credit Default Swap，CDS)被特别点名。

据报导，欧美的一些期货期权交易所，如洲际交易所(Intercontinental Exchange，ICE)等，已相继成立结算所，作为一些 OTC 利率以及信用金融衍生工具集中结算之用。譬如 ICE 下的 ICE 欧洲结算所(ICE Clear Europe)，在 2009 年 7 月，便开始 OTC 信用违约互换在欧洲的结算工作。全球金融衍生工具交易的龙头，芝加哥商品交易所(Chicago Mercantile Exchange，CME)也在 2009 年 12 月 15 日宣布增加 OTC 信用违约互换的结算业务。

2010 年 4 月 16 日，美国证券交易委员会(SEC)展现主管机关的决心，控告高盛的一名交易员托雷(Fabrice Tourre)欺诈，理由是他在出售房屋贷款债权担保凭证(CDO)时没有向投资人说明风险，导致买方重大亏损，包括德国工业银行(IKB)的 1.5 亿美元。美国众议院及参议院也分别在 2009 年 10 月及 2010 年 5 月通过对 OTC 金融衍生工具的严格管理措施。

针对各银行在金融风暴中，资本适足性不足，以及资金缺口造成流动性风险(liquidity risk)的问题，美国联邦储备委员会(Fed)已在 2009 年 2 月针对 19 家美国大型银行控股公司实施压力测试，以了解这些金融机构应付金融市场巨幅波动的能力及所需要增加的资本准备。同年 5 月公布结果，包括花旗银行在内的 10 家银行共需增资 746 亿美元。在台湾地区，金融管理委员会也在 2010 年实施了银行的压力测试①。

四、公司内部加强金融衍生工具风险管理

除了监管部门依法加强监管外，各个使用金融衍生工具的公司、企业，也需要由内部加强金融衍生工具的风险控管。这些风险包括市场风险、流动性风险、信用风险、作业风险，以及法律风险等管理。根据报导，台湾地区的金控公司，譬如中国信托银行、新光金控等，也纷纷斥资购入风控系统以监控金融衍生工具、连动债等的风险②。

第二节　金融衍生工具的定义与种类

一、金融衍生工具的定义

上一节谈到几个操作金融衍生工具失利的事件，那么究竟什么是金融衍生工具呢？简单地说，金融衍生工具就是由现货市场的既有商品所衍生出来的商品。所谓现货市场(spot market；cash market)是指交易的产品或证券需要立即或短时间内交割，而买卖款项也需要立刻或在短时间内交付的市场。譬如买卖股票或买卖美元便是现货交易，需要

---

① 关于流动性风险及压力测试请参阅本书第二十章第一节及第四节有关"压力测试"部分。
② 风险管理将在本书第十四章至第十七章介绍。

在极短时间内交割股票或美元。现货市场包括股票市场、外汇市场、债券市场、票券市场、农产品市场(如玉米)、能源市场(如石油)、贵金属市场(如黄金)等,这些都是我们比较熟悉的产品。

为了让读者了解现货与金融衍生工具的关系,兹举一例说明。譬如男生在婚前,是不会有丈母娘的。但若结了婚,有了太太,就有了丈母娘。也就是说,丈母娘是由妻子所衍生而来的。此时太太就是"现货",而丈母娘就是"金融衍生工具"。如果没有太太,当然也就不会有丈母娘;对女生而言,婆婆是由先生所衍生而来的,因此先生是"现货",而婆婆就是先生的"金融衍生工具"了。因此,如果没有现货,也就不会有金融衍生工具了。再者,如果你很爱你的太太,一般也会很尊敬你的丈母娘。这种"爱屋及乌"的心态,就如同现货商品和金融衍生工具的价格关系一样。金融衍生工具的价格也会受到现货商品价格的影响。

二、金融衍生工具的种类

上面提到丈母娘是太太的"金融衍生工具",我们知道太太的"金融衍生工具"还包括岳父、大舅子、小姨子等。金融衍生工具的种类也是如此繁多。一般将金融衍生工具分成基本的四类:期权(option)、远期契约(forward contracts)、期货(futures)及互换(swap)。这四种基本的金融衍生工具,有人称为基石或积木(building block),就好像许多积木的堆积是由几种基本的积木堆砌而成的,许多新的金融衍生工具也都是由这四种基本金融衍生工具组合而成的。以下将简单介绍这四种基本的金融衍生工具。

(一)期权

期权是一种契约,买方有权利在未来某一段期间内,以事先约定好的价格向卖方买入或卖出某一数量的目标资产。如果此目标资产是股票,称为股票期权(stock option);如果是外汇,则称为外汇期权(currency option)。因此,期权买方付出权利金取得买入或卖出某一种目标资产的权利;而卖方收取权利金,有义务当买方执行期权的权利时,卖出或买入目标资产。目前在台湾证券交易所交易的权证就是一种股票期权,买方为投资人,卖方为证券商。另外,进口厂商为了规避人民币可能贬值的风险,也可以向银行买入人民币期权。

(二)远期契约

远期契约的买卖双方约定于未来某一特定日期,依约定的价格买入或卖出某一目标资产。远期契约可以追溯到19世纪芝加哥的农产品远期交易合约。如目前进出口商为了规避新台币汇率或人民币汇率波动的风险所买卖的远期外汇,就是一种远期契约。有些公司为了规避贷款利率的风险所购买的远期利率同样也是远期契约。

(三)期货

期货是一种标准化的远期契约,买方和卖方约定于未来某一定日期,依一定的价格买入或卖出某一种目标资产,或于期满日前结算差价。如果目标资产为外汇,则为外汇期货（currency futures）；如果目标资产为股价指数，则为股指期货（stock index futures）。目前在台湾期货交易所交易的期货契约包括台股指数期货、电子股指数期货、利率期货及个股期货等。期货和远期契约不同的地方是，期货具有标准化的规格及在交易所交易。

（四）互换

互换是指买卖双方约定在某一段期间内，彼此互换一连串不同的现金流量的契约。互换主要包括利率互换（interest rate swap，IRS）、货币互换（currency swap）、权益互换（equity swap）、商品互换（commodity swap）以及信用违约互换（CDS）等。有些券商为了规避持有债券利率的风险，会与外商银行（如花旗银行）或本土银行（如工商银行）等进行利率互换的买卖便是一例。

图 1-1 列出了四种基本的金融衍生工具及主要契约种类。这四种金融衍生工具中，远期契约和互换契约是在场外交易市场（over-the-counter，OTC）交易，是一种量身订做的订制化商品。期货的交易完全是在交易所（exchange）进行；至于期权，则有场外交易市场也有交易所交易的市场。在交易所交易的合约一般有标准化的格式，譬如期满日、合约大小、执行价格、结算方式等都是由交易所确定，并由结算所来结算及担保契约的履行，也因此风险相对较小。场外交易市场的金融衍生工具交易则是客户与交易商或银行之间，依客户的需求而订立不同的条件，因为产品信息及交易对手的信用状况的不透明等而风险较大。如前面提到的信用违约互换就被认为是这次造成金融海啸的一个重要原因之一。

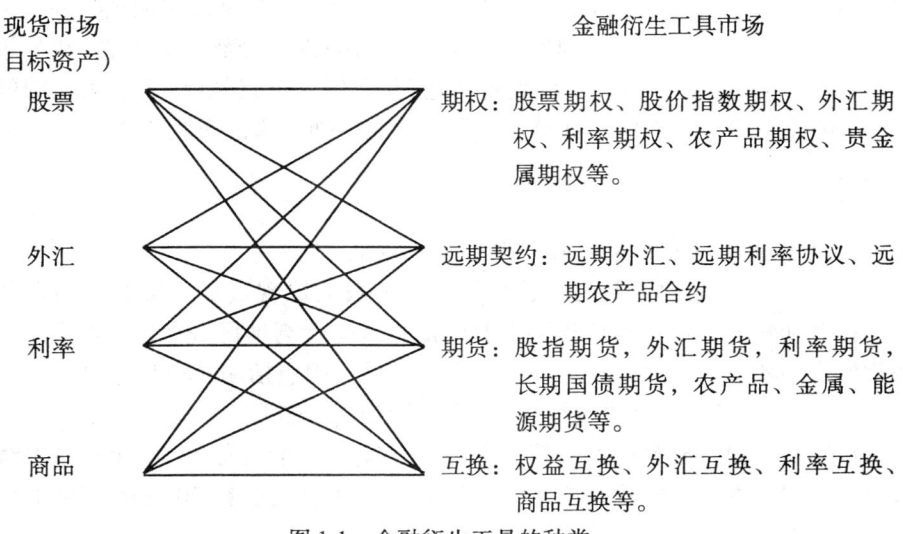

图 1-1　金融衍生工具的种类

除了这四种商品外，也常常听到"期货期权"（option on futures）。譬如在新加坡国际金融交易所（SIMEX）交易的日经股指期货期权、CME 的外汇期货期权及 S&P 500 股指期货期权等，都属于期货期权。这些交易契约基本上是属于期权的范畴，只是它的目标资产是期货而非现货，因此期货期权可视为期货和期权的组合。期权可以说是金融衍生工具的金融衍生工具。另外，目前国外也有互换期货（swap futures）及互换期权（swaption）的产品出现，前者是期货和互换的结合，后者是期权和互换的结合。这些都是由四种基本的金融衍生工具再衍生而来；本书将会陆续介绍这些商品。

☞ **动动脑**

你能否将任何两种金融衍生工具组合成新的金融衍生工具？

第三节 金融衍生工具的特性及功能

一、金融衍生工具的特性

金融衍生工具具有和现货不同的特性，包括以小博大、杠杆大、风险大；比现货具交易的优势；产品复杂，定价难；交易策略繁多，风险难以衡量；资产负债表外交易等，分别说明如下：

（一）以小博大，杠杆大，风险大

金融衍生工具最大的特性也是最吸引人的特点就是以小博大，也就是可以进行所谓的杠杆操作（leverage trading）。杠杆操作是指交易者只要付出少量的保证金或权利金，就可以操作数倍价值的资产。譬如只要付出5%左右的保证金，就可以操作20倍金额的台股指数期货。因为金融衍生工具的杠杆过大，所以常常可以在极短时间内赚得数倍于本金的利润，但也可能在极短时间内损失好几倍的投资金额。譬如在1998年爆发的LTCM事件，据闻该公司的杠杆比率就曾高达50多倍，也就是以25亿美元的资本操作将近1 250亿美元的投资部位，其潜在获利之高及伴随而来的风险之大，便可想而知。

（二）比现货更具有交易上的优势

金融衍生工具具有比现货更具优势之处，包括：

1. 交易成本低。金融衍生工具的交易成本一般会比现货低。譬如，同样是看涨股市，买入指数期货的交易成本就比买入股票低。目前台湾地区股票的交易税是3‰，而台指期货的交易税只有4‱。上证A股的股票交易费用包括印花税和过户费，前者为成交金额的0.1%（由出让方单边缴纳），过户费为交成金额的0.1%，起点1元，而就沪深300股指期货来说，交易所对每笔交易向期货交易所会员征收30元交易手续费，而在期货公司开户的客户才能进行交易，每笔交易期货公司会在30元的基础上加收一笔佣金，除此之外不征收包括印花税在内的其他费用。

2. 流动性高。有些期货或期权的交易量比现货还要多，因此流动性较佳，这或许是因为金融衍生工具的交易需要的资金较少的缘故。

3. 卖空较容易。金融衍生工具的卖空比较容易，不受限制。有些商品如股票等，

则会有放空的限制。譬如台湾地区股票曾有平盘以下不能卖空的规定,以及券商不能卖空股票等限制;而金融衍生工具如台指期货或期权,就没有卖空这方面的限制。

(三)产品复杂,定价难

金融衍生工具日趋复杂,因此也愈来愈难以定价。金融衍生工具虽然包括期权、远期契约、期货、互换四种基本商品,但是由于这些基本商品又不断有新的产品衍生出来,因此定价愈来愈难,大部分得依靠数学计算或计算机仿真。对于在交易所交易的商品,因为有公开买卖,因此有市价可供参考。但是,对于一些为客户量身制作的场外交易市场的金融衍生工具,由于没有公开买卖,缺乏客观的价格依据,因此一般投资人不太了解。譬如以生产贺卡闻名的美国吉普生公司(Gibson Greetings),就是和美国信孚银行(Bankers Trust)从事利率互换及期权等30几种金融衍生工具的交易,亏损了数千万美元。最后,吉普生公司还控告信孚银行误导及提供不实信息。

(四)交易策略繁多,风险难以衡量

金融衍生工具的交易策略繁多,这点和现货交易不同。譬如期权的交易策略就有好几十种,因此一般投资者除非深入了解投资策略,否则恐怕无法了解可能的风险程度。譬如1998年8月LTCM发生巨额亏损事件,使得美国联邦储备银行不得不出面联合14家大银行接手该对冲基金。据事后接管的银行团透露,LTCM操作的策略错综复杂,连专业人员也需要花一段相当长的时间,才能弄清楚详细交易的情形。

(五)资产负债表外交易

金融衍生工具交易一般不列入资产负债表内,而是于表外加以批注说明。由于它的交易一般均没有实体,不影响资产及负债,而且OTC的交易也没有公平市价可衡量,所以操作金融衍生工具的盈亏金额及发生盈亏的时点难以衡量及认定。因此,许多企业在从事金融衍生工具交易时,一般并未加入会计分录,而只列为资产负债表外交易。譬如有些券商为了规避债券投资的利率风险,和银行签订利率互换合约,而将此交易行为列在资产负债表外的金融衍生工具交易上,只以几行文字说明。由于公司行号所交易的金融衍生工具情形,无法由财务报表完全揭露,因此无论是公司股东、债权银行或金融监理机构,常常无法完全了解这些金融衍生工具潜在的风险。

二、金融衍生工具的功能

金融衍生工具具有许多功能,包括作为风险管理的工具、具有价格发现功能与促进市场效率及完整性等。分别说明如下:

(一)作为风险管理的工具

金融衍生工具最早开始的目的便是作为风险管理(risk management)之用。譬如中国的进口商可以买入远期美元,以规避美元升值、人民币贬值的损失;中国石油可以买入原油期货,以规避原油油价上涨的风险,因此金融衍生工具最初的目的大都是在对冲

（hedging）。但是，也有些交易者在没有现货的情形下，买卖金融衍生工具而承担风险，就是所谓的投机（speculating）。也就是说，对冲者或不想承担风险的投资人，可藉由金融衍生工具将风险移转给愿意承担风险的投机者，因此金融衍生工具可作为风险管理之用。

（二）能促进市场效率及完整性

由于金融衍生工具和现货商品的价格存在一定的关系，如果两者的关系不符合理论价格，便存在套利机会。套利结果将会使价格快速调整到合理地步，直到没有套利机会为止，因此可以促进市场效率。另外，由于金融衍生工具的种类非常多，而交易策略也相当多，因此可以提供投资者许多不同风险与报酬的组合，适合各种不同的风险需求者，使金融市场的产品更加完整。

（三）具有价格发现功能

本来金融衍生工具的价格是依附在现货价格上，也就是说当现货价格变动，价格才跟着改变。但是，我们常常听说金融衍生工具如期货或远期契约的价格，对未来现货的价格走势隐含一些有用的信息。也就是说，从期货的价格可以预测未来现货的走势。美国研究数据显示，S&P 500 股指期货常常会有领先大盘指数的情形出现，这是因为金融衍生工具交易上的一些优势。当市场有一些重大讯息出现，譬如美国联邦储备理事会（Fed）调降利率，投资者反映这个多头消息在股指期货（如 S&P 500 股指期货）比较快；但如果要 500 种股票完全反映这个好的信息，可能需要一段时间。此外，由于期货的交易成本较现货小，投资者会倾向于反应信息于期货交易上。因此，期货的价格变动往往会领先现货价格的变动。所以说金融衍生工具具有价格发现（price discovery）的功能。

同样，台指期货的价格也会领先台股现货。台湾地区股票投资人会很注意台指期货在早上 8：45 开盘的情形，以作为操作台股现货的参考（台股现货在 9 点开始交易）。此外，2010 年开始交易的沪深 300 指数期货在早上 9：15 开盘，而上海及深圳证券交易所的股票交易都是 9：30 才开始，因此也可以参考沪深 300 指数期货开盘的情形，以作为操作现货的参考。

☞ **动动脑**

有些公司老板宣称由于操作金融衍生工具的风险太大，他们公司绝对不操作，以免增加公司风险。你认为这句话对吗？

第四节 全球金融衍生工具交易概况

全球近年来金融衍生工具的交易量成长快速，新的种类也愈来愈多。除了传统的和股票、利率、外汇、商品等有关的金融衍生工具外，也陆续出现和信用、股价指数波动率、气候、能源、电子、地震等相关的金融衍生工具，真令人目不暇接。

近年来全球交易量较大的期货及期权交易所有：韩国股票交易所（Korea Stock

Exchange，KSE)、欧洲交易所(European Exchange，EUREX)、芝加哥商品交易所(Chicago Mercantile Exchange，CME)、纽约泛欧交易所(NYSE Euronext)、芝加哥期权交易所(Chicago Board Option Exchange，CBOE)等。俄罗斯股票交易所(Russian Trading System Stock Exchange，RTS)及上海期货交易所近年来成长也非常快速。

另外，近年来期货期权交易所并购的风潮愈来愈盛。譬如欧洲交易所(EUREX)，最早是由德国期货交易所(DTB)及瑞士期货期权交易所(SOFFEX)于1998年联合成立。EUREX于2007年并购国际证券交易所(ISE)，目前总交易量仅次于韩国股票交易所，为全球第二大交易所。EUREX系一全面电子化的交易所，全球的银行、金融机构投资者等都可以使用Eurex的交易系统。芝加哥商品交易所(CME)于2007年合并芝加哥期货交易所(Chicago Board of Trade，CBOT)及纽约商品交易所(New York Mercantile Exchange，NYMEX)，成立CME集团(CME Group)。

第四大集团为纽约-泛欧交易所(NYSE Euronext)，是由纽约证券交易所集团(NYSE Group)和总部位于巴黎的泛欧交易所(Euronext)于2007年4月合并而成。子公司包括Arca Option交易所、美国股票交易所(American Stock Exchange，AMEX)以及包括伦敦、荷兰、法国等7个在不同地点的伦敦国际金融交易所(London International Financial Futures Exchange，LIFFE-UK)。

亚洲方面，韩国由于网络交易发达、交易税低等因素，使得KOSPI指数期权的交易量相当庞大，因此交易量近年来一直居于全球第一。印度国家证券交易所(National Stock Exchange of India，NSE)，交易量在亚洲仅次于韩国股票交易所，大部分是因为指数期权交易量的巨幅攀升所致。其指数期权交易量已经是全球第三大指数期权合约。

中国大陆的四个期货交易所近年来交易量呈现快速成长。上海期货交易所成立于1990年，主要交易金属期货，它的螺纹钢期货、铜期货交易量更是全球最大，而锌、铝等期货的交易量也很大，在2009年已跻身入全球十大交易所。大连商品交易所成立于1993年，主要交易农产品期货如玉米、黄大豆、豆油、棕榈油等期货。郑州商品交易所成立于1990年，以白糖期货及棉花期货为主。中国金融期货交易所成立于2006年9月，并于2010年4月16日推出沪深300股指期货。沪深300股指期货是中国最早推出的金融期货。

中国台湾地区金融衍生工具的交易历史较短，大多属于场外交易市场的商品。但是近年来，交易所的新商品种类及交易量正逐渐增加。目前认购权证、认售权证在台湾证券交易所交易，而台湾期货交易所则有台指期货、台指期权、利率期货、个股期权及个股期货等交易，大多是与股价相关的金融衍生工具；而与汇率和利率有关的金融衍生工具则多数在场外交易市场交易。台湾地区场外交易金融衍生工具以换汇、远期外汇、汇率期权及外汇换利所占的比重较大。如以风险因素种类来分，与汇率有关的金融衍生工具占了9成以上，而与利率有关的金融衍生工具所占不到1成。从这里可以看出，台湾地区企业所面临的风险仍以汇率风险占最大部分。汇率衍生性金融工具中，以换汇交易及远期外汇较多，其次为货币互换及外汇期权契约。

在交易所方面，1997年9月4日，台湾证券交易所开始挂牌交易股票认购权证。1998年7月21日，台湾期货交易所正式推出台湾股指期货，并于1999年7月21日推出电子类股期货及金融类股期货契约。指数期权则在2001年12月24日推出，而个股期权、利率期货、黄金期货及个股期货等也纷纷问世。

【实务专栏1】

期货教父帮金融衍生工具洗刷污名

2008年金融海啸发生后市场怪罪金融衍生工具，全球期货教父梅拉梅德(Leo Melamed)为金融衍生工具除罪，他认为写错字是人并非铅笔，不该骂铅笔。梅拉梅德担任全球最大期货商芝加哥商品交易所的荣誉董事长，是全球金融市场最具影响力的人物之一，在金融期货市场备受推崇。他于1972年CME董事长任期内，设立国际货币市场(International Monetary Market，IMM)，将金融商品引入过去仅属于农产品的期货领域，开创了期货新时代。后来CME又相继推出美国短期国债期货、欧洲美元期货与股指期货，将CME转型为全球最重要的金融期货交易所。1987年，CME更发展出全球第一个电子期货交易系统Globex(Global Exchange)，开启了电子交易的风潮，逐渐取代传统的公开喊价(Open Cry)交易方法。

梅拉梅德认为，这一波金融海啸中，一些美国大型投资银行，不是已经倒闭就是摇摇欲坠，但是CME却没有任何问题，因为CME不但有法规监管，并且有保证金制度、市价定价制度及涨跌幅、部位限制等，不但没有违约更不需要政府紧急救援。梅拉梅德表示金融海啸并不能怪罪金融衍生工具，最重要的是，使用金融衍生工具的人必须了解其风险，才能避免遭受重大损失。

小 结

1. 金融衍生工具(derivative)被认为是造成2008年金融海啸的罪魁祸首。
2. 金融衍生工具的监管要从外部政府部门的监管及公司内部的风险控管同时进行。
3. 金融衍生工具是由现货市场，如股票、外汇、债券所衍生出来的商品。
4. 一般将金融衍生工具分成基本的四类：期权(option)、远期契约(forward contract)、期货(futures)及互换(swap)。
5. 期权是一种契约，买方有权利在未来某一段期间内，以事先约定好的价格向卖方买入或卖出某一数量的目标资产。
6. 远期契约买卖双方约定于未来某一特定日期，依约定的价格买入或卖出某一目标资产。
7. 期货是一种标准化的远期契约，买方和卖方约定于未来某一特定日期，依约定的价格买入或卖出某一种目标资产，或于期满日前结算差价。
8. 互换是指买卖双方在某一段期间内，彼此互换一连串不同的现金流量的契约，主要包括利率互换(interest rate Swap)、货币互换(currency swap)、权益互换(equity swap)和商品互换(commodity swap)以及信用违约互换(CDS)。
9. 金融衍生工具的特性包括：(1)以小博大、杠杆大、风险大；(2)比现货更具有交易上的优势；（3）产品复杂，定价难；（4）交易策略繁多，风险难以衡量；（5）资产负债表外交易。

10. 金融衍生工具主要功能包括：（1）作为风险管理的工具；（2）能促进市场效率及完整性；（3）具有价格发现功能。

习　题

1. 为何说金融衍生工具是造成 2008 年金融海啸的罪魁祸首？
2. 应该如何管理金融衍生工具的风险？
3. 何谓金融衍生工具？
4. 金融衍生工具包括哪几类基本产品？
5. 请列出 5 种你所知道的本土金融衍生工具。
6. 请上网到芝加哥商品交易所（CME，www.cme.com）浏览相关金融衍生工具信息，查出 5 种金融衍生工具合约。
7. 金融衍生工具有哪些功能？有哪些特性？
8. 为什么有人说可根据指数期货的价格走势，来作为买卖现货股票的参考指标？

第二编 期 权

第二章 期权导论

我们知道，金融衍生工具分为四大类，包括期权、远期契约、期货及互换。在这四种产品中，期权可以说是最重要的一种，也可以说是金融衍生工具的基础。从本章开始，将陆续介绍与期权有关的内容。本章第一节首先介绍期权的发展沿革；第二节介绍期权有关的专有名词；在第三节将举几个期权的例子，来说明在日常生活中有许多事情其实包含了期权的概念；第四节将介绍目前市场上几种和期权有关的产品；第五节特别介绍市场上常见到的结构型债券。第六节将探讨金融工程与金融创新。实务专栏是关于花旗银行率先推出投资型外币存款的个案。

第一节 期权的发展沿革

期权的买方有权利在某一特定时间内，以某一约定价格，买入或卖出某种特定的资产。早在古希腊罗马时代，便已经有类似期权的概念及有关的交易记载。在17世纪，荷兰郁金香球茎的价格狂飙时期，即曾大量使用期权契约于球茎的交易上；18、19世纪，在欧洲及美国也有以农产品为主的期权交易；19世纪末至20世纪初，美国开始有以股票为目标的期权交易。20世纪30年代便有一批经纪商组成一个看涨期权看跌期权协会，以作为看涨期权与看跌期权报价及交易的联络网络。

上述的看涨期权看跌期权协会的交易属于场外市场的交易。由于期满日与执行价格没有统一，以致造成流动性很低。此外，买卖价差与手续费也相当高，再加上期权的卖方可能会有违约风险，而于到期时不履行期权的义务，所以交易量一直无法增加。因此1968年，在芝加哥期货交易所(Chicago Board of Trade, CBOT)的筹备下，推动成立期权交易所的研究及准备工作。

一、芝加哥期权交易所于1973年开始交易个股期权

经过5年的研究规划，芝加哥期权交易所(CBOE)终于在1973年4月26日正式成立，并开始集中交易标准化的16种个股股票看涨期权(call option)，这当中包括IBM、美国通用电气公司(GE)、通用汽车公司(GM)等著名股票的看涨期权。由于交易量迅速增加，两年后，美国股票交易所(American Stock Exchange, AMEX)、费城股票交易所(Philadelphia Stock Exchange, PHLX)及太平洋股票交易所(Pacific Stock Exchange, PSE)也相继加入股票看涨期权交易的行列。1977年，个股股票看跌期权(put option)也开始在这四个交易所上市交易。

二、长期国债、外汇、股指期权陆续出现

由于股票期权(stock option)交易的大受欢迎，1982 年 CBOT 推出长期国债期货期权(treasury-bond futures option)契约，PHLX 也在当年推出外汇期权(currency option)。到了 1983 年，CBOE 更推出了 S&P 100 股指期权(stock index option)。股指期权一经推出，不到 1 年的时间，其交易量已经超越其他期权的交易量。随后 CBOE 又推出 S&P 500 股指期权，代码为 SPX，目前已是 CBOE 交易量前三大的指数期权契约。CBOE 更于 2006 年推出波动率指数期权(VIX option)的交易，目前交易量仅次于 S&P500 股指期权。

在其他国家，英国、荷兰在 20 世纪 70 年代末也成立期权交易所；加拿大、瑞典、法国、瑞士在 20 世纪 80 年代也推出期权交易；德国、丹麦等国也相继于 20 世纪 90 年代设立期权交易所。至于亚洲的期权发展，1982 年新加坡国际金融交易所(Singapore International Monetary Exchange，SIMEX)开始交易期权。1989 年，日本开始交易日经 225(Nikkei 225)股指期权及东京证交所股指期权(Topix Index)。到了 1993 年时，香港的恒生指数(Hang Seng Index)期权开始上市交易。韩国在 1997 年开始交易 KOSPI 200 股指期权，交易量急速蹿升，目前已是全球排名第一的期货及期权交易契约。

三、台湾地区期权市场

台湾地区是在 1994 年时，才开始陆续开放利率期权、外币期权及外币利率期权的交易，但这些都是属于场外市场的交易。直到 1997 年 9 月 4 日开放本土认购权证，开始在台湾证券交易所交易。台湾期货交易所则在 2001 年推出台股指数期权的交易，交易量在不到 2 年已超越台指期货。目前台湾地区除了台指期权以外，还有个股、电子股、金融股、非金融电子股、MSCI 指数、柜买指数和黄金等期权的契约。

第二节 期权专有名词介绍

要了解一门新的学科，必须先了解与它有关的重要名词，期权也不例外。本节介绍期权的一些主要专有名词。

一、期权

期权也称选择权(option)，是一种衍生性证券(derivative security)，持有人有权利在未来某一段期间内(或某一特定日期)，以约定的价格向卖方买入或卖出一定数量的目标资产(underlying asset)。根据上述定义可知：(1)期权买方有权利，而期权卖方则有义务去履行买方所要求的权利；(2)期权有一定的有效期限，超过期限，期权就没有价值；(3)期权的约定价格是由双方事先约定的；(4)期权具有买入目标物和卖出目标物的权利之分，是两种不同的契约；(5)目标资产是事先约定的，可以是股票、外汇、债券、农产品等。如果此一资产或商品是股票，即称为股票期权(stock option)；如果此一

资产是股价指数，则称为股指期权(stock index option)。至于目前在证券交易所交易的认购权证，则可视为股票看涨期权，认沽权证则视为看跌期权。

从以上期权的定义可以衍生出下列有关的专有名词。

二、看涨期权与看跌期权

期权依买入或卖出的权利可分为看涨期权或称买权(call option)及看跌期权或称卖权(put option)两种。看涨期权赋予持有人买入目标资产的权利；而看跌期权赋予持有人卖出目标资产的权利，因此看涨期权和看跌期权是两种不同的证券。认购权证即是一种看涨期权，持有人可依约定价格向发行认购权证的券商买入股票。假设投资人持有中信证券公司发行的中国石油认购权证，就可依约定价格向中信证券买入中国石油股票。相反地，认沽权证则是看跌期权的一种，持有人有权利依约定价格卖出股票。

三、执行价格

期权契约中，在未来某一段期间内以约定的价格，买卖某一定数量的目标资产，此约定的价格称为执行价格或履约价格(exercise price, strike price)。在台湾地区，认购权证的执行价格是由券商自定义，可以依发行前一天股价收盘价为执行价格或自定义执行价格。CBOE则有标准化的执行价格公式。基本上以5元为间隔，若股价比较高(如大于100元)，则是以10元为间隔；若股价比较低(如小于50元)，则以2.5元为间隔；而S&P 500指数期权则以每5元为一间隔。

在台湾地区，个股期权是以5元为间隔，台指期权是以100为间隔。在台湾地区认购权证的执行价格会随着现金股利、股票股利、增资或减资等而调整。这种将执行价格随着上述情形而调整的现象，称为反稀释条款。

四、期满日

期权契约中约定的未来某一特定日期，称为期满日或到期日(maturity date; expiration date)，此某一段期间亦即期权的存续期间。譬如美国的股票期权或股指期权期满日，一般是每个月第三个星期五；而台指期权与个股期权则是每个月第三个星期三。至于台湾地区的认购权证期满日每支权证不同，是由券商自定义。

对投资者而言，存续期间是买卖期权和买卖股票不同的地方之一。由于期权有期满日的限制，如果股价和预期的相反，期限一到，其价值就变为0，因此投资的金额就全部没有了；不像投资股票，只是被套牢，只要不卖仍有翻身的机会。因此，投资期权必须注意其期满日的规定。

五、美式期权与欧式期权

期权可依履约(exercise)时间的不同，分为美式期权与欧式期权。美式期权(American option)可在期满日前(含)的任何一天履约，向卖方买入或卖出股票或约定的目标资产；而欧式期权(European option)仅能在期满日当天履约，买入或卖出股票。目前世界各国交易所交易的期权，美式、欧式均有，而我国台湾期货交易所的台指期权则为欧式。

美式期权此种提早买入或卖出股票的特性,称为提早履约(early exercise)。当然,如果投资者需要资金,不管是欧式或美式期权,都同样可以到交易所卖出所拥有的期权而获得资金,不需先履约换成股票后,再将股票卖掉以获得资金。这一点美式期权和欧式期权并无差别。

六、现货期权与期货期权

期权依目标资产可大略分为现货期权及期货期权(期货期权有时简称期权)。如果目标资产是现货,称为现货期权(spot option);如果目标资产是期货,则称为期货期权(futures option)。现货期权包括股票期权、外汇期权、利率期权、长期国债期权、股指期权、贵金属期权等。期货期权包括外币期货期权、利率期货期权、长期国债期货期权、股价指数期货期权、农产品期货期权、贵金属期货期权等。

例如,新加坡国际金融交易所(SIMEX)的摩根台股指数期货期权或日经225(Nikkei 225)股价指数期货期权,还有美国S&P 500股价指数期货期权,都是我们比较熟悉的期货期权。日经225股价指数与S&P 500股价指数同样也有现货期权的交易。基于某些因素,有些期货期权的交易量有时会大于现货期权的交易量,这大概是因为期货的流动性较现货指数的流动性大,比较容易对冲有关。

七、价内期权、价外期权及平价期权

一般习惯上,将期权的执行价格相对于股价的大小,区分为价内、价外及平价三种期权:

1. 价内期权(in-the-money option, ITM)

对看涨期权而言,当股价大于执行价格时,称此看涨期权为价内看涨期权;反之对看跌期权而言,当股价小于执行价格则为价内看跌期权。

2. 价外期权(out-of-the-money option, OTM)

对看涨期权而言,当股价小于执行价格时,称为价外看涨期权;反之看跌期权而言,当股价大于执行价格则为价外看跌期权。

3. 平价期权或价平期权(at-the-money option, ATM)

对看涨期权或看跌期权而言,当股价等于执行价格时,称为平价期权。当然平价期权的定义并不一定是股价完全等于执行价格,只要股价很接近执行价格即可。

另外,在许多实证及文献上为了分类统计分析方便,对看涨期权而言,若股价高出执行价格许多,称为深度价内(deep-in-the-money)看涨期权;若股价小于执行价格许多,称为深度价外(deep-out-of-the-money)看涨期权;而股价和执行价格很接近,称为近价(near-the-money)看涨期权。对看跌期权而言,若股价低于执行价格许多,称为深度价内看跌期权;若股价高于执行价格许多,称为深度价外看跌期权。至于要高出或低于多少才算是深度价内或深度价外,一般而言并无定论。表2-1将前文所讨论的价内期权、价外期权及平价期权的分类汇总整理,使读者易于了解。

表 2-1　　　　　　　　价内期权、价外期权及平价期权

	买　权	卖　权
S>>K	深度价内	深度价外
S>K	价　内	价　外
S=K	平　价	平　价
S<K	价　外	价　内
S<<K	深度价外	深度价内

注：S 表示目标股股价；K 表示执行价格；>>表示远大于；<<表示远小于。

第三节　期权日常生活实例

其实期权并不是硬邦邦的东西，在日常生活中便有很多看涨期权、看跌期权的例子。当目标资产的价格高于约定的价格时，看涨期权的所有权人会去执行看涨期权的权利，因为可以用较低的价格买入较高的目标资产；如果目标资产的价格低于执行价格，所有权人就不会去执行，而会放弃这个权利，损失权利金。看跌期权则刚好相反，如果目标资产的价格低于执行价格，所有权人就会去执行、卖出目标资产；反之，如果目标资产的价格较高，该看跌期权也就没有价值，所有权人也就不会去执行，而损失此权利金。以下是几种和期权有关的例子。

一、定金可视为一种看涨期权

买房子预付定金是一个看涨期权的例子。假设你看了一栋房子很喜欢，与屋主约定好以 1 000 万元成交，且预付 20 万元的定金。付了定金后，你再到附近闲逛看一看其他的房子。若发现相同的房子平均都要卖将近 1 200 万元，房价显然比你要买的房子 1 000 万元（执行价格）还高，此时你会觉得物超所值，于是便会高高兴兴地支付余款 980 万元买下这栋房子。但是，如果发现附近相同的房子平均只卖 900 万元，这时你就会觉得有点沮丧，感觉受骗，到时就可能不会去履约，而损失 20 万元定金。所以，预付定金其实就是一种看涨期权，支付的定金就是看涨期权的权利金。

当然预付定金和标准期权不同的是，当你后来履约给付余款买入房子时，定金可由执行价格中扣除，亦即只要付 980 万元（1 000 万-20 万）即可交屋。但是，一般期权履约需支付完整的执行价格，而不扣除所支付的期权价格。假设你以 12 元买入中国石油的认购权证，执行价格为 75 元，若要履约，则需拿出 75 元去向发行券商换取中国石油股票，而不能扣除当初已经花的 12 元的购买此认购权证的成本。

☞ 动动脑

有人说订婚也是一种看涨期权，你认为呢？如果是的话，那么什么是权利金？什么是目标资产？什么是执行价格？在什么情况下你会选择去履约？而什么情况下你不会去履约？如果不履约，你会损失什么呢？

二、出口配额可算是一种看涨期权

往年我国出口到美国的纺织品或鞋类，有所谓配额（quota）的限制。拥有配额的厂商才能依此配额的量出口，因此配额有价值，也可以转售。我们可以将鞋价视为是目标物的价格，而将鞋子成本视为执行价格（假设成本为固定），当鞋价高于鞋子成本时，出口鞋子才有利润，配额也才有价值，否则配额的价值为零。因此，出口配额也可算是一种看涨期权，所以可利用期权的观念来算出口配额的价值。

三、保险可视为一种看跌期权

例如投了意外险也可以说是买了看跌期权。当没有意外发生时，该看跌期权就没有价值；但若发生了意外，目标资产价值（身体状况）下降，意外险就有了价值。最极端的例子就是意外死亡时，资产价值是0，看跌期权的价值就是保险价值，即履约的价值。银行的存款保险也是看跌期权的一种。银行或合作社付给存款保险公司的保费，就是跟存款保险公司买一个看跌期权。当银行或合作社的资产大于负债（或存款）时，看跌期权就没有价值，存款保险公司也不用出面处理存款的赔偿事宜。但是，当银行的资产低于存款（或是负债）时，存款保险公司就要出面理赔，银行的资产下跌越多，存款保险公司要支付的钱也就越多，这就是看跌期权的例子。

四、退货保证是一种看跌期权

在买卖商品上，有一种顾客不满意可以退回的保证。譬如你考虑买一辆100万元的车，车商的销售人员游说你说："买了车的后，可以回去开一个礼拜，如果一个礼拜内不满意可以退款。"这种退款保证也算是一种看跌期权。也就是说，在一星期以内，如果车子在你心目中的价值低于100万元（执行价格），你可以将车子退回给车商，拿回100万元；如果车子开一开，觉得很满意，也就是说在你心目中车子价值大于100万元，你就不会退回车子，因此这个看跌期权就无效，所以说退货保证也是一种看跌期权。

五、保证收购价格是一种看跌期权

保证收购价格也是看跌期权的一种。譬如我国台湾地区早年有稻米保证收购价格的政策。假设订定稻米的保证收购价格为一斤40元（本段指新台币），若市场稻米价格为一斤30元，农夫就会以保证价格40元卖给政府；但是如果市场上稻米价格为一斤60元，农夫就不会将稻米以保证价格40元卖给政府，此一看跌期权就没有价值。因此，保证收购价格是一种看跌期权，而此看跌期权可说是政府无偿给予农夫的。

☞ **动动脑**

想想看日常生活中还有哪些看涨期权、看跌期权的例子？

第四节 结合期权的产品实例

本节要举几种金融市场上常见的结合期权的产品来介绍给读者。期权常常被实际运用到产品的设计上，这种具有包含期权条款(embedded option)的产品，是金融创新(financial innovation)与金融工程(financial engineering)研究发展的目标，也愈来愈受到投资者的欢迎。期权更可以说是金融工程的核心，这可由1997年诺贝尔经济学奖颁给两位期权定价公式的作者得到证明。以下将介绍可转换公司债、保本型基金、投资型定期存款及投资型保单。另外，关于连动债券则留到下一节再详细介绍。

一、可转换公司债

可转换公司债(convertible bond, CB)是一种公司债，所有人或债权人可以按时支领固定利息，直到债券到期时收回本金，同时在发行一段时间后，有权向公司申请依照契约约定的转换价格与转换比率，将公司债转换成普通股股票。也就是说，公司发行此债券时，已约定在某些情况下，投资者可用多少钱将公司债转换为股票。若股价较高时，对投资者转换较有利，因此会转换成股票，故可视为一种股票看涨期权；但是当股价低于约定的转换价格时，投资者不会转换，还是可以得到利息的支付，可视为纯债券。简单来说，可转换公司债可视为是债券和认股权证(股票看涨期权)的组合。目前国内发行的公司债许多都具可转成股票的性质。可转换公司债可拆解成两部分：

$$可转换公司债 = 债券 + 认股权证$$

二、投资型定期存款

投资型定期存款(structural deposit)是指存款的利息不固定，随着连结目标的损益而变动。这种产品，最早是在1987年，美国大通银行(Chase Manhattan Bank)所发行的定期存单，其报酬与S&P 500股价指数报酬有关。台湾地区所统称的投资型外币存款或结构型外币存款，通常是外币定期存款，其条款是，如果汇率在约定期间内落在某个区间时，则收益增加；如果汇率跳出区间，则取回本金而没有利息。譬如台湾地区的花旗银行推出许多投资型外币存款，其存款报酬即与汇率和股价指数有关。

台湾地区也有银行推出与黄金价格链接的外币定期存款，这是一种定期存款加上一种期权的概念。投资型定期存款的变化近几年来也愈来愈多。譬如，常见的双重货币存款(dual currency deposite, DCD)或称高收益存款，则是存款再加上卖出外币期权。到期时，卖出的外币期权可能会被转换成弱势的外币，因此并没有本金的保障①。投资型定期存款可拆解成两部分：

$$投资型定期存款 = 定期存款 + 指数或外币期权$$

---

① 有关投资型定期存款，可参阅：陈威光. 个案1 花旗银行投资型外币存款个案//陈威光. 新金融商品个案集Ⅰ. 北京：中国人民大学出版社，2006. 亦可参阅本书实务专栏的简要介绍。

三、保本型基金

保本型基金（capital guaranteed fund），是指基金的报酬和股市连动，股市涨则收益增加；股市跌，则最差的情况是拿回保证本金。譬如怡富投资信托公司曾发行日本美元还本收益基金。该条款规定2年后到期，如果日经300指数上涨，投资者就可拿到股价指数报酬的1.25倍；如果股价指数下跌，报酬就为零，但可拿回本金。这种保本型基金其实可视为是一种零息债券加上股价指数看涨期权的组合。

台湾地区最早的保本型基金首推花旗银行在1994年引进的花旗亚洲保本基金及花旗拉丁美洲保本基金，而最早的本土保本基金是在2002年由宝来投信推出。近年来投资信托公司也陆续发行了几档保本基金①。保本型基金可拆解成两部分：

保本型基金=普通债券+股价指数看涨期权

四、投资型保单

投资型保单的给付不是固定的金额，其保单的价值可以和股价指数或通货膨胀率或所投资的证券有关。例如在1996年，德国的标准人寿公司（Standard Life）推出一种与权益连动保单（equity-linked insurance policy），该保单除了保证保险期满给付保险人预先约定的金额外，如果德国股价指数（DAX 30）上涨，那么保险人还可以得到DAX 30股票上涨的收益。

在中国台湾，美商宏利人寿在2000年11月，推出第一张投资型保单，保单的价值会随着投资收益的增加而增加，且享有本金的保证。投资收益与S&P 500指数基金、NASDAQ指数基金等连结。目前台湾地区的投资型保单常常连动到基金或结构型债券②。投资型保单可拆解成两部分：

投资型保单=普通保单+股价指数看涨期权或其他证券

☞ **动动脑**

想想看还有哪些产品结合了期权的概念？

第五节 结构型债券介绍

上一节举了几个市场上结合期权的产品例子。本节要介绍的结构型债券（structured notes），或称连动债券，则是最常见的与期权结合的产品。目前一般投资人在市场上所见到的新金融商品有许多是属于此类。国内大家所熟悉的雷曼兄弟公司曾违约的连动债券便是一例。结构型债券具有特殊的收益结构，可能是利息收入或本金偿还，与所连结的目标证券的涨跌有关。结构型债券所连结的证券可能是股票、股价指数、利率、汇

---

① 参见陈威光著《新金融商品个案集Ⅰ》个案2，"怡富日本美元还本收益基金"，亦可参阅本书实务专栏3。

② 参见陈威光著《新金融商品个案集Ⅰ》个案6"宏利人寿美的人生投资型保单个案"。

率、商品价格、公司信用，甚至巨大灾害、气候等，兹摘要介绍如下：

一、股价指数连动债券

股价指数连动债券（stock index-linked bond）可视为由债券和一个或一组股指期权结合成的商品，债券到期本金以外的报酬或每期的利息支付和股价指数连动。所罗门兄弟公司（Salomon Brothers）曾推出 S&P 500 指数连动债券（S&P 500 Index Notes，SPIN），SPIN 每年支付固定票息 2%，期满日报酬和 S&P 500 指数连动。另外，高盛公司（Goldman Sachs & Co.）也曾为奥地利政府在美国发行股价指数成长债券（Stock Index Growth Notes，SIGNs）。SIGN 在存续的 5 年半期间不支付任何股利，而债券到期除了支付本金外，额外的报酬为 S&P 500 指数最后 30 天平均指数与期初指数的成长率（或零）。①

雷曼兄弟公司也曾发行一种称为 SUNS（Stock Upside Note Securities）的股票上涨债券。SUNS 的每期收益是和 24 种股票以及存托凭证的价值连动，各次债券的利息和 17 个国家的 24 种股票及美国存托凭证的价值连动。我国台湾茂硅公司也曾发行台湾加权股价指数连动公司债，每次付息的加码和平均 3 个月台股指数连动。②

二、利率连动债券

利率连动债券（interest rate-linked bond）每期利息的支付是浮动的，与指标利率有关，可能与 LIBOR 连动或跟短期国债利率连动。③ 此种债券可视为普通债券与利率期权的组合。连动债利率连动的方式一般有正向和反向两种。正向连动的方式是随着指标利率的上扬，有更高的利息收益；而反向连动，亦称逆浮动，会随着指标利率的上升而减少利息的收入。远东纺织曾发行多空浮动利率债券，分成甲、乙两券，甲券的利息收益为"14%－银行承兑汇票利率"，当利率上升时，收到的利息减少；而乙券的利息收益为"银行承兑汇票利率+0.6%"，当利率上升时，所收到的利息增加。④

三、商品价格连动债券

商品价格连动债券（commodity-linked note）的报酬或利息支付是不固定的，而是和债券到期时商品价格的高低，或是每期的商品价格有关。这种结构型债券是债券与商品期权的结合，商品可能包括金属、能源、商品外币等。美国 Sunshine 矿产公司曾发行一种银价连动债券（silver-indexed bond），债券到期的本金是与白银的价格连动。美国标准石油公司（Standard Oil）也曾发行石油连动债券（oil-indexed notes），债券到期时收益除

---

① 参见陈威光著《新金融商品个案集Ⅰ》，关于 SIGN 的详细探讨，可参阅个案 7 "SIGN 个案"。
② 参见陈威光著《新金融商品个案集Ⅰ》，参阅该书个案 3 "茂硅的股价指数连动公司债个案"，亦可参阅本书实务专栏 17。
③ LIBOR（London Inter-Bank Offered Rate），指在伦敦银行间短期美元的拆借款利率，为国际短期资金的指标利率。
④ 参见陈威光著《新金融商品个案集Ⅰ》，参阅该书个案 5 "远纺第 62 期多空浮动利率公司债个案"，亦可参阅本书实务专栏 4。

了本金以外，还可以得到平均每桶油价超过25美元的价差部分乘以170桶的报酬。

Presidio石油公司也曾经发行过一种商品价格连动债券，债券每次支付的利息和天然瓦斯的价格连动。日本一家油公司（油的使用者）也曾发行一种和油价反向连动的债券，即油价上涨，支付利息减少；油价下跌，支付利息较多。美林证券（Merrill Lynch）也曾推出一种与美国证券交易所（AMEX）的石油指数连动的票券SMART Notes（Stock Market Annual Reset Term Notes），其每期支付的利息和石油指数的平均变动有关。

四、信用连结债券

信用连结债券（credit-linked note，CLN）是持有人有权利在公司信用发生变动时，执行其保护的权利或担负损失的义务。此产品可以说是结合债券与信用期权而成。美林公司（Merrill Lynch）曾帮Waste管理公司发行了一种称为LYON（Liquid Yield Option Note）的流动收益期权债券，LYON是一种可卖回、可赎回、可转换的零息债券。债券所有权人有一个看跌期权，当公司的信用下跌、债券价格下跌时，或利率上升、债券下跌时，投资人可以依约定的价格将公司债卖回给公司。

Manufacturers Hanover公司曾发行一种和公司偿债信用连动的浮动利率债券（floating rate notes），此债券支付的利息是根据LIBOR加上一个加码，而此加码是随着该公司偿债信用的等级而调整。偿债信用下降愈大，加码愈大。因此，也是一种债券与信用期权结合的产品。另外，近年来市场上出现的信用连结债券常常和几档公司债连动，存续期间若没有任何公司债违约时，会给予较高的报酬；反之，当公司债违约的家数增加时，则此信用连结债券的利息与投资的本金可能被部分没收。

五、通货膨胀连动债券

通货膨胀连动债券（inflation-indexed bond）每期的利息收入不是固定的，而是随着通货膨胀率的上升而调升。美国富兰克林储蓄协会（Franklin Savings Association）曾发行一种与通货膨胀率连动的通货膨胀率债券，称为实质报酬率证券（real yield securities，REALS），REALS债券的票息是固定的3%再加上通货膨胀率，因此可视为是一种普通债券再加上一组通货膨胀率期权。

另外，美国财政部也在1997年1月29日开始发行通货膨胀率连动债券。此债券期限为10年，票面利率为3.45%，每年付息一次，其本金与利息均和通货膨胀率连动。此后，美国也陆陆续续发行此种通货膨胀率连动债券，而日本也在2004年3月首次发行10年期物价指数连动债券。①

六、巨大灾害债券

巨大灾害债券（catastrophe bond，cat bond）的本金会因为飓风或地震发生而产生损

---

① 参见陈威光著《新金融商品个案集Ⅰ》个案9"Inflation-indexed Bonds个案"，亦可参阅本书实务专栏9。

失，如果没有发生则领取较高的利息。此种债券可以视为债券与巨大灾害期权的结合。① 1997年6月，美国住宅再保险公司(Residential Reinsurance)为一家保险公司发行了4.77亿美元的飓风债券(hurricane bond)。此债券支付LIBOR加上5.76%的票息，并约定在发行后1年内，如果美国20个州或哥伦比亚特区发生三级以上飓风，而且对该保险公司造成10亿~15亿美元损失的求偿金额，债券只可领回20%~80%的本金。当求偿损失超过15亿美元时，债券的本金全部损失。②

1999年，日本东方地产公司(经营东京迪士尼乐园的公司)发行3年期的东京迪士尼地震风险债券，以规避地震风险。投资人每年收到3.1%加上LIBOR的利息，当3年内东京舞滨发生地震时，依地震级数，没收相应比例的本金。

第六节　金融工程与金融创新

"有了金融衍生工具，你几乎可以拥有任何想要的报酬型态。只要你可以把它画在纸上，或者以语言文字描述出来，就有人可以为你设计出任何你想要的报酬型态的金融衍生工具。"

——费雪·布莱克(Fischer Black)

这是著名期权定价学者，Black-Scholes模型的作者布莱克的名言。③ 的确，过去二十几年来各种新金融商品陆陆续续出现，满足了不同投资者或发行者的需求。台湾地区在近十几年来，市场也出现了一些新金融商品。前面我们已经介绍了四种衍生性契约以及这四种金融衍生工具相互组合而成的商品，除此以外，市场上还有许多称为混合证券的新商品出现。

一、混合证券的意义

混合证券(hybrid security)是结合现货商品与金融衍生工具而成的一种新金融商品。其中现货商品(或称原始证券)包括债券、基金、存款及股票等金融市场常见的商品。本章第四节所介绍的保本型基金以及第五节的结构型债券都可称为混合证券。

"混合"(hybrid)这个名词，最常应用于农产品或水果，譬如将两种不同品种的玉米混合(杂交)成新品种的玉米；或者将木瓜和芒果混合成新品种的芒果等。同样地，我们也可以将两种证券结合成另一种证券，其实新产品的设计好比堆积木一样，由四种基本的积木及相关积木，便可以堆出各式各样不同形状的商品。混合证券是一种新的证券，但是具有两种以上证券的性质。

其实混合证券的发展已经有很长的历史，譬如我们最常见的可转换公司债(convertible bond)，其实早在19世纪50年代已经产生，由美国Erie铁路公司发行。这

---

① 芝加哥期货交易所曾推出巨灾选择权PCS，但交易量不大。
② 参见陈威光著《新金融商品个案集Ⅰ》个案10"Cat Bonds个案"，亦可参阅本书实务专栏20。
③ 请参阅本书第5章有关Black-Scholes期权定价模型。

是一种债券加上股票认购权证的混合证券。

但是，大部分的混合证券可说是最近二十几年来的产物，尤其是1980年以后。这其中的原因很多，主要包括全球汇率、利率、股价的大幅波动，加上国际金融市场大幅开放、资金流动限制减少、各国税赋的差距等。另外，1973年Black-Scholes期权定价公式推出后，使产品的定价有了依据，且各国期权市场相继建立，再加上计算机科技的进步等，都加速了混合证券的产生。

二、金融工程与金融创新

最近二十几年来，金融工程（financial engineering）这个名词在金融界相当流行。到底金融工程是什么呢？简单地说，金融工程就是混合证券或新金融商品的开发、设计、定价、包装及营销的一连串过程。其目的是迎合投资者或企业理财的需求。这些对新金融商品的需求可能是为了增加收益或降低成本、降低风险、规避政府管制，或是新产品可以吸引不同风险与报酬偏好者等原因。

换言之，金融工程是指金融业者利用已有的金融商品，组合或创造出新的金融商品提供给客户，解决客户有关公司财务、投资等现有产品无法解决问题的一连串过程。在国外，许多新的混合证券采用英文缩写，譬如SPIN、SIGN、LYON等产品，乍看之下不知道它是一种混合证券，还以为是普通英文单词或国外地名呢！

金融工程与金融创新（financial innovation）有何关系呢？简单地说，金融工程可以说是一种将金融创新赋予运用与实现的方法与步骤。因此，金融工程可视为金融创新的过程，而金融创新则可视为金融工程的结果。换言之，金融工程可以说是一种设计、发展及应用金融创新商品的一连串过程。但一般而言，我们可以模糊地把金融工程和金融创新视为近似的概念。

三、金融工程的五个步骤

如同前面所述，金融工程既然是金融业者对其顾客或投资者有关特定的财务问题，提出了一套有系统的解决办法，因此通常有一套标准程序。一般金融工程的程序大致可分为五个步骤，现简述如下：

（一）问题诊断

首先，金融业者必须先诊断出其顾客或投资者所遭遇的问题及问题的特性。譬如大华证券在1997年9月推出大华01国巨、大华02太电认购权证后，两档股价陆续下跌，使投资者遭受重大损失，影响到后续投资者购买大华认购权证的意愿。另一个例子是投资者投资海外共同基金（譬如泰国基金），仍然有遭受本金损失的风险，因此影响到投资者投资海外共同基金的意愿，这些均是投资者所面临的问题。

（二）问题分析与找出解决方法

接着针对发现的问题，在现有法令规范、财务理论及可行的技术下，参照国内外已有的产品，找出一个最佳的解决方案。譬如上述大华认购权证的例子，券商可以发行一种执行价格随股价往下调的重置型认购权证,来减少权证因股价下跌所造成的投资者损失。在基金方面,可以发行一种保障本金不受损失的保本型基金。

(三)新产品的设计

根据以上所发现的解决方法,设计出一种适合本土的新产品。譬如大华证券后来发行的重置型认购权证,或是怡富投顾推出的日本美元还本收益基金等,均可解决上述投资者的问题。

(四)定价

商品设计后,接着要计算此种新商品理论的价格、对冲策略及有关的交易成本与报酬等。譬如要求出重置型权证的理论价,如果有现成的公式套用,便可套用公式;如果没有,则尝试求出公式解或利用计算机仿真等方法,求出理论值或对冲参数。这部分也是金融工程最重要的核心部分。由于许多新产品的定价需要利用数学及计算机的运算,因此许多具有数学、物理、计算机方面专业的太空科学家,陆陆续续加入金融工程的行列。对于这些金融工程专家,有人以火箭科学家(rocket scientist)相称。国内外许多财务金融研究所也特别欢迎具有这方面专长的学生。

(五)商品化

最后一个步骤便是考虑产品的包装、条款的设计等,以迎合大多数人的要求。以上述大华的重置型权证为例,其重设条款订在权证上市后3个月内,任何6天股价的平均低于原始执行价格的90%时,便可重订执行价格,为原来的90%。后来台湾地区的认购权证市场又陆续推出不同重设条款的产品以吸引投资者。目前的重置型认购权证大都是以上市前2天股票收盘的平均价作为重置的执行价格。

【实务专栏2】

花旗银行率先推出投资型外币存款

台湾地区花旗银行为吸引美元存款,多年前率先推出多种"投资型外币存款"(foreign currency structured deposit)。投资型外币存款具有保本性质,又可投资海外期权市场,有机会获得更高的报酬,更弥补了美元定期存款利率普遍较台湾地区定期存款利率较低的缺点。(当时美元定期存款利率约4.74%,台币定期存款利率约5.2%)

投资型外币存款或称"结构型外币存款"、"组合式外币存款"。保本型的投资型外币存款除了保本外,还可享受外币升值的好处,存款的报酬也可以和汇率、股价指数或其他目标相连结,以得到汇市股市等所带来的报酬,使其报酬率可高达10%、20%或者更高。

投资型外币存款可视为外币存款和期权的组合。它是将外币存款的利息拿去操作期权,因此最多只是损失利息。譬如花旗银行推出的第一个投资型外币定期存款,"日元区间汇价美元定期存款"的投资损益是当日元/美元汇率在契约有效期间内都是落在

103.5~112，则投资者将可获得10%的年报酬率；反之，若在契约有效期内汇率超出此区间，则投资者将获得2%的年报酬率。另一方面，投资型存款的变化越来越多，也有银行推出投资型新台币存款的商品，而连动的商品除了汇率和股价指数以外，也包括黄金、利率等。

除了保本型的投资型外币存款商品外，投资型存款也有高收益型的形式，或称保息型。在利率走低的情形下，利息低，能够购买期权的比例相对有限，而不易获得较高的报酬，高收益型的投资型存款于是应运而生。高收益型商品可视为外币存款再加上卖出期权的组合，因此能收取权利金以获得较高利息收益，此即为保息型商品的概念。高收益存款或称外币优利组合账户，一般是在投资外币定期存款时，同时出售一个外币期权（譬如澳币兑美元），以换取额外的优利收益，因此也称双元货币存款(dual currency deposit, DCD)。这种双元货币存款期满时将视两种币别的汇率变化，来决定支付账户本金及总收益的币别，通常是拿到较弱势的币别。因此，投资者可能赚了利率而赔了汇率，而一般汇率的损失会远大于利率的收益，投资者不可不注意此风险。通常是真的有外汇需求的个人或企业，投资此项产品风险比较小。

小　　结

1. 期权是一种衍生性证券，持有人有权利在未来某一段期间内，以约定的价格买卖一定数量的目标资产。

2. 期权依权利的种类可分为看涨期权及看跌期权。看涨期权赋予持有人买入标的资产的权利；看跌期权赋予持有人卖出目标资产的权利。

3. 期权契约中，在未来某一段期间内以约定价格，买卖某一定数量的目标资产，此约定价格称为执行价格。

4. 期权契约中约定的未来某一特定日期，称为期满日，某一段时间即期权的存续期间。

5. 期权可依履约时间的不同，分为美式期权与欧式期权。美式期权可在期满日（含）的任何一天履约，买卖目标资产；而欧式期权仅能在期满日履约，买卖目标资产。

6. 期权依目标资产可大略分为现货期权与期货期权（期货选择权有时简称期权）。如果目标资产是现货，称为现货期权；如果目标资产是期货，则称为期货期权。

7. 对看涨期权而言，当股价大于执行价格时，称为价内看涨期权；对看跌期权而言，当股价小于执行价格时，称为价内看跌期权。

8. 对看涨期权而言，当股价小于执行价格时，称为价外看涨期权；对看跌期权而言，当股价大于执行价格时，称为价外看跌期权。

9. 对看涨期权或看跌期权而言，当股价等于执行价格时，称为平价期权。

10. 若股价高出执行价格许多，称为深度价内看涨期权；若股价低于执行价格许多，称为深度价外看涨期权。

11. 日常生活中有很多看涨期权、看跌期权的例子：买房子预付定金、出口配额是看涨期权的例子；意外保险、退货保证及保证价格收购则是看跌期权的例子。

12. 可转换公司债可以视为是普通债券和认股权证(股票看涨期权)的组合。

13. 投资型定期存款可视为是定期存款再加上指数或外币期权。

14. 投资型保单是传统保单再加上股指期权或其他证券。

15. 保本型基金可视为是一种零息债券加上期权的组合。

16. 结构型债券的报酬不是固定的,而是和连结目标证券或指数的涨跌有关。

17. 金融工程(financial engineering)是指金融业者利用已有的金融商品,组合或创造出新的金融商品提供给客户,解决客户有关公司财务、投资等现有产品无法解决问题的一连串过程。

18. 一般金融工程的程序大致可分为五个步骤:(1)问题诊断;(2)问题分析与找出解决方法;(3)新产品的设计;(4)定价;(5)商品化。

习　　题

1. 请举出在日常生活中,有关看涨期权、看跌期权的例子各一则,并说明为什么它们是看涨期权或看跌期权。

2. 欧式期权和美式期权有何异同?

3. 何谓保本型基金?请找出市场上一档保本型基金及其条款。

4. 为什么说买看涨期权一般是看涨,买看跌期权是看空呢?

5. 当看涨期权处于价内时,同条件的看跌期权会是在价外、价内、平价还是不一定?

6. 为什么说保险是一种看跌期权呢?

7. 何谓投资型保单?何谓投资型定期存款?请各找出一文件产品描述其报酬条款。

8. 请到认购权证有关网站,找一支认购权证,查看它的发行条款,包括目标股票、执行价格、权利金期满日、发行数量等。

9. 何谓结构型债券?请举出5种例子。

10. 何谓金融工程?金融工程有哪些步骤?

第三章 期权的价格及其上下限

上一章介绍了与期权有关的专有名词、产品及生活实例。本章接着要讨论期权价格的特性，包括期权在到期前及到期时的价值、有哪些因素会影响期权的价格，以及期权价格的一些范围限制。第一节则介绍影响期权价格的几个因素，包括股价、到期期限、执行价格、股价波动性、无风险利率等；第二节将讨论期权到期时，看涨期权与看跌期权的最终价值；第三节则讨论期权在未到期前的价值，包括内在价值与时间价值；第四节讨论看涨期权的价格在无套利机会下的限制，包括看涨期权价格的上限与下限，也就是看涨期权理论价值应该高于某个价格，同时也要低于某个价格；第五节则讨论看跌期权的价格限制，包括看跌期权价格的上限及下限。实务专栏是关于怡富投信发行日本美元保本型共同基金的介绍。

第一节 影响期权价格的因素

到底有哪些因素会影响到期权的价格呢？一般而言，影响期权价格的因素包括期权标的资产价格的高低、标的资产价格波动的大小、期权执行价格的高低、期权到期期限的长短、无风险利率的大小及标的资产股利的大小等。以下将以股票期权为例，分别介绍各个因素对看涨期权及看跌期权价格的影响。

一、股价

看涨期权价值与股价呈正向关系，股价越高，对看涨期权所有者越有利，所以看涨期权价值越高；反之，股价越低，看涨期权价值也越低。看跌期权价值与股价却呈反向关系，股价越高，对看跌期权所有者越不利，所以看跌期权价值会越低；反之，股价越低，看跌期权价值会越高。

二、执行价格

看涨期权价值与执行价格成反向关系。执行价格越高，因为需要用较高的价格买入股票，所以看涨期权价值会越低；反之，执行价格越低，看涨期权价值会越高。看跌期权的价值与执行价格则成正向关系，也就是执行价格越高，可用越高的价格卖出股票，所以看跌期权价值会越高；反之，执行价格越低，看跌期权价值也就越低。

三、到期期限的长短

因为期权是一种权利，而权利的期间越长，契约便越有价值。因此，到期期限越长，看涨期权或看跌期权的价值一般会越高。或者说，到期期限越长，股价上涨（或下跌）的幅度越大，因此看涨期权（或看跌期权）的价值越高。

四、标的资产价格的波动幅度

股价波动性越大，看涨期权、看跌期权的价值就会越高。为什么呢？以下举例说明。以中国石油和中国移动这两种股票为目标的期权为例，假设中国石油股价的波动率大于中国移动，而其他发行条件均相同，则哪一个期权价格比较高呢？很明显地，答案是中国石油股票期权，为什么呢？假设中国石油目前股价为100元，1年后有50%的机会涨到200元，50%的机会跌到20元；而中国移动目前股价也是100元，1年后有50%机会涨到130元，50%的机会跌到90元（如图3-1）。为什么中国石油的期权价格会比较高呢？因为看涨期权下方的风险有限，不管股价跌到多低，假设执行价格均为100元，只要跌破100元（无论跌到20元或90元）就没有价值，最大损失就是权利金。

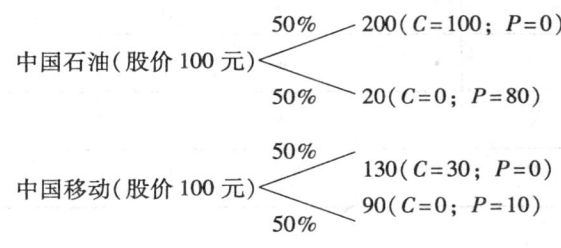

图3-1　波动幅度对期权价值的影响

但看涨期权的价值在上方，获利可以无穷。若中国石油股价涨到200元，则看涨期权就值100元；而中国移动股价涨到130元，所以其看涨期权只值30元。因此，股价下跌，两个看涨期权价格都为0，但是若股价上涨，中国石油看涨期权的获益会比较大。反之，看跌期权的获利在股价下跌时，而当股价上涨时则损失有限。譬如中国石油看跌期权当股价跌到20元时，看跌期权价值为80元；反之，中国移动的股价跌至90元，其看跌期权价值为10元。如果不幸，两者股价均上涨，两种看跌期权的价值也都为0。由于中国石油股价的波动较大，所以它的期权也就较值钱。由此可知，股价波动越大，看涨期权、看跌期权的价值就会越高。

五、无风险利率

看涨期权的价值与无风险利率成正向关系，而看跌期权的价值与无风险利率成反向关系；也就是无风险利率越高，看涨期权价值越高，而看跌期权价值越低。一般来说，如果利率越高，执行价格的现值会越低；而执行价格越低，根据前面所提到的，看涨期权价值就会越高，因此利率越高看涨期权价值也就越高。另一种解释是，买股票和买看涨期权都是看涨，而两者存在期初成本价差$(S-C)$。如果利率上升，那么成本价差的利息成本将上升，投资者将倾向于购买看涨期权，而不愿直接购买股票，因此使看涨期权的需求增加，而价格上升。

六、现金股利

股利的发放将使股票价格下降,因此股利的大小对看涨期权价值有负面影响,而对看跌期权价值则有正面影响。①

综合以上六点,将影响看涨期权、看跌期权价格的因素列于表3-1,"+"号表示有正向的影响;"-"号表示有负向的影响。

表3-1　　　　　　　　影响看涨期权、看跌期权价格的因素

因素	看涨期权变动方向	看跌期权变动方向
股价(S)	+	-
执行价格(K)	-	+
期满日(T)	+	+
股价波动率(σ)	+	+
无风险利率(R)	+	-
股利(D)	-	+

☞ **动动脑**

你认为还有哪些因素可能会影响看涨期权、看跌期权的价格?

第二节　期权到期时的价值

期权到期时的价值也称为履约价值(exercise value)。以下将分别就看涨期权、看跌期权到期时的价值加以讨论。

一、看涨期权到期时的价值

基本上,如果到期时的股价大于执行价格,那么看涨期权到期时的价值应该等于到期时的股价减掉执行价格;如果到期时的股价小于或等于执行价格,那么看涨期权就没有价值,其价值等于0,以公式表示如下:

$$C_T = \begin{cases} S_T - K, & \text{如果 } S_T > K \\ 0, & \text{如果 } S_T \leq K \end{cases} \quad (3\text{-}1)$$

或写成 $C_T = \max(S_T - K, 0)$,其中 C_T 为看涨期权到期时的价值;S_T 为到期时的股价;K

---

① 表3-1也有例外,利率对期货看涨期权是负向的影响;而期满日对有些深度价内的看跌期权也有负向的影响。参见本书第九章第四节"期货期权及其定价"。

为执行价格；max(,)表示取括号内两项数值中较大的一项。①

如图 3-2 所示，假设执行价格为 100 元，以 5 元买入中国石油看涨期权；到期时如果中国石油股价大于 100 元，譬如 110 元，那么看涨期权价值为 10 元（110-100）；如果中国石油股价低于 100 元，看涨期权价值就为 0。当然如果投资者要考虑投资损益的话，就可以把看涨期权的权利金向下扣除，那么损益平衡点应该为 105 元。也就是当中国石油股价小于 100 元时，买入看涨期权最多损失 5 元；当股价等于 105 元时，则看涨期权投资者没有损失也没有获利；而当中国石油股价大于 105 元时，买入中国石油看涨期权便可获利。因此，买入看涨期权可以说损失有限，获利无穷。

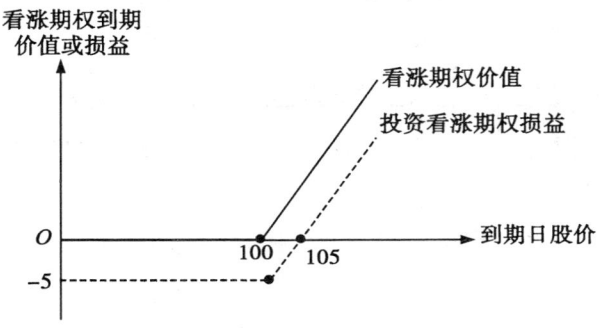

图 3-2　看涨期权到期价值及投资损益

二、看跌期权到期时的价值

看跌期权到期时的价值和看涨期权到期时的价值刚好相反。如果到期时股价低于执行价格，其价值就等于执行价格减去股价；反之，如果到期时的股价大于或等于执行价格，看跌期权的价值就为 0。以公式 3-2 表示如下：

$$P_T = \begin{cases} K-S_T, & \text{如果 } S_T < K \\ 0, & \text{如果 } S_T \geq K \end{cases} \quad (3\text{-}2)$$

或写成 $P_T = \max(K-S_T, 0)$，其中 P_T 表示看跌期权到期时价值。

假设以 4 元买入执行价格为 100 元的中国石油股票看跌期权，当到期时的中国石油股价等于 96 元时，看跌期权价值为 4 元（100-96）；而如果期满日股价大于 100 元时，看跌期权价值便为 0。当然看跌期权最大价值发生在股价等于 0 时，此时看跌期权价值为 100 元（等于执行价格），如图 3-3 所示。因此买入看跌期权的损失有限，获利很大，但也是有限，因为股价不可能小于 0。

---

① 另外，有一种亚式期权（Asian option）或称平均式期权，其到期的价值和欧式不同。譬如亚式看涨期权等于 $\max(0, \bar{S}-K)$，其中 $\bar{S}$ 为看涨期权存续期间，股价的平均值，可以是月平均、季平均、周平均或日平均。请参阅本书第十七章"奇异期权"。

当然，我们也可以考虑投资者的损益，将权利金考虑进去。因为当初花了 4 元买入看跌期权，所以当中国石油股价为 96 元时，就是损益平衡点。当股价小于 96 元时，买入看跌期权便获利，最大获利为 96 元（当股价为 0 时）；而当股价大于 100 元，则投资者将损失 4 元，如图 3-3 所示。

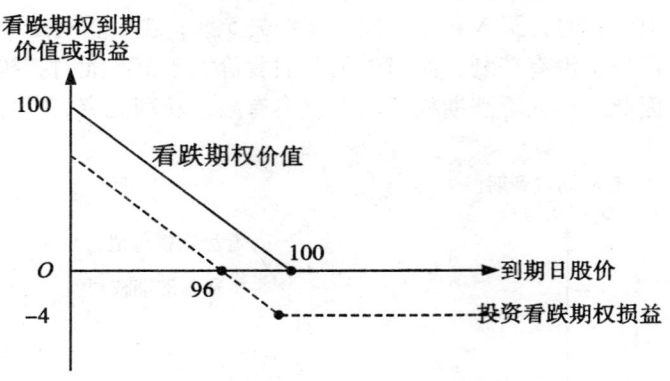

图 3-3　看跌期权到期价值及投资损益

第三节　期权到期前的价值

第二节所介绍的是期权到期时的价值，本节接着要讨论的是当看涨期权、看跌期权还有一段时间才到期时，它的价值将会如何。期权到期前的价值可以称为权利金（premium）。权利金是买方要支付给卖方的金额，以取得未来期权可能报酬的权利。一般将期权权利金分为内在价值（intrinsic value）与时间价值（time value）两部分。

$$期权价值=内在价值+时间价值$$

所以，看涨期权的权利金可表示如下：

$$C=\max(S-K, 0)+时间价值$$

看跌期权的权利金可以表示如下：

$$P=\max(K-S, 0)+时间价值$$

对价内看涨期权来说，因为股价大于执行价格，所以内在价值为正，等于股价减执行价格；但是对价外看涨期权来说，因为股价小于执行价格，所以内在价值为 0，只有时间价值。同样地，价内看跌期权的权利金包含内在价值与时间价值，内在价值等于执行价格减股价，而价外看跌期权则只有时间价值。

由图 3-4 也可以看出价内看涨期权，其到期前的价值包含内在价值（$S-K$）与时间价值；而价外看涨期权则只有时间价值。对价内看涨期权来说，当股价上升时，即股价离执行价格越远，看涨期权的价值会越高，但是看涨期权的时间价值反而会下跌（也就是越深度价内，时间价值越低）。对价外看涨期权而言，当股价上升时，即股价越靠近执行价格时,其时间价值越上升。因此,在平价时,看涨期权的时间价值最高(由图3-4也可以看出)。

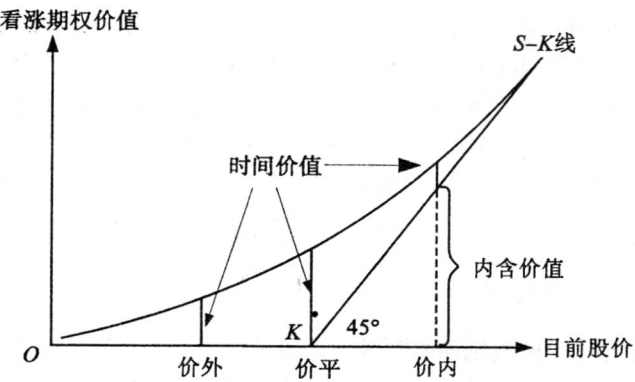

说明:垂直实线表示时间价值,垂直虚线表示内在价值,由图3-4可以看出,价外、平价看涨期权只有时间价值;价内看涨期权包括时间价值与内在价值。对价外看涨期权而言,当股价上升(越靠近K),则时间价值上升;但对价内看涨期权而言,当股价上升(离K越远),则时间价值下降。

图3-4 看涨期权到期前价值

至于看跌期权到期前的时间价值,也是越价内越低,而以平价时最高。但是,当股价很低(深度价内)时,欧式看跌期权的价值可能会小于内在价值($K-S$),如图3-5所示。①

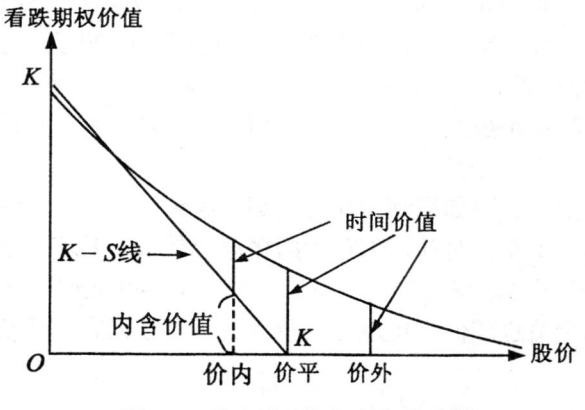

图3-5 欧式看跌期权到期前价值

---

① 有些书将欧式看涨期权的内在价值定义为"$S-K(1+r)^{-T}$";欧式看跌期权内在价值为"$K(1+r)^{-T}-S$"。

一、价外时间价值是期待股价上涨获利所付出的权利金

为什么价外看涨期权的时间价值会因为股价上升而上涨,而价内看涨期权的时间价值会因为股价上升而下降呢?回答这个问题前,首先我们要问的是:投资者为什么要支付时间价值?对价外看涨期权而言,因为完全没有内在价值,所以价外看涨期权的权利金就是时间价值。虽然现在股价低于执行价格,但未来股价仍有机会上升而超过执行价格。因此,时间价值就是用来购买未来股价上涨可能超过执行价格而获利所付的权利金。若股价越高(越接近执行价格),则到期时股价超过执行价格的机会也就越大,故所需支付的权利金也越高。因此,价外看涨期权的时间价值会随着股价的上升而上涨。

二、价内时间价值为保险的成本

至于价内期权的时间价值则牵涉看涨期权的保险功能。价内看涨期权的时间价值可视为是一种保险,为什么呢?兹举一例说明。假设目前鸿海股价是120元,执行价格为100元,3个月后到期的鸿海股票看涨期权价格为28元,因此看涨期权的内在价值是20元(120-100),而看涨期权的时间价值就是8元(28-20)。假设你现在花28元买一个看涨期权,当看涨期权到期时,如果股价上涨至140元,届时你可以用100元去换鸿海股票。若不考虑钱的时间价值,则你总共花了128元(28+100)拿到一张140元的股票。

如果你不这么做,而直接用120元去买一张鸿海[1]股票,3个月后,你还是拥有一张140元的股票。比较这两种策略,第一种策略比第二种策略多花了8元(128-120),这8元就是时间价值。到期时同样是拿到鸿海股票,为什么你愿意多花这8元呢?答案是,当股票上涨时,第一种策略的确多花了8元;但当股票下跌时,情形就不同了。譬如当股价由120元跌到80元时,第一种策略可以选择不去履约,所以你只损失28元看涨期权的成本;但第二种策略是直接购买股票,当股票由120元跌到80元时,你就损失了40元。如果股价持续下跌,第一种策略最多损失28元,而第二种策略则会继续损失。所以,采用第一种策略虽然多付了8元,但可以算是一种防止股价跌到低于执行价格而不去履约的权利,也就是保险。

再者,如果股价上升,譬如涨到140元,那么股价是在140元时跌破100元的概率比较大呢?还是股价在120元时跌破100元的概率比较大?答案当然是120元跌破100元的概率比较大,140元的概率比较小。所以当股价为140元时,所要支付的保险费就相对较低,因此时间价值也较低。也就是对价内看涨期权而言,股价越高其时间价值会越低。

---

[1] 鸿海集团创立于1974年,董事长为郭台铭先生。该集团是全球3C(电脑、通信、消费性电子)代工领域规模最大、成长最快、定价最高的国际集团。集团旗下公司不仅于中国台湾、香港、伦敦等证券交易所挂牌交易,更囊括当前台湾地区最大的企业、捷克前三大出口商、大中华地区最大出口商、富比士及财富全球五百大企业,及全球3C代工服务领域龙头等头衔。

三、时间价值会加速度递减

对价外期权而言,时间价值就是期权的价值;而对价内期权来说,因为内在价值可由股价及执行价格的差求算出来,故时间价值一求出,便可计算出价内期权的价值。因此,各种期权的定价公式(包括将在本书第五章讨论的 B-S 公式),其实就是在计算时间价值。

时间价值会随着期满日的逼近而呈递增速度下降。图 3-5 为利用本书所附的定价软件求出随着期满日的减少,平价期权的时间价值变动情形。图 3-6 显示在平价时,$S=K=100$,不同到期期限的看涨期权时间价值。由图可看出,1 年到期的时间价值为 18.47 元,而半年到期的为 12.62 元,3 个月到期的为 8.72 元,剩下 1 个月的时间价值为 4.93 元。因此,前面半年的时间价值减少为 5.85 元(18.47-12.62),而最后 1 个月至期满日的时间价值,在短短 1 个月内竟减少了 4.93 元(4.93-0)。由此可知,距期满日越近,时间价值减少的速度越快。因此,投资期权时,需要特别注意期满日,虽然股价没有变动,但时间价值会加速度地消失,是以期权也被称为损耗性资产(wasting asset)。①

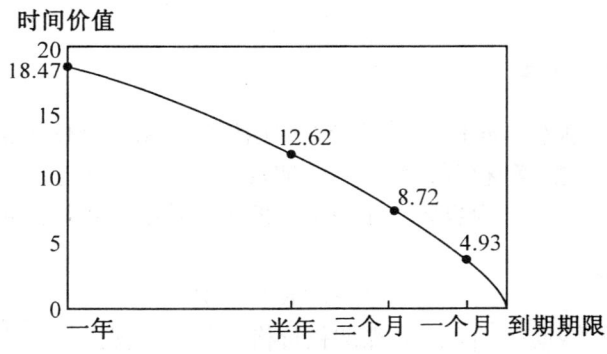

图 3-6 看涨期权的时间价值与到期期限

☞ **动动脑**

在图 3-5 中,欧式看跌期权的价值可能低于 $K-S$ 线,为什么?那么美式看跌期权呢?

第四节 看涨期权价格上下限

本节所要介绍的是期权边界条件(boundary condition),也就是探讨股价、执行价格和期权之间的关系。虽然我们还不知道期权理论价格是多少,但可以了解到期权的价格

---

① 当然,期权的卖方可以因此而赚取时间价值。

应该会在某一个范围内，不会低于或高于某一个价格。如果期权价格超出这个范围则不合理，就会有套利的机会出现，而套利的交易将会使看涨期权、看跌期权的价格回到无套利的范围内。一般所谓的套利（arbitrage）是指没有风险而获取利润的交易动作，包括期初没有支出，而期末有收益；或者是期初有收益，而期末没有支出；或者是期初、期末均有收益。看涨期权的边界条件包括看涨期权的上限及下限，以下将分别讨论；至于看跌期权的上下限则在下一节说明。

一、看涨期权价格上限

看涨期权价格上限（upper bound）是指看涨期权的价格不会高于某一个价格，也就是会小于某一个价格，此价格称为上限。看涨期权的价格一定会小于等于股价。因为如果看涨期权价格高于股价，那么直接买股票就好了，不需要买一个看涨期权，到期再来支付执行价格，以便拿到股票。假设看涨期权是50元，股价是45元，以套利的观点来说，你便可以卖出看涨期权，拿到50元去买45元的股票，净赚5元。到期时，看涨期权的买方如果履约，你便可将手上的股票交付给看涨期权买方，而且还可以拿到执行价格K元，然而这就违反了没有套利的原则。因此，看涨期权的价格C一定小于或等于股票价，这便是看涨期权价格的上限。以公式3-3表示如下：

$$C \leqslant S \tag{3-3}$$

二、看涨期权价格下限

看涨期权价格下限（lower bound）是指看涨期权的价格不会低于某个价格，也就是要大于某个价格。期权是一种权利，所以看涨期权价格一定会大于0，此部分是可以理解的。另外，看涨期权价格至少也要大于或等于股价减掉执行价格的折现。以公式3-4表示如下：

$$C_a = C \geqslant S - K(1+r)^{-T} \tag{3-4}$$

其中，C表示欧式看涨期权。欧式看涨期权价格下限也可视为是欧式看涨期权的内在价值。公式3-4对欧式与美式看涨期权均适用。

【例题1】 假设目前股价为110元，执行价格为100元，还有1年到期，利率是6%，求看涨期权的价格下限。

解：由公式可知，看涨期权要大于或等于股价减去执行价格的折现：

$$110 - 100 \times (1+0.06)^{-1} = 110 - 94.3 = 15.7$$

即看涨期权价格要大于或等于15.7元，否则就会有套利的情形出现。

为什么看涨期权价格要大于或等于$S - K(1+r)^{-T}$呢？以下将举一个例子说明。假设有两个证券组合：第一个证券组合是买入看涨期权（C），则到期时看涨期权的价值$C_T = \max(S_T - K, 0)$；第二个证券组合是以S元买入股票，并向银行融资借入$K(1+r)^{-T}$元。期满日时，第二个证券组合价值为$S_T - K$（股票S_T减去还给银行的借款加利息K）。

比较两个证券组合，当然是第一个证券组合比较划得来，因为当$S_T - K > 0$时，两个证券组合是相同的；可是当$S_T - K < 0$时，第一个证券组合的价值为0，而第二个证券组合的价值为负，所以前者会比后者好。因为就未来的报酬而言第一个证券组合会比第二

个证券组合好,所以目前第一个证券组合的价值 C 也要比第二个证券组合的价值 $(S-K(1+r)^{-T})$ 更高,因此看涨期权 C 要大于或等于 $S-K(1+r)^{-T}$。

综合以上看涨期权的上限及下限,看涨期权的价格区间可以写成:

$$S \geq C \geq \max(S-K(1+r)^{-T}, 0) \tag{3-5}$$

公式 3-5 中,因为价外期权的 $S-K(1+r)^{-T}$ 小于零,所以看涨期权最小值取零。

第五节 看跌期权价格上下限

介绍完看涨期权的上下限后,本节要介绍看跌期权的上下限。看跌期权的上下限和看涨期权的下限的概念类似,只是符号相反。另外,欧式看跌期权和美式看跌期权的差别在于欧式执行价格需折现,美式的执行价格不用折现。

一、欧式看跌期权价格上限

不同于看涨期权的上限,美式和欧式看跌期权价格的上限不太一样。欧式看跌期权要到期满日才能履约,所以最好的状况是在期满日时股价等于 0,那么看跌期权的价值就是执行价格,将执行价格折现回来,所以欧式看跌期权会小于或等于执行价格的折现。以公式 3-6 表示如下:

$$P \leq K(1+r)^{-T} \tag{3-6}$$

【例题2】 假设股价为 90 元,执行价格为 100 元,到期期限为 1 年,则看跌期权的价格上限(最大价格)为多少?

解:根据公式 3-6,看跌期权的价格上限为:

$$100 \times (1+0.06)^{-1} = 94.3$$

二、美式看跌期权的价格上限

美式看跌期权的价格上限和欧式看跌期权的价格上限是不同的。因为美式看跌期权可以随时履约,所以在期满日前任何一天皆可履约。如果股价在期满日前等于 0 时,提早履约以 K 的价格卖出股票最为有利,早点拿到 K,早点赚到利息(因为股价最低也是 0,不会再低了)。所以,美式看跌期权的价格会小于或等于执行价格 K。以公式 3-7 表示如下:

$$P_a \leq K \tag{3-7}$$

其中,P_a 为美式看跌期权。

三、欧式看跌期权的价格下限

欧式看跌期权的价格下限和欧式看涨期权的价格下限很类似,只是将公式 3-4 反过来,所以欧式看跌期权的下限一定要大于或等于执行价格的折现减掉股价。以公式 3-8 表示如下:

$$P \geq K(1+r)^{-T} - S \tag{3-8}$$

【例题3】 承接例题 2,求欧式看跌期权的价格下限。

解：根据公式3-8，其下限为：
$$100\times(1+0.06)^{-1}-90=4.3$$
表示欧式看跌期权的价格下限至少大于或等于4.3元。

四、美式看跌期权的价格下限

美式看跌期权的价格下限与欧式看跌期权的价格下限有所不同，因为美式看跌期权可以提早履约，所以美式看跌期权至少要大于或等于内在价值($K-S$)。以公式3-9表示如下：

$$P_a \geq K-S \tag{3-9}$$

【例题4】 承例题2，求美式看跌期权的价格下限。

解：美式看跌期权至少要大于或等于$100-90=10$，表示美式看跌期权至少要大于或等于内在价值10元。

综合以上看跌期权的上限与下限说明，欧式看跌期权价格的区间可以写成：

$$K(1+r)^{-T} \geq P \geq \max(K(1+r)^{-T}-S, 0) \tag{3-10}$$

美式看跌期权的区间可以写成

$$K \geq P_a \geq \max(K-S, 0) \tag{3-11}$$

五、其他价格条件

一般而言，对看涨期权来说，执行价格较低，其看涨期权价格会较高，但其上升幅度会小于执行价格的下跌幅度，以数学公式表示如下：

$$C_{K_2}-C_{K_1} \leq K_1-K_2 \tag{3-12}$$

其中，K_1、K_2为执行价格，且$K_1>K_2$，C表示其相应的看涨期权价格。也就是说，其他条件相同而执行价格不同的看涨期权的价差，会小于两个执行价格的差。

譬如，假设两个执行价格分别为$K_1=100$、$K_2=90$的看涨期权，那么

$$C_{90}-C_{100} \leq 100-90=10$$

C_{90}、C_{100}分别表示在相同条件下，执行价格为90元与100元的看涨期权价格。

同理，看跌期权也有这个性质。对看跌期权来说，当执行价格下降时，看跌期权价格会下跌，但其下跌幅度会小于执行价格的下跌幅度，以数学公式表示如下：

$$P_{K_1}-P_{K_2} \leq K_1-K_2 \tag{3-13}$$

其中，$K_1>K_2$。也就是说，其他条件相同，执行价格不同的看跌期权价差，小于两个执行价格差。譬如：

$$P_{100}-P_{90} \leq 100-90=10$$

P_{100}、P_{90}分别表示在相同条件下，执行价格为100元与90元的看跌期权价格。

☞ **动动脑**

你会证明$C_{90}-C_{100} \leq 10$吗？

（提示：证明如果$C_{90}-C_{100} \geq 10$，应如何套利）

【实务专栏3】

怡富投信发行日本美元保本型共同基金

投资共同基金由于分散风险，一般比投资股票风险来得小。但是在历史上，当区域性的股票大跌（如中南美洲或亚洲发生危机）时，共同基金的损失也很大，因此保本型共同基金便应运而生。保本型共同基金（principal guaranteed fund），简称保本基金或还本收益基金，乃募集小额投资人资金，委托专家投资，在投资契约到期时，具有本金回收保证，同时享有本金外收益的投资工具。台湾地区最早出现的保本基金系由花旗银行（Citibank）于1994月12月发行的花旗亚洲保本基金及拉丁美洲保本基金。怡富投信（即怡富投资信托公托，不同）也在次年推出保本型基金，都是属于海外共同基金。

怡富投信曾发行怡富日本美元还本收益基金，保证投资人于投资两年后契约到期时，至少可获得投资本金百分之百回收，因此投资人不会有本金损失的风险。该基金的主要投资目标，在于提供投资人投资报酬率能与日本日经300指数（Nikkei 300 Index）的绩效表现相连结的机会，只要投资人将基金持有至期满日，不但投资保本，而且一旦日经股价指数上涨，投资人更可享有日经300指数季平均涨幅乘以1.25倍的投资收益，这一1.25倍即所谓参与率（participation rate）。该信托基金为美元还本的保本基金，亦即其保本型态为保证回收以美元计价的投资本金，故台湾地区投资人必须承担美元兑换新台币的汇率风险。

该基金报酬率的计算基础，是以2年内，每季最末月份的第10日日经300收盘指数，共8季指数的算术平均数减去期初的日经300收盘指数。所以1期初的收盘指数水平，即为此一期权的执行价格。因此，这种看涨期权属于平均式看涨期权，又称为亚式看涨期权（Asian call option）。

从保本基金的到期价值来看，这种产品可视为零息债券与期权两种投资工具的组合。因为零息债券的到期价值可与基金公司所提供的某一定保本的投资现值相等，再利用部分金额投资于期权，使投资人持有基金至期满日止，无论投资于期权部分如何变动，投资人仍可依赖零息债券部分，获得本金回收的保证。如果期权为指数看涨期权，当市场指数上涨时，更可藉由指数看涨期权使基金报酬有机会与市场报酬连动。因此，结合零息债券与期权，可复制成与保本基金到期价值相同的证券组合，其报酬形式很像看涨期权的图形。一般市场上的保本基金通常也以债券与看涨期权的证券组合构成保本的投资要件。

台湾地区在2003年以前，市场上的保本型基金都属于海外保本型基金，亦即由海外发行的保本基金。2003年，宝来投信①首先推出本土的保本型基金，称为宝来福星高照保本型基金，其保本率为95%，到期期限为5年。而后，岛内陆续共有12档保本基金出现，但到了2007年就不再有本土型的保本基金出现。目前岛内所看到银行销售的保本型基金都属于海外保本基金。

---

① 宝来投信成立于1992年，目前为台湾地区前三大资产管理公司，也是台湾地区最大的ETF发行商。

在保本率方面，保本基金并不都是百分之百保本，有些是95%保本、90%保本。因此，投资者购买此商品的同时，要特别注意保本率。另外，参与率也是需要特别注意的。参与率是指所连结的目标上涨1%，此共同基金所得到报酬的比率，这个比率越高对投资者越有利。一般所连结的目标波动率越小、保本基金的期限越长、保本率越小或者是平均式的看涨期权，则其参与率将会越高。

小　　结

1. 如果到期时的股价大于执行价格，那么看涨期权到期时的价值应该等于到期时的股价减掉执行价格；如果到期时的股价小于执行价格，则看涨期权就没有价值，即 $C_T = \max(S_T - K, 0)$。

2. 如果到期时的股价低于执行价格，看跌期权到期时的价值就是执行价格减去股价；反之，如果到期时的股价大于或等于执行价格，看跌期权的价格就为0，即 $P_T = \max(K - S_T, 0)$。

3. 价内看涨期权与看跌期权在期满日前的价值，包含内在价值与时间价值，此时，时间价值可视为是一种保险费用；而价外看涨期权与看跌期权在期满日前的价值只有时间价值，此时，时间价值可视为对未来期权获利所支付的权利金。

4. 对价外看涨期权而言，股价上升时，时间价值也会上升。对价内看涨期权而言，股价上升时，时间价值会下跌，也就是越深度价内，时间价值越低；看跌期权的情形也很类似，只是方向相反。

5. 欧式与美式看涨期权的价格一定小于或等于股价，这便是看涨期权价格上限，即 $C \leq S$。

6. 欧式与美式看涨期权的价格至少要大于或等于股价减掉执行价格的折现，这就是看涨期权价格下限，即 $C \geq S - K(1+r)^{-T}$。

7. 欧式看跌期权价格要小于或等于 $K(1+r)^{-T}$；美式看跌期权的价格会小于或等于执行价格 K，即 $P_a \leq K$。

8. 欧式看跌期权的价格一定要大于或等于执行价格的折现减掉股价，即 $P \geq K(1+r)^{-T} - S$；美式看跌期权至少要大于或等于内在价值即 $K - S$。

9. 不同执行价格的看涨期权（或看跌期权）价差小于两个执行价格的差。

10. 一般而言，影响期权价格的因素包括期权标的资产价格的高低、标的资产价格波动性的大小、期权执行价格的高低、期权到期期限的长短、无风险利率的大小及标的资产股利的大小。

11. 一般而言，看涨期权的价值与股价、期满日、股价波动幅度及无风险利率成正相关关系，而与执行价格及股利的大小成反相关关系。

12. 一般而言，看跌期权的价值与执行价格、期满日、股价波动幅度及股利大小成正相关关系，而与无风险利率及股价成负相关关系。

习 题

1. 看涨期权或看跌期权的时间价值在价内、平价及价外时，谁最大？

2. "两种不同到期期限、其他条件相同的看跌期权，期限较长看跌期权的价值较大。"请问此叙述是否一定成立？

3. 假设股价为 100 元，执行价格为 80 元，还有半年到期的看涨期权，求欧式看涨期权及美式看涨期权的价格上下限。（假设利率为 2%）

4. 假设股价为 100 元，执行价格为 105 元，还有半年到期的看跌期权，求欧式看跌期权及美式看跌期权的价格上下限。（假设利率为 2%）

5. 哪些因素会影响看涨期权的理论价格？影响的方向如何？

6. 哪些因素会影响看跌期权的理论价格？影响的方向如何？

7. 哪些因素对看涨期权、看跌期权均有同向的影响？为什么？

第四章 看跌看涨期权平价关系

本章所要介绍的看跌看涨期权平价关系公式,是说明看涨期权和看跌期权价格关系之间的一个简单公式,如果公式不成立,便可以有套利的机会产生。平价理论公式虽然简单,在实务上却有很大的功用。本章第一节介绍看跌看涨期权平价关系公式;第二节将探讨看跌看涨期权平价关系公式所包含的一些有趣的含义;第三节将推导看跌看涨期权平价关系公式;第四节则讨论利用看跌看涨期权平价关系的概念来复制产品;第五节将探讨在有股利情况下或是期货期权以及美式期权时,看跌看涨期权平价关系公式的延伸修正。实务专栏是关于远东纺织发行多空浮动利率公司债的介绍。

第一节 看跌看涨期权平价关系

第三章介绍了看涨期权与看跌期权价格的上限与下限,是关于看涨期权价格(或看跌期权)和股价及执行价格之间的关系。也就是看涨期权或看跌期权价格应该限制在某区间内,否则便有套利的情形出现。这些都是关于看涨期权或看跌期权本身价格的限制。本章所要介绍的是,看涨期权和看跌期权彼此价格之间也存在着密切的关系,也就是所谓的"看跌看涨期权平价关系"。看跌看涨期权平价关系公式和本书第五章的 B-S 看涨期权定价公式,是期权课程中相当基本且重要的两个公式。但是,看跌看涨期权平价关系公式又比 B-S 定价公式来得简单易懂,不会牵涉太多的数学。看跌看涨期权平价关系(put-call parity)或称看涨期权看跌期权平价理论,以公式 4-1 表示如下①:

$$C-P=S-K(1+r)^{-T} \tag{4-1}$$

公式 4-1 的意义是说,对同一目标资产(如同一支股票)、同一执行价格、同一期满日之看涨期权与看跌期权来说,在某个时点,看涨期权、看跌期权的相对价格(看涨期权减去看跌期权)应该等于当时股价减去执行价格之折现,否则会有套利机会。公式4-1 左边即看涨期权、看跌期权价格之差,公式右边即看涨期权的下限(或内含价值)。看跌看涨期权平价关系好比我们以前在经济学或国际经济学课程里学过的购买力平价理论(purchasing power parity),或利率平价理论(interest rate parity)。前者说明两国通货膨胀率之差等于两国的汇率贬值率;后者说明两国的利率差等于两国的汇率贬值率。所以

---

① 有些书籍将此公式写成 $C-P=S-Ke^{-rT}$,其中 e^{-rT} 是连续复利折现因子(continuous discount factor),为了便于初学者了解,本书采用比较常见的简单复利折现因子 $(1+r)^{-T}$ 代替,表示在利率为 r、期满日 T 年、期满日为 1 元的现值。当 r 值不大时,可以用 $(1-rT)$ 来概略估算 $(1+r)^{-T}$。

"平价"或"等价"(parity)是在说明变量之间的"等式"关系。

看跌看涨期权平价关系公式最早是由美国财务学家 Hans Stoll 在 1969 年推导出来的,[①] 而后来的 Black 和 Scholes 也采用此平价理论公式来推导看跌期权公式(将在本书第五章 B-S 定价模型中介绍)。以下举例说明此公式的应用。

【例题 1】 根据芝加哥期权交易所(CBOE)某天的数据显示:4 月到期、履约价为 120 的 IBM(International Business Machines)股票看涨期权、看跌期权收盘价分别为 8.35 及 1.25,IBM 股票的收盘价为 127.25,请验证公式 4-1 看跌看涨期权平价关系(美国无风险利率假设为 2%,还有 15 天到期)。

解:根据资料可知 $C=8.35$、$P=1.25$、$S=127.25$、$K=120$、$r=2\%$,还有 15 天到期,故:

$$C-P=8.35-1.25=7.10, \quad T=15\div 365=0.04$$

则 $\quad S-K(1+r)^{-T}=127.25-120(1+2\%)^{-0.04}=127.25-119.91=7.30$

公式两边仅差 0.2,所以我们可以说,IBM 这两个个股期权价格符合看跌看涨期权平价关系公式。

【例题 2】 假设同方股份股价为 100 元,执行价格为 100 元,还有 1 年到期的看涨期权价格为 20 元,求相同条件下的看跌期权价格(假设利率为 2%)。

解:由公式移项可得到:

$$P=C-S+K(1+r)^{-T}=20-100+100(1+0.02)^{-1}=18$$

所以得到看跌期权 18 元,小于看涨期权的 20 元。

第二节 看跌看涨期权平价关系公式的解析

看跌看涨期权平价关系公式虽然看起来很简单,但却包含一些有趣而实用的含义,以下将逐一说明。

一、看涨期权看跌期权价格可以互相换算

平价理论公式告诉我们,只要知道看涨期权的价值,就能求出相对应看跌期权的价格;反之亦然。在例题 2 我们已说明了平价理论此项特点。

二、违反平价理论,会有套利机会

假设违反了看跌看涨期权平价关系,理论上就会有套利的机会,而套利的机会将使看涨期权、看跌期权的相对价格回复到理论价格。假设股价为 100 元,执行价格为 100 元,利率为 6%,1 年到期,看跌期权是 5 元,看涨期权为 15 元。从公式来看,看涨期权理论价格应该等于 11 元,所以我们知道,看涨期权相对于看跌期权高估了。因此藉

[①] 参见 Stoll, Hans R. The Relationship Between put and Call Options Prices. *Journal of Finance*, 24, December 1969: 802-824.

由买低卖高，即卖空看涨期权，拿到15元，同时买入一个看跌期权、买入1股股票，并且融资向银行借入94元（100元的现值），这个套利在期初总共有现金流入4元（15-5-100+94）。

到期时，如果股价大于执行价格，则看跌期权没有价值，可以将股票交给看涨期权买方，而拿回执行价格100元，再将100元还给银行，最后没有现金流出与流入；如果到期时，股价小于执行价格，则看涨期权没有价值，而看跌期权可将股票以100元卖给看跌期权的卖方，再将100元还给银行，最后也没有现金的流出与流入。由于期初有4元的流入，而最后没有现金流出，故此为没有任何风险的套利，因为到期时此证券组合的终值为0，并不需要支付任何金额。①

反之，如果发现看涨期权不是11元而是8元，那么应该买低卖高。也就是买一个看涨期权，卖一个看跌期权，卖股票并将钱存在银行，如此就可以净赚3元（8+5+100-94）的套利。因此，套利机会将使期权价格逐渐趋于理论价格，即低估的看涨期权价格会上升，高估的看跌期权价格会下降，而套利会逐渐消失，使看跌看涨期权平价关系成立。

三、任一期权定价模型均需满足看跌看涨期权平价关系公式

看跌看涨期权平价关系公式也告诉我们，任何由期权定价公式求出的看涨期权、看跌期权价格，均应满足看跌看涨期权平价关系公式，否则该期权定价公式是不正确的。本书第五章将要介绍的B-S定价公式，便是先求出看涨期权的公式，再经由看涨期权、看跌期权平价理论代入以求得看跌期权，如此一来，看涨期权、看跌期权的价格关系便可满足看涨期权、看跌期权平价理论公式。

四、平价理论说明利率上升，看涨期权价值上升，看跌期权价值下降

本书第三章提到当利率上升时，看涨期权价值会上升，而看跌期权价值会下降。根据看跌看涨期权平价关系也可看出，利率上升则看涨期权价格上升，看跌期权价格下跌；反之，利率下跌则看涨期权价格下跌，看跌期权价格上升。由公式4-1可看出，当利率上升时，$S-Ke^{-rT}$上升，所以$C-P$上升，因此C上升或P下降；反之，当利率下降时，$C-P$下降，所以C下降或P上升。

五、股价报酬波动率的变动不影响看涨期权看跌期权相对价格

看跌看涨期权平价关系告诉我们，股价报酬波动性的变动不会影响看涨期权、看跌期权的相对价格。根据本书第二章可知，当股价波动性增加，看涨期权与看跌期权的价格均会上升。虽然股价波动率上升会使看涨期权、看跌期权的价格上升，但波动性的变动却不会影响看涨期权、看跌期权的相对价格（$C-P$）。因为从平价公式中，看涨期权、

---

① 另外，根据看跌看涨期权平价关系 $C-P-S+K(1+r)^{-T}=0$，可以知道这一套利交易的最后价值为0，亦即到期时没有现金流入与流出。假设在此不考虑交易成本。

看跌期权的相对价格等于股价减掉执行价格的折现，影响相对价格的只有股价、利率、执行价格及到期期限等4个因素；而股价报酬的波动性并不在看涨期权看跌期权这个等式中。

也就是说，波动性对看涨期权、看跌期权的影响是一样的。譬如波动性增加，使看涨期权上升2元，那么看跌期权也同样会增加2元，相互抵消的结果，使相对价格纵使波动性增加，在股价不变的情形下，也是不会改变的。所以，股价报酬的波动性对看涨期权、看跌期权的相对价格并没有影响。①

我们也可以利用看跌看涨期权平价关系来解释第三章所提过的：价内看涨期权当股价上升时，其时间价值会下降。根据看跌看涨期权平价关系公式 $C-P=S-K(1+r)^{-T}$，若将 P 移到等号右边整理，则变为：

$$C = \underset{(1)}{S-K(1+r)^{-T}} + \underset{(2)}{P} \tag{4-2}$$

公式4-2的价内看涨期权价值其实可以看成是两项的和。第(1)项是广义的内在价值 $S-K(1+r)^{-T}$；第(2)项是看跌期权价格（P）。因此，看涨期权的时间价值即看跌期权的价值。看跌期权就如同第三章所说的，具有保险功能。由第3章可知，如果股价上升，看跌期权价值会下降（所需要支付的保险成本下降），亦即第(2)项看跌期权的价值会下降。因此，若股价上升，价内看涨期权的时间价值就会下降。

第三节　看跌看涨期权平价关系公式的推导

本节推导看跌看涨期权平价关系公式。此公式推导的基本概念，是假设有两个证券组合，如果期末价值都相同，那么这两个证券组合的期初投资成本应该一样，才不会有套利的机会发生。假设A证券组合包括买入看涨期权 C 元，将 $K(1+r)^{-T}$ 元存入银行；证券组合B包括买入 S 元股票及买入看跌期权 P。当到期时股价大于执行价格时，A、B证券组合均可拿到股票 S_T 元；而当到期股价小于或等于执行价格时，A、B证券组合均可拿到 K 元。由于A、B证券组合的期末价值都相同，那么期初投资成本也应相同，所以 $C+K(1+r)^{-T}=S+P$，移项可得：

$$C-P=S-K(1+r)^{-T}$$

在此将A、B证券组合到期结果作成表4-1。

---

① 另外，也可用微积分的观念来解释。对公式4-1微分，左边为看涨期权对波动性的微分减掉看跌期权对波动性的微分，会等于右边对股价的微分。因为右边的微分等于0，所以 $\frac{\Delta C}{\Delta \sigma} - \frac{\Delta P}{\Delta \sigma} = 0$，，这是因为在等式右边并没有波动性（$\sigma$）的因子，所以在左边波动性对看涨期权的影响会等于波动性对看跌期权的影响，亦即 $\frac{\Delta C}{\Delta \sigma} = \frac{\Delta P}{\Delta \sigma}$。$\frac{\Delta C}{\Delta \sigma} = \frac{\Delta P}{\Delta \sigma}$ 即期权的 vega（参阅第十九章第三节"期权的敏感度分析"）。

表 4-1　　　　　　　　看跌看涨期权平价理论之推导

		到期时价值	
		股价>执行价格	股价≤执行价格
证券组合 A：	买入看涨期权 C	S_T-K	0
	将 $K(1+r)^{-T}$ 存入银行	K	K
	期末证券组合 A 价值	S_T	K
证券组合 B：	买入股票 S	S_T	S_T
	买入看跌期权 P	0	$K-S_T$
	期末证券组合 B 价值	S_T	K

另外一种推导方式比较简单，是根据本书第三章看涨期权看跌期权期满日报酬的定义。延续上述例子，假设有一个证券组合 A，包括买入一个看涨期权，并将钱存在银行，到期时证券组合 A 价值为何？

我们知道，看涨期权到期的价值为到期时股价减去执行价格或是 0，两者取其较大者。存入银行的钱，到期时可拿回本利和 K 元，所以证券组合 A 最后拿到的报酬如下：

$$\max(S_T-K, 0)+K=\max(K, S_T)$$

另外，证券组合 B 是买入股票与买入一个看跌期权，到期时股票价值 S_T 元，根据本书第三章的定义，看跌期权的终值是 $\max(K-S_T, 0)$，将这两个报酬加总，证券组合 B 的报酬为：

$$\max(K-S_T, 0)+S_T=\max(K, S_T)$$

因此我们可以发现，证券组合 A 与 B 的终值是相同的，皆为 $\max(K, S_T)$，所以它们的初值也应该一样，不然就会有套利的机会。因为证券组合 A 的期初成本为 $C+K(1+r)^{-T}$，而证券组合 B 的期初投资成本为 $S+P$。因此：

$$C+K(1+r)^{-T}=S+P$$

移项后，可以得到：

$$C-P=S-K(1+r)^{-T}$$

这就是公式 4-1 的看跌看涨期权平价关系公式。

☞ **动动脑**

你能用其他方法证明公式 4-1 看跌看涨期权平价关系吗？

第四节　平价理论与证券的复制

在第二节中，我们说明了看跌看涨期权平价关系的一些有趣的含义，而在这一节中，我们将介绍如何利用看跌看涨期权平价关系的概念，经由其他两种证券，来复制第三种证券。以下列出几种复制型态：

一、买入看跌期权=买入看涨期权+卖空股票

将公式4-1移项整理可得到:
$$P=C-S+K(1+r)^{-T}$$

看跌期权其实等于看涨期权加上卖空股票,再加上把钱存到银行(或是买一个债券)。由于 $K(1+r)^{-T}$ 代表购买无风险债券或将钱存入银行,可以视为无风险的投资,在讨论复制产品时可以将此项省略。因此,买入看涨期权、卖空股票便可复制一个和看跌期权到期时,有类似报酬型态的证券组合。(读者可以自行绘制损益图)

二、买入看涨期权=买入股票+买入看跌期权

将公式4-1移项整理也可得到另外的关系:
$$C=S+P-K(1+r)^{-T}$$

所以,买入看涨期权也可由买入股票、再买入看跌期权来复制。

三、买入股票=买入看涨期权+卖空看跌期权

将公式4-1移项整理,也可得到股票的复制关系:
$$S=C-P+K(1+r)^{-T}$$

亦即买入股票可由买入看涨期权、卖空看跌期权来复制。

另外,卖空看跌期权($-P$)、卖空看涨期权($-C$)及卖空股票($-S$)的道理和前述第一、第二、第三项是一样的,只是方向相反。

四、卖空看跌期权=买入股票+卖空看涨期权

将公式4-1移项整理,可得到卖空看跌期权的复制:
$$-P=S-C-K(1+r)^{-T}$$

所以,买入股票、卖空看涨期权可以复制成卖空看跌期权的报酬型态。

五、卖空看涨期权=卖空股票+卖空看跌期权

将公式4-1移项整理也可得到:
$$-C=-S-P+K(1+r)^{-T}$$

因此,卖空股票、卖空看跌期权可以复制成卖空看涨期权。

六、卖空股票=买入看跌期权+卖空看涨期权

将公式4-1移项整理可得到卖空股票的复制:
$$-S=P-C-K(1+r)^{-T}$$

所以,买入看跌期权、卖空看涨期权可以复制成卖空股票。

七、买入无风险债券=买入股票+卖空看涨期权+买入看跌期权

另外,由 $K(1+r)^{-T}=S+P-C$ 可知,买入股票、卖空看涨期权及买入看跌期权将产

生一个没有风险的证券组合，或类似买入 $K(1+r)^{-T}$ 的无风险债券，到期的报酬是已知的 K，其现值是 $K(1+r)^{-T}$。

八、卖空无风险债券＝卖空股票＋买入看涨期权＋卖空看跌期权

将第七项中左右两边取负号得：
$$-K(1+r)^{-T}=-S-P+C$$

因此，看跌看涨期权平价关系除了说明这四种证券的价格关系含义外，还说明了产品之间的复制关系。由图4-1可以看出，这四种证券透过看跌看涨期权平价关系，彼此之间相互有紧密的关联。

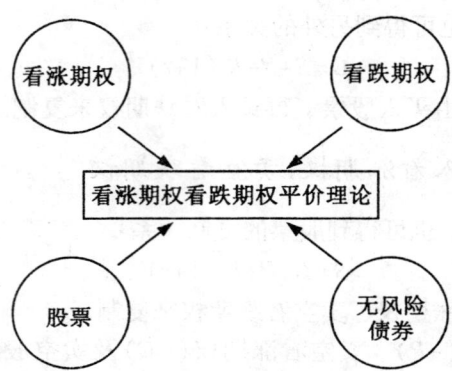

图4-1　看涨期权、看跌期权、股票、无风险债券之间的关系

总而言之，看跌看涨期权平价关系公式虽然很简单，但是在价格的转换计算上非常方便，只要给定看涨期权价格，便可算出同样条件的看跌期权价格。另外，在操作策略上也相当有用，可用看涨期权、看跌期权、股票三者中的两者来复制成第三者，此部分将在第六章"期权的交易策略"中详细说明。

☞ **动动脑**

由上述的复制说明可知，由买入看涨期权、卖出看跌期权可以复制股票，那么买入看涨期权加上卖出看跌期权和单独买入股票，有何差别？

第五节　看跌看涨期权平价关系的延伸

前面所讨论的都是欧式期权在没有股利发放情形下的看跌看涨期权平价关系，那么在股票有股利情况下或是在期货期权以及美式期权时，看跌看涨期权平价关系会变成何种情况呢？以下分成四种情形来讨论。

一、在有股利的情况下，欧式看跌看涨期权平价关系

在有股利的情况下，欧式看跌看涨期权平价关系如公式4-3所示：

$$C-P=S-D(1+r)^{-t}-K(1+r)^{-T} \tag{4-3}$$

我们知道股利的发放会降低股价，也就是说股利是股价的减项。因此，在欧式看跌看涨期权平价关系上，只需将公式4-1右边部分的股价减掉股利的折现即可。例如假设在距现在还有 t 年的时候，发放 D 元的股利，将 D 元折现为目前的现值，所以等价公式就变成 $C-P=S-D(1+r)^{-t}-K(1+r)^{-T}$。如果在期权存续期间有发放一次以上的股利，那么同样将所有股利折现到现在，然后由目前股价扣掉此项即可。

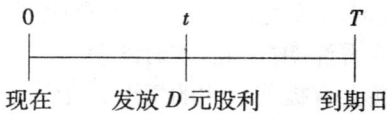

现在　　发放 D 元股利　　到期日

【例题3】 假设鸿海电子公司目前股价为110元，预计半年后要发放4元钱的现金股利，假设期权还有1年到期，执行价格为100元的鸿海欧式看涨期权价值为20元，则条件相同的欧式看跌期权合理价格为多少（假设无风险利率为6%）？

解：由公式4-3可得：

$$\begin{aligned}C-P&=S-D(1+r)^{-t}-K(1+r)^{-T}\\&=110-4(1+0.06)^{-0.5}-100(1+0.06)^{-1}\\&=11.77\end{aligned}$$

因为 $C=20$，所以 $P=20-11.77=8.23$。

连续股利下看跌看涨期权平价关系公式

如果不知何时发放股利，但大约知道股利率（dividend yield）为 δ，则公式可大致调整为：

$$C-P=S(1+\delta)^{-T}-K(1+r)^{-T}$$

或连续复利

$$C-P=Se^{-\delta T}-Ke^{-rT}。 \tag{4-4}$$

【例题4】 根据CBOE交易的数据显示，S&P 500指数期权（代号SPX），4月到期，$K=1\,160$ 的看涨期权、看跌期权分别为12.5及8.4；S&P 500指数为1 164.2，试验证公式4-4（美国无风险利率及股利率假设为1%，还有15天到期）。

解：已知 $C=12.5$、$P=8.4$、$r=2\%$、$\delta=2\%$、$T=\dfrac{15}{365}$

公式4-4中，$C-P=4.1$；$Se^{-\delta T}-Ke^{-rT}=1\,164.2e^{-0.02\times\frac{15}{365}}-1\,160e^{-0.02\times\frac{15}{365}}$

$$\begin{aligned}&=163.24-1\,159.04\\&=4.20\end{aligned}$$

左右两边相差0.1，很接近，所以符合平价理论。

【例题5】 根据我国台湾期货交易所某一天的事务数据，执行价格为 8 000 的台指期权看涨期权及看跌期权分别为 125 及 121、大盘指数 7 992，请验证看跌看涨期权平价关系。（假设年利率 1%，现金股利率 2%，距期满日还有 20 天）

解：$C-P = 125 - 121 = 4$

$$Se^{-\delta T} - Ke^{-rT} = 7\ 992 e^{-0.02 \times \frac{20}{365}} - 8\ 000 e^{-0.01 \times \frac{20}{365}}$$
$$= 7\ 983.25 - 7\ 995.62 = -12.37$$

左右两边相差 16.37，所以台指期权不符合看跌看涨期权平价关系。①

二、在没有股利的情况下，美式的看跌看涨期权平价关系

美式看涨期权会被提前履约的原因，主要是因为股利的发放。因为提前履约，拿到股票才能获得股利（但也损失时间价值），因此在没有股利的情况下，没有理由提前履约而损失时间价值，所以美式看涨期权和欧式看涨期权价格是一样的。但是，看跌期权就不同，美式看跌期权仍可能会有提前履约的情形，尤其在股价很低时，时间价值趋近于 0，提前履约比较有利，因为可以提前拿到执行价格 K，赚取 K 的利息。因此，美式看跌期权的价值会大于或等于欧式看跌期权。于是，美式看跌看涨期权平价关系变成一个有上下区间的不等式：

$$S - K \leq C_a - P_a \leq S - K(1+r)^{-T} \tag{4-5}$$

其中，C_a 为美式看涨期权，P_a 为美式看跌期权。

这个不等式的右边，上限就是公式 4-1 的看跌看涨期权平价关系的等式右边。但是，下限会比较低，等于 $S-K$。②

三、在有股利的情况下，美式看跌看涨期权平价关系

在有股利的情况下，美式看跌看涨期权平价关系如公式 4-6 所示：

$$S - D(1+r)^{-t} - K \leq C_a - P_a \leq S - K(1+r)^{-T} \tag{4-6}$$

美式期权在有股利发放的情况下，因为股利的发放会降低看涨期权的价值，提高看跌期权的价值，因此看涨期权看跌期权相对价格的下限会再下降，即公式 4-5 之 $S-K$，下降为公式 4-6 的 $S-D(1+r)^{-t}-K$。

四、看涨期权看跌期权期货平价理论

根据提到的看跌看涨期权平价关系，知道看涨期权和看跌期权的相对价格，应该等于股价减去目标资产的折现。如多样的资产改为期货即期货期权的看涨期权及看跌期权的价格也有这样的关系，我们称为看涨期权看跌期权期货平价理论（put-call futures parity），以公式表示如下：

$$C_F - P_F = (F - K)e^{-rT} \tag{4-7}$$

---

① 大多数时候，台指期权现货的看跌看涨期权平价关系是不成立的。

② 基本上，在美式期权的看跌看涨平价关系中，会出现大于等于或小于等于的不等式，因此不应该再称为看涨期权看跌期权"平价"理论。不过，习惯上仍沿用欧式期权"平价"理论的称呼。

其中：C_F 为期货看涨期权价格，P_F 为期货看跌期权价格，F 为期货价格，K 为执行价格。

由公式 4-7 可以看出，平价时期货看涨期权的价格等于期货看跌期权的价格。

另外，看跌看涨期权平价关系也可写成现货看涨期权看跌期权和期货之间价格的关系：

$$C - P = (F - K)e^{-rt} \tag{4-8}$$

其中，C、P 分别指现货看涨期权、看跌期权的价格。将公式 4-7 及 4-8 结合可得：

$$C - P = C_F - P_F \tag{4-9}$$

即欧式现货看涨期权看跌期权的相对价格等于期货看涨期权看跌期权的相对价格。这很容易懂得，因为欧式现货看涨期权和期货看涨期权的价值是相等的，同理欧式现货看跌期权与期货看跌期权是相等的。

【例题 6】 如例题 5 的资料，假设已知，4 月份台指期货的成交价格为 8 007 点，请验证看涨期权看跌期权期货平价理论。

解：已知 $C - P = 4$

$$(F - K)e^{-rT} = (8007 - 8000)e^{-0.01 \frac{20}{365}} = 6.8$$

平价理论左右两边差异不大，所以台指期权符合看涨期权看跌期权期货平价理论。

此例说明台指期权和台指期货的关联性比台指现货来得大。这是因为期货商在买卖台指期权时，是利用台指期货来对冲。现货指数因无法交易，所以和台指期权的连动性就比台指期货差。[①]

【实务专栏 4】

远东纺织发行多空浮动利率公司债

我国台湾远东纺织公司（简称远东纺织，后同）[②]多年前曾发行看多、看空浮动利率公司债（Bull and Bear Floating Rate Notes）。这项产品的出现可说是台湾地区证券金融史上金融工具创新的里程碑，因为它是台湾地区第一档发行的浮动利率公司债（Floating Rate Note，FRN）。

此 5 年期公司债分为甲、乙两券，甲券的票面利率在银行承兑汇票（Banker Acceptance，B/A）的利率下降时会增加；也就是说，票面利率和 B/A 利率成反向变动的关系，所以可以说是看空（利率）浮动利率债券。相反地，乙券的票面利率在 B/A 利率上升时会升高，即票面利率与 B/A 利率呈正向变动，因此可说是看多（利率）浮动利率债券。当时台湾地区市场对于利率的走势多空分歧，于是承销商乃将新台币 10 亿元的

---

① 陈威光. 台指期权看涨期权看跌期权期货等价理论之验证. 未发表论文，2002.

② 远东纺织的前身为徐有庠先生等于 1942 年在上海市创设的远东针织厂股份有限公司，生产洋房牌内衣。1953 年在台湾地区创立台湾远东纺织股份有限公司，并于 2009 年正式变更公司名称为远东新世纪股份有限公司（Far Eastern New Century Corporation），主要营运业务可分为纺纤石化、土地资产、投资事业三大类。

发行量分为甲、乙两券,投资人依对利率涨跌的预期和本身部位的调整,选择适当的投资标的;对发行企业来说,则可以锁住固定利率,而所附加的利率上限,也可以规避利率上涨的风险。两券票面利率表示如下:

甲券票面利率 = Max(0, 14.4% − B/A)

乙券票面利率 = 15% − Max(0, 14.4% − B/A)

甲券相当于一个下限利率为 14.4% 的利率下限期权;而乙券为一个固定利率 15% 减去一个下限利率为 14.4% 的利率下限期权。此外,若是将票面金额相同的甲、乙两券的票面利率相加,便是一张两倍票面金额而票面利率等于 7.5% 固定利率的合券。

小　　结

1. 看跌看涨期权平价关系公式的意义是说,对同一目标资产、同一执行价格、同一期满日的看涨期权与看跌期权来说,在某个时点,看涨期权与看跌期权的相对价格应该等于当时股价减去执行价格的折现,否则会有套利机会。

2. 看跌看涨期权平价关系公式如下所示:

$$C - P = S - K(1+r)^{-T}$$

3. 看跌看涨期权平价关系说明了利率上升,看涨期权价格上升,看跌期权价格下降。

4. 看跌看涨期权平价关系告诉我们:股价报酬波动性的变动不会影响看涨期权、看跌期权的相对价格,即股价波动率上升造成看涨期权价格上升,同样也会造成看跌期权价格上升,而其上升的幅度大小是相同的。

5. 看跌看涨期权平价关系说明可以经由其他证券,来复制另外一种证券。譬如卖空股票、买入看涨期权便可复制一个和看跌期权到期时,有类似报酬型态的证券组合。复制的型态包括下列几种:

(1) 买入看跌期权 = 买入看涨期权 + 卖空股票
(2) 买入看涨期权 = 买入股票 + 买入看跌期权
(3) 买入股票 = 买入看涨期权 + 卖空看跌期权
(4) 卖空看跌期权 = 买入股票 + 卖空看涨期权
(5) 卖空看涨期权 = 卖空股票 + 卖空看跌期权
(6) 卖空股票 = 买入看跌期权 + 卖空看涨期权
(7) 买入无风险债券 = 买入股票 + 卖空看涨期权 + 买入看跌期权
(8) 卖空无风险债券 = 卖空股票 + 买入看涨期权 + 卖空看跌期权

6. 在有股利的情况下,欧式的看跌看涨期权平价关系公式:

$$C - P = S - D(1+r)^{-t} - K(1+r)^{-T}$$

或

$$C - P = Se^{-\delta T} - Ke^{-rT}$$

7. 有股利的情况下,美式看跌看涨期权平价关系公式:

$$S - D(1+r)^{-t} - K \leq C_a - P_a \leq S - K(1+r)^{-T}$$

8. 看涨期权看跌期权期货等价理论公式：
$$C-P=(F-K)e^{-rt}$$

习　题

1. 何谓看跌看涨期权平价关系？
2. 为何平价时，看涨期权比看跌期权较有价值？
3. 如果预期股价将上涨（但还未上涨），在既定的股价下，如果看涨期权的价格上涨2元，根据看跌看涨期权平价关系，看跌期权的价格应该上涨还是下跌？为什么？
4. 如果你看跌某一支股票，而想放空该股票，可是又有点担心，万一该支股票反弹，将会遭受重大损失。假设该股票只有看涨期权，没有看跌期权，你该如何做此投资决策呢？
5. 如果看涨期权因为目标股票的波动性增大而上涨5元，那么相同条件下的看跌期权价格又将如何变动？
6. 你能证明以下两等式均不成立吗？
$$C-P>S-K(1+r)^{-T}$$
$$C-P<S-K(1+r)^{-T}$$
7. 请绘图证明买入看涨期权加上卖空股票的总损益型态和买入看跌期权的一样。

第五章　Black-Scholes 期权定价模型

1973 年，Black 和 Scholes 两人发展出期权定价模型，自此期权的定价有了理论公式可以套用，也促成了金融衍生工具的快速发展。本章将介绍这个著名的 Black-Scholes 期权定价模型及其应用。本章第一节首先介绍 Black-Scholes 看涨期权的公式，并举例说明其算法；第二节将 Black-Scholes 公式所包含的意义与实务上的应用，分别加以说明；第三节将利用第四章介绍过的看跌看涨期权平价关系求出看跌期权公式；第四节将介绍 Black-Scholes 公式中所需变量的选取及估算；第五节则讨论实务常用到的隐含波动率及笑状波幅与波动率指数。

另外，有关 Black-Scholes 模型公式的推导、敏感度分析等，因为牵涉较复杂的数学式，对初学者而言可能比较吃力，因此本书将这些课题放在第二十章第一节"Black-Scholes 公式的推导"及第三节"期权敏感度分析"。本章的实务专栏是关于 1997 年诺贝尔经济学奖得主舒尔茨和莫顿的新闻，并附上 Black 等三人的照片。

第一节　Black-Scholes 看涨期权定价公式

1997 年诺贝尔经济学奖揭晓，莫顿和舒尔茨因为研究期权定价方法而获奖。[①]

本章所要介绍的布莱克-舒尔茨期权定价模型(Black-Scholes Option Pricing Model)简称 B-S 模型，是期权教材中最重要的部分。B-S 模型被用来计算理论上期权的到期前价值。该定价模型是由两位美国经济学家费雪·布莱克(Fischer Black)及麦伦·舒尔茨(Myron Scholes)于 1973 年所提出。此一公式的推出，奠定了之后全球金融衍生工具快速发展的基础。舒尔茨更因此获得 1997 年的诺贝尔经济学奖。[②] 不只是学术界，甚至实务界也常使用 B-S 模型来作为期权理论价格的衡量标准。非常巧合的是，全世界最早的期权交易所——芝加哥期权交易所(CBOE)，也是在 1973 年开始交易股票期权。

期权的价格也称为期权费，那么买方需要支付多少期权费，来取得未来的报酬权利，才算合理？卖方需要收取多少期权费，来弥补其未来可能的支出义务，才算公平呢？这其中就牵涉看涨期权、看跌期权的合理价格的计算。B-S 公式便是用来定价看涨期权与看跌期权的理论价格。

由第三章我们知道，影响期权价格的因素有目标股价、执行价格、期满日、股价报

---

① 参见本章实务专栏。
② 布莱克 1995 年因咽喉癌不幸过世，因此无缘获得此项殊荣。有关 1997 年诺贝尔经济学奖，请参阅本章实务专栏。

酬波动性、无风险利率等，给定这些变量，Black-Scholes 两人推导出看涨期权合理价格公式如下：①

$$C = S \cdot N(d_1) - K(1+r)^{-T} N(d_2) \tag{5-1}$$

其中：C：看涨期权目前理论价值

S：目前的股价

K：执行价格

r：无风险利率（以年为单位）

T：期满日的长短（以年为单位）

σ：股价报酬波动率（以年为单位）

ln：自然对数

$$d_1 = \frac{\ln \frac{S}{K} + (r + 0.5\sigma^2)T}{\sigma \sqrt{T}}$$

$$d_2 = \frac{\ln \frac{S}{K} + (r - 0.5\sigma^2)T}{\sigma \sqrt{T}} = d_1 - \sigma \sqrt{T}$$

$N(d_1)$ 为标准常态分布（standard normal distribution）的累积概率密度函数（cumulative density function），此概率函数代表一个标准常态分布（以 0 为平均数，1 为标准差）的随机变量小于 d_1 累积的概率，如图 5-1 所示。d_1、d_2 是将变量 $\ln \frac{S}{K}$ 转换成标准常态分布的变量。

公式 5-1 看似复杂，其实可以换个角度来看。看涨期权的价值可看成未来预期看涨期权净收益的折现。公式第 1 项 $SN(d_1)$ 即为预期未来收入的折现，而第 2 项 $K(1+r)^{-T} N(d_2)$ 即为未来预期支出的折现。收入减去支出的折现即为看涨期权的现值。

因此，我们只要知道目前股价及期权的执行价格、期满日、股价报酬的波动性、无风险利率，就可以根据公式 5-1 求出理论的看涨期权价值。以下将举例说明 B-S 公式的使用。

【例题 1】 假设中国石油目前股价为 100 元，那么执行价格为 100 元、到期期限为 1 年的看涨期权的理论价格为多少（假设中国石油股价年报酬波动性为 60%，无风险利率为 6%）？

解：根据上述资料，参考公式 5-1 的定义可知 $S = 100$，$K = 100$，$r = 6\%$，$T = 1$，$\sigma = 60\%$。

步骤 1：先求出 d_1

---

① 有些教科书将公式 5-1 写成 $C = S \cdot N(d_1) - Ke^{-rT} \cdot N(d_2)$。为了便于初学者了解，本书仍采用比较常见的简单复利的折现因子 $(1+r)^{-T}$ 代替，简写为 $SN(d_1) - K(1+r)^{-T} N(d_2)$，另外，公式 5-1 中 $N(d_1)$、$N(d_2)$ 前面加点"·"，是为了让初学者一看就知道是相乘，往后公式将省掉乘号。

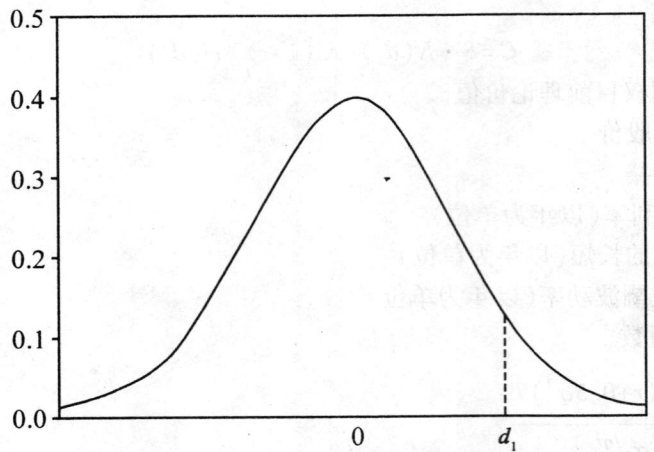

说明：图5-1表示标准常态(以0为平均数，1为标准差)的概率分布图，套色区域的面积表示标准常态变量小于 d_1 的概率总和，即累积概率 $N(d_1)$。

图5-1 标准常态概率分配图

$$d_1 = \frac{\ln\frac{100}{100} + (6\% + 0.5 \times 0.6^2) \times 1}{0.6 \times \sqrt{1}} = \frac{0 + 0.06 + 0.18}{0.6} = \frac{0.24}{0.6} = 0.4$$

步骤2：求 $N(d_1)$

$N(d_1)$ 可由统计标准累积概率表查到，另外也可以在 Excel 的 NORMSDIST 指令得到。

$$N(d_1) = N(0.4) = 0.655$$

步骤3：求 d_2

$$d_2 = d_1 - \sigma\sqrt{T} = 0.4 - 0.6\sqrt{1} = -0.2$$

步骤4：求 $N(d_2)$

查表得

$$N(d_2) = N(-0.2) = 0.421$$

步骤5：求出看涨期权价值

看涨期权合理价格为：

$$S \cdot N(d_1) - K(1+r)^{-T} \cdot N(d_2) = 100 \times 0.655 - 100(1 + 0.06)^{-1} \times 0.421$$
$$= 25.78$$

也就是根据所给定的资料，1年期的中国石油看涨期权目前理论价格是25.78元。另外，由本书所附的软件，给定变量值，也可以马上求出看涨期权的价值。① 如果

---

① 由所附定价软件求出来的值为25.92，这是由于 $N(d_1)$、$N(d_2)$ 四舍五入以及折现因子 e^{-rT} 的关系。

市价(假设为 20 元)低于理论价格,那么投机者便可从市场上买入看涨期权,以获取低估的利润。由于此买入的行动将会使看涨期权的需求增加,而使看涨期权价格上升,逐渐达到理论价格。反之,如果市价(假设为 28 元)高于理论价格,那么就可以卖空看涨期权以获取利润。因为卖空看涨期权会使看涨期权的供给增加而使价格下降,所以看涨期权将会逐渐回到理论价格。

第二节 Black-Scholes 公式的解析

B-S 公式虽看起来很复杂,包括自然对数、标准常态累积概率等,但实际上包含很多简单而实用的信息,以下将分别解释说明。

一、$N(d_1)$ 为对冲比率

B-S 公式中的 $N(d_1)$ 一般称为对冲比率或避险比率(hedge ratio),或 delta。即:

$$N(d_1) = \frac{\Delta C}{\Delta S} = \text{delta}$$

其中:ΔC:看涨期权变动的大小

ΔS:股价变动的大小①

这个比率表示认购权证或看涨期权对股价变动的变动比值。譬如在中国石油的例子中,$N(d_1) = 0.655$,表示股价上涨 1 元,看涨期权或认购权证理论上将上涨 0.655 元;反之,股价下跌 1 元,看涨期权或认购权证理论上将下跌 0.655 元。所以,券商卖出一股认购权证时,如果股价上涨,认购权证价格上涨,券商就会遭受损失,因此需要买入 0.655 股股票,才可以"规避"或"对冲"因股价上涨而面临的损失风险,故 $N(d_1)$ 又称为对冲比率或对冲率。如果股价上涨 1 元,认购权证上涨 0.655 元,券商就会损失 0.655 元,而买入的 0.655 股股票,刚好获利 0.655 元。如此一来,便可将股价上涨造成的认购权证损失的风险完全对冲掉;反之,股价下跌情形亦类似。

二、$N(d_1)$ 不固定

B-S 公式中的 $N(d_1)$ 不是固定的,而是会随着股价的上涨而上升、随着股价下跌而下降。因为由公式 5-1 可知,股价上涨,那么 d_1 上升,$N(d_1)$ 也会上升;反之,当股票价格下跌,那么 d_1 下降,$N(d_1)$ 也会下降。所以,随着股价的变动,券商的对冲比率,即买入股票的数量也会变动,也就是对冲比率会随时调整。实务上,因为随时调整 $N(d_1)$ 较不可行,一般而言,券商发行权证对冲时会订定一个对冲比率的上下区间,只要不超过此区间就不用一直调整对冲比率。

---

① 比较精确的定义是 $N(d_1) = \frac{\partial C}{\partial S}$,即看涨期权对股价的一阶偏导数。为了让读者比较容易了解,我们采用比较简单的表达方式。读者可以参阅第二十章第三节"期权敏感度分析"。

三、$N(d_1)$ 为切线斜率

$N(d_1)$ 也是看涨期权和股价关系图形的切线斜率,因为股价变动引起看涨期权变动的大小的比例 $\dfrac{\Delta C}{\Delta S}$,在数学式的意义就是切线的斜率。随着股价的上涨,切线斜率将增加,最高到 45°,此时切线斜率为 1;随着股价下跌,切线斜率将下降,最极端的状况为水平切线,此时切线斜率为 0,如图 5-2 所示。

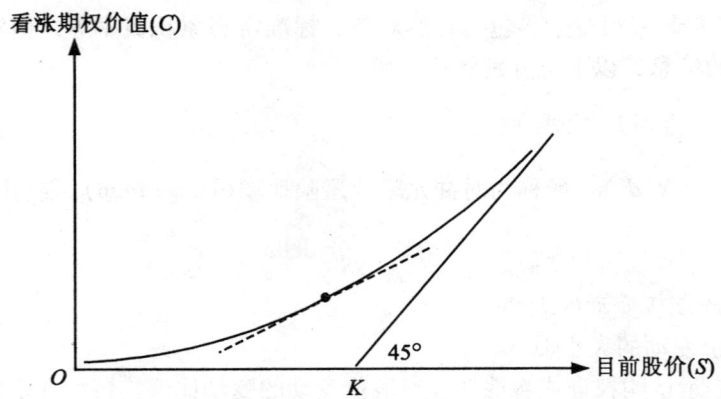

说明:虚线部分表示切线的斜率 $\dfrac{\Delta C}{\Delta S}$。切线斜率即对冲比率,切线斜率最大为 45°,斜率为 1;切线斜率最小为 0,为水平线。

图 5-2 股价、看涨期权价值及对冲比率

四、$N(d_1)$ 介于 0 和 1 之间①

另外,由概率的概念来看,$N(d_1)$ 会介于 0 和 1 之间,亦即 $0 \leq N(d_1) \leq 1$。因为 $N(d_1)$ 为一累积概率,所以累积概率最低为 0,最高为 1。也就是说股价上涨 1 元,看涨期权最低上涨 0 元,最高上涨 1 元。我国台湾证券交易所对认购权证涨跌幅的限制,基本上是假设 $N(d_1)$ 为 1,也就是股价上涨 1 元,权证最多上涨 1 元;反之,股价下跌 1 元,权证最多下跌 1 元。因此,认购权证的涨跌大小,便是以目标股价的涨跌大小为范围。

譬如在台湾地区股市有 7% 涨跌停的限制,假设今天鸿海的收盘股价为 100 元,明日鸿海股价在 7% 的涨跌幅下为 107 元及 93 元,即上涨、下跌各 7 元。因此,根据台湾证券交易所的规定,明天认购权证的上涨、下跌也限制在 7 元。也就是说,如果今天认购权证收盘价格为 20 元,那么明天认购权证最高为 27 元,最低为 13 元。

---

① 台湾地区目前的认购权证由于发放股票股利的关系,使得执行比例大于 1,进而可能产生对冲比率大于 1 的情形。

另外,为了考虑执行比例不是 1 的情形,台湾证券交易所于 1999 年 9 月,将认购权证的涨跌停大小改为目标股价的 7% 再乘以执行比例。譬如执行比例如果是 1.2,即每一股认购权证可以换 1.2 股目标股票,则认购权证的涨跌停为 ±7×1.2 = ±8.4 元,即最大可以上涨至 8.4 元、下跌至 8.4 元。目前国内许多认购权证的执行比率小于 1,因此权证的涨跌幅会小于股票的涨跌幅。

五、$N(d_1)$ 可解释认购权证有助涨助跌的作用

$N(d_1)$ 可以解释为什么认购权证的发行可能会有助涨助跌的效果。如果股价上涨,d_1 上升,$N(d_1)$ 会上升,所以券商要买入更多股票来对冲,因此增加市场上对此一股票的需求,使股价更加上涨;反之,如果股价下跌,$N(d_1)$ 下降,券商要抛售股票减少对冲数量,因此会增加此一股票的供给,使股价更加下跌。

六、股价很高时,$N(d_1)=1$;$N(d_2)=1$

当股价相对于执行价格很高时,$N(d_1)$ 及 $N(d_2)$ 会逼近 1,此时看涨期权公式变为 $C=S-K(1+r)^{-T}$,因而当股价上升 1 元时,看涨期权价值也会上升 1 元。此时看涨期权的价格性质和股票相似,不同的只是现在支付 $S-K(1+r)^{-T}$ 拿到看涨期权,届时再以 K 元换入股票。在此情形下,看涨期权价格等于看涨期权价格下限或广义的内在价值。

七、$N(d_1)$ 和时间价值的关系

我们也可由 $N(d_1)$ 来解释第三章所提到的论点:价内看涨期权,当股价上涨时,时间价值下降;反之,价外看涨期权,当股价上涨时,时间价值会上升。我们知道,价内看涨期权的价值可以表示为内在价值($S-K$)和时间价值(Time Value,TV)的和,即:

$$C = S - K + TV \tag{5-2}$$

对公式 5-2 微分得到:

$$\frac{\Delta C}{\Delta S} = 1 + \frac{\Delta TV}{\Delta S}$$

其中 $\frac{\Delta TV}{\Delta S}$ = 股价变动对时间价值的影响。

因为已知 $\frac{\Delta C}{\Delta S} = N(d_1)$,所以 $1 + \frac{\Delta TV}{\Delta S} = N(d_1)$。又因为 $N(d_1) \leq 1$,所以 $\frac{\Delta TV}{\Delta S} < 0$。$\frac{\Delta TV}{\Delta S} < 0$ 表示股价和时间价值的变动成相反方向,也就是表示股价上涨,价内看涨期权的时间价值将下降;或者股价下跌时,价内看涨期权的时间价值上升。

对价外看涨期权而言,由于内在价值为 0,所以看涨期权价值即时间价值($C = TV$),对看涨期权微分得到:$\frac{\Delta C}{\Delta S} = \frac{\Delta TV}{\Delta S} = N(d_1)$,因为 $0 \leq N(d_1) \leq 1$,所以 $0 \leq \frac{\Delta TV}{\Delta S} \leq 1$ 为正,而 $\frac{\Delta TV}{\Delta S} > 0$ 表示股价和时间价值成同向变动。所以,股价上涨,价外看涨期权的时间价值也会上升;反之,股价下跌,价外看涨期权时间价值下跌。

八、$N(d_2)$ 为到期时股价大于执行价格的概率

B-S 公式的第二部分 $N(d_2)$，代表股价在期满日时会大于执行价格的概率。$K(1+r)^{-T}$ 表示到期需支付 K 元的执行价格，以换取股票所换算成目前的现值。$K(1+r)^{-T}N(d_2)$ 则表示考虑了履约的概率后，预期将支出金额的现值，即预期成本的现值；而 $SN(d_1)$ 则可视为是预期收益的现值。因此，预期收益现值 $SN(d_1)$ 减去预期成本现值，便是看涨期权预期价值的现值，即看涨期权目前的理论价值。

九、看涨期权可由股票和债券来复制

B-S 公式也告诉我们，看涨期权其实可以藉由买入 $N(d_1)$ 股的股票及卖出 $K(1+r)^{-T}N(d_2)$ 的债券来复制，也就是说看涨期权隐含融资 $K(1+r)^{-T}N(d_2)$ 来买 $N(d_1)$ 股股票。这和第四章看跌看涨期权平价关系所提到的看涨期权可由买入股票及买入看跌期权来复制的概念很类似 $[C=S+P-K(1+r)^{-T}]$。不同的是，看跌看涨期权平价关系复制的看涨期权是期满日的报酬型态。因此，只要复制以后，就不要再调整；而此处的看涨期权经由股票及债券来复制，则是短时间的报酬型态，因为 $N(d_1)$ 会随时改变，所以需要随时调整买入的股票数量来达到完全复制看涨期权的效果。

十、B-S 公式也告诉我们 $C(nS, nK) = n \cdot C(S, K)$

假设有两支看涨期权 A 与 B，其期满日、波动率及价内外程度（moneyness，定义为 S/K）均相同，但是 A 看涨期权的股价及执行价格都是 B 看涨期权的 n 倍，那么 A 看涨期权的价格应该是 B 看涨期权价格的 n 倍。亦即：

$$C(nS, nK) = nC(S, K)$$

譬如例题 1 中，如果某一看涨期权的目标股价及执行价格均为 200 元，其余条件均相同，则该认购权证的价格应为 $2 \times 25.78 = 51.56$ 元。

☞ 动动脑

你会证明 $C(nS, nK) = nC(S, K)$ 吗？

第三节 Black-Scholes 看跌期权定价公式

Black-Scholes 在导出看涨期权的定价公式后，利用第四章介绍过的看跌看涨期权平价关系推导出看跌期权公式。我们都知道看跌看涨期权平价关系的公式如下：

$$C - P = S - K(1+r)^{-T}$$

移项后，可得：

$$P = C - S + K(1+r)^{-T}$$

将 B-S 看涨期权公式 5-1 代入上式，将其整理可得看跌期权公式如下：

$$P = S[N(d_1) - 1] - K(1+r)^{-T}[N(d_2) - 1] \tag{5-3}$$

公式 5-3 和看涨期权公式 5-1 很类似，只不过在公式 5-1 中的 $N(d_1)$ 现在改为 $N(d_1)-1$，而 $N(d_2)$ 改为 $N(d_2)-1$。

另外，根据标准常态累积概率性质：$N(d_1)+N(-d_1)=1$，则 $N(d_1)-1=-N(-d_1)$，因此，也可以将公式 5-3 看跌期权公式改写成：

$$P=-S\cdot N(-d_1)+K(1+r)^{-T}N(-d_2)$$

或   (5-4)

$$P=K(1+r)^{-T}N(-d_2)-S\cdot N(-d_1)$$

因此，在计算看跌期权时，可由公式 5-3 或公式 5-4 求得看跌期权价格；或者若已知看涨期权，便可以直接快速地由看跌看涨期权平价关系来求得看跌期权的价值。

【例题 2】 同例题 1，求中国石油相同条件下的看跌期权价值。

解：算法 1：利用公式 5-3，看跌期权为：

$$P=S[N(d_1)-1]-K(1+r)^{-T}[N(d_2)-1]$$

由例题 1 已知 $N(d_1)=0.655$，$N(d_2)=0.421$，所以看跌期权为：

$$P=100(0.655-1)-\frac{100}{(1+6\%)}(0.421-1)$$

$$=100\times(-0.345)+94.34\times0.579=20.12$$

算法 2：由看涨期权看跌期权等价公式直接求出：

$$P=C-S+K(1+r)^{-T}=25.78-100+100(1+6\%)^{-1}=20.12$$

看跌期权的对冲比率

知道了看跌期权的公式，至于看跌期权的对冲比率，可对公式 5-3 微分得到：

$$\frac{\Delta P}{\Delta S}=N(d_1)-1 \tag{5-5}$$

由于 $N(d_1)\leq 1$，所以看跌期权的对冲比率会小于或等于 0，且会大于等于 -1，即 $-1\leq\frac{\Delta P}{\Delta S}\leq 0$。也就是说当股价上涨时，看跌期权价格会下跌；反之，当股价下跌时，看跌期权价格会上涨。①

【例题 3】 同例题 2，求中国石油看跌期权的对冲比率。

解：由公式 5-5 得知看跌期权的对冲比率为 $N(d_1)-1$，已知 $N(d_1)=0.655$，所以对冲比率为 $0.655-1=-0.345$，也就是股价上涨 1 元，看跌期权下跌 0.345 元。

需要注意的是，看涨期权和看跌期权的对冲比率是不对称的。也就是股价上涨，对看涨期权和看跌期权价格的影响是不对称的。在上述中国石油看涨期权、看跌期权的例子中，当中国石油股价上升 1 元时，中国石油看涨期权上升 0.655 元，而看跌期权下跌 0.345 元，而非下跌 0.655 元。

---

① 我们可以由看跌看涨期权平价关系导出看跌期权的对冲比率：$C-P=S-K(1+r)^{-T}$，则 $\frac{\Delta C}{\Delta S}-\frac{\Delta P}{\Delta S}=\frac{\Delta S}{\Delta S}=1$，已知 $\frac{\Delta C}{\Delta S}=N(d_1)$，所以 $\frac{\Delta P}{\Delta S}=N(d_1)-1$

第四节 Black-Scholes 公式中变量的选取

由公式 5-1 及公式 5-3 可了解，只要知道目标股票的价格、执行价格、看涨期权或看跌期权到期的期限、无风险利率及股票的波动性，就能从计算器或计算机中很快求出看涨期权或看跌期权理论的价值。

一般而言，股价、执行价格均为已知，比较容易得到，而到期期限、无风险利率及股价报酬的波动性的估算等则稍为复杂，以下将分别加以说明。

一、股价

股价一般都有交易价格，因此只需代入当时的交易价格即可；至于股价指数虽然没有交易价格，但是证券交易所的股价指数还是随时有更新的数据。不过就台指期权而言，虽然对应的目标是台指现货指数，但是因为现货指数无法买卖，一般期货商在卖出台指期权时，是用台指期货来对冲，因此建议求算台指期权价值时，以台指期货代替台指现货。[①]

二、执行价格

执行价格一般是不会改变的，但是台湾地区的认购权证在发放现金股利及股票股利时均会调整执行价格。

三、到期期限

一般到期期限用年来表示，例如还有 3 个月到期的期权，可以用 $T=\dfrac{90}{365}$ 表示。有些文献会使用还有多少交易日（trading days）才到期来计算。但为简单起见，也可加入没有交易的假日（如星期六、星期日），因此分母就用 365 天，亦即使用与计算利息一致的方式来求算到期期限。[②] 本书所附的定价软件为了方便用户，改以还有多少天到期作为到期期限，软件程序会自行换算成年。

四、无风险利率

无风险利率（risk-free rate）是指没有任何违约风险的资产的收益率。政府所发行的长期国债或短期国债的利率，均可视为无风险利率。由于期权的期间大多小于 1 年，所以无风险利率一般可用与期权到期期限相同或接近的短期国债利率来表示。但是在台湾地区，由于短期国债交易量不大，不能够反映出市场利率水平，一般可用商业本票利率或债券附买回（RP）或附卖回（RS）利率代替。和存放款利率一样，一般均习惯用年利率表示。

---

① 陈威光. 台指期权看涨期权看跌期权期货等价理论. 未发表论文，2002.
② 另一种想法是，因为利息的计算也包括没有交易的日子。

五、股价波动率的估算

在 B-S 公司的五个变量中,比较有争议的是股价报酬波动率的估计。股价的波动率,代表股价报酬不确定的大小程度或股价变动的大小程度。假设 A 股票的预期报酬为 20%,年波动率为 40%,表示 1 年后 A 股票有极大的机会实际报酬会介于 20%±40%之间。换句话说,1 年后的报酬可能会介于上涨 60% 到下跌 20% 之间。如果 B 股票的波动率为 60%,则表示 B 股票未来上涨或下跌的幅度将会比 A 股票来得大。

期权公式中的股价报酬波动率,是指从现在一直到期权期满日,这中间股价的变动大小程度。由于未来无法预估,因此一般使用过去历史的股价数据来预估。股价报酬波动率的估计一般采用过去 3 个月、6 个月或 1 年股价的报酬率,或与期权到期期限相同天数的过去历史股价,再求其报酬的标准差,得到日报酬的标准差。日标准差再乘以 $\sqrt{250}$(1 年假设有 250 个交易日),而得到年标准差,其公式如下:

$$\sigma_{\text{天}} = \sqrt{\sum_{i=1}^{n} \frac{(R_i - \overline{R})^2}{n}}$$

$$\sigma_{\text{年}} = \sigma_{\text{天}} \times \sqrt{250}$$

其中:$\sigma_{\text{天}}$:每天股价报酬的标准差

$\sigma_{\text{年}}$:股价报酬年化的标准差

R_i:每日股价报酬率,等于 $\frac{S_i - S_{i-1}}{S_{i-1}}$ 或等于 $\ln \frac{S_i}{S_{i-1}}$,其中 S_i 为第 i 天收盘价

$\overline{R}$:每日平均股价报酬率

n:n 天样本

由股价报酬资料所求出来的波动率,一般称为历史波动率(historical volatility)或历史标准差(historical standard deviation)。根据研究发现,台湾地区个别股票历史波动率在 20%~40% 之间,视个股及时间而异。台湾加权股价指数最近 5 年年平均标准差在 25% 左右。

☞ 动动脑

你觉得电子股的波动率较大还是金融股的波动率?

第五节 隐含波动率与笑状波幅

一、隐含波动率

上一节提到影响期权的五个变量中,比较难以确定的是波动率。由于对股价波动率的估算并没有一致的看法,或由历史波动率求出来的期权理论值不等于市价,因此有学者采用隐含标准差(implied standard deviation,ISD)或隐含波动率、隐含波幅(implied volatility)的概念,来估算股价的波动率。隐含波动率可说是隐含在期权市价中所表现出

来的未来股价的预估波动率。换言之，隐含波动率是利用市场上期权的交易价格，代入 B-S 公式（或其他定价模式）反向求出报酬的波动率。这种方法是假设市场上所交易的期权或认购权证的价格，是完全依照 B-S 模型的公式计算出来的，因此将期权市价代入公式，给定股价、执行价格、利率、期满日，便可反向算出隐含的股价波动率。

隐含波动率可用来代表投资大众对未来股价波幅的预期，也可用来和历史波动率相比较。我们可以利用所推算出来的 ISD 当作股价报酬的波动程度，而代入往后所要计算的期权合约中，作为交易的参考依据。由于平价期权的交易量较大，一般常用平价的隐含波动率作为代表。利用本书所附的定价软件也可以求算出隐含标准差。①

☞ **动动脑**

如果你发现期权的隐含波动率为 25%，而历史波动率为 20%，你认为这代表什么含义呢？

二、笑状波幅

许多实证研究显示，由期权市价反推出来的隐含波动率，对同一股票（或股价指数）、不同执行价格的期权均不同。对看涨期权而言，一般价内看涨期权的 ISD 会大于价外看涨期权；而对看跌期权而言，价外看跌期权的 ISD 大于价内看跌期权。也就是执行价格愈低，ISD 愈高。这种现象一般通称为笑状波幅（volatility smile）。图 5-3 是由实际台指期权价格所求算出来的价内、平价、价外期权的笑状波幅，由左至右显示执行价格愈高隐含波幅愈小。

至于外汇期权，根据大多数实证发现，其 ISD 的微笑程度更明显。一般而言，外汇看涨期权或看跌期权价内及价外的 ISD 较高，而平价的 ISD 较低，即价外的 ISD 会向右上方延伸，形成一个真正的微笑（smile）图形。②

当然，笑状波幅的发现和 B-S 模型是有所冲突的，因为如果 B-S 模型是正确的话，那么同一目标资产的期权 ISD 都应该相等。假设平价时的 ISD 是"正确"的话，那么 B-S 公式就低估了价内看涨期权，而高估了价外看涨期权。当然，B-S 公式也可能同时都低估或高估市价。

一般认为有几种原因造成此笑状波幅的现象。首先是，由实际股价报酬显示，股价报酬常会出现胖尾（fat tail）的现象，而不是假设的常态分配。也就是股票大跌出现的概率比模型预测的还高，因此价外看跌期权会比较贵，而由看跌看涨期权平价关系所对应的价内看涨期权也会比较贵。另外一些原因包括资产价格报酬率的波动率并非常数、资

---

① 在求算权证的隐含波幅时，由于有些权证的执行比例不是 1，因此必须将实际的执行比例代入，否则会高估 ISD。另外在求算 ISD 时，如果认购权证的市价低于下限值 $S-K(1+r)^{-T}$，或认沽权证低于下限值 $K(1+r)^{-T}-S$，则求出来的 ISD 会小于 0，此时的 ISD 没有意义。

② 参考：陈威光、陈惠津，等. 欧式与美式外币期权价格差异的研究. 台湾财务学会研讨会论文集，1995.

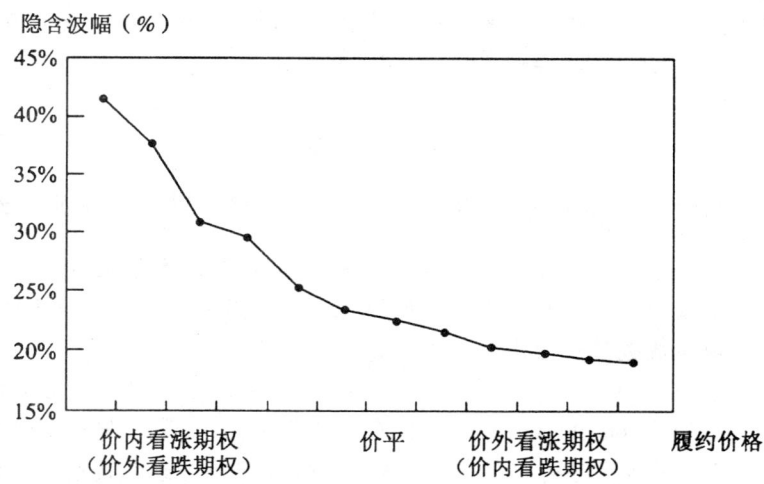

图 5-3　不同执行价格下台指看涨期权及看跌期权的隐含波动率

产价格的变动并非平滑连续,而是有时候呈跳跃(jump)的现象,亦即股价会在瞬间呈现大幅度上涨或下跌等。

三、波动率指数(VIX)

股票市场常采用股价指数,来代表整个股市的高低水平,譬如,道琼股价指数或 S&P 500 股价指数。同样地,CBOE 在 1993 年提出波动率指数(Volatility Index)的概念来代表指数波动率的水平。起初该波动率指数的编制是采用 B-S 公式,求出 8 个近月及次近月到期 S&P 100 股价指数期权契约的隐含波动率,再加权平均组合而成为单一数值的波动率指数,用来代表整个期权市场对未来 S&P 100 股价指数波动率的预期(称为旧制)。

从 2003 年开始的新制波动率指数称为 VIX,是用市场上近月及次近月到期 S&P 500 价外的看涨期权及看跌期权的市价,经由另一套公式计算而得,并不须经由期权定价模型。因为股价巨幅下跌时,波动率指数会急剧上升,所以波动率指数也被称为恐慌指数(Panic Index)。①

另外,CBOE 并在 2004 年推出 VIX 期货,在 2006 年推出 VIX 期权的交易,全球主要交易所也陆续推出波动率相关商品。我国台湾期货交易所在 2006 年也仿照 CBOE 编制两种波动率指数,目前在其网站上每分钟更新一次新、旧两种 VIX 指数,以供市场参考。

---

① 在金融海啸期间,CBOE 的 VIX 曾上升到 80% 左右。

☞ **动动脑**

如果你发现相同条件看涨期权的隐含波动率大于看跌期权的隐含波动率,那么看跌看涨期权平价关系 $C-P-S+K(1+r)^{-T}$ 会小于0,或大于0,或等于0? 为什么?

【实务专栏5】

莫顿和舒尔茨研究金融衍生工具的定价方法获得1997年诺贝尔经济学奖

B-S公式的作者之一布莱克,1938年生于华盛顿D.C.,大学主修物理,1964年于哈佛大学获得应用数学博士。布莱克本来计划攻读物理博士,但由于一直无法决定论文题目,专长从物理转成数学,后来又转成计算机及人工智能。

1965年布莱克在Arthur D. Little顾问公司担任顾问,并与同事崔诺(Jack Treyner)熟识。崔诺和夏普(Willion Sharpe,1990年诺贝尔奖得主)曾先后发表著名的资本资产定价模型(CAPM)。崔诺也邀请布莱克加入研究CAPM等财务理论的行列。1968年,布莱克和在MIT任教的修斯开始研究认股权的定价。他们曾花一段时间去解一个早已有解的"热传导公式"(heat-transfer equation),后因不熟悉解微分方程的标准方法而无法成功。

1970年,B-S定价公式论文完成,但投稿一直不顺,屡遭退稿。来年,该文获得在芝加哥任教的米勒(Merton Miller,1990年获诺贝尔经济学奖)及法玛(Eugene Fama)两位教授的欣赏,建议投至该校主编的政治经济学(Journal of Political Economy,JPE)。布莱克也在1971年任教于芝加哥大学。1973年流传后世几十年,著名的Black-Scholes定价公式正式发表于5、6月期的JEP,奠定了布莱克和修斯选择权一代宗师的地位。布莱克于1975年转任教MIT。来年,布莱克将B-S公式推展至期货选择权、债券选择权等的定价。布莱克于1984年加入投资银行高盛公司(Goldman Sachs)担任顾问。1990年著名的Black-Derman-Toy(BDT)利率模型发表。BDT模型一直为学界及华尔街实务界,用来确定利率及债券选择权价格的重要模型。1994年,布莱克获得国际金融工程学会的"年度财务工程奖"。布莱克于1995年因咽喉癌过世。2002年美国金融学会设立了费雪-布莱克奖,以纪念这位对金融学界贡献甚大的学者。

修斯于1941年生于加拿大,高中时开始投资股票。1962年在加拿大获得经济学士。1964年获芝加哥大学MBA。修斯在芝加哥大学的第一年,曾担任计算机程序人员,并替一些教授的研究设计程序,因而和一些著名的教授有所接触,其中Merton Miller教授后来建议他进入金融学博士班就读,并担任他的博士论文指导教授。

修斯于1968年获得博士学位,并任教于麻省理工学院(MIT),在那里认识了布莱克,并共同研究认股权的定价。1970年莫顿(Robert Morton)来到MIT,也同时进行选择权定价的研究。修斯继布莱克之后,1973年也到芝加哥大学任教。同年著名的B-S定价公式发表。1981年修斯转至斯坦福大学任教,直到1996年退休。

修斯于1990年开始在所罗门兄弟公司(Salomon Brothers)担任顾问,而后成为该公司债券衍生性部门的主管。1994年修斯和莫顿、债券专家梅利威勒(John Meriwether)等人成立著名的对冲基金——长期资本管理公司(Long-Term Capital Management)。该公司

第五章 Black-Scholes 期权定价模型

在第一年就获利40%。后来由于受到1997年东南亚金融风暴及1998年俄罗斯金融危机的影响，出现巨额亏损，最后终于倒闭。修斯后来和LTCM的另一位伙伴黄奇辅(Chi-fu Huang，中国台湾地区人，曾任教于MIT)另创一家对冲基金——白金手套资产管理公司(Platinum Grove Asset Management)，并任主席。修斯同时担任芝加哥商业交易所(CME)等许多大公司的董事。

哈佛大学教授罗伯特·莫顿(Robert Merton)和斯坦福大学教授麦伦·舒尔茨(Myron Scholes)，因为研究金融衍生工具定价方法而获得1997年的诺贝尔经济学奖。他们两人和已故的费雪·布莱克(Fischer Black)共同研究出一个创造新纪元的股票期权定价模型。这套期权的定价方法为许多领域的经济定价方法开启大门，也促成其他新的金融工具的诞生，更有助于风险管理效率的提升。

金融市场利用期权或其他金融衍生工具，把风险重新分配给愿意和能够承担风险的投资人。借着这些金融衍生工具，市场人士在预期未来的收益或支出内，可以确保某个获利水平，或着限定亏损在某个范围内。这种有效控管风险操作的先决条件是对期权或金融衍生工具正确的定价。他们这一套决定期权价值的新方法，是过去25年来对经济学最伟大的贡献之一。

麦伦·舒尔茨原本和已故的费雪·布莱克共同研究这套被称为"布莱克-舒尔茨公式"(Black-Scholes formula)的模型，并于1973年发表。费雪·布莱克于1995年因咽喉癌过世，享年57岁。而罗伯特·莫顿尝试扩大这套理论的运用范围，并在许多方面将公式一般化。目前每天全球有成千上万的投资者利用这套公式来定价期权。

瑞典皇家科学院指出，布莱克、莫顿、舒尔茨三人由于研究出期权的定价公式，为过去10年来金融衍生工具市场的迅速成长奠定了基础。他们这套期权定价的方法在金融经济学内外开创了研究的新领域。这种方法也可运用于评估保险合约、担保或投资计划的弹性等的价值。

莫顿　　　　　　布莱克　　　　　　舒尔茨

资料来源：张静文. 经济日报，1997-10-15.
照片来源：本书作者取自莫顿网站及 Peter Bernstein 所著 *Capital Ideas——The Improbable Origins of Modern Wall Street* 一书。

小　结

1. 由 B-S 公式可知，只要知道目前股价及期权的执行价格、期满日、股价报酬的波动及无风险利率等，就可以根据 B-S 公式求出看涨期权看跌期权价值。

2. B-S 看涨期权公式如下：

$$C = S \cdot N(d_1) - K(1+r)^{-T} N(d_2)$$

其中：
$$d_1 = \frac{\ln \frac{S}{K} + (r + 0.5\sigma^2)T}{\sigma\sqrt{T}}$$

$$d_2 = d_1 - \sigma\sqrt{T}$$

3. B-S 公式中的 $N(d_1)$ 一般称为对冲比率或对冲率，或 delta，即 $N(d_1) = \frac{\Delta C}{\Delta S}$，此一比率表示看涨期权对股价波动的比率，也就是股价上涨 1 元，看涨期权上涨的大小；或股价下跌 1 元，看涨期权下跌的大小。

4. $N(d_1)$ 不是固定的，会随着股价的上涨而上升，随着股价下跌而下降，因此认购权证的发行交易可能对股价有助涨助跌的特性。

5. $N(d_1)$ 介于 0 和 1 之间，亦即 $0 \leq N(d_1) \leq 1$。因为 $N(d_1)$ 为一累积概率，所以累积概率最低为 0，最高为 1，也就是股价上涨 1 元，看涨期权最低上涨 0 元，最高上涨 1 元。

6. 当股价相对于执行价格很高时，$N(d_1)$ 及 $N(d_2)$ 会逼近 1，此时看涨期权公式变为 $C = S - K(1+r)^{-T}$，此时当股价上升 1 元时，看涨期权价值也会上涨 1 元。

7. $N(d_2)$ 代表股价在期满日时会大于执行价格的概率。

8. $S \cdot N(d_1)$ 可视为是预期收益的现值，$K(1+r)^{-T} N(d_2)$ 表示预期将支付的金额的现值，即预期成本现值。因此，预期收益现值 $SN(d_1)$ 减去预期成本现值 $K(1+r)^{-T} N(d_2)$ 便是看涨期权预期价值的现值，即看涨期权目前的理论价值。

9. B-S 公式告诉我们，看涨期权其实可以藉由买入 $N(d_1)$ 股的股票，然后卖出 $K(1+r)^{-T} N(d_2)$ 的债券来复制。

10. 看跌期权公式可以由看跌看涨期权平价关系及看涨期权公式推导而得：

$$P = S[N(d_1) - 1] - K(1+r)^{-T} [N(d_2) - 1]$$

11. 看跌期权的对冲比率为 $N(d_1) - 1$，为负值，表示当股价上涨时，看跌期权价值会下降；反之，当股价下跌时，看跌期权价值会上升。

12. B-S 公式中，股价波动率的算法一般是采用过去 3 个月、6 个月或 1 年股价的报酬，或与期权到期期限相同天数的过去历史股价，求其报酬的标准差，得到日报酬标准差，再乘以 $\sqrt{250}$，而得到年标准差，又称为历史波动率。

13. 隐含标准差是由看涨期权市价代入 B-S 公式反求出的股价波动率估算。隐含波动率代表投资大众对未来股价波动率的预期。这种方法是假设市场上所交易期权的价格是完全依照 B-S 公式计算出来的，因此将价格代入公式，便可反向算出隐含的股价波动率。

14. 笑状波幅是指看涨期权价内的隐含波动率大于平价的隐含波动率，再大于价外的隐含波动率的现象；反之，看跌期权的价外则大于平价，平价大于价内。

15. 波动率指数(Volatility Index)是由 CBOE 根据 S&P 500 指数期权的市价编制成代表市场波动率的一个单一指标。

习　题

1. 在 B-S 模型中，影响看涨期权、看跌期权理论价格的因素有哪些？
2. 何谓对冲比率？看涨期权的对冲比率大小有何范围？看跌期权的对冲比率又有何范围？
3. 假设中国石油看涨期权的 delta=0.6；那么当中国石油股票上升 2 元时，看涨期权及看跌期权的价格有何变动？
4. 为何说认购权证的发行，对目标股票有助涨助跌的作用？
5. 当股价相对于执行价格很高时，看涨期权价值为何？看跌期权价值为何？
6. 当股价相对于执行价格很低时，看涨期权价值为何？看跌期权价值为何？
7. 何谓隐含标准差(或隐含波动率)？何谓历史标准差(或历史波动率)？
8. 假设中国移动股价目前为 50 元，执行价格为 50 元，到期期限 1 年的认购权证合理价格为多少(假设中国移动股价年报酬波动性为 60%，中国无风险利率为 6%)？请利用本书所附的定价软件计算，此与例题 1 的价格有何差异？
9. 承上题，此认购权证的对冲比率为多少？若某券商发行 1 000 万股中国移动认购权证，那么起初应买入多少股中国移动股票来对冲？
10. 承上题，求相同条件下的中国移动认沽权证价格及其对冲比率。
11. 如果过了 1 个月，中国移动股价上升到 60 元，此时认购权证价值变为多少？对冲比率又为多少？认沽权证价格又为多少呢？(请利用本书所附的定价软件计算)
12. 利用过去半年及 3 个月鸿海股价及上证指数分别求出鸿海及上证指数的历史波动率。

第六章 期权的交易策略

在读者了解期权的价格特性及定价之后,本章接下来要介绍期权的交易策略。我们知道,期权包括看涨期权、看跌期权,而这两者还区分成不同执行价格与不同到期期间的契约,所以期权契约的种类非常多。另外,在第四章看跌看涨期权平价关系中也讨论到,我们可以经由其他两种证券来复制另一种证券。因此,期权交易的策略种类相当多样化。这和投资股票或其他证券不同,因为投资股票的策略只有买入或卖空两种。本章将期权交易策略分为单一策略、对冲策略、组合策略、价差策略、合成策略及套利策略。本章另外加入根据隐含波动率特性而执行的波动率交易策略。第一节介绍单一策略;第二节则讨论对冲策略;第三节介绍同时操作看涨期权与看跌期权的组合策略;第四节则探讨价差策略;第五节则介绍合成策略;第六节则探讨套利策略;第七节则介绍波动率交易策略。实务专栏中,我们比较股价指数与 VIX,发现金融海啸期间 VIX 飙升到历史新高。

第一节 单一策略

期权的交易策略中,如果只买入或卖出单独一种期权,称为单一策略(naked strategy)或单一部位(naked position)。单一策略包括买入看涨期权、买入看跌期权、卖空看涨期权及卖空看跌期权四种交易策略。在期权的交易策略中,单一策略对个人投资者来说,是最简单的投资策略,以下将分别说明之。

本章分析的基本方法,是将各种交易策略在期权到期的现金流量扣除期初的现金流量,求得交易策略到期损益(不考虑折现因素)。接着将实际损益数据做成表格,并以实际数据应用 Excel 软件绘制成损益图形,以利读者观察对照、易于理解。另外,对看涨期权在未到期前的损益情形,也举两个交易策略说明,以符合实际投资策略的弹性。读者也可用同一方法来计算其他策略在未到期前损益。另外,读者也可利用本书所附软件的交易策略绘图,一面看书、一面操作软件以加深印象。

一、买入看涨期权

买入看涨期权(buy a call)是一种看涨策略,此策略比买入股票的成本低,杠杆较大。买入看涨期权对个别投资人而言,可能是最简单易懂,且是目前最可行的投资策略。因此本文将花较多篇幅来探讨这一策略,其他策略亦可沿用相同的分析方法或稍加修正即可。

假设你认为中国石油的股票未来有上涨空间,你可以现在买入该支股票或是中国石油的看涨期权，但是这两种投资策略的成本及损益是不同的。假设中国石油的股价是75元，其执行价格为75元的看涨期权，收盘价为8元，还有3个月到期。若看好中国石油的股票，可以买入此股票，或者买入中国石油的看涨期权。兹将买入股票及买入看涨期权这两种策略在3个月看涨期权到期时的损益，以表6-1说明，并绘成图6-1，以利于观察。

表6-1　　　　　　　　　买入看涨期权与买入股票到期损益比较

股价	买入股票损益	买入看涨期权损益	卖出看涨期权损益
55	−20	−8	8
60	−15	−8	8
65	−10	−8	8
70	−5	−8	8
75	0	−8	8
80	5	−3	3
85	10	2	−2
90	15	7	−7
95	20	12	−12

1. 买入看涨期权与买入股票比较

表6-1第一栏表示在期满日时可能的股价。由表6-1与图6-1可观察到，在看涨期权期满日，如果中国石油股价上涨到95元，则买入股票获利20元，而买入中国石油看涨期权获利为12元（因为看涨期权价值为95−75=20元，再扣掉8元的成本，剩下12元）。若股价不幸下跌至55元，则买入股票策略损失20元，但买入看涨期权只损失成本8元。因此，买入股票在股价下跌时损失很大，而买入看涨期权则只损失权利金（即期权费，后同）而已，所以风险有限。相反地，当股价上涨时，买入股票的绝对收益较大，而买入看涨期权的绝对收益较小，这是因为买入看涨期权还需要扣除看涨期权的成本。因此可以看出，买入看涨期权是牺牲一些股票上涨的获利，以换取股票下跌的可能巨大损失。

买入看涨期权的成本是8元而买入股票的成本是75元，两者相比为1∶9.4，9.4即为杠杆比率（S/C）。由上例可知，虽然看涨期权的成本较低，但是看涨期权的杠杆作用比较大。当股价涨到95元时，买入股票的获利率为27%（20÷75）；而买入看涨期权的获利率却高达150%（12÷8）。可见，看涨期权的杠杆程度比较大，也就是投资的报酬率较高。如果将看涨期权的获利率150%除以股票的报酬率27%，得到大约5.5倍，也就是股价上涨1%时，看涨期权价格上涨5.5%。这就是所谓的实际杠杆比率或有效杠杆比率（effective gearing），定义为（$\Delta C/C$）/（$\Delta S/S$）。当然，股价下跌时，情形亦同。譬如股价下跌到55元时，则买入股票损失27%，但看涨期权的权利金完全损失，即损

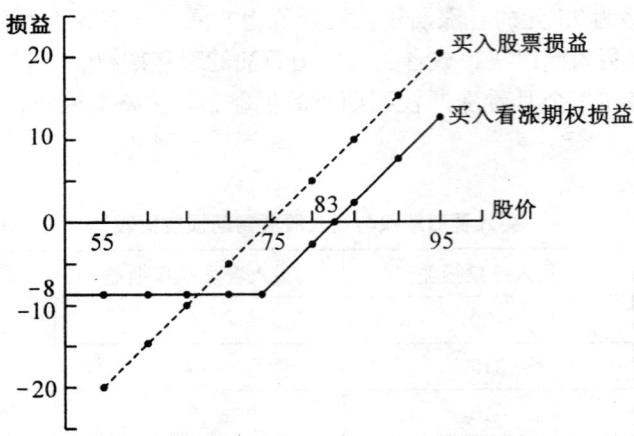

图 6-1　买入看涨期权与买入股票到期损益比较

失 100%。因此；虽然看涨期权损失有限，但也是百分之百的损失！

买入股票和买入看涨期权还有一点不同的是，看涨期权有期满日。期满日一到，如果股价低于执行价格，看涨期权就没有价值，这不像股票可以长期持有，等待未来上涨的机会。譬如中国石油股价虽然可能在看涨期权期满日时下跌至 55 元，但是可能过了 1 个月的时候，又涨回到 90 元。但是，因为期满日看涨期权已经到期，而股价低于执行价格，所以看涨期权已经没有价值了，因此，纵使后来股价再上涨，由于看涨期权已失效，所以不能得到股价上涨的好处。但如果是买了股票而继续持有，那么还是可以等股价上涨而获利的，所以购买看涨期权时，须特别留意看涨期权的期满日，以免遭受损失。

2. 期满日前结清买入看涨期权策略的损益

表 6-1 及图 6-1 所列的都是在看涨期权期满日时，两种投资策略的损益。如果在期满日前，买入看涨期权 1 个月后，就要将看涨期权卖掉而结清，那么看涨期权的损益情形就不一样。我们知道看涨期权在期满日前还有时间价值，因此买入看涨期权的损益图形，应该会在原有损益图形的上面一些，即原来的损益再加上时间价值，而且不会是直线。利用第五章学过的 B-S 公式及本书所附软件，在不同的股价下算出还有 2 个月到期中国石油看涨期权的价值，并扣除 8 元的成本而得到投资损益。将资料整理如表 6-2 所示，并绘制如图 6-2。

表 6-2　　　　　　　　　　买入看涨期权 1 个月后可能的损益

股价	买入股票损益	1 个月后看涨期权价值	看涨期权成本	看涨期权损益
55	−20	0.4	−8	−7.6
60	−15	1.0	−8	−7.0
65	−10	2.2	−8	−5.8

续表

股价	买入股票损益	1个月后看涨期权价值	看涨期权成本	看涨期权损益
70	−5	4.0	−8	−4
75	0	6.4	−8	−1.6
80	5	9.5	−8	1.5
85	10	13.2	−8	5.2
90	15	17.3	−8	9.3
95	20	21.7	−8	13.7

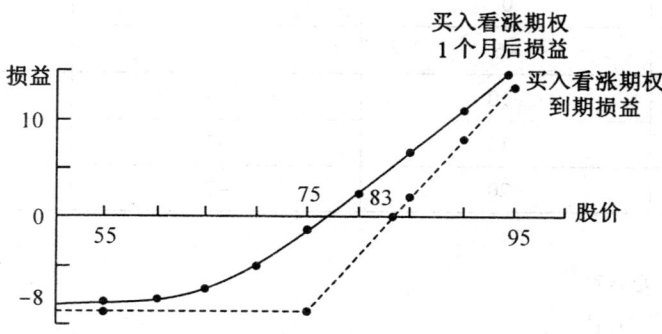

图 6-2 买入看涨期权 1 个月后可能的损益

3. 短时间买卖看涨期权损益可用 delta 估算

假设持有看涨期权的时间只有短短一两天，那么可利用 B-S 公式中的对冲比率 (delta)来求算买入看涨期权的损益。例如根据 B-S 公式得到看涨期权的 delta 为 0.57，表示当股价上涨 1 元时，看涨期权将上涨 0.57 元；反之，当股价下跌 1 元时，看涨期权将下跌 0.57 元。因此，你也可以预估未来 1 天后可能的股价，然后直接利用 delta 换算在某些股价下，买入看涨期权可能的损益，并画出损益图。

☞ 动动脑

拥有看涨期权期间较长(譬如超过 1 星期)，仍然可以用 delta 来估计不同股价下可能的损益吗？

二、买入看跌期权

第二种单一策略是买入看跌期权(buy a put)，买入看跌期权主要是用于看空市场的交易策略。如果投资者看空台积电股票，他可以卖空台积电股票或买入台积电股票的看跌期权。但是，卖空股票会有风险，因为当股价上涨时会有损失；而买入看跌期权就不同了，当股价下跌时会有获利，而当股价上涨时，看跌期权只是损失权利金而已。假设花了 7 元买入执行价格 75 元的台积电看跌期权，比较卖空股票及买入看跌期权的损益情形。如表 6-3、图 6-3 分别列出及绘出卖空股票及买入看跌期权的损益。

表 6-3　　　　　　　　　买入看跌期权到期的损益

股价	卖空股票损益	买入看跌期权损益	卖空看跌期权损益
55	20	13	−13
60	15	8	−8
65	10	3	−3
70	5	−2	2
75	0	−7	7
80	−5	−7	7
85	−10	−7	7
90	−15	−7	7
95	−20	−7	7

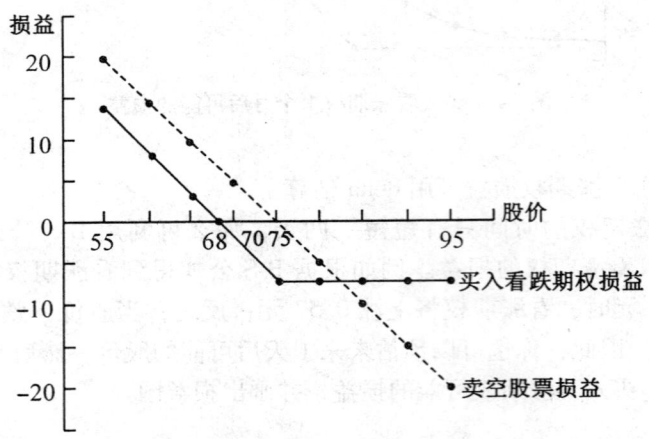

图 6-3　买入看跌期权到期的损益

由图 6-3 可看出当股价如预期下跌，卖空股票有较大的收益；但是当股价上涨时，损失也较大。买入看跌期权，当股价下跌，其收益相较卖空股票少 7 元，这是因为买入看跌期权支付 7 元的权利金；但是当股价上涨时，买入看跌期权最多也只损失 7 元，也就是权利金的部分。因此，比较这两种交易策略可发现，买入看跌期权是看空市场，兼具保险又可获利的策略。

另外，如果持有的看涨期权还有 2 个月到期，可利用 B-S 公式求出不同股价下看跌期权的价值，再扣除 7 元成本而得到损益。由于此时看跌期权尚未到期，还有时间价值，因此一般损益线会比原来的高。但如同在第三章第三节讨论过的，当股价非常低的时候，看跌期权到期前的价值会趋近，而小于内在价值 $K-S$，如表 6-4；图 6-4 说明看跌期权到期前两个月的价值与损益情形，当股价很低时，此时买入看跌期权的损失可能会稍微低于到期的损益，这一点和图 6-2 看涨期权是不同的。

表 6-4　　　　　　　　　　买入看跌期权 1 个月后可能的损益

股价	卖空股票损益	1 个月后看跌期权价值	看跌期权成本	买入卖权损益
55	20	19.6	−7	12.6
60	15	15.3	−7	8.3
65	10	11.4	−7	4.4
70	5	8.2	−7	1.2
75	0	5.7	−7	−1.3
80	−5	3.8	−7	−3.2
85	−10	2.5	−7	−4.5
90	−15	1.5	−7	−5.5
95	−20	0.9	−7	−6.1

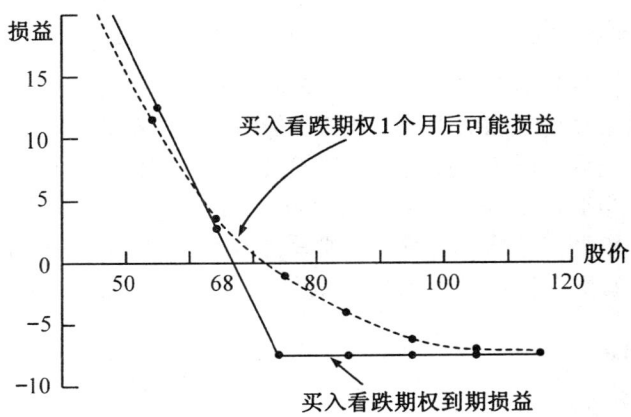

图 6-4　买入看跌期权 1 个月后可能的损益

三、卖空看涨期权

单一策略的第三种交易是卖空看涨期权（sell a call），和第一种策略买入看涨期权相反。卖空看涨期权主要策略是预期未来股价看跌或股价不太变动，而赚取权利金。由图 6-5 可看出，卖空看涨期权最大收益为权利金的收入。但是如果股价上涨，这个策略的损失将会很大。买卖期权的损益是零和游戏，一方有赚，另一方就一定有赔，因此卖空看涨期权的损益刚好和买入看涨期权相反。

卖空看涨期权和买入看跌期权均是看空市场，但是两种策略的报酬型态是不同的。由图 6-5 可看出，当股价下跌时，买入看跌期权获利很大，而卖空看涨期权获利只限于权利金；而当股价上涨时，买入看跌期权只损失权利金，而卖空看涨期权则损失很大。当然如果股价在执行价格附近，卖空看涨期权将有权利金的收益，而买入看跌期权则会有权利金的损失。

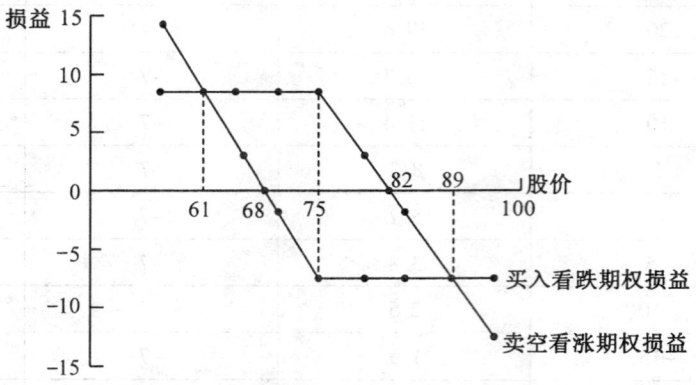

图 6-5　卖空看涨期权与买入看跌期权到期损益比较

四、卖空看跌期权

单一策略的第四种策略是卖空看跌期权（sell a put），这和第二种买入看跌期权的策略是相反的。卖空看跌期权和买入看涨期权的策略一样，都是看涨的策略，也就是当股价上涨时，投资者获利；股价下跌时，则有损失。买入看涨期权获利无穷，但卖空看跌期权则获利有限；当股价下跌时，买入看涨期权损失有限，但卖空看跌期权则损失很大。因此，卖空看跌期权策略比较适合于股票价格不变或微幅上扬的情形。

图 6-6 将买入看涨期权及卖空看跌期权做一比较，由图可以看出，同样是预期股票

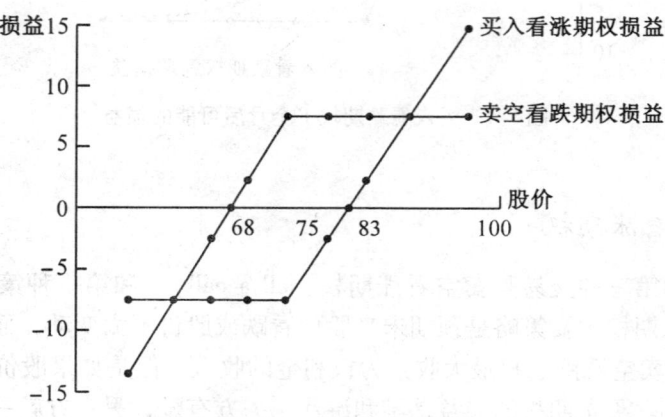

图 6-6　卖空看跌期权与买入看涨期权到期损益比较

上涨的情形,买入看涨期权和卖空看跌期权的损益型态是不同的。当股价上涨时,买入看涨期权获利很大,而卖空看跌期权获利只有权利金;而当股价下跌时,买入看涨期权只损失权利金,而卖空看跌期权则损失很大。当然股价在执行价格附近时,卖空看跌期权会有权利金的获利,但买入看涨期权则仍有权利金的损失。由于期权卖方风险较大,因此期权的卖方需要缴交保证金,愈价内,保证金愈高;反之,期权的买方由于风险有限,只要缴交权利金即可。

☞ **动动脑**

我们常听人家说,期权的损失有限而获利无穷,你觉得对吗?

第二节 对冲策略

对冲策略(hedging strategy)是指同时拥有现货(如股票),再加上看涨期权或看跌期权的策略。通常现货和期权策略的损益方向是相反的,也就是一方有损失,另一策略即有收益,两者互为对冲,故称为对冲策略。一般常见的对冲策略包括保护性看跌期权、掩护性看涨期权、反向保护性看跌期权及反向掩护性看涨期权等。

一、保护性看跌期权策略(买入股票+买入看跌期权)

保护性看跌期权策略(protective put strategy)是指证券组合中包含了股票与看跌期权,亦即先买入股票,再买入看跌期权来弥补股价下跌的损失。此种策略可作为基金公司对冲之用。因为基金公司常常拥有很大部位的股票现货,如果股票下跌,损失会很大,因此可以买入股价指数看跌期权来保护现货的部位。

假设看涨中国石油而买入中国石油股票并长期持有,但又害怕股价下跌,此时可以买入中国石油的看跌期权来对冲。依据前述例子,假设以 75 元买入中国石油股票,并以 7 元买入执行价格同样为 75 元的中国石油看跌期权,3 个月后这个策略的损益如表 6-5 及图 6-7 所示。

由图 6-7 可以看出,当股价上涨时,买入股票将获利,但因为看跌期权有 7 元的支出,所以获利会下降 7 元。但是,当股价下跌时,因为看跌期权会获利,因此可抵消股票的损失。由图 6-7 的损益图也可以看出,此种损益形状很像买入一个看涨期权。由第四章看跌看涨期权平价关系也可知道,买入股票及买入看跌期权可以复制成一个和看涨期权报酬类似的证券组合($S+P=C$)。

和前面所讨论的一样,买入看跌期权不一定要拥有至期满日才清算。如果买入看跌期权 1 个月后结清,则其证券组合的报酬也可以和前面所分析过的情形一样处理,读者可以自行练习。另外,保护性看跌期权与买入看跌期权来保险的部分不一定要一对一,也就是不一定要买入和股票同单位的看跌期权。

表 6-5　　　　　　　　　保护性看跌期权到期的损益

股价	买入股票损益	买入看跌期权损益	证券组合损益
55	−20	13	−7
60	−15	8	−7
65	−10	3	−7
70	−5	−2	−7
75	0	−7	−7
80	5	−7	−2
85	10	−7	3
90	15	−7	8
95	20	−7	13

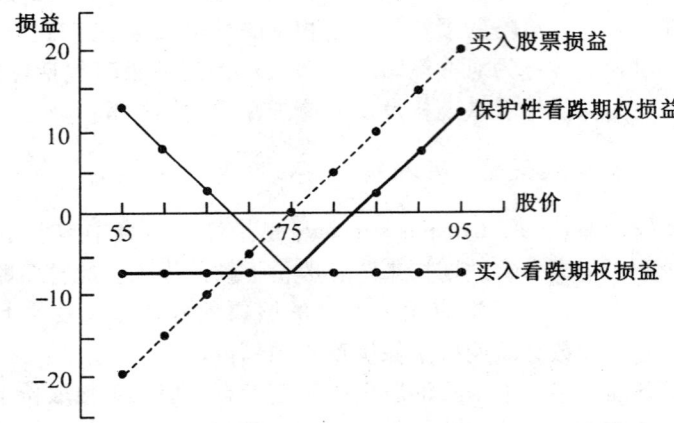

图 6-7　保护性看跌期权到期的损益

如果未来股票看跌的概率比较小，也许买入看跌期权的部分可以减少些，譬如买入二分之一甚至三分之一单位的看跌期权，以减少保险成本的支出。这时保护性看跌期权损益的图形就和标准的图形有点差异，有兴趣的读者可自行计算，并练习绘制损益图形。

至于反向保护性看跌期权策略（reverse protective put strategy）是指卖出股票及卖出看跌期权的策略。譬如券商在发行认沽权证，或卖出看跌期权的一方，需要卖空股票来对冲，其损益图和保护性看跌期权刚好相反。

二、掩护性看涨期权策略（买入股票+卖空看涨期权）

掩护性看涨期权策略（covered call strategy）包括买入股票及卖空看涨期权。目前台湾地区券商发行认购权证，再买入股票来对冲的策略，可以说是一种掩护性看涨期权策略。假设证券组合包括买入1股75元的中国石油股票,以8元卖出中国石油的看涨期权,到期时损益如表6-6及图6-8所示。

表6-6　　　　　　　　　　掩护性看涨期权到期损益

股价	买入股票损益	卖空看涨期权损益	证券组合损益
55	−20	8	−12
60	−15	8	−7
65	−10	8	−2
70	−5	8	3
75	0	8	8
80	5	3	8
85	10	−2	8
90	15	−7	8
95	20	−12	8

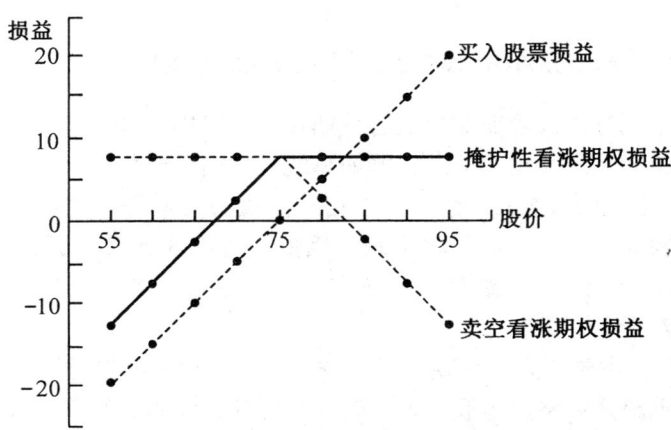

图6-8　掩护性看涨期权到期损益

由图6-8可看出,这种策略在股价上涨时的最大收益为8元,而当股价下跌时有较大损失。此种损益图很像卖出看跌期权的损益。因为由看跌看涨期权平价关系可知,买入股票、卖空看涨期权的报酬型态其实和卖空看跌期权一样($S-C=P$)。当然券商在卖出看涨期权时,一般不需要买入同样数量的股票。如同在第五章提过的,只需要买入delta的股票即可。当然随着股价的变动,Delta对冲比率会变动,因此券商需要常常调整持有股票的部位。

至于反向掩护性看涨期权策略（reverse covered call strategy）是卖空股票的同时买入看涨期权，此策略图形类似买入看跌期权。台湾地区在2003年之前并没有认沽权证的发行，因此如果看空股票可以卖空个股并买入该股票的认购权证，形成一个买入看跌期权的策略以规避股价反转向上风险。

除了上述四种对冲策略外，你觉得还有哪些可能的对冲策略？

☞ **动动脑**

除了上述四种对冲策略外，你觉得还有哪些可能的对冲策略？

第三节 组合策略

组合策略（combination strategy）或称混合策略，是指同时买入相同目标股票的看涨期权及看跌期权（C+P），或是同时卖出看涨期权及看跌期权（-C-P）的策略。第一种组合策略称为下跨式策略（bottom straddle strategy）、买入跨式策略（long straddle strategy）或多头跨式策略（bull straddle strategy）。第二种组合策略称为上跨式策略（top straddle strategy）、卖出跨式策略（short straddle strategy）或空头跨式策略（bear straddle strategy）。另外，也将再延伸讨论比率跨式策略（ratio spread strategy）及宽跨式策略（strangle strategy）。

一、下跨式策略（买入看涨期权+买入看跌期权）

下跨式策略是同时买入看涨期权及看跌期权，一般用于预期股价将大幅波动，但是不知道股价是否会大涨或大跌的情况，譬如总统大选前后或公司合并前后。假设目前中国石油股价为75元，预测未来3个月内中国石油收购某家公司的结果将揭晓。如果收购成功，股价将大涨；反之，股价将下跌。因此，各以8元及7元买入执行价格同为75元的中国石油看涨期权及看跌期权，还有3个月到期。将3个月后此证券组合的可能损益列于表6-7并绘成图6-9。

由图6-9看出，由于买入看涨期权及看跌期权证券组合的损益图形有如骑马跨鞍的形状，因此称为下跨式策略。当股价大涨时，看涨期权获利；当股价大跌时，看跌期权获利。因此，当股票大涨或大跌时，将会有很大的收益。此一策略最大的损失为15元（即权利金），是当股价收盘价停留在执行价格处。

下跨式策略的损益平衡点（损益为零元点），便是执行价格加减看涨期权及看跌期权的权利金总和。譬如本例中的权利金为15元(8+7)，所以损益平衡点在股价等于90元(75+15)及股价等于60元(75-15)的地方。因为股价在90元时，看涨期权获利15元(90-75)，扣除15元成本后，损益为零；反之，当股价为60元时，看跌期权获利15元(75-60)，扣除15元成本后，损益为零。

表 6-7　下跨式策略到期损益（买入看涨期权及看跌期权）

股价	买入看涨期权损益	买入看跌期权损益	证券组合总损益
35	−8	33	25
45	−8	23	15
55	−8	13	5
65	−8	3	−5
75	−8	−7	−15
85	2	−7	−5
95	12	−7	5
105	22	−7	15
115	32	−7	25

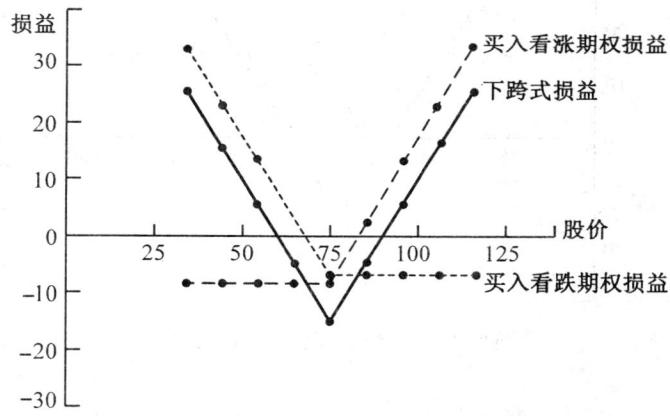

图 6-9　下跨式策略到期损益

如果在 1 个月之内，台积电股价呈现大涨或大跌的情形，则可获利了结。将 1 个月后的损益资料列于表 6-8 并绘如图 6-10。由图 6-10 可看出，到期前因为看涨期权、看跌期权都还有时间价值，所以 1 个月后的损益图形会比 3 个月后的损益图形高。

表 6-8　下跨式策略 1 个月后损益

股价	1 个月后看涨期权价值	买入看涨期权损益	1 个月后看跌期权价值	买入看跌期权损益	下跨式损益
35	0	−8	39.9	32.3	24.3
45	0	−8	29.3	22.3	14.3
55	0.4	−7.6	19.7	12.7	5.1

续表

股价	1个月后看涨期权价值	买入看涨期权损益	1个月后看跌期权价值	买入看跌期权损益	下跨式损益
65	2.2	−5.8	11.4	4.4	−1.4
75	6.4	−1.6	5.7	−1.3	−2.9
85	13.2	5.2	2.5	−4.5	0.7
95	21.7	13.7	0.9	−6.1	7.6
105	31	23	0.3	−6.7	16.3
115	40.9	32.9	0.1	−6.9	26.0

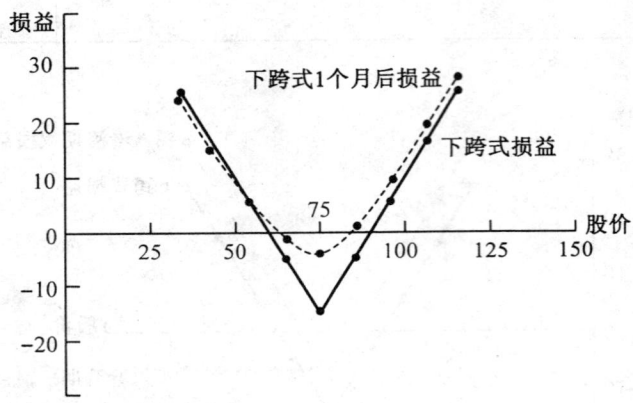

图 6-10　下跨式策略 1 个月后损益

但是，如同买入看跌期权到期前损益，当股价很低时，譬如股价等于 45 元，此时看跌期权的价值为 29.3 元，比看跌期权到期的履约价值 30 元(75−45)还低，因此在股价为 45 元时，1 个月后收益为 14.3 元(29.3−15)，比 3 个月后收益 15 元(30−15)还低，所以两条线会交叉。

二、上跨式策略（卖出看涨期权+卖出看跌期权）

上跨式策略和下跨式策略刚好相反。上跨式策略是卖出看涨期权及看跌期权，是预期股价不太会波动，因此卖出看涨期权及看跌期权可以收取权利金或时间价值。上跨式策略损益图形和下跨式策略刚好相反，当股价不大变动时可以获利，当股价大幅变动时有损失，因此可以说是获利有限，而损失无穷。至于到期前的损益分析方法和下跨式策略相同，只是损益方向相反，其到期损益如图 6-11 所示。此策略也可用在预期波动率将下降的情况。

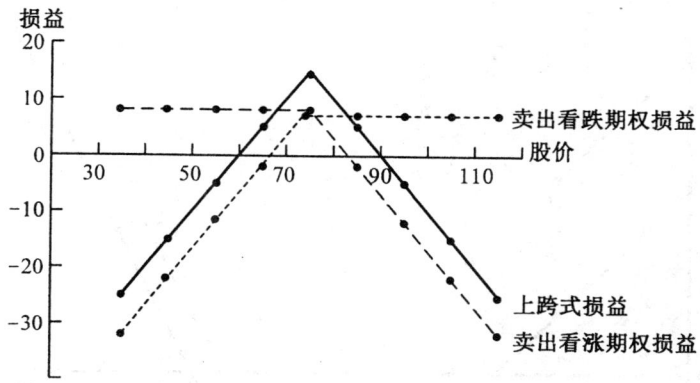

图 6-11 上跨式策略到期损益

三、比率跨式策略

在跨式策略中,看涨期权及看跌期权的比重不一定要 1∶1。如果你认为台积电股票大涨的机会较大,则可以买入较多的看涨期权,譬如买入 2 单位看涨期权及 1 单位看跌期权,形成所谓的偏多跨式(strap)。其到期损益如表 6-9 及图 6-12,此时的损益图形并不是对称的,而是右边呈现较陡的情形。同理,如果你觉得中国石油股价下跌机会较大,则可以买入较多单位的看跌期权,此称为偏空跨式(strip)。这两种策略合称为比率跨式策略或比例价差策略(ratio spread strategy)。

表 6-9　　比率跨式策略到期损益(买入 2 单位看涨期权及 1 单位看跌期权)

股价	买入看涨期权损益	买入看跌期权损益	证券组合总损益
35	−16	33	17
45	−16	23	7
55	−16	13	−3
65	−16	3	−13
75	−16	−7	−23
85	4	−7	−3
95	24	−7	17
105	44	−7	37
115	64	−7	57

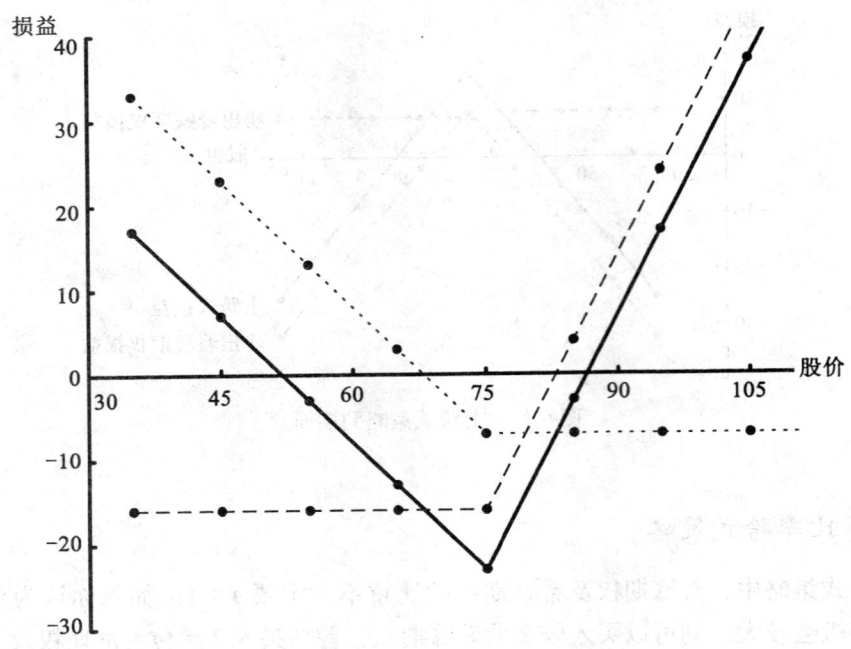

图 6-12　比率跨式策略到期损益

四、宽跨式策略

前面介绍的跨式策略中,看涨期权、看跌期权的执行价格都相同。但是,也可以采用不同执行价格的看涨期权及看跌期权。宽跨式策略(strangle strategy)或称勒式策略是指看涨期权和看跌期权采用不同的执行价格的跨式策略。此时下跨式最大损失不是一点,而是成为一段扁平的直线,其转折点在两个执行价格;同理,上跨式的最大收益也不是一点,而是一段水平线。譬如我们可以用 8 元买入 1 单位执行价格为 75 元的看涨期权,再以 3 元买入 1 单位执行价格为 65 元的看跌期权,将 3 个月到期后此证券组合的可能损益列于表 6-10 并绘于图 6-13,其最大损失不像下跨式的尖点,而是一条介于两个执行价格 65 及 75 之间的水平线。宽跨式策略成本或获利均比上(下)跨式低,损益平衡点的距离也比上(下)跨式小。

表 6-10　宽跨式策略到期损益(买入 $K=75$ 的看涨期权及 $K=65$ 的看跌期权)

股价	买入看涨期权损益	买入看跌期权损益	证券组合总损益
35	−8	27	19
45	−8	17	9
55	−8	7	−1

续表

股价	买入看涨期权损益	买入看跌期权损益	证券组合总损益
65	−8	−3	−11
75	−8	−3	−11
85	2	−3	−1
95	12	−3	9
105	22	−3	19
115	32	−3	29

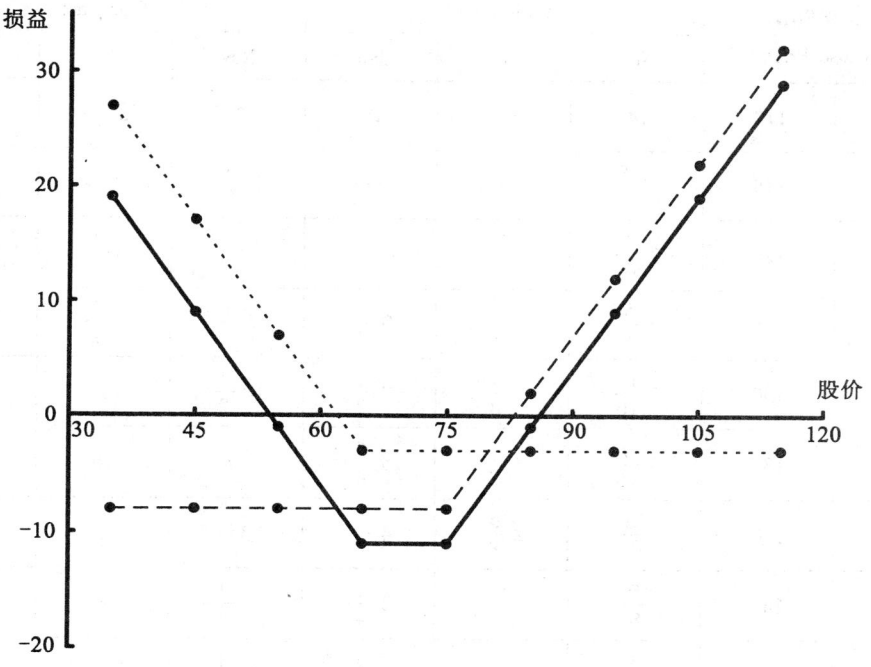

图 6-13　宽跨式策略到期损益

第四节　价差策略

前面介绍过的对冲策略是现货与看涨期权或看跌期权的组合，而组合策略是看涨期权及看跌期权的组合。接着要讨论的证券组合只包含看涨期权或只包含看跌期权，称为价差策略(spread strategy)。价差策略是指买入一个看涨期权，同时卖出另一个条件不同的看涨期权；或者是买入一个看跌期权，同时卖出另一个条件不同的看跌期权。这个不同条件可能是执行价格不同，或期满日不同，或者是两者均不同。

第一种买卖不同执行价格看涨期权的策略，称为垂直价差(vertical spread)或价格价差(price spread);第二种买卖不同期满日看涨期权的策略,称为水平价差(horizontal spread)或时间价差(time spread);另外,买卖不同执行价格及不同期满日看涨期权的策略,称为对角价差(diagonal spread)。这是因为早期《华尔街日报》(*Wall Street Journal*)的股票期权收盘价的排列方式,对于不同执行价格契约依垂直排列,而不同期满日契约则依水平排列,如表6-11所示。表6-11为IBM股票看涨期权及看跌期权在1987年10月30日于《华尔街日报》的摘录。以下针对牛市价差策略、空头价差策略、蝶状价差策略、水平价差及对角价差加以讨论;另外也将探讨盒状价差的交易策略。

表6-11 早期华尔街日报 IBM 看涨期权看跌期权收盘行情(1987-10-30)

Option & Strike NY Close Price		CHICAGO BOARD					
		Calls-Last			Puts-Last		
		Nov	Dec	Jan	Nov	Dec	Jan
IBM	110	14	$15\frac{1}{2}$	19	2	$3\frac{3}{4}$	5
123	115	$10\frac{3}{8}$	14	$15\frac{1}{2}$	$3\frac{3}{8}$	5	$6\frac{3}{4}$
123	120	$7\frac{1}{4}$	10	$12\frac{1}{2}$	5	$8\frac{1}{4}$	$9\frac{1}{4}$
123	125	$4\frac{5}{8}$	$7\frac{5}{8}$	$9\frac{1}{4}$	$7\frac{1}{2}$	$9\frac{1}{2}$	$12\frac{1}{4}$
123	130	$2\frac{11}{16}$	$5\frac{1}{4}$	$7\frac{1}{2}$	$10\frac{1}{2}$	r	$14\frac{3}{4}$
123	135	$1\frac{9}{16}$	$3\frac{1}{2}$	$5\frac{5}{8}$	14	16	18
123	140	$\frac{15}{16}$	$2\frac{5}{8}$	$4\frac{3}{8}$	18	r	21
123	145	$\frac{5}{8}$	s	$3\frac{1}{4}$	$23\frac{1}{4}$	s	$25\frac{1}{2}$
123	150	$\frac{3}{8}$	s	$2\frac{5}{8}$	$27\frac{1}{2}$	s	30
123	155	$\frac{1}{4}$	s	2	$34\frac{1}{2}$	s	33
123	160	$\frac{1}{8}$	s	$1\frac{3}{8}$	$37\frac{1}{2}$	s	$38\frac{3}{4}$

说明:第一栏为IBM在NYSE收盘股价;第二栏为执行价格,第三、四、五栏分别为11月、12月、1月到期的看涨期权收盘价;第六、七、八栏分别为11月、12月、1月到期的看跌期权收盘价。s 表示没有这个合约,r 表示今天没有交易量。

一、牛市价差策略(买入低执行价格看涨期权+卖出高执行价格看涨期权)

牛市价差策略(bull spread strategy)是一种微幅看涨、降低投资成本的策略。此策略牵涉买入执行价格较低的看涨期权(权利金较高者),同时卖出一个执行价格较高的看涨期权(权利金较低者)。一买一卖的结果,便可以降低期初的投资成本。假设以8元买入中国石油执行价格75元的看涨期权,同时以6元卖出执行价格80元的看涨期权,期满日同为3个月,原始投资成本为2元。将损益结果列于表6-12并绘成图6-14。由图6-14可看出,当股价大于80元时,牛市价差有3元的收益;当股价低于75元时,则有2元的损失,而其损益平衡点在股价为77元处。牛市价差损益图形的转折点在两个执行价格(75元及80元),最大损失为投资成本(2元),最大获利为两个执行价格之差减去投资成本(80-75-2=3)。

表6-12　　　　　　　　　　牛市价差到期损益

股价	买入履约价75元看涨期权	卖出履约价80元看涨期权	证券组合损益
55	-8	6	-2
60	-8	6	-2
65	-8	6	-2
70	-8	6	-2
75	-8	6	-2
80	-3	6	3
85	2	1	3
90	7	-4	3
95	12	-9	3

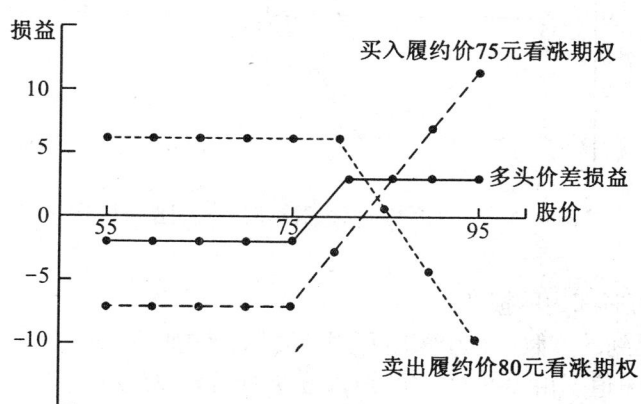

图6-14　牛市价差到期损益

牛市价差策略通常用于预期股价将上涨,但是不会大幅上涨的情况,因此虽然获利有限,但是成本也会降低。由于买入执行价格较低的看涨期权,卖出执行价格较高的看涨期权,所以当股价上涨,低执行价格看涨期权的delta会较高执行价格看涨期权的

delta 来得大，因此股价上涨会获利。在期满日时，如果股价微幅上涨，买入的看涨期权会有价值，而卖出的看涨期权到时候可能变成价外，因此投资者就可以赚得权利金。如果股价大涨，两个合约都处于价内，因为低执行价格的看涨期权价值较高，扣掉高执行价格的看涨期权价值，仍然会有固定的收益。

1. 比较牛市价差与买入看涨期权的异同

图 6-15 画出牛市价差和买入看涨期权的损益比较。由图 6-15 可知，牛市价差策略和买入看涨期权策略都是看涨，但是买入看涨期权策略的损益需要股价大涨超过 86 元以上的价位，它的收益才会超过牛市价差策略。另外，牛市价差策略的损失比较小，因为最大损失为期初成本 2 元(8-6)，而买入看涨期权策略的最大损失为期初投资成本 8 元。虽然牛市价差策略获利较小，可是因为期初投资成本较低，有可能其报酬率反而较大。譬如当股价上升到 80 元时，买入执行价格 75 元，看涨期权损失为 3 元(80-75-8)，但是牛市价差策略却赚了 3 元(80-75-2)；如果股价上涨到 85 元，买入看涨期权收益为 2 元，所以报酬率为 2÷8=25%；但牛市价差策略的收益为 3 元，报酬率却是 3÷2=150%。当然牛市价差策略的获利最高也仅限于 3 元，只不过买入看涨期权的获利可能因为股价大涨而相当大。

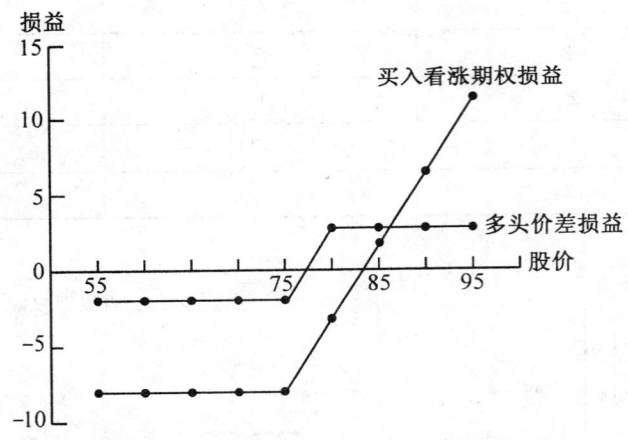

图 6-15 牛市价差与买入看涨期权到期损益比较

2. 牛市价差短时间内的损益

如同前面所提到的，假如这个策略只用于短期，譬如两、三天，则可以比较两个看涨期权之间的 delta 值。由 B-S 公式可知，若执行价格 75 元的看涨期权，其 delta 为 0.57，而执行价格为 80 元的 delta 为 0.47。也就是当股价上涨 1 元时，买入的看涨期权上涨 0.57 元，而卖出的看涨期权赔 0.47 元，此牛市价差策略的 delta 为 0.1(0.57-0.47)。如果股价在 2 天内上涨了 5 元，则此投资损益可大略估算为 0.5 元(5×0.1)。因为起初成本为 2 元，而收益为 0.5 元，所以报酬率 25%(0.5÷2)。

当然牛市价差策略也可以用看跌期权来形成策略，就是买入执行价格较低的看跌期权(权利金较低)及卖出执行价格较高的看跌期权(权利金较高)。因为股价上升时,低执行价格的看跌期权的价值下降较少,而执行价格较高的看跌期权的价值下降较大。由于卖出的是高执行价格的看跌期权,所以相对地就会有获利。看跌期权牛市价差的损益图形和看涨期权牛市价差很类似,为节省篇幅我们将此一策略留作本章习题。

二、空头价差策略(买入高执行价格看跌期权+卖出低执行价格看跌期权)

空头价差策略(bear spread strategy)和牛市价差策略是相反的。此交易策略是一种看空策略,包括买入执行价格较高的看跌期权(权利金较高),而卖出执行价格较低的看跌期权(权利金较低)。此一策略在股价微幅下跌时获利(有限),股价上涨时损失(有限)。图6-16为空头价差策略的损益,和牛市价差策略相反。当股价下跌时,买入执行价格较高的看跌期权获利较大,而卖出执行价格较低的看跌期权损失较小,因此股价下跌会有获利;反之,股价上涨则会有损失。当然我们也可由看涨期权来形成空头价差策略,就是买入执行价格较高的看涨期权,而卖出执行价格较低的看涨期权。实务上多采用看跌期权的方法,若以看涨期权形成空头价差需要支付交易所保证金,而以看跌期权形成的空头价差只需要支付权利金。

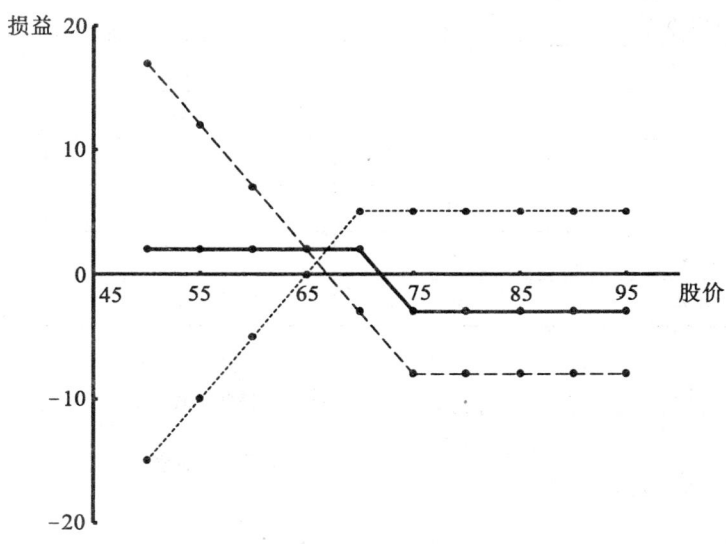

图6-16 看跌期权空头价差到期损益

☞ **动动脑**

看跌期权的空头价差和看涨期权的空头价差的损益图形类似,你会证明吗?

三、蝶状价差策略

前面提到的牛市价差及空头价差,都是分别买卖一种不同执行价格的看涨期权。蝶状价差策略(butterfly spread strategy)是指分别买进执行价格较高及执行价格较低的看涨期权，同时又卖出两个执行价格中间的看涨期权。假设分别以10.6元与6元买入执行价格为70元与80元的中国石油看涨期权各1张，然后以8元卖出执行价格为75元的中国石油看涨期权2张。期初的投资成本为0.6元(10.6+6-2×8)，看涨期权期满日都是3个月以后，将此投资策略的损益列于表6-13并绘成图6-17。

由图6-17可以看出，若3个月后股价和今天股价一样，在75元的价位时，蝶状价差的报酬最大，有4.4元的收益。当股价高于79元或低于71元时，损失为0.6元，即为最初的投资支出。因为证券组合的报酬型态是中间凸起，两边水平，状似蝴蝶展翅，因此一般称为蝶状价差。蝶状价差在股价不太波动时可获利，而股价波动大时有损失，但损失有限，仅为期初投资成本。

表6-13　　　　　　　　　蝶状价差到期损益

股价	买入70看涨期权	买入80看涨期权	卖出2个75看涨期权损益	证券组合损益
55	-10.6	-6	16	-0.6
60	-10.6	-6	16	-0.6
65	-10.6	-6	16	-0.6
70	-10.6	-6	16	-0.6
75	-5.6	-6	16	4.4
80	-0.6	-6	6	-0.6
85	4.4	-1	-4	-0.6
90	9.4	4	-14	-0.6
95	14.4	9	-24	-0.6

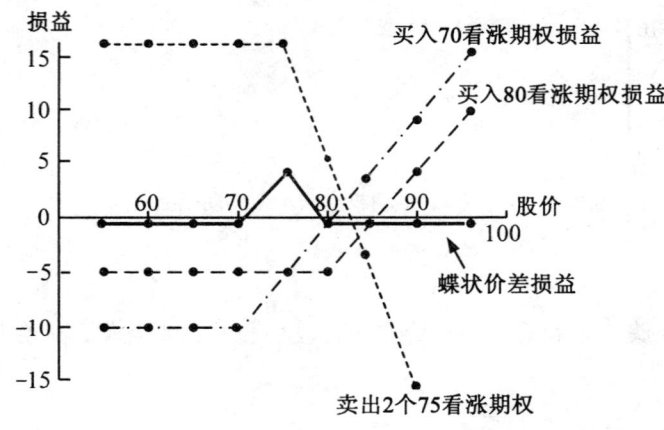

图6-17　蝶状价差到期损益图

其实蝶状价差可以看成是两种价差的组合,即牛市价差加上空头价差的组合。上例中 $C_{70}+C_{80}-2C_{75}$ 可分解成：

$C_{70}-C_{75}$：牛市价差,买入低执行价格看涨期权,卖出高执行价格看涨期权

$C_{80}-C_{75}$：空头价差,买入高执行价格看涨期权,卖出低执行价格看涨期权

其中,C_{70}、C_{75}、C_{80} 分别表示执行价格为 70 元、75 元、80 元的看涨期权。

上述例子是指买入型蝶状价差(long butterfly spread)。如果是卖出型蝶状价差(short butterfly spread),就是卖出 1 个高执行价格及 1 个低执行价格的看涨期权,同时买入 2 个中执行价格看涨期权,其损益及图形则和买入蝶状价差相反,当股价不大变动时有损失；反之,则有期初的收益。

比较上跨式策略和买入蝶状价差策略的异同

当股价不太变动时,上跨式策略和买入蝶状价差策略基本上均有收益,而股价变动时均有损失。但是上跨式策略收益较大,损失也较大；反之,蝶状价差策略收益较小,损失也较小。以上所提的价差策略都是以不同执行价格,但是期满日相同的期权所形成的策略,一般称为垂直价差。通常垂直价差使用的场合比较多,也比较简单。

四、水平价差策略

前面所提到的策略都是利用不同执行价格,相同期满日所形成的价差策略,接下来将介绍利用相同执行价格、不同期满日的期权,一买一卖而形成的交易策略,此种策略称为水平价差(horizontal spread)或时间价差(time spread)。

假设以 8 元买入执行价格为 75 元,期满日为 3 个月的中国石油看涨期权,另外以 4.5 元卖出执行价格为 75 元,期满日为 1 个月的中国石油看涨期权。1 个月后,4.5 元的看涨期权到期,将水平价差证券组合的损益绘成图 6-18。

1 个月后,由于以 4.5 元卖出的中国石油执行价格为 75 元的看涨期权已经到期,所以到期的价值可以很快求出来。至于以 8 元买入的 3 个月期看涨期权,由于还有 2 个月到期,所以它的价值可以代入 B-S 公式中求出来。由表 6-14 及图 6-18 可以看出,当股价在 75 元执行价格附近时,水平价差获利 3.3 元；而当股价大幅上涨时,则有损失,而大幅下跌也有损失,此损益有点类似蝶状价差,获利有限,损失也有限。只是由于还没有到期损益,呈现曲线状态,且并非左右对称的直线。

表 6-14　　　　　　　　　　水平价差 1 个月后损益

股价	买入 3 个月到期权证价值	买入权证损益	卖出权证损益	总损益
55	0.5	−7.5	4.5	−3
60	1.2	−6.8	4.5	−2.3
65	2.5	−5.5	4.5	−1
70	4.3	−3.7	4.5	0.8
75	6.8	−1.2	4.5	3.3

续表

股价	买入3个月到期权证价值	买入权证损益	卖出权证损益	总损益
80	9.9	1.9	-0.5	1.4
85	13.6	5.6	-5.5	0.1
90	17.6	9.6	-10.5	-0.9
95	22	14	-15.5	-1.5

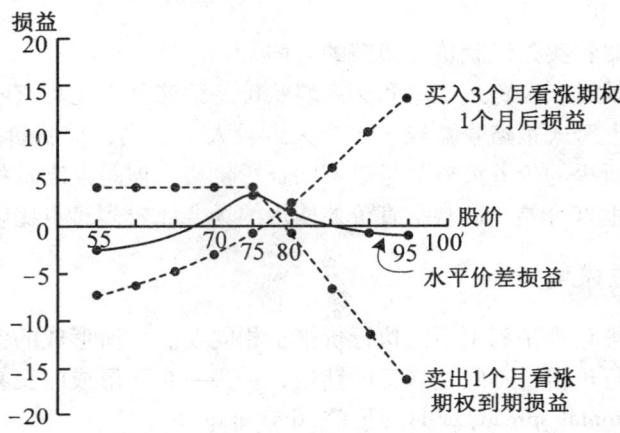

图 6-18　水平价差 1 个月后损益

五、对角价差

对角价差（diagonal spread）是指同时买入及卖出不同执行价格、不同期满日的看涨期权，一买一卖所形成的策略。譬如买入一个 3 个月后到期，执行价格为 75 元的看涨期权，另外卖出一个 1 个月后到期，执行价格为 85 元的看涨期权。本书将对角价差损益图留为本章习题，以供读者练习。

六、盒状价差

盒状价差（box spread）策略是由看涨期权牛市价差和相同执行价格的看跌期权空头价差组合而成。此策略到期值是固定的，等于两个执行价格之差，与股价走势无关。盒状价差分解为：

看涨期权牛市价差：$CK_1 - CK_2$，加上

看跌期权空头价差：$PK_2 - PK_1$，（$K_2 > K_1$）。

因此，结合两价差变成 $(CK_1 - PK_1) - (CK_2 - PK_2)$[①]。由 put-call parity 得到第一项为

---

① 例如 $K_1 = 75$，$K_2 = 80$，结合两者变成 $(C_{75} - P_{75}) - (C_{80} - P_{80})$。

$S-K_1(1+r)-T$，第二项为 $S-K_2(1+r)-T$，合并为 $(K_2-K_1)(1+r)-T$。此即为盒状价差策略的期初成本，到期值则为 K_2-K_1。例如 $K_1=75$，$K_2=80$，则到期值为 5，期初成本为 5 的折现，接近 5 元。若期初成本不是 5 元，而是 3 元，则有套利的机会。只要买入盒状价差，不考虑交易成本的情况下，则有 2 元的获利；反之如果期初成本为 8 元，则卖出盒状价差可获利 3 元。由此，盒状价差策略也可视为一种套利策略。

第五节 合成策略

本节所要介绍的合成策略（synthetic strategy）也称复制策略或转换策略。第四章已提到看涨期权、看跌期权的复制或合成的情形。一般的合成或复制策略是指，由任何两种证券组合成与第三种证券有相同报酬型态的投资策略。由第四章的复制可知，一般可以合成买入看涨期权、卖出看涨期权、买入看跌期权、卖出看跌期权、买入股票、卖出股票及买入债券或卖出债券共 8 种策略。前面 4 种策略在对冲策略中谈过，即保护性看跌期权是合成买入看涨期权；掩护性看涨期权是合成卖出看跌期权；而反向保护性看跌期权是合成卖出看涨期权，反向掩护性看涨期权是合成买入看跌期权。另外，买入或卖出债券基本上是无风险证券组合，因此本节只讨论合成买入股票及合成卖空股票两种策略。

由第四章等价理论公式，我们知道买入看涨期权及卖出看跌期权可以复制一个买进股票策略；相反地，卖出看涨期权与买入看跌期权可合成一个卖空股票策略。假设要复制一个证券组合，其损益型态和我国台湾加权股价指数①相同。假设目前股价指数是 7 000 点，分别以 218 点及 184 点买入执行价格同为 7 000 点的平价看涨期权及卖出平价看跌期权②，期满日还有 1 个月，将这个证券组合的损益列成表 6-15 并绘成图 6-19。

表 6-15　　买入看涨期权与卖出看跌期权合成大盘指数到期损益

台股指数	台股指数涨跌	买入看涨期权损益	卖出看跌期权损益	证券组合损益	不考虑期初成本损益
5 500	-1 500	-218	-1 316	-1 534	-1 500
6 000	-1 000	-218	-816	-1 034	-1 000
6 500	-500	-218	-316	-534	-500
7 000	0	-218	184	-34	0
7 500	500	282	184	466	500
8 000	1 000	782	184	966	1 000
8 500	1 500	1 282	184	1 466	1 500

---

① 该指数是以 1966 年为基期，基期指数设为 100，其采样样本除特别股、全额交割股外，其余上市股票均包括在内。

② 看涨期权价格为 218 元，看跌期权价格为 184 元，均由 B-S 公式求得。台股指数报酬波动率采用最近 5 年的平均波动率 25%，履约指数 7 000，股价指数 7 000，无风险利率 6%，到期期限 3 个月，不考虑股利率。

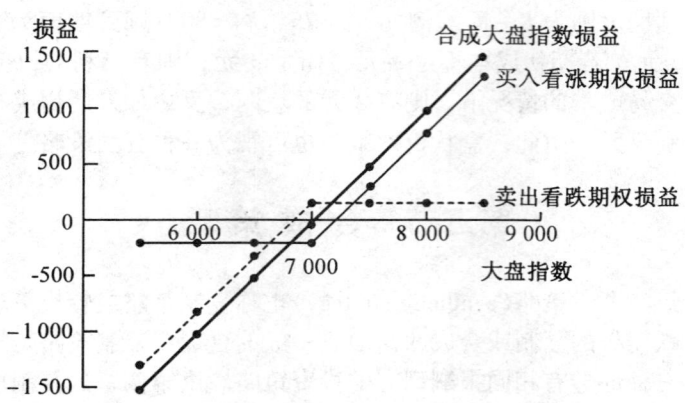

图 6-19　合成大盘指数到期损益

由图 6-19 可看出当股价上涨时，例如股价由 7 000 点涨至 7 500 点时，证券组合赚得 466 点；而当股价由 7 000 点跌至 6 500 点时，证券组合损失 534 点。证券组合的损益比直接买大盘减少了 34 点，这是因为期初支付的 34 点成本所致(218－184)。但是，因为不能直接买大盘，所以间接由看涨期权看跌期权来合成。如果不考虑期初的成本，那么证券组合最后的报酬应该和指数的报酬完全一样。

另外，合成卖空指数的策略和前述策略刚好相反，借由卖出看涨期权和买入看跌期权来达成。如同上面的例子，卖出看涨期权收入 218 点，买入看跌期权支出 184 点，所以期初有 34 点的净现金流入，则合成的卖空股价指数的损益会比直接卖空股价指数损益高出 34 点，因此利用期权来复制卖空股价指数反而获利较佳。

当然，在台指期权的例子搭配台指期货，我们可以由买入期货部位，再加上台指看跌期权转换成类似台指看涨期权的报酬；反之，卖空期货加上买入台指看涨期权也可转成类似买入看跌期权的报酬。前面提到的买入台指看涨期权，卖出台指看跌期权其实也是一种合成台指期货的策略。

第六节　套 利 策 略

套利策略(arbitrage strategy)是指当一个证券的价格相对于所对应证券的价格高估时，卖空相对高估证券，而买入相对低估证券的交易策略。一般所谓的套利是指没有风险而获取利润的交易动作，包括期初没有支出，而期末有收益；或者是期初有收益，而期末没有支出；或者是期初、期末均有收益。

套利机会发生在当看涨期权或看跌期权违反了上下限或违反了看跌看涨期权平价关系，或是看涨期权或看跌期权市价和 B-S 的理论价格不符合时，投资者可以买低卖高来获取中间的差价。此外，第四节介绍过的盒状价差策略也可作为套利策略的一种，以下分别举例说明。

一、看涨期权或看跌期权违反了上下限的套利

假设中国石油股价目前为110元，执行价格是100元的看涨期权市价为12元，还有1年到期，该如何进行套利呢？

很显然，中国石油看涨期权违反了看涨期权价格的下限，根据第三章公式3-4，在不考虑股利的情形下，看涨期权至少要大于或等于15.7元(110-100)。因此，藉由买低卖高，可以用12元市价买入这支低估的看涨期权，然后卖空中国石油股票拿到110元，并将94.3元存入银行(假设利率为6%)。因此在形成证券组合时，还有3.7元(110-12-94.3)的净现金在手上。到期时存入银行的94.3元，可拿回的本利和是100元。将1年后证券组合的现金流量列于表6-16。①

表6-16第二栏为看涨期权最后的价值，也就是现金流入；第三栏为卖空股票到期后需要的现金流出；第四栏是将94.3元存入银行1年后，可拿回来的本利和100元；最后一栏为证券组合最后现金流量。很明显套利策略在期初赚了3.7元，而当期末股价下跌时，又有额外的现金流入。

表6-16　　　　　　　　违反看涨期权下限的套利交易损益

台积电股价	买入看涨期权到期现金流入	卖空股票到期现金流出	银行存款到期现金流入	证券组合最后现金流量
80	0	-80	100	20
90	0	-90	100	10
100	0	-100	100	0
110	10	-110	100	0
120	20	-120	100	0

二、看涨期权及看跌期权违反了平价理论的套利

假设中国石油股价为100元，而执行价格为100元的看涨期权及看跌期权分别为15元及5元，还有1年到期。根据看跌看涨期权平价关系，看涨期权相对于看跌期权很明显地是高估了，因为：

$$C = P + S - K(1+r)^{-T} = 5 + 100 - 100(1+0.06)^{-1} = 10.7$$

理论上，看涨期权价格应为10.7元，因此可知市价15元的看涨期权高估了(或看跌期权低估了)。套利者可以卖空看涨期权收到15元，同时买入看跌期权付出5元，然后向银行借入94.3元，并买入100元的股票。所以，在期初尚有4.3元(15-5+94.3-100)的现金流量在手。兹将这个套利策略的现金流出流入情形列于表6-17。

---

① 本节分析方法考虑到资金的时间价值，并假设卖空股票或期权可以拿到金额而不需保证金，和前面几节分析的方法略有不同。

表6-17第二栏表示卖空看涨期权最后需要支付的现金流出;第三栏为买入看跌期权到期时的现金流入;第四栏为买入股票到期时的现金流入;第五栏为向银行借入94.3元,到期需偿还的本利和100元;最后一栏期末的现金流量皆为0。由于在期初已有4.3元的净现金流入,因此4.3元便是套利所得。如果是台指期权,则需要验证台指看涨期权、台指看跌期权及台指期货三者的价格,是否违反看涨期权看跌期权期货平价理论,若违反则有套利的机会。①

表6-17　　　　　　　违反看跌看涨期权平价关系的套利交易损益

台积电股价	卖空看涨期权到期现金流出	买入看跌期权到期现金流入	买入股票到期现金流入	还银行借款到期现金流出	期末现金流量
80	0	20	80	−100	0
90	0	10	90	−100	0
100	0	0	100	−100	0
110	−10	0	110	−100	0
120	−20	0	120	−100	0

三、看涨期权或看跌期权市价和B-S的理论价格不符合时的套利

假设发现市场上的看涨期权价格较理论的价格还高,那么便可以卖出价格较高的看涨期权,而买入delta股的股票。根据B-S公式,这是一个无风险的证券组合。当然这种套利需要不断调整买入股票的部位,因此也并非完全没有风险的套利,而且交易成本高,实施比较困难。此外,理论价格的认定,也有其难处。

四、盒状价差策略套利

前面介绍过盒状价差策略是由看涨期权牛市价差和相同执行价格的看跌期权空头价差组合而成。此策略到期值是固定的,等于两个执行价格之差。由此,盒状价差策略的期初成本,必须等于到期值的折现,否则有套利的机会。这种套利策略和上面三种不同的是,它并不涉及股票的买卖。假设执行价格为90及100的台积电看涨期权价格分别为12和7;执行价格为90及100的台积电看跌期权价格分别为2和5,请问有套利的空间吗?

根据盒状价差的到期值等于两个执行价格之差来推算,到期值等于100−90=10,因此期初成本应等于10的折现,大约等于10。依所给的4个期权价格,如果买入执行价格90的看涨期权,卖出执行价格100的看涨期权;并买入执行价格100的看跌期权及卖出执行价格90的看跌期权。成本为12−7+5−2=8元,所以实际成本低于10元,

---

① 参阅第七章第五节台指期权市场。

因此买入盒状价差可获利2元(10-8)。

以上4种套利交易是藉由违反期权的一些价格特性,而进行买低卖高的套利活动。在实务上,由于有手续费、买入卖出证券的价格差异(买卖价差)加上卖空的限制等因素,对一般投资人而言,套利策略难以实行。另外亦可针对隐含波动率的特性执行套利,有关波动率的套利策略将在下节再说明。

第七节　波动率交易策略

前面所介绍的交易策略大多是和目标资产变动的方向有关。有时候投资者会发现,虽然目标资产变动的方向一如预期,但是结果所使用的交易策略还是造成损失。为什么?我们前面介绍过影响期权价格的因素除了目标资产价格以外,另一个重要因素就是波动率。波动率上升,看涨期权、看跌期权价格均上升;反之波动率下降,看涨期权看跌期权价格均下降。因此,你可能发现在几天的持有看涨期权期间,股价涨了,但是看涨期权价格却跌了。这是因为这几天内波动率下降使看涨期权下跌,再加上时间价值的流失,这两个因素大于股价上涨带给看涨期权价格上涨的结果。

本章第三节的组合策略中介绍到当预期股价大幅波动,但不确定上升或下跌时,可以采用下跨式策略,买入看涨期权及看跌期权;而预期股价盘整时则可以卖出看涨期权、卖出看跌期权以赚取时间价值。但是,这两种策略仍然没有讨论到波动率变动对期权价格带来的影响。本节将针对波动率这项变量,讨论相关的交易策略,在此称之为波动率交易策略(volatility trading strategy)。

一、隐含波动率的特性

在讨论波动率交易策略前首先要了解隐含波动率的一些特性。隐含波动率的特性包括:

(一)笑状波幅

对股票及股价指数等期权而言,一般情况下,看涨期权价内的隐含波动率会大于价外的隐含波动率;反之,看跌期权价外的隐含波动率会大于价内的隐含波动率,亦即执行价格愈低,隐含波动率愈大。这种由左上往右下斜的情形有人称为闭口浅笑(smirk)或 volatility skew。农产品或石油期权则相反,执行价格愈高,隐含波动率愈大。对外汇期权而言,看涨期权及看跌期权价内的隐含波动率都大于平价的隐含波动率,而价外的隐含波动率也大于平价的隐含波动率,亦即外汇期权平价的隐含波动率最小。这种两边向上类似V字形的情形成为名符其实的开口微笑(smile)。[①] 但是,一般两者均以笑状波幅(volatility smile)通称。

---

① 有时候,股票期权也会有V字形的笑状波幅。

(二) 波幅的期间结构 (term structure of implied volatility)

一般而言,到期期限愈长的期权的隐含波动率愈大。譬如,台指期权远月期的隐含波动率一般比近月期的隐含波动率高出约 1%~2%, CBOE S&P 500 指数期权也有 2%~3%,甚至更大的差距。另外一个特点是,愈接近到期,笑状波幅的斜度愈陡,也就是价内平价的波动率差距会加大。

(三) 波动率的均数回复 (mean reversion) 特性

隐含波动率的均数回复是指长期而言,过高的隐含波动率或过低的隐含波动率都将逐渐回复到一般长期的隐含波动率水平。台指期权的隐含波动率,一般而言在 25% 上下 10% 内变动;而 S&P 500 指数期权大约在 20% 上下 10%。

(四) 股价大跌会造成波动率大幅上升

譬如,在 2008 年金融海啸期间,11 月 20 日,CBOE 的波动率指数 VIX 曾上升到 80.86% 的历史新高;而台指期权的 VIX 在金融海啸时也曾上升到 60%、70% 左右。但是,当股价上涨时,波动率倒是不会有太大的变化,甚至有时在股价小涨或盘整时,波动率反而会下跌。另外,当波动率大幅上升时,如果后续几天的股价没有再下跌,那么隐含波动率会很快拉回很大的比率。例如 CBOE 的 VIX 在 2008 年 12 月中就回到 50% 左右。

二、波动率交易策略

对于第一项笑状波幅特性的交易策略,除了要掌握目标资产的变化方向,同时也要考虑目标资产在对的变动方向下,期权会变成价内或价外,隐含波动率会上升还是下跌。在猜对目标资产变动方向的同时,到底要买进或卖出期权(或者也可说买进或卖出波动率),也是相对重要的。

对于第二项波幅的期间结构特性,似乎可以卖出较长期的期权,而买入较短期的期权。关于波动率均数回复的性质,交易者便应注意长期平均的波动率,当波动率变得太高或太低时,都是套利交易的机会。至于股价下跌造成波动率大幅上涨的现象,投资者在预期股价下跌时,预期波动率将上升时,可站在期权的买方(譬如买进看跌期权),以便买进波动率,同时获得股价下跌的好处;反之,当波动率上升时预期将很快回复到平均水平,此时看对时机站在期权的卖方,卖出波动率(卖出看涨期权或看跌期权;或同时卖出看涨期权,卖出看跌期权)也是一种可行的交易策略。[①]

另外,要注意波动率的变动对价内或价外期权的影响大小是不一样的。vega 用来衡量波动率改变对期权价格的影响,也就是波动率每上升 1 单位,对期权价格的影响的大小。看涨期权及看跌期权的 vega 均大于 0,表示当股价波动率上升时,看涨期权及看

---

① 陈鸿隆,郭维裕,陈威光,林信助. 动态隐含波动率模型:以台指期权为例. 期货与期权季刊,第二卷,第二期. 2009:47-89.

跌期权价格上升；反之，则下跌。图 6-20 描绘不同价内外程度(moneyness，S/K)下看涨期权的 vega。由图中可看出，在价外靠近平价，也就是 S/K 接近 1 时，vega 值达到最大；深价外及深价内时，vega 值均较小。①

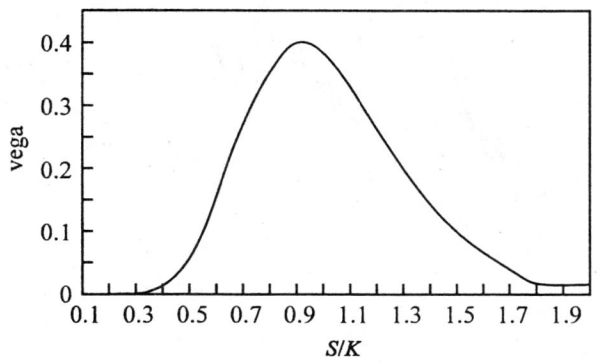

图 6-20　不同价内外程度下的 vega

☞ 动动脑

除了本章提到的 7 种交易策略外，还有哪些交易策略呢？

【实务专栏 6】

金融海啸期间 VIX 飙升到历史新高

本章，我们提到波动率指数也称恐慌指数。这是因为股价大跌时，CBOE 的 VIX 指数往往会大涨。本专栏以 2008 年金融海啸期间(2008 年 9 月至 2008 年底)，每天道琼斯股价指数及 CBOE 的 VIX 的数据来验证这个说法。

图 6-21 中，细线体代表道琼斯指数，而粗线则为 VIX。由图中可以看出，在 9 月初时，道琼斯股价指数还在 11 500 点附近，VIX 约为 22。9 月中，随着道琼斯股价指数下挫，VIX 逐渐上升，10 月，道琼斯股价指数跌破万点，VIX 已经来到 50 附近。10 月 27 日，当道琼斯股价指数下跌到 8 175 点时，VIX 冲到 80.06。VIX 最高点则出现在 11 月 20 日的 80.86，当天道琼斯股价指数下跌了 445 点(约 5%)，收在此波段的低点 7 552。之后，道琼斯股价指数逐渐回稳，而 VIX 也逐渐下降。到了 12 月底，VIX 已经回到 40 附近的水平。

根据数据显示，VIX 从 1990 年 1 月 2 日编制以来，几个历史高点都是出现在金融海啸这段期间。每日收盘的 VIX 历史最高出现在 2008 年 11 月 20 日的 80.86，其次为 10 月 27 日的 80.06。在 10 月 24 日 VIX 盘中最高曾蹿升到 89.53，当天道琼斯股价指数

---

① 读者可参见第二十章第三节期权敏感度分析中关于 vega 的说明及公式。

下跌了313点。以上数据支持了恐慌指数的说法。

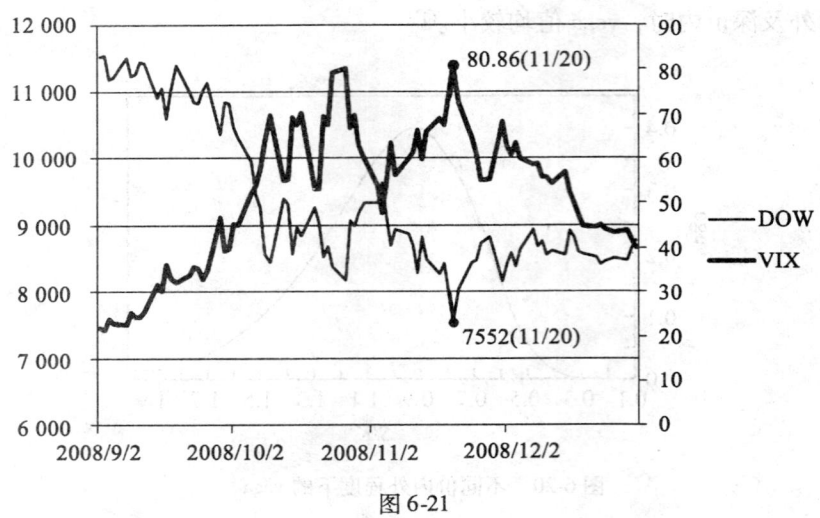

图 6-21

小 结

1. 单一策略(naked strategy)是指买入或卖出一种期权,包括买入看涨期权、买入看跌期权、卖空看涨期权及卖空看跌期权。

2. 买入看涨期权及卖出看跌期权均为看涨策略,而卖出看涨期权及买入看跌期权均为看跌策略。

3. 对冲策略(hedging strategy)是指同时拥有现货策略,再加上看涨期权或看跌期权的策略。通常现货和期权的损益方向是相反的,互为对冲,故称为对冲策略。

4. 保护性看跌期权策略(protective put strategy)是指证券组合中包含了股票及看跌期权,即买入股票,再买入看跌期权来弥补股价下跌的损失,其损益和买入看涨期权类似。

5. 掩护性看涨期权策略(covered call strategy)包括买入股票及卖空看涨期权,此种策略的损益与卖出看跌期权相同。

6. 组合策略(combination strategy)是指同时买入同样目标股票的看涨期权及看跌期权(如下跨式),或是同时卖出看涨期权及看跌期权的策略(如上跨式)。

7. 下跨式策略(bottom straddle strategy)是指同时买入看涨期权及看跌期权,主要是预期股价会大涨或大跌。

8. 上跨式策略(top straddle strategy)是指同时卖出看涨期权及看跌期权以收取权利金,此交易策略预期股价不太会波动。

9. 比例价差策略(ratio spread strategy)是在跨式策略中,买卖不同单位的看涨期权及看跌期权;如果看多则买入看涨期权较多称为偏多跨式,反之称为偏空跨式。

10. 跨式交易中如果看涨期权、看跌期权的执行价格不同，形成的跨式称为宽跨式策略(strangle strategy)。

11. 价差策略(spread strategy)是指买入一个看涨期权，同时卖出另一个条件不同的看涨期权；或者买入一个看跌期权，同时卖出另一个条件不同的看跌期权。

12. 垂直价差(vertical spread)是指利用不同执行价格、相同期满日的期权，一买一卖而形成交易策略。

13. 牛市价差策略(bull spread strategy)是指买入执行价格较低的看涨期权，同时卖出一个执行价格较高的看涨期权，股价上涨时获利。

14. 空头价差策略(bear spread strategy)是指买入执行价格较高的看跌期权，而卖出执行价格较低的看跌期权，股价下跌时获利。

15. 蝶状价差策略(butterfly spread strategy)是指分别买进执行价格较高及执行价格较低的看涨期权，同时卖出2个执行价格中间的看涨期权。

16. 水平价差(horizontal spread)是指利用相同执行价格、不同期满日的期权，一买一卖而形成交易策略。

17. 对角价差(diagonal spread)是指同时买入及卖出不同执行价格、不同期满日的看涨期权，一买一卖而形成交易策略。

18. 盒状价差(box spread)是指由看涨期权牛市价差和相同执行价格的看跌期权空头价差组合而成。报酬型态等于两个执行价格之差。

19. 合成策略(synthetic strategy)是指由任意两种证券组合成与第三种证券有相同报酬型态的投资策略。

20. 套利策略(arbitrage strategy)是指当看涨期权或看跌期权违反了上下限或看跌看涨期权平价关系，或者是看涨期权看跌期权市价和B-S的理论价格不符合时，投资者可以买低卖高来获取中间的差价。

21. 波动率交易策略(volatility trading strategy)指针对波动率未来预期的变动所做的相关交易策略。

习　题

1. 何谓单一策略？包括哪些策略？主要用于何种情况？
2. 何谓对冲策略？包括哪些策略？
3. 何谓组合策略？包括哪些策略？主要用于何种情况？
4. 何谓上跨式策略？何谓下跨式策略？主要用于何种情况？
5. 何谓看涨期权牛市价差策略？主要用于何种情况？最大获利、最大损失为何？
6. 蝶状价差策略可视为哪两组策略？
7. 在本章合成策略中，如果买入看涨期权执行价格为70，卖出看跌期权执行价格为80，则合成大盘的图形将会转变为何？
8. 在本章第三节策略中，如果你买入2单位的中国石油看跌期权和1单位的看涨期权，那么损益图形又将变为如何？损益平衡点在哪？

9. 何谓套利策略？期权市场有哪些套利策略？

10. 在宽跨式策略中，卖出 $K=75$ 的看涨期权(权利金 8 元)加上卖出 $K=70$ 的看跌期权(权利金 6 元)的损益图形将为何？损益平衡点在哪？

11. 券商发行认购权证，同时买入股票对冲和本章介绍的掩护性看涨期权策略有何异同？

12. 上跨式策略和蝶状价差策略有何异同？

13. 市场上的隐含波动率有哪些特性？

14. 何谓波动率交易策略，试举一例说明。

15. 用看跌期权做牛市价差策略的绘图，与看涨期权牛市价差策略相同吗？

16. 用看涨期权做空头价差策略的绘图，与看跌期权空头价差策略相同吗？

17. 盒状价差策略的到期价值是多少？如果你发现 $C_{80}=14$、$C_{90}=12$、$P_{80}=12$、$P_{90}=16$，你该如何做盒状价差策略？其获利为何？图形为何？

18. 试参考课本范例画出对角价差的图形。

第七章　股指期权与外汇期权

本章介绍两种常见的期权契约——股指期权和外汇期权。这两种金融衍生工具在全球期权交易上，均占有相当重要的地位。此外，指数期权和外汇期权在定价公式及看涨期权看跌期权等价公式方面都非常相似。台湾地区在 1997 年开始有认购权证的发行，在 2001 年推出台指期权的交易，本章也将分别加以介绍。第一节首先介绍股指期权发展历史及全球交易概况；第二节将讨论股指期权的功能及股指期权和股票期权不同之处；第三节利用第四章的看跌看涨期权平价关系及第五章 B-S 期权定价模型，来探讨股指期权的定价公式、对冲比率及看跌看涨期权平价关系；第四节则介绍外汇期权及其定价公式、对冲比率及看跌看涨期权平价关系与运用；第五节介绍台指期权市场。实务专栏是关于台湾"中华电信"操作外汇选择权造成巨额损失的探讨。

第一节　股指期权的发展沿革

股指期权(stock index option)又称指数期权(index option)，其目标资产为股指。指数期权买方有权利在到期时，依到期时的股指与约定的履约指数之差，以现金结算差价。如果该期权是美式，则可在到期前提前履约结算差价。股指期权是目前全球交易量最大的期权契约，绝大部分都是在交易所交易。根据统计，2009 年全球交易所的期权交易量股指期权就占了 36.1%，比股票期权的 31.4% 还高。指数期权最早是由芝加哥期权交易所(CBOE)于 1983 年 3 月 11 日推出，最初是以 CBOE 100 的名称在市场上交易，是一种美式指数期权。标的指数是选取 100 种在 CBOE 有股票期权挂牌交易的股票价格计算所得。

随后，芝加哥期权交易所将 CBOE 100 改称为 S&P100①。同年 7 月 3 日，芝加哥期权交易所又推出 S&P 500 指数期权。S&P 500 股指期权在刚开始交易时为美式期权，但是后来在 1986 年 4 月改为欧式期权。这可能是为了和美式的 S&P 100 指数期权有所区别②。S&P 500 指数期权一直是全球交易量前几名的指数期权。

由于芝加哥期权交易所推出的指数期权交易非常成功，其他交易所也陆续跟进推出指数期权。首先是美国股票交易所(American Stock Exchange，AMEX)于 1983 年 4 月 19 日，开始交易主要市场指数期权(Major Market Index，MMI)，其指数计算方法与道琼斯

---

① 2001 年，S&P 100 也有欧式契约的出现，但交易量不大。

② 另外的原因可能是欧式的指数期权可以和 S&P 500 指数期货(index futures)相互对冲，欧式期权可以避免提前履约的问题。

工业指数(Dow Jones Industrial Average, DJIA)类似,是采用20家重要公司股平价均计算而得。纽约股票交易所(New York Stock Exchange, NYSE)也开始于1983年9月23日交易NYSE综合指数期权(NYSE Composite)。而费城股票交易所(Philadelphia Stock Exchange, PHLX)也于1985年1月11日推出价值线综合指数(Value Line Composite Index)期权交易。

世界各地交易所在1980年后,也陆续引进许多不同的股指期权交易。这当中包括1984年英国LIFFE交易所推出的FT-SE 100股指期权、法国期权交易所在1988年推出的CAC 40股指期权、1989年日本大阪交易所推出的日经225股指期权、1991年德国DTB交易所推出的DAX 30股指期权、1993年中国香港期货交易所(HKFE)推出的恒生股指期权、1997年韩国股票交易所(KSE)推出的KOSPI指数期权,以及1998年底欧洲期货交易所推出道琼斯欧洲50指数期权等。我国台湾则在2001年底圣诞节前夕推出台指期权。另外在美国,Russell 2000指数期权、Nasdaq 100指数期权、DJIA指数期权也分别在1992年、1994年、1997年相继推出。

值得一提的是,CBOE在2005年1月推出俗称为蜘蛛的SPDR存托凭证指数基金期权(option on S&P 500 Deposit Receipts ETF)。此种期权的目标资产是交易所的指数基金(Exchange Trade Fund, ETF),而这些ETF是追踪指数的共同基金。目前已有几百种ETF的期权在CBOE交易。CBOE的ETF期权交易量在2009年为277 266 000个契约,已超越了传统指数期权的222 781 000个契约。这当中除了SPDR外,另有Powershares QQQ ETF以及iShare Russel 2000 ETF等期权交易量较大。这些ETF的期权可以同时在美国几个期货期权交易所交易。

另外一种新产品则是波动率指数期权(VIX option)。2006年,CBOE推出以S&P 500波动率指数VIX为目标指数的期权,推出后交易量急遽攀升。2009年交易量为33 328 000契约(年成长率为28.44%),在CBOE指数期权交易量中次于S&P 500指数期权的合约,超过老字号S&P 100指数期权。2007年CBOE又推出NASDAQ 100的波动率指数期权,以及Russell 2000的波动率指数期权。

股指期权几乎都是在交易所交易。全球交易量较大的股指,包括韩国期货交易所的KOSPI指数期权、道琼斯欧洲50指数期权、CBOE的S&P 500指数期权、印度交易所的指数期权、欧洲交易所的DAX 30指数期权等,台湾地区的台指期权也名列第10名。

一般而言,可将股指期权分为两大类:第一类的目标指数为广阔市场指数(broad market index),是以衡量市场整体趋势为目的的指数,如S&P 500指数、日经225股指、中国台湾加权股指等;第二类为产业指数(sector index),是以衡量某一类特殊股票或产业趋势为目的的指数,如美国网络股指数、汽车业指数,台湾地区的电子股指数、金融股指数。两者中以广阔市场指数期权的交易量较大。

第二节 股指期权的功能与特性

由上一节我们知道指数期权的种类愈来愈多,交易量也愈来愈大。本节将针对指数期权的功能以及股票期权之间的差异加以说明。

一、股指期权的功能

股指期权的功能很多，主要包括：

(一)可参与大盘的涨跌

如果预期未来台股市场大盘会上涨，那么可以买入台股股指期权的看涨期权；反之，如果预期未来台股大盘会下跌，可以买入台股股指期权的看跌期权。因此，对于一些总体性信息，如政治、通货膨胀、外汇升贬值、利率调升等对整个股票市场有影响的讯息，均可借由买卖指数看涨期权、看跌期权来获利或对冲，不仅交易迅速且交易成本低。

(二)可用来作为证券组合保险

股指期权可作为共同基金或退休基金等机构投资人用来作为证券组合保险(portfolio insurance)。也就是说，共同基金或退休基金因为保有与市场证券组合(market portfolio)很接近的股票部位，为了防止股价下跌对基金造成损失，一般可预先买入指数看跌期权来规避风险。譬如台湾地区共同基金经理人由于持有许多股票部位，可以买入台指看跌期权来对冲。又譬如 CBOE 的 VIX 期权，可用来规避 S&P 500 期权中波动率变动的风险，也可让证券组合在股票部位大跌时，因 VIX 期权获利而得到保障。

(三)可搭配股指期货或 ETF，用来投资或对冲

如同在第六章所提到的，股票期权可以和现股搭配操作形成不同的投资策略。指数期权虽然目标指数不交易，但是其对应的指数期货或 ETF 一般会有交易，因此可以将指数期货与指数期权互相搭配，形成对整个市场不同预期下的不同策略。譬如搭配台指期货与台指期权，可以形成许多投资策略。

(四)可作为区域性或全球股票市场指数产品的结合

如第二章所提过的，许多结构型商品，其报酬和股票市场指数有关，这些产品可以视为是一种结合股指期权的商品。譬如怡富曾推出日本保本基金，收益与日经指数连动，可视为基金再加上日经股指期权。又譬如台湾地区茂硅公司曾发行过的指数连动型债券，可视为纯公司债券和台股股指看涨期权的结合。另外，德国的标准人寿公司(Standard Life)曾推出一种与权益有关的保单(equity-linked insurance policy)，该保单除了保证保险期满付给保险人预先约定金额的给付外，如果德国股指(DAX 30)上涨，那么保险人还可以得到 DAX 30 股票上涨的收益，此保单可视为单纯保单加上德国股指看涨期权的结合。

(五)可复制大盘的报酬形态

如同在第六章介绍过的，可以藉由买入指数看涨期权、卖出指数看跌期权，复制买

入大盘指数;或者是卖出指数看涨期权,买入指数看跌期权来复制卖空大盘指数①。

【例题1】 假设我国台湾加权股指为 8 000 点,某共同基金持有新台币 10 亿元的台湾地区股票证券组合部位,其基金是仿照我国台湾加权股指建构,基金经理人担心股票市场下跌,而造成其基金价值的下跌,故想买入执行价格为 8 000、1 个月到期,台指看跌期权来规避风险(价格为 120),请问需要买入多少口的台指看跌期权来对冲呢?成本率如何?

解: 根据期交所规定,台指期权的乘数(multiplier)为 50,即每 1 契约值为单价再乘以 50。因为看跌期权执行价格为 8 000 元,所以每张看跌期权合约价值为 40 万元(8 000×50),则所需买入的口数为 2 500 口(10 亿元/40 万元)。其对冲成本为 1 500 万元(120×50×2 500),对冲成本比率为 1.5%(1 500 万元/10 亿元)。

二、股指期权和股票期权不同之处

股指期权和股票期权有一些不同的地方,分述如下:

1. 股指期权在履约时采用现金结算,即卖方在期满日交割期权内在价值(指数与履约指数之差),不需交割股票;而股票期权大多为交割股票。

2. 股指期权一般不会有除权、除息的困扰发生,因为股指所包含的个股很多,而且个股所占的比重有限,因此单一股的除权、除息对指数的影响较小。此外,一般执行价格也不会随着个股的除权、除息而改变。但在台湾地区,当认购权证有除权或除息时,执行价格会向下调整。

3. 股指期权的目标资产为股指,而股票期权的目标资产为股票。股票有交易,但是股指一般是不交易的,即市场上没有股指这个证券在交易,因此,指数期权套利的机制会比股票期权来得弱。也就是说,如果指数期权的价格违反看跌看涨期权平价关系,或 B-S 定价公式,或看涨期权看跌期权上下限,由于指数无法买卖,所以套利的力量不是那么完全,因此仍然会存在市价与理论的价差,而这个价差会比股票期权来得大。

目前全球期权交易所的股指期权的交易量大于股票期权的交易量,以台湾地区为例,2009 年全年台指期权年交易量为 72 082 千口,而个股期权只有 8 240 千口。

第三节 股指期权定价公式

在第五章介绍 B-S 期权定价公式时提到,在不知道股利确实发放日期的情形下,可以假设为连续股利发放。在连续股利的情形下,只要将 B-S 公式中股价再乘上股利率的折现即可。由于股指一般包含数十种,甚至数百种股票,所以一般将股利的发放视为连续股利。因此,第五章介绍的在连续股利下的 B-S 公式定价模型,便可套用到指数期权的定价上。

---

① 可参见第六章第五节"合成策略"。

一、指数看涨期权定价公式

为了便于讨论,从本章起将前几章的简单复利改为连续复利,亦即以 e^{-rT} 代替前面的 $(1+r)^{-T}$,以便和大多数的书籍一致。

如果采用连续股利率的公式,则 B-S 指数期权公式将变为:

$$C = Se^{-\delta T} \cdot N(d_1) - Ke^{-rT}N(d_2) \qquad (7\text{-}1)$$

其中:$d_1 = \dfrac{\ln\dfrac{Se^{-\delta T}}{K} + (r + 0.5\sigma^2)T}{\sigma\sqrt{T}}$

$d_2 = d_1 - \sigma\sqrt{T}$

δ 为股利率

S 为股指①

公式 7-1 和公式 5-1 的 B-S 基本公式很类似,只是以 $Se^{-\delta T}$ 代替标准公式的股价 S。因此只要知道股指、股利率、股指波动率、执行价格、到期期限、无风险利率,便可代入公式 7-1 求出股指认购权证的合理价格,以下举例说明公式的用法。

【例题 2】 假设某股指目前为 8 000 点,求到期期限为 1 个月的股指看涨期权理论价格(假设无风险利率为 3%,股指波动率为 25%,现金股利率为 3%)。

解:根据以上资料可知,$S = 8\,000$,$K = 8\,000$,$r = 3\%$,$\delta = 3\%$,$T = \dfrac{1}{12}$,$\sigma = 25\%$,则:

$$d_1 = \frac{\ln\dfrac{Se^{-\delta T}}{K} + (r + 0.5\sigma^2)T}{\sigma\sqrt{T}}$$

$$= \frac{\ln\dfrac{8\,000 \times e^{-0.0025}}{8\,000} + (0.03 + 0.5 \times 0.25^2) \times \dfrac{1}{12}}{0.25\sqrt{\dfrac{1}{12}}} = 0.036$$

$$d_2 = d_1 - \sigma\sqrt{T} = 0.036 - 0.25\sqrt{\dfrac{1}{12}} = -0.036$$

所以

$$N(d_1) = N(0.036) = 0.514$$
$$N(d_2) = N(-0.036) = 0.486$$

股指看涨期权理论价格 $= 8\,000 \times e^{-0.0025} \times 0.514 - 8\,000 \times e^{-0.0025} \times 0.486 = 229$(元)

读者也可利用本书所附的软件进入股指期权选项来计算看涨期权价值,但是台指期

---

① 有些教科书将 d_1 写成 $d_1 = \dfrac{\ln\dfrac{S}{K} + (r - \delta + 0.5\sigma^2)T}{\sigma\sqrt{T}}$,这是因为公式 7-1 中 d_1 的 $\ln(Se^{-\delta T})$ 可改写为 $\ln S - \delta T$。

权因为和台指期货连动性较高，所以公式需要将现货改为期货。①

二、指数看涨期权的对冲比率

指数看涨期权的对冲比率为 $N(d_1)e^{-\delta T}$。由第五章可知股票期权的对冲比率 delta 为看涨期权对股价的一阶导数 $\frac{\Delta C}{\Delta S}=N(d_1)$，那么指数期权的对冲比率是否仍是 $N(d_1)$ 呢？根据定义，对冲比率是看涨期权价格对股价的一阶导数，则指数看涨期权的对冲比率 delta 应为公式 7-1 对 S 的一阶导数，即 $\frac{\Delta C}{\Delta S}=N(d_1)e^{-\delta T}$，而非 $N(d_1)$。

三、股指的看跌看涨期权平价关系

在第四章介绍了股票期权的看跌看涨期权平价关系，此理论说明同一目标股票，条件均相同的看涨期权与看跌期权，两者的相对价格应该等于股价减去执行价格的折现，也就是：$C-P=S-Ke^{-rT}$。另外，我们也提到假设股票在发放连续股利下，看跌看涨期权平价关系可以修正为 $C-P=Se^{-\delta T}-Ke^{-rT}$（参见第四章第五节）。因此在股指期权下，也可运用上述公式，所以股指看涨期权看跌期权等价公式变为：

$$C-P=Se^{-\delta T}-Ke^{-rT} \tag{7-2}$$

所不同的是在公式 7-2 中，如果目标资产是股票，则 S 代表股价，δ 代表个别股票的股利率；如果是股指，那么 S 代表股指，而 δ 代表指数的平均股利率。②

此外，在第五章第二节所介绍的 B-S 公式中的一些含义，对指数期权大部分都能适用，为了节省篇幅，本章不再重复叙述，读者可以参阅第五章第二节。另外，在第四章提过有关股票期权的看跌看涨期权平价关系公式的含义及产品复制等功能，对指数期权也同样适用，读者可自行参阅。至于股指期权的价格上下限、交易策略、定价公式的特性等和股票期权类似，读者可以参阅第三章及第五、六章相关主题。

第四节 外汇期权及其定价

1971 年全球固定汇率制度瓦解后，世界各国实施浮动汇率，汇率波动大增，汇率风险也随之上升，因此与外汇有关的金融商品逐渐风行，成为国际借贷、投资和商品贸易的汇率对冲工具。芝加哥商品交易所的国际货币市场（International Monetary Market, IMM），虽于 1972 年 5 月推出外汇期货契约，但鉴于期货契约的特性，无法满足各类投资对冲的需求，故外汇期权（currency option）契约应运而生。大多数的外汇期权都是场

---

① 读者可利用所附软件选取指数期权，只要将资产代入台指期货，而股利率和利率取一样大小，就可评估台指期权。或直接选取期货期权画面也可以。

② 1987 年 10 月 19 日股票大崩盘及往后的一个星期，S&P 100 及 S&P 500 股价指数期权即严重违反看跌看涨期权平价关系，即 $C-P<Se^{-\delta T}-Ke^{-rT}$；参见：陈威光. 股票指数期权看涨期权看跌期权之价格实证研究. 成功大学学报，1994 年：159-177. 台湾地区的台指期权大部分时间也违反等价理论，此部分将留到本章第五节讨论。

外交易的期权，交易所交易的外汇期权比重比较低，这一点和指数期权刚好相反。

1982年12月，由费城股票交易所（PHLX）首先推出美式英镑期权契约，2个月后推出日元、瑞士法郎、德国马克和加拿大币期权，在1984年又推出法国法郎期权；而欧洲货币单位（ECU）和澳元则分别于1986年及1987年开始交易。芝加哥期权交易所（CBOE）亦于1985年9月开始交易欧式外汇期权，但由于欧式期权交易不甚活跃，故于1987年8月，CBOE将其外汇期权业务移转予PHLX承接，故PHLX为目前最大的外汇期权交易所。PHLX以美元为主的外汇期权契约，包括英镑、加元、欧元、澳元、日元及瑞士法郎等。这些外汇期权皆是欧式契约。费城股票交易所已于2007年被纳斯达克交易所（NASDAQ）并购。此举使得NASDAQ成为全美第三大期权交易所。

外汇期权（currency option）又称外币期权，看涨期权持有人有权利在未来某一约定时间，依某一约定的汇率（譬如1日元=0.01美元），以美元买入某一约定数量的某一外汇（如日元）。譬如PHLX的日元期权契约单位为100万日元。外汇期权期满日一般为第三个星期的星期五。外汇期权一般是采实物交割。

一、外汇看涨期权定价公式

外汇期权的定价模型和公式7-1股指期权的定价模型很类似。我们知道股指的股利是以股利率的形式发放；而外汇则会产生一连串外汇的利息收入，因此只要把指数期权定价公式中的股利率改为外汇所赚的利率即可。因此，仿照公式7-1指数期权的公式，外汇期权定价公式变为：

$$C = Se^{-r_f T} N(d_1) - Ke^{-rT} N(d_2) \tag{7-3}$$

其中，$d_1 = \dfrac{\ln \dfrac{Se^{-r_f T}}{K} + (r + 0.5\sigma^2) T}{\sigma \sqrt{T}}$

$d_2 = d_1 - \sigma\sqrt{T}$

r_f 为国外无风险利率

S 在此处表示汇率①

【例题3】 假设春龙国际贸易公司预计3个月内需要进口一批货，因此有1 000万美元的支出。由于担心人民币贬值，因此预先向银行买入执行价格为6∶1的3个月美元兑人民币的外汇看涨期权，请计算此外汇看涨期权的价值（假设目前人民币兑美元的汇率为6∶1，人民币兑美元汇率的波动率为10%，美元无风险利率为5%，人民币的无风险利率为6%）。

解：

由给定的资料可知，$S=6$，$K=6$，$T=\dfrac{1}{4}$，$r=0.06$，$r_f=0.05$，$\sigma=0.1$，代入公式

---

① 有些教科书将 d_1 写成另一种形式：

$d_1 = \dfrac{\ln \dfrac{S}{K} + (r - r_f + 0.5\sigma^2) T}{\sigma \sqrt{T}}$，因为公式7-4的 $\ln Se^{-r_f T} = \ln S - r_f T$。

7-3(或利用本书所附的软件操作),其中的股利率用5%的美元利率代替,得到每1美元的看涨期权价值为人民币0.124元。因此,买入1 000万美元等值的看涨期权需要0.124×1 000万元=124万元人民币,约为20.7万美元,即权利金约为1 000万美元本金的2%。①

因此,如果3个月到期,人民币汇率贬值不超过30∶1美元,则看涨期权没有价值;反之,如果人民币贬值超过30(譬如31∶1),那么厂商仍然可以用30∶1买入1 000万美元。读者可利用本书所附的软件,进入外汇期权的画面求得外汇期权的理论值。

二、外汇看涨期权对冲比率

和股指期权很类似,外汇看涨期权的对冲比率 delta 为 $N(d_1)e^{-r_f T}$。

三、外汇期权的看跌看涨期权平价关系

外汇期权的等价理论与股指期权很类似,只是将股利率改为外国无风险利率即可,因此外汇看涨期权看跌期权等价公式如下:

$$C - P = Se^{-r_f T} - Ke^{-rT} \tag{7-4}$$

因此,一旦知道了外汇看涨期权的价格,就可以根据上述公式计算出外汇看跌期权的价格。

第五节 台指期权市场

2001年12月24日圣诞节前夕,我国台湾期货交易所推出台指期权,其交易目标为台湾地区证券交易所发行的加权股指。台指期权在经过1年多的交易后,在2003年3月交易量已大幅超越已有5年历史的台指期货交易量。2005年每天平均交易量已超过30万口,唯近几年呈现停滞的状态。2008年平均日成交量为37万口,同年台指期权的交易量已经挤进全球指数期权10名以内。台湾地区指数期权市场还包括金融、电子、非金融电子、MSCI指数等指数期权,但交易量都不大。

台指期权的履约型态为欧式。契约乘数为指数每点新台币50元。到期月份为交易当月起连续3个月份,另加上3月、6月、9月、12月中2个接续的季月,但是以近月交易量最大;而执行价格间距方面,3个连续近月契约为100点,而接续的2个季月契约为200点。交易时间为营业日上午8:45到下午1:45,比股票交易早15分开盘、晚15分收盘;而最后交易日为各该契约交割月份第三个星期三。

台指期权的交易比重中以自然人所占的比重最高,目前占约47%,其次为期货自营商的45%,其余的合占8%。因此,台指期权可以说是个人或期货自营商平分秋色及对作的局面。这和台指期货自然人占的70%,及期货自营商的20%,外资的10%有所

---

① 在实务上,柜台外汇期权的报价是以汇率的波动率 volatility 来报价,譬如3个月期买入报价为 vol 8%,卖出报价为 vol 8.5%。

不同。

一、台指期权的看跌看涨期权平价关系

台指期权对应的目标资产是台股现货的加权指数，但是，其实它和台指期货的连动优于和现货指数的连动。因此，不论在套用看跌看涨期权平价关系公式，或 B-S 公式求期权价值，或反求隐含波动率时都应该采用台指期货代替台指现货。台指期权也比较符合看涨期权看跌期权期货等价理论（put-call futures parity），公式如下：

$$C-P=(F-K)(1+r)^{-T} \tag{7-5}$$

换言之，台指期权价格和台指期货的连动比较密切。这主要是因为台指现货指数是无法交易的，期货商在卖出台指期权时，无法藉由买卖现货指数来对冲，而是借着买卖台指期货来对冲。因此，台指期权的价格和台指期货的连动较大。如果期货价格与现货价格乖离，就会发生看涨期权看跌期权相对价格不等于现货减执行价格的情形。

二、台指期权的定价公式

既然台指期权的价格和台指期货连动，因此前述公式 7-1 股指期权的定价公式就要改成期货期权的定价公式。台指看涨期权公式如下：[1]

$$C=Fe^{-rT}N(d_1)-Ke^{-rT}N(d_2) \tag{7-6}$$

其中，F 为期货价格，$d_1=\dfrac{\ln\dfrac{F}{K}+0.5\sigma^2 T}{\sigma\sqrt{T}}$，$d_2=d_1-\sigma\sqrt{T}$。其实此公式只是第五章 B-S 公式中的股价 S 被期货的折现 Fe^{-rT} 取代而已，也可以将公式 7-1 中股利率 δ 代入和利率相同值，便可以得到同样结果。

三、台指期权的看跌期权看涨期权比率（put/call ratio）

就像第五章提到的期权市场价格，反导出来的隐含波动率指数 VIX，可作为大盘走势及未来股市波动率的指标。实务上，CBOE 将每天看跌期权的交易量除以看涨期权的交易量的比值作为投资者的参考，此比率称为 put/call ratio。一般而言，put/call ratio 愈高，意味着交易看跌期权的量愈多，表示对冲的需求增加，反映出未来盘势有走弱的趋向。在台湾地区，put/call ratio 常常以看跌期权及看涨期权未平仓量来取代交易量。未平仓量是指流通在外、未被冲销的合约数。此比率愈高，表示看跌期权新增或留单的口数越多，意味着现货投资者增加对冲的部位，同时反映出大盘可能有下跌的趋势；反之可能上涨。[2]

☞ **动动脑**

利率对台指看涨期权的影响是正还是负？

---

[1] 参见第四章第五节"看跌看涨期权平价关系公式的延伸"及第九章第二节相关内容。
[2] 但是此比率与大盘的走势也不见得一定如此，还是应该综合许多因素加以考虑。

第六节 认购权证与认沽权证

一、权证简介

认购权证(call warrant)是一种权利契约,投资人在付出一笔权利金购买此证券后,有权利在期满日内或约定的期满日,向发行者以约定的价格买入一定数量的目标股票。认购权证的性质和股票看涨期权是很类似的。认沽证(put warrant)则类似股票看跌期权,持有人有权利在某一权利期限内,依某一特定价格卖给发行者某一数量的目标股票。习惯上,认购权证和认沽权证合称权证。

严格来说,认购权证的目标资产不一定是股票,也可以是其他资产。譬如外汇认购权证,其目标资产即为外汇。台湾地区目前在交易所交易的认购权证应该称为股票认购权证(stock call warrant),但习惯上称为认购权证。早期由于认购权证附属于公司债,持有人有权利转换成股票,因此在1997年以前,一般都习惯称为认股权证。

最早的认购权证要追溯到由美国电力公司在1911年所发行的认购权证;台湾地区在1997年9月以前,已经有外商在台发行认购权证,大部分在卢森堡上市交易。由于相关信息不易取得,交易量并不活跃。到了1997年8月20日,大华证券①首先发行以国巨为目标证券的大华01认购权证及以太电为目标股的大华02认购权证,并于9月4日在台湾证券交易所正式挂牌交易。认沽权证受限于法人不得放空股票的限制,一直到2003年才开始陆续发行,不过数量还是相对较少。

台湾地区权证的发行数量近年来大幅增加,2008年累积有将近4 000档,2009年将近6 000档的发行,2010年已超过1万档,光是一支股票常常有十几,甚至二十几档权证的发行,真是令人目不暇接,也创造了不少就业机会。过去几年,权证的交易量及交易值均有大幅成长,唯平均每股成交值却逐年下降,表示权证发行的溢价比率愈来愈低,也就是倾向价外发行或降低执行比率。

二、权证的种类

权证依发行者的不同,一般可分为权益型权证(equity warrant)与备兑型权证(covered warrant)。权益型权证一般是由公司企业所发行的(如台积电),持有人有权利向该公司转换成股票而成为该公司的股东(员工认股权证可视为此类);而备兑型权证是由公司以外的第三者(如券商)发行。由于券商发行认购权证需要买入股票来对冲,以防"备"认购权证的买方来"兑"换股票,因此称为备兑型认购权证。目前台湾地区券商所发行上市的权证,都是属于备兑型权证。

权证依目标物的种类,可以分为个股型权证、组合型权证及指数型权证。个股型权

---

① 大华证券为台湾地区的综合性证券商,于2002年11月8日加入中华开发金控集团,成为中华开发金融控股公司百分之百持股的子公司,主要业务包括股票债券之经纪、承销、自营、与新金融商品、股票代理及个人理财等各项证券相关业务。

证的目标资产为单一公司的股票;组合型权证通常其目标股票有数种;指数型权证的目标股票为股价指数。

另外,权证依履约的时间,可分为美式权证及欧式权证。美式权证可以在期满日以前任何一天提早执行权证换股的权利;而欧式权证只能在期满日执行其权利,但两种均可以在交易所买卖交易。目前台湾地区所发行上市的权证美式、欧式均有。另外,发行时依执行价格相对于目标资产的大小可分为价外认购权证(股价大于执行价格)、平价认购权证(股价等于执行价格)、价内认购权证(股价小于执行价格),而认沽权证则相反。

另外,依权证执行价格的调整与否可分为标准权证(standard warrant,plain vanila warrant)(或称为一般型权证)、重设型权证(reset warrant)及回顾型权证(lookback warrant)等。标准权证的执行价格除了除权、除息等因素外,基本上是不调整的;而重设型权证的执行价格则视股价是否碰触到某个障碍(barrier)而做调整;回顾型权证则视过去某段时间,最低或最高股价来改变其执行价格。台湾地区最早推出重设型认购权证,是大华证券于1998年10月22日发行的大华04中环重设型认购权证。该权证发行条件为:上市的3个月内,如果连续6天的平均股价低于执行价格的90%,那么执行价格就自动调降为原来执行价格的90%,以降低投资人损失。目前国内的重设型权证大多数是以上市日前一天及前两天的收盘平均价作为调整执行价格的依据,以消除从发行到上市间因为股价变动造成的最初认购者损失。

还有所谓的价差型权证(capped warrant),这是指当股价碰触到某一个障碍,则此权证就自动到期,而权证的价值则为障碍与执行价格之间的价差。价差型权证在国外已有先例,譬如在1991年CBOE就推出了S&P 100价差型期权及S&P 500价差型期权。由于价差型权证的最高收益有限,所以价格较低,投资者可以支付较少的权利金。对发行券商而言,也可降低风险,因为权证的损失有限,当权证一碰到限价,权证就自动到期,结清差价,因此券商可以不用花大笔资金买入太多对冲所需的股票。而且权证到期时,可以另外发行新权证。宝来证券[1]于1999年11月18日发行宝来11联电[2]上限型权证,是我国最早的价差型权证。当然,随着奇异期权(exotic option)的盛行,权证也跟着多样化起来。

三、权证的定价

权证是期权的一种,因此可以应用第五章的B-S公式来求得权证的理论价格。重设型权证除了特定重设期间还可以用B-S公式外,大多数权证不能用B-S公式来定价。一般重设型权证的定价除了用二项式定价外,也可以用蒙特卡罗模拟法(Monte Carlo Simulation),读者可以参阅第十八章中的二项式及蒙特卡罗模拟法。

---

[1] 台湾地区的宝来金融集团以1988年成立的宝来证券为主体并向外拓展,目前旗下成员还包括宝来投信、宝来曼氏期货等关系企业,1998年开办网络下单业务并推出台湾地区第一个结合股、期、权的交易平台,之后在产品创新方面一直居台湾地区领先地位。

[2] 台湾联电集团总部设在台湾地区,集团旗下有5家晶圆代工厂,是全球半导体投资第四大企业,仅次于英特尔、摩托罗拉及西门子。

在定价权证时有两项需注意，就是执行价格的调整及行使比率的变动。由于台湾地区认购权证都附有股利保护条款，亦即在发放现金股利时，会自动调整执行价格，因此在计算权证时，可不考虑股利因素。当目标证券配发股票股利、增资、减资、股票分割、合并等时，依规定需要调整其执行价格及行使比例，其调整的参考公式如下：

$$N^* = N \cdot \left(\frac{S}{S^*}\right), \quad K^* = K \cdot \left(\frac{S^*}{S}\right)$$

其中：N^* 为新的行使比例

N 为原行使比例

S^* 为调整后股价

S 为原先股价

K^* 为调整后执行价格

K 为原先执行价格

当目标公司发放现金股息时，依规定行使比例不改变，但执行价格则调整为 $K^* = K \times \left(\frac{S-D}{S}\right)$，其中 D 为股息①。因为股利的发放会调整执行价格，虽然认购权证为美式权证，但是由于有股利发放的保护，因此提早履约的概率很小，我们可将认购权证视为欧式权证，而用 B-S 公式来定价。②

在涨跌幅方面，一般个股型权证以目标证券涨跌幅金额乘以行使比例，作为权证涨跌幅限制。譬如目标股票收盘价为 100 元，权证收盘价为 30 元，假设行使比率为 0.5，则次日股票涨跌幅分别为 7 元及 7 元，而权证涨跌幅为 3.5 元及 3.5 元。至于 7% 的涨跌幅对权证价格的影响很小，可以忽略而仍代入 B-S 公式③。

权证在发行时常常要揭示溢价比率，一般定义为 C/S 或 P/S，亦即权证价格和股价之比。但是，作者认为应考虑到权证价内外程度，将溢价比率定义为：$\frac{C-(S-K)}{S} \times 100\%$，而 $S-K$ 为价内外程度的大小。否则，若依一般定义，价外发行的溢价比率一定比平价或价内来得低，实在无法比较哪一档权证发行较贵，哪一档较便宜。溢价比率可以说是到期时，股价需要上涨（下跌）多少百分比，才能使认购权证（认沽权证）的到期价值刚好等于目前权证价格。假设台积电认购权证发行时 $C=13$，$S=61$，$K=74$，则溢价率 $= \frac{13-(61-74)}{61} \times 100\% = 41.2\%$，也就是台积电的股价需上涨 41.2%，投资者才会损益两平。

如果是认沽权证则溢价比率定义为 $\frac{P-(K-S)}{S} \times 100\%$，亦即股价要下跌多少百分比，才会让投资者损益平衡。

---

① 行使比例为认购权证转换成股票的权利，一般为 1∶1，即 1 股权证可以换 1 股股票。目前国内的权证行使比例都低于 1，很多为 0.1。

② 参见：陈威光. 认购权证的定价. 元大期货，1997.

③ 参见陈威光. 涨跌幅限制下认购权证之定价. 研讨会论文，1998.

【实务专栏7】

"中华电信"操作外汇选择权造成巨额损失

2008年3月6日,台湾地区的电信业龙头"中华电信"公司宣布,由于新台币兑美元升值,导致公司外汇选择权交易估计账面损失为新台币40亿元,引起市场极大的震撼。根据报道,"中华电信"在2007年7月,与美商高盛公司(Goldman Co.)签订长达10年的外汇选择权交易。由于2007年美国次级房贷事件爆发,使美元陆续走贬、新台币升值,使"中华电信"遭受重大损失。

根据此外汇选择权交易契约,双方每两个星期根据汇率结算一次损益。如果新台币兑美元汇率高于31.5(美元兑换31.5新台币),但不超过32.7,"中华电信"可以用30:1的汇率购入200万美元,因此"中华电信"有获利;如果汇率超过32.7则合约中止;反之,如果汇率低于31.5,"中华电信"就必须以31.5的汇率向高盛购入400万美元,此时"中华电信"有损失。由此合约内容来看,"中华电信"的获利水平只限于新台币汇率在31.5到32.7之间;反之如果新台币汇率低于31.5,则有损失,而且损失金额是两倍,因此可以说是获利有限损失无穷。

市场人士认为此合约交易期达10年,有违一般外汇操作3个月、6个月的惯例,此外,"中华电信"1年仅有2亿美元的外汇需求,称不上需要对冲,可以说是想要套汇获利,反而造成重大损失。这宗外汇选择权是差额交割型式(可视为买入1单位外汇看涨期权并卖出两单位外汇看跌期权),"中华电信"不用拿出实质的本金,等到汇率产生价差再缴交金额,这宗案子的名目本金达10.4亿美元。

幸运的是,在2008年10月21日,新台币兑美元盘中出现32.7的成交价,使该外汇选择权合约自动终止,"中华电信"先前认列的40亿元的未实现损失被陆续冲销回来。

小 结

1. **股指期权**(stock index option)简称指数期权,是一种期权,其目标资产为股指,买方有权利在到期时,依到期时的股指与约定的履约指数之差,以现金结算差价。

2. **股指期权的主要功能包括:**(1)可参与大盘的涨跌;(2)可用作为证券组合保险;(3)可搭配股指期货或ETF,用来投资或对冲;(4)可作为区域性或全球股票市场指数产品的结合;(5)可复制大盘的报酬型态。

3. **股指期权看涨期权定价公式:**

$$C = Se^{-\delta T}N(d_1) - Ke^{-rT}N(d_2)$$

其中:$d_1 = \dfrac{\ln\dfrac{Se^{-\delta T}}{K} + (r + 0.5\sigma^2)T}{\sigma\sqrt{T}}$

$d_2 = d_1 - \sigma\sqrt{T}$

4. 指数看涨期权的对冲比率为 $N(d_1)e^{-\delta T}$。

5. 股指的看跌看涨期权平价关系公式为：
$$C-P=Se^{-\delta T}-Ke^{-rT}$$

6. 外汇期权（currency option）是一种期权，看涨期权持有人有权利在未来某一约定时间，依某一约定的汇率，买入某一约定数量的某一外汇。

7. 外汇期权看涨期权公式：
$$C=Se^{-r_fT}N(d_1)-Ke^{-rT}N(d_2)$$

其中：$d_1=\dfrac{\ln\dfrac{Se^{-r_fT}}{K}+(r+0.5\sigma^2)T}{\sigma\sqrt{T}}$

$d_2=d_1-\sigma\sqrt{T}$

8. 外汇看涨期权的对冲比率为 $e^{-r_fT}N(d_1)$。

9. 外汇期权的看涨期权看跌期权等价公式为：
$$C-P=Se^{-r_fT}-Ke^{-rT}$$

10. 台指期权价格和台指期货的连动比较密切，在求算台指期权价格时应以台指期货代替。

11. put/call ratio 一般指看跌期权成交量除以看涨期权成交量（或未平仓量）的比值，可视为投资人判断未来股市走势的参考。

12. 认购权证（call warrant）是一种权利契约，投资人在付出一笔权利金购买此证券后，有权利在期满日内或约定的期满日，向发行者以约定的价格买入一定数量的目标股票。

13. 权证依发行者的不同，一般可分为权益型权证（equity warrant）与备兑型权证（covered warrant）。权益型权证一般是由公司企业所发行的（如台积电）。备兑型权证是由公司以外的第三者（如券商）发行。

14. 溢价比率是指权证发行价格除以股价的比例（C/S 或 P/S）；也可定义为权证发行价格减去价内外程度再除以股价。公式为 $\dfrac{C-(S-K)}{S}$ 或 $\dfrac{P-(K-S)}{S}$，表示股票还要涨（对看跌期权是跌）多少百分比才会损益平衡。

习　题

1. 如果你预期股价在未来一周内可能大涨或大跌，那么你会采取什么样的期权交易策略？

2. 请搭配股指期货及股指期权，形成一种证券组合，并说明这个投资策略的原因及可能损益。

3. 假设外汇看涨期权为美元兑人民币，亦即可用 5 元人民币买入 1 美元；换句话说，你有权利以 5∶1 的汇率卖出人民币而收到美元，因此就卖出人民币而言，是否也是一种看跌期权呢？为什么？

第三编　期货及互换

第八章 远期契约与期货导论

远期契约可以说是四种基本金融衍生工具中最早出现的一种,也是期货契约的前身。本章第一节将讨论远期契约的定义、历史背景及其特性;第二、三节将介绍两种目前远期市场上最常见的产品:远期外汇和远期利率。此外,也将介绍定价公式,包括利率平价理论及隐含远期利率。

期货可以说是由远期契约延伸及改良而来,是一种标准化的远期契约。期货已经有超过100多年的历史,而在台湾地区一直到1993年6月,人们才可以通过期货商买卖国外交易所的期货契约。到1998年7月,台湾地区期货交易所开始推出本土台股指数期货。本章第四节简单介绍全球各国期货发展的历史;第五节介绍期货契约根据其目标资产所做的分类;第六节则介绍期货的一些专有名词。实务专栏介绍外汇的另一种对冲工具——区间远汇。

第一节 远期契约的发展沿革

远期契约(forward contract)是一种合约,双方当事人约定在未来的某一日期(譬如3个月后),以某一约定的价格,由买方向卖方买入某一数量的目标资产。远期契约可说是最早出现的金融衍生工具,可以追溯到中古世纪,主要是提供农产品的对冲之用。譬如种黄豆的农夫,当黄豆还未收成前,黄豆的价格是不确定的。万一半年以后,黄豆丰收,导致价格下跌,将对农夫造成不利。因此,对农夫来说,黄豆价格的波动是相当大的风险。相反地,黄豆的收购商,或是以黄豆为原料加工制造的工厂,如果黄豆歉收,价格便会上涨,因此这些人也承受黄豆价格波动的风险。因此,农夫和黄豆收购商在黄豆尚未收成以前,可以有一个远期黄豆合约。双方约定在半年后,以某一个约定价格买卖黄豆,如此可以提供双方消除由于未来黄豆价格变动带给双方的风险。

由于美国芝加哥是一个农产品集散中心,因此许多农产品远期交易便在此进行。到了1848年,芝加哥期货交易所(Chicago Board of Trade,CBOT)成立,提供农夫和谷物商一个远期契约交易场地,并逐渐地将这些农产品的远期契约标准化以利流通,这就是后来农产品期货及其他期货契约的先驱。

远期契约具有一些特性包括:

1. 远期契约通常都在场外市场(OTC)交易,譬如远期利率、远期外汇的交易通常都是在金融机构与金融机构之间或金融机构与企业之间进行。

2. 远期契约的交割日期、交割价格(delivery price)和契约大小并没有一定标准的格式。

3. 远期契约通常都是采用实物交割,只有少数可以采用现金结算的方式。

目前全世界交易量较大的远期契约包括远期利率合约、远期外汇合约,而远期股权及远期的商品合约交易量较少。

第二节 远期外汇及定价

一、即期外汇与远期外汇

所谓汇率(exchange rate)是指两种不同货币的兑换比率。譬如1美元兑换6元人民币;或6元人民币换1美元。一般汇率的报价方式有两种:一种为直接报价(direct quote),另一种为间接报价(indirect quote)。所谓直接报价是指1单位外国货币等于多少单位的本国货币。譬如前面所提到的 RMB ＄6:US ＄1,即1美元兑换6元人民币。间接报价则是1单位本国货币可以换取多少单位的外国货币。譬如说人民币1元可以换取0.11美元(1/6)。在国际外汇市场中,一般是以美元为基础报价,譬如说1美元等于80日元,或1美元等于6元人民币。但是习惯上,欧元及英联邦的货币如英镑及澳元则是采用1英镑等于1.6美元或1欧元等于1.4美元等方式来报价。

由于国(地区)与国(地区)之间进行国际贸易或国际投资等活动,因此会产生不同的货币互换(譬如以人民币换美元),我们称为外汇交易。由于国际贸易、国际投资的日益频繁,外汇交易的需求也大增。外汇交易一般可分为即期外汇(foreign exchange spot)与远期外汇(foreign exchange forward, FX forward)。即期外汇通常指外汇交割日期在2个营业日以内;而远期外汇指外汇买卖的双方约定在未来某个日期(如3个月后),以约定的汇率(如 RMB ＄6:US ＄1),交割某一约定的外币(如100万美元)①。

二、远期外汇的定价:利率平价理论

一般而言,我们可以使用利率平价理论(Interest Rate Parity, IRP)来估算远期外汇的理论价格。利率平价理论说明两国的汇率升贬值率会等于两国的利率差,否则会有套利的机会。以公式表示:

$$\frac{F-S}{S}=r-r_f \quad \text{或} \quad \frac{F}{S}=\frac{1+r}{1+r_f} \tag{8-1}$$

其中:F 为远期汇率

S 为即期的汇率

r 为本国的利率

r_f 为外国的利率②

---

① 外汇市场上还有一种所谓的换汇交易(foreign exchange swap, FX Swap),是指同时买入及卖出同样的货币,但是交割日期不同的外汇交易。譬如今天买入100万美元,然后同时约定在3个月后再卖出100万美元。换汇交易将在第十三章第三节货币互换中再加以讨论。

② 公式8-3也可写成 $F=S[1+(r-r_f)]^T$ 或 $F=Se^{(r-r_f)T}$。

因此，远期外汇的价格便可以写成：

$$F = S \times \frac{1+r}{1+r_f} \tag{8-2}$$

也就是说，远期外汇的汇率等于即期汇率乘以两国的利率加上 1 的比值。若考虑时间长短 T，则公式 8-2 可改写成

$$F = S \times \frac{1+rT}{1+r_f T} \tag{8-3}$$

【例题1】 假设柏成国际贸易公司半年后将有一笔 1 000 万美元的货款支出，为了规避人民币贬值的风险，欲买入 1 年期的远期外汇。假设人民币与美元的即期汇率为 6∶1，人民币 1 年期存款利率为 6%，美国 1 年期存款利率为 4%，求出理论上半年期的远期外汇汇率。

解：

$$F = 6 \times \frac{1 + 6\% \times \frac{1}{2}}{1 + 4\% \times \frac{1}{2}} = 6.06$$

即一年期远期外汇的理论价格为 6.06。

如果市场上的远期汇率较即期汇率高，我们称远期美元升水或溢价(premium)。如果远期汇率较即期汇率低，我们称为远期美元贴水，简称贴水或折价(discount)。由利率平价理论可以得知，理论上，一个国家(或地区)的利率较低时，此其远期汇率会贴水，即外币升水的现象；而一个国家(或地区)的利率相对于其他国家(或地区)较高时，会有升水的情形。①

当然，这种利率平价理论是在没有套利空间的假设下才能成立。实务上，市场的远期汇率价格不一定等于理论上的远期汇率。有一些因素将造成理论价格与市价不等，这些因素包括交易成本，如手续费、买卖价差、外汇管制、外汇市场与货币市场的交易量等。此外，投机性的资金预期某种币值会在短期内大幅升贬而进出外汇市场，也将大大地影响远期外汇的汇价。譬如在 1998 年亚洲金融风暴发生后，亚洲各币值大幅贬值，新台币对美元的远期外汇的换汇点(swap point)就高达 1 元(即远期汇率高于即期汇率 1 元)。所谓换汇点是指远期汇率价格中，高出或低于即期汇率的差价部分。预期某个币别贬值，换汇点可能增大；而预期升值，换汇点可能变为负。

远期外汇区分为 DF(一般远期外汇)与 NDF(无本金远期外汇)。DF 全名为 Delivery Forward，就是我们前面提过的远期外汇，也称为实体交割远期外汇；而 NDF 全名为 Non-Delivery Forward，俗称无本金交割远期外汇。NDF 是指交易双方在未来特定期满

---

① 利率平价理论可分为两种：一种称为抛补利率平价理论(covered interest rate parity)，另一种则为无抛补利率平价理论(uncovered interest rate parity)。我们在例子中所使用的为抛补利率平价理论，因为公式中四个变量都为已知。所谓的无抛补利率平价理论是指即期汇率与预期未来的汇率与利差间之关系，其公式为 $\frac{E(S_1)}{S} = \frac{1+r}{1+r_f}$，其中 $E(S_T)$ 为预期未来 T 时点的即期汇率，变数中的 $E(S_T)$ 为未知。

日，以原先约定的远期汇率与期满日的即期汇率比较，结算其差额，而不需要交割本金（美元和人民币）的一种远期外汇合约。一般远期外汇大多是结算差额，不交割本金。

☞ **动动脑**

人民币和美元的远期汇率服从利率平价理论吗？若没有，你认为是哪些因素造成的？

第三节 远期利率协议

一、远期利率协议的意义

远期利率协议(forward rate agreement，FRA)或称远期利率合约，是一种利率合约，由买卖双方协议在未来的一定时间后，以名义本金为计算基础，在到期时，依约定利率与实际市场利率的差额，由一方支付此差额给另一方的合约。因此，FRA 不是一种放款或存款的远期承诺，而是属于利率的一种远期契约；而名义本金是用来计算所需支付利息差额大小的依据。

FRA 主要用来作为规避利率风险之用，大部分用于金融机构，如银行及保险公司。这两种机构承担了相当大的利率风险，而且必须维持相当充裕的资金流动性，以因应客户的求偿。除了银行及保险公司以外，企业界也逐渐利用 FRA 来规避及管理利率的风险。以下我们举个例子来说明。

【例题2】 假设柏文国际贸易公司为了规避美元贷款利率上升的风险，向工商银行买入一个3个月后的3个月期美元远期利率契约，名义本金为1 000万美元。FRA 的契约利率为5%，市场利率是根据3个月以后3个月 LIBOR 利率。① 假设3个月后3个月 LIBOR 的利率上升到6%，请问柏文公司应该可以从工商银行收取多少款项？

解：根据定义，FRA 涉及的是利息的差额，由于支付的固定利率5%小于收到的浮动利率6%，所以该公司收到的 FRA 净付款等于1 000万美元×(6%−5%)×1/4，等于赚了2.5万美元，因此，当利率上升，公司的贷款利息支出虽然增加，但可以由 FRA 所赚的钱来填补前述利息增加的损失。

通常 FRA 的买方是指支付固定利率而收浮动利率的一方，如同例题2，柏文公司买入的 FRA 即是一例。因此对借款人而言，如果担心利率上涨而增加借贷资金的成本，那么可以购入 FRA 来对冲，到时候，如果浮动利率上升，便可以收取浮动利率和固定利率间的利息差额，以规避借贷成本上升的风险。

二、FRA 的定价

在例题2，我们假设 FRA 的契约利率为5%，但是合理的 FRA 的利率是怎么被决定出来的呢？在此先举例说明。假设你手边有一笔钱，2 年内不会动用，而目前邮局1年

---

① LIBOR：London Interbank Offered Rate，指伦敦银行间的美元拆款利率，为短期美元利率指标。

期的定期存款利率为 5%，2 年期的定期存款利率为 5.5%，那么，你会先存 1 年期存款，到期以后再续存 1 年呢？还是一下子存 2 年的定期存款呢？我们都知道，这必须视你对 1 年后 1 年期利率的预期而定。那么有没有一个利率水平，使得你先存 1 年再存 1 年与一次存 2 年所得到的报酬一样呢？答案是有的。

假设一年以后的一年期定存利率为 $_1R_1$，那么先存 1 年以后的本利和为 $P(1+5\%)$，其中 P 为本金，然后再存 1 年期的本利和就是 $P(1+5\%)(1+{_1R_1})$。如果你一下子存 2 年期定期，那么 2 年后的本利和就是 $P(1+5.5\%)^2$。如果要让这两个投资策略最后的预期报酬一样，那么两个投资策略的本利和应该一样，所以 $P(1+5\%)(1+{_1R_1})=P(1+5.5\%)^2$。我们可以算出来 $_1R_1$ 约等于 6%。也就是说，如果你预期未来 1 年以后的 1 年期利率大于 6%，那么先存 1 年期后再存 1 年期会比较划算；反过来说，若你预期未来 1 年以后的 1 年期利率小于 6%，那么存 2 年期的定存会比较划得来；如果等于 6%，那么就没有什么差别了。从以上例子我们就可以导出以下 FRA 的契约利率的求法。

假设用 $_0R_1$ 表示目前 1 年期的利率，用 $_0R_2$ 表示目前 2 年期的利率，用 $_1R_1$ 表示 1 年以后 1 年期的利率，但目前未知。① 根据前例说明则可以得到下列公式：

$$(1+{_0R_1})(1+{_1R_1})=(1+{_0R_2})^2 \qquad (8\text{-}4)$$

由公式 8-4 我们可以算出 $_1R_1$；$_1R_1$ 又称为隐含远期利率（implied forward rate）。有时为了计算方便，可以将上式取自然对数 ln，所以上式就变为：

$$\ln(1+{_0R_1})+\ln(1+{_1R_1})=2\ln(1+{_0R_2})$$

因为 $\ln(1+{_0R_1})\cong{_0R_1}$，所以 $_0R_1+{_1R_1}=2{_0R_2}$；或者是：

$$({_0R_1}+{_1R_1})/2={_0R_2} \qquad (8\text{-}5)$$

公式 8-5 说明长期利率等于两个短期利率的平均，所以利用刚才所给的数据，假设 $_0R_1=5\%$，$_0R_2=5.5\%$，那么 $_1R_1$ 便等于 6%。此处 $_1R_1$ 便是 1 年期 FRA 的理论契约利率。因此，由不同到期期限的利率水平，亦即殖利率曲线（yield curve），可以求出不同到期期限 FRA 的契约利率。殖利率曲线是指相同性质、不同期满日的债券，其收益率关于到期期限的函数关系曲线。到期期限与收益率的关系有时候称为利率期限结构（term structure of interest rate）。

我们知道 FRA 是一种远期利率合约，所以例题 2 中的 3 个月后起算至第 6 个月结束的 3 个月期 FRA 可以用 3×6 FRA 表示，如图 8-1 所示。而 3×9 表示 3 个月后起算至

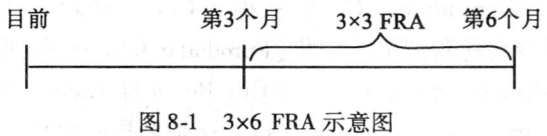

图 8-1　3×6 FRA 示意图

---

① 有些教科书将 1 年后 1 年期的利率写成 $_1R_2$，为便于解释，在此以 $_1R_1$ 代替。

第9个月结束的6个月期 FRA。基本上 FRA 是一种短期的资金工具,超过1年的比较少见。台湾地区最早的 FRA 交易是在1995年3月,由法商银行和新加坡银行所签订的一笔1×4的远期利率协议。这个 FRA 交易约定1个月起算的3个月期 FRA 利率为3.98%,总名义本金为1 000万美元。

第四节 期货的发展沿革

  期货契约(futures contract)是一种标准化合约,买方和卖方约定在未来一定日期(期满日),依一定价格买入或卖出某数量的某种目标商品,或于期满日结算价差。因此,期货可以说是一种标准化的远期契约,或者说期货合约是由远期契约演进而来。芝加哥是一个农产品集散中心,1848年芝加哥期货交易所(CBOT)成立,为农夫和谷物商提供了一个远期交易的场地,许多农产品远期交易便在此进行。

  但是,远期交易却碰到了两个问题。第一是所谓的违约风险(default risk)或信用风险(credit risk)的问题;第二是所谓的流动性风险(liquidity risk)的问题。由于一般远期契约的交割日期离目前交易日还有一段期间,因此,可能到期时交割的现货价格与原先约定好的远期契约价格相差甚大,以致买方或卖方某一方可能遭受重大损失,而无法或不想履行契约,这就是远期契约的违约风险或信用风险。此外,由于某些因素,如果买方或卖方在远期契约到期前的任何时点,想要提前解约或是将契约转卖出去,可是由于远期契约不是一个标准化的契约,所以很难找到合适的买者,而造成流动性不足的问题。因此,期货契约就在这种背景下产生了。

  芝加哥期货交易所在1848年成立后经过几年的筹划,终于在1865年开始有期货契约的交易,最初都是谷物期货。接着,纽约棉花交易所(New York Cotton Exchange,NYCE)也在1872年开始交易棉花期货,而后是咖啡期货及糖期货。在1919年,芝加哥商业交易所(Chicago Merchantile Exchange,CME)开始交易铜期货。在1972年,芝加哥商业交易所的国际货币市场部门(International Monetary Market Division,IMM)开始交易外汇期货(currency futures),这是全世界最早的金融期货。外汇期货的历史背景是因为在1971年前后布雷顿森林协议(Bretton Wood Agreement)下的固定汇率制度崩溃以后,各国纷纷实行浮动汇率,汇率波动变大,跨国企业面临很大的汇率风险,需要一些外汇对冲渠道。

  另外,芝加哥期货交易所在1975年推出联邦抵押贷款债券期货(Government National Mortgage Association futures,GNMA;称为 Ginnie Mae),可以说是最早的利率期货。1981年,CME 开始交易欧洲美元期货(Eurodollar futures)是第一个现金结算价差的期货契约。在1982年堪萨斯交易所(Kansas City Board of Trade,KCBT)开始交易价值线股价指数期货(Value Line Stock Index Futures),这是最早的股价指数期货。同年,芝加哥商业交易所推出 S&P 500 股价指数期货(S&P 500 index futures),是交易量相当大的股价指数期货。

  在其他欧洲方面,伦敦国际金融期货交易所(London International Financial Futures Exchange,LIFFE)在1982年首先交易利率期货,2年后推出金融时报100种股价指数期货(Financial Time 100 Index, FT-100)。法国的期货交易所(Marche A Terme International de France, MATIF)于1985年7月成立,开始交易欧元长期国债期货。德国的期货及期权交易所(Deutsche Termin borse, DTB)成立较晚,于1990年成立,陆续推出长期国债期货及DAX股价指数期货。德国交易所和瑞士期权及期货交易所(SOFFEX)于1996年12月合并成立欧洲交易所(European Exchange, EUREX),提供一个单一的电子化的衍生性交易舞台,目前已是全球交易量最大的衍生性商品交易所之一,2008年的交易量仅次于CME集团,居全球第二。

在亚洲,新加坡于1984年成立新加坡国际金融交易所(SIMEX),约在1986年推出日经225股价指数期货,并于1997年推出摩根台指期货。香港期货交易所(Hong Kong Futures Exchange)成立于1976年,并于1986年推出香港恒生股价指数期货。东京证券交易所(Tokyo Stock Exchange)于1985年开始交易10年期日本长期国债期货,是日本第一个金融期货,1988年推出东京股价指数期货(TOPIX Futures)。另外,大阪交易所在1988年推出日经225股价指数期货(Nikkei 225 Index Futures)。我国台湾地区则是到1998年7月21日始推出台湾加权股价指数期货,次年7月21日陆续推出电子类股、金融类股期货。中国大陆的三个期货交易所郑州、大连、上海则限于商品期货,目前大陆已经在2010年4月于中国金融期货交易所推出沪深300股指期货。

传统的期货交易采取公开喊价(open outcry)方式进行,CME、CBOT与路透社(The Reuters)于1992年6月联合开发全球交易系统GLOBEX(global exchange)。CME和法国期货交易所(MATIF)于1998年推出第二代GLOBEX系统,称为GLOBEX2,世界各主要期货交易所也纷纷推出自己的电子交易系统。目前CME大约80%的交易已采用电子交易系统。CME更在2008年5月19日将公开喊价的交易移至邻近同集团的CBOT之下。

全球交易量较大的期货交易契约为CME小型S&P 500指数期货、CME的欧元期货、欧洲交易所的道琼斯欧洲50指数期货、欧洲交易所的长期欧元长期国债期货(Euro-Bund)等。Euro-Bund的目标资产是德国8~10年到期的长期国债。

一、期货契约与远期契约的不同

期货虽然是远期契约的演变,可是期货跟远期契约仍有差异。由于远期契约到时候有可能遭遇到对方不履约的信用风险,因此,期货交易便采取一些措施来降低不履约的信用风险。期货市场三种降低信用风险的机制包括:每天结算、保证金制度、结算所等。另外,期货在交易所交易有标准的契约大小、期满日等,远期契约则在OTC交易,并没有标准的契约大小以及期满日等。

二、期货与期权的不同

期货与前面介绍过的期权虽然同属衍生性商品,但是仍然有些不同,兹简要说明。

1. 期权买方当有不利于本身时,可放弃其权利而不履行合约;但是期货买卖双方不论目标资产走势如何均有义务履行合约。简单来说,期货的权利义务有对称性,期权则否。

2. 期权买方需支付卖方权利金;但期货的买方卖方彼此并没有权利金的支付,而是支付保证金。

3. 期权买方损失有限（即期权的成本），获利可能很大；但期货的买卖双方均可能损失很大或是获利很大。

4. 美式期权可以在期满日前行使其权利，即提前履约换取股票或其目标资产；而期货一般不能提前执行其交付资产的权利。

5. 期权的执行价格是事先约定好的，一般不会变动，而期货未来的交割价格并不事先约定，而是经由市场每天的供需喊价而定。

6. 期权的交易一般可以在交易所或 OTC 买卖；而期货都是在交易所进行。

7. 期货有标准规格，交易所交易期权一般有标准的规格，但在 OTC 交易的期权则没有。

☞ **动动脑**

卖出期货和卖出看涨期权的损益有何不同？

第五节　期货契约的种类

期货契约依目标资产的不同大约可分为两类：一类为商品期货（commodity futures），另一类为金融期货（financial futures）。商品期货可以说是最早的期货产品，而商品期货依目标产品的不同又可分为三大类：农产品期货、金属期货、能源期货，兹简介如下。

一、商品期货

（一）农产品期货（agricultural futures）

农产品期货主要分为小麦、小米、燕麦等期货，还包括家畜产品如猪、牛期货和其他软性商品（soft commodity），如咖啡、柳橙汁、棉花、饮料等期货。

（二）金属期货（metal futures）

金属期货又可分为贵金属期货（precious metals futures）和工业金属期货（industrial metals futures）。贵金属期货包括黄金、白银等期货。工业金属期货则包括铜、铝、锡等期货。

（三）能源期货（energy futures）

能源期货包括石油、原油、燃料油、汽油、天然气等期货。

二、金融期货

金融期货的发展历史比较短，最早出现的为 1972 年 CME 的外汇期货。金融期货又可分为三大类，兹依推出的先后次序介绍。

(一)外汇期货(currency futures)

外汇期货的买卖双方约定在未来某一时间，依据目前约定的汇率以一种货币互换另外一种货币。主要的外汇期货有英镑、日元、马克、瑞士法郎、欧元等期货。

(二)利率期货(interest rate futures)

利率期货，包括欧洲美元期货、短期国债期货、长期国债期货。长期国债期货是指未来以约定价格买卖一定数量的长期国债的契约。

(三)股价指数期货(stock index futures)

股价指数期货，如美国的 S&P 500 股价指数期货、日本的 Nikkei 225 股价指数期货、英国的 FT-100 股价指数期货、中国香港的恒生指数期货、新加坡 SIMEX 推出的摩根台股指数期货、中国台湾地区推出的台湾加权股价指数期货以及 2010 年 4 月份中国大陆推出的沪深 300 股指期货等。

当然除了这些主要的契约以外，许多交易所陆续推出新的期货，包括 CBOT 的巨灾保险期货、通货膨胀指数债券期货(inflation-indexed bond futures)、电力期货(electricity futures)、运费费率指数期货，CME 推出的天气期货(weather futures)、破产指数期货(Quarterly Bankruptcy Index futures)、森林产品期货(forest futures)，Goldman Sachs 的农产品指数期货，伦敦商品交易所(London Commodity Exchange, LCE)交易的 BIFFEX 运费费率期货，纽约期货交易所(New York Futures Exchange, NYFE)交易的 CRB 农产品指数期货，伦敦国际金融交易所于 1998 年推出的互换期货(swap futures)等。

另外，除了股价指数期货以外，澳大利亚的悉尼期货交易所(Sydney Futures Exchange)也交易个股期货。芬兰的期权交易所(Finnish Option Market, FOM)在 1990 年也推出个股期货，而瑞典的交易所也交易个股期货。另外许多新的期货商品如碳权期货、波动率期货(VIX future)等也陆续出现。表 8-1 将期货的种类汇总成表，以便读者参考。

表 8-1　　期货契约的种类

商品期货	农产品期货	小麦、黄豆、玉米、小米、猪、咖啡、糖、棉花、稻米、活牛、红豆、橡胶……
	金属期货	黄金、白金、白银、铜、铝、锡、镍、锌、铅……
	能源期货	石油、原油、汽油、燃油、天然气、天然瓦斯、无铅汽油、轻原油、Sour 原油、布仑特原油……
金融期货	外汇期货	欧元、日元、瑞士法郎、英镑、加币、澳币、卢布……
	利率期货	15 年美国政府债券、10 年美国中期债券、美国短期国债、3 个月欧洲美元、3 个月欧洲日元、互换期货……
	股价指数期货	S&P 500 股价指数、金融时报股价指数、DAX 指数、日经 225 指数、恒生股价指数、台股加权指数、波动率……

续表

其他期货	天气期货、巨灾保险期货、电力期货、运费费率指数期货、农产品指数期货、个股期货、通货膨胀指数债券期货、森林产品期货……

第六节 期货专有名词介绍

本节将介绍一些期货的专有名词，以便读者在阅读以后的章节或其他书籍、报刊杂志时能很快理解。

一、每日结算

每日结算(daily settlement)或市价结算(mark to market)指期货交易的盈亏由结算公司按交易日的收盘价逐日结算损益，并直接从投资人的账户扣减或增加。逐日结算可以减少买卖双方违约的风险。

二、保证金

除了逐日结算外，为了保证交易不违约，在期货交易中有所谓的保证金(margin)制度。也就是期货交易者必须在其交易户头先存入某一金额的钱，才能买卖期货。同时在交易期间，其账户须随时保持某一最低额度的金额。保证金可视为抵押品，担保债务的履行。保证金可分为原始保证金、维持保证金及盈亏保证金。

三、原始保证金

期货契约买卖双方于买卖期货时均必须支付某一比例金额予期货经纪商，此金额称为原始保证金(initial margin)。原始保证金通常是契约价值的5%~15%，额度会随着期货的种类或交易所而有所不同。2009年12月，台股指数期货1口的原始保证金为7.7万元，约为契约价值的5%，各期货交易所也视市场情况调整原始保证金的大小。

四、维持保证金

当原始保证金的价值或保证金的部位，因市场价格上涨或下跌而减少时，若减少到低于某个特定数额时，经纪商会要求客户补缴保证金，以防止客户违约，此特定金额称为维持保证金(maintenance margin)。维持保证金通常为原始保证金的75%。譬如台股指数期货的维持保证金为5.9万元。

五、盈亏保证金

盈亏保证金(variation margin)是指经纪商要求投资者需补缴保证金的差额，使其保证金账户的金额恢复到原始保证金的金额。

为了让读者了解原始保证金、维持保证金及盈亏保证金三种保证金的区别,在此举一个例子说明。如果你打算买进 1 口台股指数期货,假设原始保证金为 7.7 万元,而维持保证金为 5.9 万元。假设台股指数目前为 8 000 点,因此首先你必须先存入 7.7 万元,才能买入 1 口台指期货。第 2 天如果台股指期货数涨了 50 点,你的账户就多了 1 万元(50×\$ 200)。到了第 3 天如果期货价格大跌了 200 点,你就损失 4 万元(200×\$ 200),而目前你的账户只剩下 4.7 万元(7.7 万元+1 万元-4 万元),低于维持保证金 5.9 万元,因此,期货商会要求你汇入 3 万元,使你的保证金部位能维持原始保证金所需要的 7.7 万元,而此 3 万元就是盈亏保证金。①

六、保证金催缴

保证金催缴系指期货经纪商要求客户补足原始保证金的催告通知,也称为保证金催收(margin call)。如果客户不于 24 小时内补足保证金,期货经纪商可将客户的期货部位平仓,即俗称的断头。

七、整户风险保证金系统

整户风险保证金系统(Standard Portfolio Analysis of Risk,SPAN),按英文字面意思是证券组合的风险分析,最早由 CME 用来计算期货期权的保证金。此系统系以投资者所有期货及期权所形成的证券组合为对象,而非只针对每一项部位收取保证金。系统会根据模拟出来的 16 种损益,采取最大可能损失,作为该证券组合应缴交的保证金。

八、现金结算

现金结算(cash settlement)是指期满日,买卖双方只支付现货与期货间价差金额而不实际交付现货,大部分的期货契约是采用现金结算。

九、平仓

平仓(offsetting)又称对冲,是指期货投资人在期货合约期满前进行和先前相反的交易,以结束期货部位。譬如先前看空台股,而卖出台指期货,过了几天,再买进相同数量的台指期货结束期货部位。

十、未平仓量

未平仓量(open interest)指市场中流通在外尚未结清的期货契约总数量。

十一、涨跌幅限制

涨跌幅限制(price limit)指许多期货的交易都有每天价格上涨或下跌的限制。譬如说台股指数期货每天涨跌幅为 7%。涨跌幅的限制依各交易所和期货的种类而定,其主要目的是为了避免期货大幅波动,造成期货买卖双方重大损失及违约。

---

① 台指期货 1 点等于 200 元;小型台指期货 1 点等于 50 元。

十二、部位限制

部位限制（position limit）指有些交易所会限制单一交易者持有的部位不能超过某一限度。譬如台股期货规定自然人部位限制为5000口，而法人为1万口，期货自营商为3万口。

十三、当日冲销

当日冲销（day trade）指在当天建立新的期货部位，在当天收盘前将部位平仓结算价差的交易。

十四、交割月份

交割月份（delivery month）可以说是期货的到期月份，是期货契约的买卖双方到时候结算价差的月份。许多期货交易所的金融期货交割月份都为3、6、9、12月；而我国台指期货是3、6、9、12月加上最近2个月，譬如目前是7月，那么最近2个月就有8、9月的合约。

十五、基差

基差（basis）是指商品现货价格与期货价格间的差异（现货价格减期货价格）。

十六、正价差

正价差是指期货价格大于现货价格的情形。

十七、逆价差

逆价差是指期货价格小于现货价格的情形。①

【实务专栏8】

区间远汇——外汇的另一种对冲

本章介绍了进出口厂商可以利用远期外汇来规避汇率变动的风险，上一章也介绍了进出口商可以利用外汇期权来对冲。数据显示，这两种对冲工具中，大多数厂商仍以远期外汇对冲居多。

另外在实务上，也有厂商采用区间远汇（range forward）来对冲。使用区间远汇会让厂商的外汇成本介于某一段区间，成本不会高于某上限，也不会低于某下限。区间远汇并不是真的一个商品契约，而是由买入外汇看涨期权、另外卖出一个外汇看跌期权合成的一种远期外汇。

---

① 关于基差、正价差及逆价差将在本书第九章"期货的定价"做介绍；此外，还有一些专有名词将在介绍正文时，分别于后续章节再做介绍。

三种外汇的对冲方式效果是不一样的。譬如某一进口商3个月后需要1 000万美元，为了规避美元兑人民币升值的风险，公司第一种策略是买入远期外汇。假设美元兑人民币为6∶1，3个月远期汇价订在6.05，所以3个月后不论汇率怎么变动，1 000万美元的成本都是固定的6 050万元人民币(6.05×1 000)。另外，如果采用第二种方式买入美元看涨期权对冲，假设履约价也是6.05，而付出1%的成本(1000万美元×0.1% = 10万美元=60万元人民币)，到时如果美元升值，则美元成本加上看涨期权成本共是6 110万人民币(6.05×1 000万+60万)；如果美元贬值至5.5，则成本为美元成本加上看涨期权成本共是5 560万元人民币(5.5×1 000万+60万)。所以最高成本是6 110万元人民币，而美元贬值越多，则成本越低。

如果厂商不愿花这10万美元的对冲成本，他可以设定一个区间，譬如汇率上下5%(即5.7到6.3)的区间。厂商除了买入履约价为6.3的美元看涨期权外，同时也卖出执行价格为5.7的看跌期权。假设两个期权的成本一样，即期初厂商的对冲成本就是零，而3个月后美元的成本将会介于5 700万元至6 300万元人民币之间。

如果3个月后美元对人民币的汇率若在5.7到6.3的区间(譬如5.8)，那么厂商的1 000万美元的成本支出就是5 800万元人民币；如果美元升值汇率落在6.2则厂商的支出就是6 200万元人民币。但是，如果美元升值超过6.3(譬如6.6)，则厂商可以6.3的汇率买入1 000万美元，所以成本最多为6 300万元人民币。但如果美元贬值至5.7以下(譬如5.5)，则卖出的看跌期权将被履约，被迫仍以5.7×1 000万元人民币买入美元，则成本最低为5 700万元人民币。所以，期间远汇的使用就是牺牲美元贬值的获利来对冲掉美元升值的损失。

小　　结

1. 远期契约(forward contract)是一种合约，双方当事人约定在未来的某一特定日期，以某一约定的价格，由买方向卖方买入某一数量的目标资产。

2. 在远期契约中，未来交割资产所支付的约定价格称为远期价格(forward price)。

3. 远期利率协议(forward rate agreement, FRA)是一种利率合约，由买卖双方协议在未来的一定时间后，根据名义本金为计算基础，在到期时，依约定利率与实际市场利率的差额，由一方支付给另一方的差额。

4. 长期利率可视为两个短期利率的简单平均。

5. 由不同到期期限的利率水平，亦即殖利率曲线，可以求出不同到期期限 FRA 的契约利率。

6. 远期外汇(foreign exchange forward)指外汇买卖的双方约定在未来某个日期，以约定的汇率，交割某一约定的外币。

7. 远期外汇的汇率等于即期汇率乘以两国的利率加上1的比值，其公式如下：

$$F = S \times \frac{1+rT}{1+r_f T}$$

8. 理论上，一个国家的利率较低时，此国的远期汇率会有贴水的现象；反之，一个国家的利率相对于其他国家较高时,会有升水的情形。

9. 无本金交割远期外汇(non-delivery forward,NDF)是指交易双方在未来特定期满日时,以原先约定的远期汇率与期满日的即期汇率比较,以结算其差额,而不需要交割本金(美元和人民币)的一种远期外汇合约。

10. 期货(futures)是一种标准化合约,买方和卖方约定在未来一定日期(期满日),依一定价格买人或卖出某数量的某种目标商品,或于期满日结算价差,因此期货可以说是一种标准化的远期契约。

11. 由于远期交易碰到违约风险及流动性风险的问题。因此,期货契约应运而生。

12. 期货契约依目标资产的不同大约可分为两类;一类为商品期货(commodity futures),另一类为金融期货(finance futures)。商品期货依目标产品又可分为三大类:即农产品期货、金属期货、能源期货。

13. 金融期货可分为三大类:第一类为外汇期货(currency futures);第二类为利率期货(interest rate futures);第三类为股价指数期货(stock index futures)。

14. 期货和远期契约的差异,包括期货是每日结算、保证金制度、结算所等。此外,远期契约是在场外市场交易;而期货是在公开交易所交易。

15. 期货与期权不同在于:期权买方当不利于本身时,可放弃其权利而不履行合约;但是期货买卖双方均有义务履约。期权买方支付给卖方权利金;而期货的买卖双方彼此并没有权利金的支付。期权买方损失有限,获利可能很大。期权可以在期满日前提前履约换取目标资产;而期货一般不能提前执行其交付资产的权利。

16. 期货市场提供对冲、价格发现、降低交易成本、增加流动性、投机与套利的功能。

17. 原始保证金(initial margin)指期货契约买卖双方于买卖期货时均必须支付某一比例金额予期货经纪商,通常是契约价值的5%~15%,额度会随着期货的种类或交易所而有不同。

18. 维持保证金(maintenance margin):当原始保证金的价值或保证金的部位,因市场价格上涨或下跌而减少时,若减少到低于某个特定数额,经纪商会要求客户补缴保证金,以防止客户违约。

19. 整户风险保证金系统(Standard Portfolio Analysis of Risk,SPAN),即证券组合的风险分析。此系统系以投资者所有期货及期权所形成的证券组合为对象,而非只针对每一项部位收取保证金。

20. 正价差是指期货价格大于现货价格的情形。

21. 逆价差是指期货价格小于现货价格的情形。

习　题

1. 何谓远期契约?
2. 何谓 FRA? 有何功能?
3. 何谓隐含远期利率? 如果已知1年到期利率水平为6%,2年利率水平为7%,

那么隐含 1 年后 1 年期利率为多少?

4. 何谓远期外汇?有何功能?
5. 何谓利率平价理论?
6. 假设今天人民币兑美元汇率为 6.5:1,人民币 1 年期利率水平假设为 4%,美元 1 年期利率水平为 1%,那么一个 6 个月的远期美元外汇的理论价格为多少?
7. 何谓换汇点?何谓远期外汇贴水?何谓升水?
8. 何谓 NDF?与 DF 有何异同?
9. 日元的利率很低,接近于 0,根据利率平价理论,那么远期日元兑美元的汇率应该升水或贴水(远期汇率应高于或低于即期汇率)?你可以上网查询,验证你的答案。
10. 何谓期货?
11. 期货依目标资产的不同,大约可分成哪两类?各类又细分成哪几类?
12. 期货契约和远期契约有何相同及相异之处?
13. 期货契约和期权契约有何相同及相异之处?
14. 何谓期货的价格发现功能?
15. 请到某一期货交易所查询其期货商品的各项保证金。
16. 何谓 SPAN?有何功能?
17. 何谓正价差?何谓逆价差?

第九章 期货的定价

期货是一种衍生性商品,因此期货的价格和现货价格必然存在某些关系。本章以持有成本理论来定价期货,同时讨论期货与现货这两种价格间的基差等关系。此外,本章也将介绍以期货为目标的期货期权契约及其定价。第一节将介绍期货的定价理论——持有成本理论;第二节讨论持有成本理论实际上应修正的地方及预期理论;第三节探讨期货和现货之间及期货和期货之间的价格差异关系;最后一节将介绍期货期权的定价以及和现货期权相异之处。实务专栏9是关于通货膨胀连动债券的介绍。

第一节 持有成本理论

如同第五章介绍过的期权和现货之间的价格关系一样,期货和现货价格也存在着关系。但是,期货价格和现货价格的关系是线性的,这和期权中的B-S复杂的定价公式有所不同。

第八章曾经介绍远期外汇契约的定价,乃是利用利率平价理论来推导出远期外汇价格。本节所要介绍的期货的定价概念与利率平价理论很近似。在期货的定价模型中一般最常被引用的就是持有成本理论。持有成本理论(cost-of-carry theory)告诉我们,期货的价格应该等于现货的价格加上持有该现货商品至期货契约交割日的持有成本,不然就会有套利机会。持有成本一般包括利息成本、仓储成本等。

$$期货价格 = 现货价格 + 持有现货成本 \tag{9-1}$$

为了让读者明白持有成本理论的概念,在此举一个简单的例子。譬如,你在1年以后要订婚,需要一枚订婚钻石。假设现在钻石现货的价格是10万元,另外假设市场上有钻石期货的交易。因此,你有两种做法,第一种做法是现在就以10万元买进钻石,存放1年以后作为订婚用;第二种做法是你先买入一个1年后到期的钻石期货,1年以后再交割拿到钻石。那么钻石期货目前的理论价格应该为多少钱,才会使这两种选择没有差异呢?依上面的例子,假设目前期货价格为F,借贷的利率都是10%。第一种策略是目前以10万元买进钻石现货,1年到了以后,本金10万元加上损失的利息1万元(10万元×10%),你总共的成本是11万元(10万元+1万元)。第二种策略是目前以F元买入1年后到期的期货,但并没有现金支出,到期后,你用F元的价格买进钻石①。因此,明显地可以看出,目前钻石期货的价格F元应该等于11万元,才会使两种策略的总支出相等。

---

① 当然,此处暂时不考虑保证金及每日结算的问题。

如果期货的价格不是 11 万元,而是 10 万元或是 12 万元,那么会有什么情况发生呢?假设现在钻石期货的价格是 10 万元,因此钻石期货和钻石现货相比是相对低估了。因此,套利者可以在期货市场上买进钻石期货,暂时不支付款项,同时,在现货市场上以 10 万元的价格卖空钻石,而拿到 10 万元的现金,并将这 10 万元现金存入银行,1 年后拿到 11 万元。因此 1 年以后,期货到期时,套利者付出 10 万元可以取得钻石,然后将钻石支付给当初卖空现货的头寸。因此,套利者还净赚 1 万元的利息,这就是所谓的套利。

反之,如果期货的价格是 12 万元而不是 11 万元,对套利者来说,期货价格是相对高估了,因此,套利者就可以先卖空钻石期货,同时,以 10 万元在现货市场上买进钻石,当 1 年后期货到期的时候,便可以将钻石交付抵补当初卖空期货的头寸而拿到 12 万元,但是套利者的总支出才 11 万元(10 万元加 1 万元利息),净赚了 1 万元。

因此,当期货价格相对低估时,套利者就会买进期货卖空现货。因为买进期货的人多了会使期货的价格上升,卖空现货的人多会使现货价格下降,最后会使期货的价格和现货的价格达到均衡无套利的状态,这就服从持有成本理论。反之,当期货价格相对高估时,套利者就会卖空期货买进现货,因为卖空期货的人多会使期货的价格下降,买入现货的人多会使现货价格上升,最后会使期货的价格和现货的价格达到均衡状态。

由以上的例子知道,期货的价格应该等于现货的价格再加上购买现货的利息支出。当然以上的例子有点简化。实际上,因为购买现货的成本,除了利息的支出以外,可能还牵涉现货的仓储成本。譬如说你买了钻石,可能需要在银行里租个保险箱把它存放起来,这就是所谓的仓储成本。所以,此时期货的价格就会等于现货的价格加上利息的支出再加上仓储成本的支出。当然,买了现货以后也可能会有收入。譬如说,你先买了钻石以后,也许你的亲戚朋友或同事对这 10 万元的钻石很好奇,所以,你可以每个礼拜固定一天将你的钻石拿出来展示给众人,对每人收取一些观赏费用,因此,买了钻石现货就会有收入。此时的期货价格就应该等于现货价格加上利息的支出和仓储成本,并且减掉因为拥有钻石而产生的收入。

假设以 B 代表现货的持有成本,持有成本理论所表示的期货价格就可以写成:
$$F = S + B \tag{9-2}$$
其中,S 为现货价格,B 包含利息支出加上仓储成本减掉收入。

如果以 b 代表持有成本占现货价格的比例,则期货的价格便可以改写成:
$$F = S(1+b) \tag{9-3}$$
公式 9-3 是最常在教科书中看到的形式,其中 b 是利率加上仓储成本率、减去现货的收益,以现货的百分比表示。

如果将时间的因素考虑进去,而将利率、仓储成本率、现货收益以年为基准,则公式 9-3 可改写为:
$$F = S(1+bT) \tag{9-4}$$
其中,T 为期货到期的期限。$b = r + \pi - y$。r、π、y 分别为每年的利率、仓储成本率及收益率。

【例题 1】 以本节钻石期货作例子,假设年利率是 10%,年仓储成本率是 3%,钻石现货年收益率是1%，那么1年到期钻石期货价格应该等于多少？

解：根据公式9-4：$F=S[1+(r+\pi-y)T]$

$F=100\,000\times[1+(10\%+3\%-1\%)\times1]=100\,000\times1.12=112\,000$

一般到期前期货价格与现货价格通常不会相同，但是到期的期货价格必须等于现货价格（因为$T=0$）。借着现货市场与期货市场的套利行为，会使期货与现货两种价格之间维持某种特定的关系，而持有成本理论就可以用来说明这两种价格之间的关系。

第二节 持有成本理论的修正与预期理论

在前面我们提到，如果期货和现货的价格违反了持有成本理论，那么经由套利的机制便可以使期货和现货的价格回到持有成本理论的关系。可是在现实市场上，我们常常看到期货市场的价格与理论所求出的持有成本价格不相同，到底是为什么呢？

我们在讨论持有成本理论时，都是假设市场是完美的市场，但事实上，市场是不完美的，使得套利的机制无法如此顺利地进行。期货市场上市场的不完美一般包括：交易成本、借贷的资金成本不相等、卖空的限制，以及现货产品的储存限制等。这些市场的不完美都是一种套利成本。因此，当这些套利成本大于套利的利润时，虽然期货价格违反了持有成本理论，也不会有套利的情形发生。因此，考虑了这些因素后，持有成本理论所定义出来的期货价格就不是一个等式，而是介于理论价格上下界之间的区间。我们在第四章讨论过欧式的看涨期权看跌期权的相对价格是一个等式，但是美式期权由于可以提前履约，因此看涨期权看跌期权相对价格的无套利区间并不是一个点而是一个区间。以下我们将针对市场的不完美性来修正持有成本理论。

首先须考虑的是交易成本。在实际市场买卖证券必须缴交的费用包括手续费以及交易税等。另外一部分的交易成本为买卖价差（bid-ask spread），在市场上买进证券的价格和卖出的价格一般是不同的，因此买卖价差也是交易成本的一部分。另外，借款或存款的利率也不同。如果我们以k代表交易成本及借款差异成本占现货成本的比例，那么公式9-4持有成本理论就改写成以下公式：

$$S(1+bT)(1-k)\leq F\leq S(1+bT)(1+k) \quad (9-5)$$

由公式9-5可看出理论的期货价格不是唯一的价格，而是介于一个无套利区间（non-arbitrage bound），如图9-1所示。只要期货价格不超出套利区间，就不会有套利的行为发生。交易成本越高，则无套利区间越大，期货可能偏离理论价格越大。

【例题2】 在例题1中，如果我们假设交易成本是1%，那么在例题1中期货价格应介于哪个范围？

解：依照公式9-5，F的下限为$112\,000\times(1-1\%)=110\,900$，上限为$112\,000(1+1\%)=113\,120$即钻石期货价格的无套利区间介于110 900及113 120之间。

另外一个市场的不完美性是卖空的限制。在实际市场上现货的卖空并非随时可行，有一些交易产品就很难卖空，或是有一些市场如股票市场，常常有所谓的平盘以下不得卖空的限制，称为up-tick rule。或是券商会要求卖空头寸的投资者不能将卖空所得的金额提出，甚至卖空还需要缴交某一比率的保证金。这些都将妨碍套利机制的进行，使得持有成本理论的公式需要再改变。

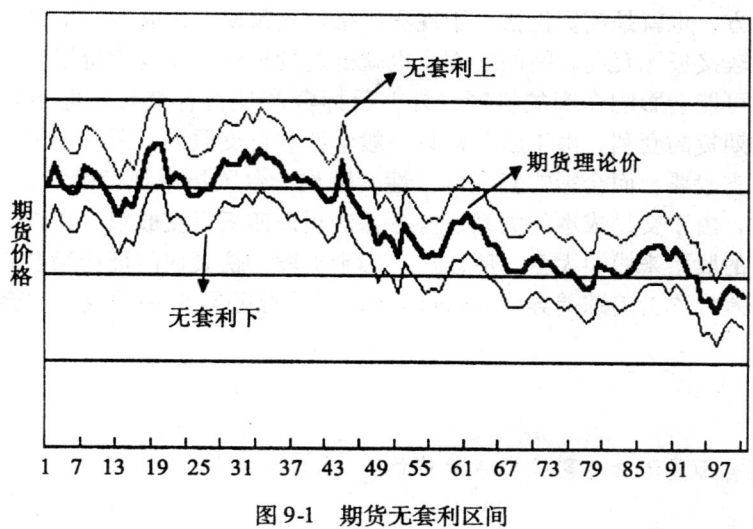

图9-1 期货无套利区间

卖空的限制有时可能会完全阻碍套利的进行。譬如台湾地区曾规定券商不能卖空,因此当期货价格相对于现货价格较低时,本来可以借着卖空现货、买进期货来达到套利的目的,但由于法令限制券商无法卖空股票,也就没有办法作所谓反向套利(reverse cash-and-carry arbitrage),而只能在当期货价格高于现货价格时,卖出期货,买进现货,采取所谓的正向套利(cash-and-carry arbitrage)策略。

另外,有些产品具有先天的限制无法久存,尤其是农产品。如果产品无法储存,根据第一节的推导,就不能买进现货一直存放至期满日,因此期货和现货的价格就不适用持有成本理论。譬如,有一些水果类或是牛奶无法久存,那么持有成本理论就不适用。又譬如,在CME交易的鸡蛋期货,鸡蛋就无法储存很久。此外像有些期货,如谷物、麦片、黄豆等,虽可储存但也无法存放很长的期限,这些都会影响持有成本理论的适用性。

预期理论

在期货的定价方面还有所谓的预期理论(expectation theory)。期货的预期理论认为目前的期货价格是未来交割日现货价格的预期,其公式如下:

$$F = E(S_T) \tag{9-6}$$

其中,F为目前期货价格,$E(S_T)$为预期到期的现货价格。

但是有学者对此理论持有不同见解。譬如经济学家凯恩斯认为一般对冲者为空头对冲,因此为使投机者承担期货多头的风险,期货的价格应低于未来现货的价格。但有些学者却持相反的看法,认为投机者应该是空头头寸,因此期货的价格应该大于未来现货的价格。

所以在持有成本理论无法适用的情况,预期理论便可作为一些期货价格的定价参考。当然持有成本理论的期货价格是在一个无套利的区间,该区间的大小视交易成本、卖空的限制及目标资产的特性而定。当期货价格位于无套利区间，预期理论或许也扮演了一个重要角色。譬如，当预期未来的现货股价会涨时，期货价格一般可能比较靠近无套利区间的上方，也就是期货价格大于现货价格。当预期未来股价会下跌时，指数期货价格可能会比较接近无套利区间的下方，也就是期货价格小于现货价格。

除了以上可能会影响套利的机制以外，目标资产是否有交易，也会影响套利。譬如，股价指数期货的套利，由于股价指数一般牵涉数百支股票，因此理论上需要同时买进或卖出数百支股票，而会影响套利可行性。譬如，台股指数现货牵涉四五百支股票，所以在套利时，由于交易成本的关系，势必无法买进四五百支股票。也许只能买进三四十支权值较大的股票来模拟大盘。所以这三四十支股票仿真成的证券组合跟大盘间就会有差异，这种差异称为追踪差异(tracking error)。追踪差异是一种成本，会影响到套利的进行。

☞ **动动脑**
你认为还有哪些因素会影响期货的价格？

第三节 基差和价差

本节我们探讨期货和现货价格之间的差，以及不同到期期货契约价格之间的差，前者称为基差(basis)，后者称为价差(spread)。

一、基差

基差(basis)是探讨现货价格和期货价格之间的关系。一般定义基差为目前的现货价格减去对应的期货价格。

$$基差 = 现货价格 - 期货价格 \tag{9-7}$$

对一般期货产品，基差为负，也就是期货价格大于现货价格。譬如，通常股价指数期货的价格会大于现货的价格。这是因为在持有成本理论中持有现货的成本是正数，所以期货价格大于现货。但是，在农产品期货、能源期货等情形中，基差多为正，也就是现货价格大于期货价格。当到期时，期货的价格会收敛于现货的价格。① 因此，基差也会随着到期期限的缩短而收敛为0。观察台股指数期货与现货价格的关系可以发现大部分的时候，期货的价格都是大于现货的价格。然而，在不同的观察期，还是有现货价格大于期货的情形发生。基差收敛为0。

二、正价差，逆价差

另外，在实务上常常可以在报刊杂志上看到股指期货呈现正价差、逆价差的报导。正价差一般指期货价格大于现货价格。也就是说当基差为负时，期货有正价差；反之，当期货价格小于现货价格，称为逆价差，此时基差为正。大部分时候台股指数期货有正

---

① 在持有成本理论公式9-1中，因为$T=0$，所以$F=S$。

价差,然而在不同的观察期,逆价差也常发生。一般未来股价行情看好时,通常会出现正价差情形,而当市场情形不佳时会有逆价差出现。有些研究指出,期货价格会领先现货价格,也就是说从期货价格的变动或期货正价差或逆价差的情形,可以预估现货价格的变动情形。

一般到期期限越长的期货价格越高,我们称之为正常市场(normal market),譬如股价指数期货。在正常市场时,期货价格大于现货价格,基差为负;但是,也有一些市场,当到期期限越长,其价格反而越低,我们称之为反向市场(inverted market),譬如农产品期货。在反向市场时,期货价格低于现货价格,基差为正。

三、价差

价差(spread)一般是指不同期货契约之间价格的差异。这和前面提过的正价差和逆价差的概念是不同的,价差可表示为:

$$价差 = A 期货价格 - B 期货价格 \tag{9-8}$$

对于两个相同目标资产、不同期满日期货的价格差异,一般称为同商品价差(intra-commodity spread)或商品内价差。譬如6月份的玉米期货与9月份的玉米期货的价格差异。另外,如果是不同商品期货之间的价格差异一般称商品间价差或跨商品价差(inter-commodity spread)。譬如玉米期货与大豆期货的价格差异。

第四节 期货期权及其定价

一、期货期权

期货期权(option on futures)又称为期权(futures option),是一种衍生性证券,持有人有权利在约定的某段时间,以某一约定的价格,买卖一定数量的期货。期货期权和我们前面介绍过的现货期权的性质非常类似,只是期货期权的目标资产是期货,因此期货期权可以说是衍生性商品的再衍生。1982年,美国商品暨期货交易委员会(CFTC)取消了长期国债期货期权(option on treasury bond futures)交易的禁令,同年,CBOT推出美国长期国债期货期权,是为期货期权的滥觞,也为后来的金融及农产品期货期权的产品铺路。

现货期权在看涨期权履约时,所换得的是目标的现货或价差;但是在期货期权上,当看涨期权履约时,是以执行价格买进一个期货合约。因此,当期货看涨期权履约时,买方除了取得期货的多头头寸外,也会收到卖方支付期货价格和执行价格之间的差价,即 $F-K$。对期货看跌期权而言,则是以执行价格卖出一个期货合约,当期货价格小于执行价格的时候,买方履约取得期货空头头寸,而买方会收到卖方所支付的执行价格与期货价格 $K-F$ 的差价。

二、期货期权与现货期权的差异

期货期权和现货期权的性质虽然有些地方是共通的,但是其中仍然存在一些差异,兹简述如下。

现货期权与期货期权的交易所通常是不一样的。譬如，在费城股票交易所(PHLX)有外汇期权的交易，而外汇期货期权则是在芝加哥商业交易所(CME)交易。另外，S&P 500 股价指数期权是在芝加哥期权交易所(CBOE)交易，而 S&P 500 股价指数期货期权则在芝加哥商业交易所(CME)交易。

此外，期货期权的到期月份并不一定要和期货的到期月份一样。我们知道一般股价指数期货通常有3、6、9、12月份到期契约，可是股价指数期货期权通常每月都有到期。因此可能有8月到期的期货看涨期权，它的目标资产是9月份到期的期货契约。另外许多现货期权的目标资产，如股价指数是不交易的；而期货期权的目标资产，如指数期货是可以交易的。因此，在价格行为上，现货期权的价格会和期货以及期货期权的关联较密切。

再者，期货期权和现货期权的价格也稍微有所不同。对于欧式的期货期权和欧式的现货期权而言，两者的价格是一样的。那是由于欧式期权只能在期满日履约，现货与期货看涨期权的履约价值分别为 $S-K$ 及 $F-K$，因为期满日现货价格 S 会等于期货价格 F，所以 $S-K=F-K$。但是，对于美式期货期权和美式期权就不一样了，因为美式期权可以提前履约，期权的价格和到期前的股价有关。有些期货的价格通常都会高于现货的价格，譬如股价指数期货等，但是有些期货的价格会低于现货的价格，譬如农产品期货、能源期货等，因此，美式期货期权的价值与美式期权的价值便不同。

当期货的价格高于现货的价格时，那么美式的期货看涨期权价格就会高于美式的现货看涨期权价格，那是因为前者的内在价值 $F-K$ 大于后者的内在价值 $S-K$ 的缘故。对于看跌期权而言，当期货价格大于现货价格时，美式的期货看跌期权小于美式的现货看跌期权；而当现货价格大于期货价格时，美式期货看跌期权价格则大于美式现货看跌期权价格。当现货价格大于期货价格时，美式期货看涨期权价格就低于美式期货看跌期权价格。

三、期货期权定价公式

第五章我们介绍了 B-S 期权定价公式，该公式也可以运用到期货期权的定价上面。Black 于 1976 年导出期货期权公式如下：

$$C_F = Fe^{-rT}N(d_1) - Ke^{-rT}N(d_2) \tag{9-9}$$

其中：C_F 为期货期权价格，$d_1 = \dfrac{\ln\dfrac{F}{K} + 0.5\sigma^2 T}{\sigma\sqrt{T}}$，$d_2 = d_1 - \sigma\sqrt{T}$，$F$ 为期货目前的价格，T 为到期期限，K 为履约价值，σ 为期货的波动率，r 为无风险利率，$N(d_1)$ 为标准常态累积概率函数。

此公式和第五章 B-S 公式很相似，只是 B-S 公式的股价 S 在此处为 Fe^{-rT} 所取代。

另外，我们由公式 9-9 对 F 微分，也可以求出期货期权的 delta 等于 $e^{-rT}N(d_1)$。

【例题3】 假设 S&P 500 股价指数期货还有 4 个月到期，其价格为 1 300。那么执行价格为 1 300，92 天到期的期货期权看涨期权的理论价格及 delta 应该为多少呢？假设 S&P 500 指数期货的波动率为 30%，无风险利率为 6%。

解：已知 $F=1\,300$，$K=1\,300$，$\sigma=30\%$，$r=6\%$，$T=\dfrac{92}{365}$

因此
$$d_1 = \frac{\ln\dfrac{F}{K}+0.5\sigma^2 T}{\sigma\sqrt{T}} = 0.0753$$

$$d_2 = d_1 - \sigma\sqrt{T} = -0.0753$$

$$N(d_1) = 0.53, \quad N(d_2) = 0.47$$

$$C_F = Fe^{-rT}N(d_1) - Ke^{-rT}N(d_2) = 76.87$$

期货看涨期权 $\text{delta} = e^{-0.06\times 0.25} \times 0.53 = 0.52$

四、期货的看涨期权看跌期权等价公式

在第四章我们提到看跌看涨期权平价关系，知道期权的看涨期权和看跌期权的相对价格，应该等于股价减去目标资产的折现。第七章也提到期货期权的看涨期权及看跌期权的价格也有这样的关系，我们称为看涨期权看跌期权期货等价理论（put-call futures parity），以公式表示如下：

$$C_F - P_F = (F-K)e^{-rT} \tag{9-10}$$

其中：C_F 为期货看涨期权价格，P_F 为期货看跌期权的价格，F 为期货价格，K 为执行价格。

由公式 9-10 可以看出，平价时期货看涨期权的价格等于期货看跌期权价格。

另外，看跌看涨期权平价关系也可写成现货看涨期权看跌期权和期货之间价格的关系：

$$C - P = (F-K)e^{-rt} \tag{9-11}$$

其中，C、P 分别指现货看涨期权、看跌期权的价格。将公式 9-10 及公式 9-11 结合可得：

$$C - P = C_F - P_F \tag{9-12}$$

即欧式现货看涨期权看跌期权的相对价格等于期货看涨期权看跌期权的相对价格。这很容易懂得，因为欧式现货看涨期权和期货看涨期权的价值是相等的，同理欧式现货看跌期权与期货看跌期权是相等的。

以上所介绍的看涨期权看跌期权期货等价公式是就欧式期权而言的。然而，大多数交易所的期货期权契约都是美式期权，譬如 CME 的外汇期货期权，及 S&P 500 股价指数期货期权等均为美式。因此，公式 9-10 的等价公式就成为不等式。美式期权看跌看涨期权平价关系有几种公式，一般可写成：

$$Fe^{-rT} - K \leqslant C_F - P_F \leqslant F - Ke^{-rT} \tag{9-13}$$

由于现货期权的目标资产（譬如 S&P 500 股票）为非交易资产，在套利上比较难，因此，现货期权的看涨期权与看跌期权的关系可能偏离看跌看涨期权平价关系很大。譬如在 1987 年 10 月 19 日全球股价大崩盘的一、两周，S&P 500 股价指数看涨期权及看跌期权的相对价格就偏离看跌看涨期权平价关系，指数看涨期权相对

低于指数看跌期权①。但是,S&P 500 期货看涨期权和看跌期权的价格在当时并没有太大地违反看涨期权看跌期权期货等价理论。因为期权的目标资产为期货,可以交易,因此套利的成本较低,使得套利的力量较大,很快使得看涨期权看跌期权期货等价理论收敛。

关于本书前面几章介绍过的期权的价格上下限、期权的交易策略、期权的敏感度分析、期权的对冲策略等,都可以应用到期货期权来,或者是只稍作修正。本书不在此介绍,读者可以参阅本书相关章节。

【实务专栏9】

通货膨胀连动债券——抗通膨利器

美国财政部在 1997 年 1 月 29 日首次发行通货膨胀连动债券(Inflation-Indexed Bond 或 Treasury Inflation-Protected Securities(TIPS)),其本金与利息均随通货膨胀率调整。该次发行的债券期限为 10 年,票面利率为 3.45%,每年付息一次,发行量为 7 亿美元。通货膨胀连动债券可以让个人及机构投资人的购买力与通货膨胀同步,以免通货膨胀率侵蚀了本金及利息收益。当投资人购买通货膨胀连动债券时,美国财政部根据经通货膨胀率修正后的本金来支付利息。期满日时,按经通货膨胀率调整后的本金来赎回债券。

自从 1997 年 1 月开始发行以来到 2001 年,美国已累计发行了 10 次通货膨胀连动债券。通货膨胀连动债券发行量在 2000 年、2001 年时有发行量减少现象,原因在于 1999 年亚洲金融风暴影响及 1997—1999 年间,通货膨胀率较低。在 2003 年之后,对于通货膨胀连动债券需求又再度上升,发行量也节节高升。

早在 1951 年,以色列便已发行通货膨胀连动债券,其原因为以色列长期面对高通货膨胀的威胁,因此其政府长期国债大多为通货膨胀连动债券。英国财政部于 1981 年 3 月 27 日首度推出物价指数连动债券。加拿大也于 1991 年发行首支 30 年期物价指数连动债券,票面利率 4.25%,2004 年 3 月 4 日到期。日本于 2004 年首次发行 10 年期物价指数连动债券,是国际上第 8 个发行者。

除了各国政府外,尚有一些基金及公司亦发行了通货膨胀连动债券。譬如 1986 年,英国 Nationwide Building Society 银行发行了 35 年期的通货膨胀连动借款,每 6 个月本金和利息依照通货膨胀率调整。该债券的实质报酬率设定为 3.89%,比英格兰银行所发行的 Index-Linked Treasury Stock 2020 实质报酬要高出 60 个基本点。该资金是用来提供 4.5% 的指数连动房贷(index-linked mortgage loans)之用。

在美国,1997 年 2 月由 Tennessee Valley Authority 发行 3 亿美元的通货膨胀连动债券,同时期 JP Morgan 亦为 Toyota Motor Credit Corporation 和 JP Morgan & Co. Incorporated 发行了消费者物价指数连动债券,是美国国内首次私人发行的通货膨胀连动债券。

通货膨胀连动商品虽然发行历史较短,但已经愈来愈多元化,也有愈来愈多的国家

---

① 参见:陈威光. An Empirical Test of the Relative Price of Stock Index Call and Put Options. 成功大学学报,1994(29).

加入发行的行列。相信未来将陆续有新的通货膨胀连动商品问世,提供发行人成本更低的筹资方式,也给予投资人更广泛的选择。

小　　结

1. 持有成本理论(cost-of-carry theory)指出:期货的价格应该等于现货的价格加上持有该现货商品至期货契约交割日的持有成本,不然就会有套利情形,其公式如下:
$$F=S(1+bT), \quad b=利率+仓储成本率-收益率$$

2. 市场存在的不完美性使得套利的机制无法如此完美地进行。证券市场的不完美一般包括:交易成本、借贷的利率不相等、卖空的限制以及现货产品的储存限制等。在有交易成本时,持有成本理论公式可改为:
$$S(1+bT)(1-k) \leq F \leq S(1+bT)(1+k), \quad k 为交易成本$$

3. 基差(basis)是指目前的现货价格减去期货价格之差。

4. 所谓正价差指期货价格大于现货价格,逆价差指期货价格小于现货价格。

5. 价差是指不同期货契约之间价格的差异。

6. 期货期权又称为期权,是一种衍生性证券,持有人有权利在约定的某段时间,以某一约定的价格,买卖一定数量的期货。

7. 期货看涨期权的理论价格为:
$$C_F = Fe^{-rT}N(d_1) - Ke^{-rT}N(d_2)$$

8. 看涨期权看跌期权期货等价理论:期权看涨期权、看跌期权的相对价格等于期货价格与执行价格差的折现:
$$C_F - P_F = (F-K)e^{-rT}$$

9. 现货看涨期权看跌期权和期货之间价格关系为:
$$C - P = (F-K)e^{-rt}$$

10. 美式期权看跌看涨期权平价关系为:
$$Fe^{-rT} - K \leq C_F - P_F \leq F - Ke^{-rT}$$

11. 欧式期货期权的价值和欧式现货期权的价格是一样的;但是美式期货期权和美式期权是不一样的。

12. 当期货的价格高于现货的价格时,美式的期货看涨期权价格高于美式的现货看涨期权价格;反之,当期货的价格低于现货的价格时,美式的期货看涨期权价格低于美式的现货看涨期权价格。

习　　题

1. 什么是持有成本理论?
2. 有哪些实际市场因素会影响到持有成本理论,该如何修正?
3. 什么是 up-tick rule?
4. 什么是期货的预期理论?

5. 什么是基差？什么是价差？

6. 假设 8 月到期的 S&P 500 指数期货看涨期权及看跌期权的执行价格均为 1 500，目标期货是 9 月到期，目前市价为 1 450，求此期货看涨期权的价格及看跌期权的价格（假设 S&P 500 指数期货波动率为 20%，期货看涨期权与看跌期权还有 1 个月到期）

7. 同上题，求看涨期权、看跌期权的 delta？

8. 为什么当期货价格大于现货价格时，期货看涨期权的价格大于现货看涨期权的价格，而期货看跌期权的价格小于现货看跌期权的价格？

第十章 期货的交易策略

在上一章介绍了期货的定价后,本章我们要介绍期货的交易策略。在第六章我们介绍了几种期权常见的交易策略,而期货的交易策略和期权的交易策略有些类似。期货的交易策略大致可分为投机、对冲、价差及套利等。第一节讨论期货的投机策略,亦即只有买进或卖空期货的策略,此与期权的单一头寸类似;第二节介绍对冲策略,包括空头对冲、多头对冲及交叉对冲;第三节介绍在对冲策略里的最适期货对冲数量,亦即要买入多少量的期货来作对冲;第四节将介绍期货的价差策略,就是同时买进及卖出不同的期货合约;最后一节介绍期货的套利策略,此策略是利用期货价格违反持有成本理论,而买低卖高来赚取价差。实务专栏是关于外资在我国台股期货及台股现货两面操作手法的探讨。

第一节 投机策略

第六章介绍了期权的交易策略,包括单一头寸、对冲、价差、组合、套利等策略,而期货的交易策略有些类似。期货的交易策略可分为投机策略、对冲策略、价差策略及套利策略。

在第六章期权的交易策略中,我们提到期权的单一投资头寸是本身没有现货头寸,而先买入或卖出看涨期权或看跌期权。同样在期货交易策略中,如果没有现货头寸,而只是买入或卖空期货,此策略也是单一头寸,或称投机策略(speculative strategy)。投机策略分为多头投机与空头投机。多头投机(bull speculation)指看涨后市而买进期货;空头投机(bear speculation)指看空后市而卖空期货。

投机策略中,投机者是一位风险的承担者(risk takers)。由于承担较大的风险,因而预期有大的报酬。投机者一般对未来的市场有特定的看法。在看空市场时,投机者卖出期货契约;而在看多期货市场时,会买进期货契约。当期货的价格变动方向如预期则有收益,反之则有损失,如图10-1所示。买卖期货的损益和买卖股票一样,损失或获利都是线性的,这和期权不同。

在投机交易表中,依持有期货契约的长短可分为三种交易者。第一种是头寸交易者(position traders),第二种是当日冲销者(day traders),第三种是极短线交易者,即场内交易者(floor traders)。场内交易者包括所谓的抢帽者(scalpers)及场内的经纪商。头寸交易者是指交易者持有的期货契约时间比较长,通常都是好几天,甚至好几个月;当日冲销者持有的期货契约比较短,通常是在当天就结清头寸。场内交易者,基本上持有期货的时间都很短,往往只有几个小时甚至几分钟,他们的目的是赚取市场上短时间价格变动的利润，所以交易量都很大。由于短线交易者的交易，使得市场的流动性加大，买卖价差(bid-ask spread)因此缩小，所以又称为市场创造者或造市者(market maker)。

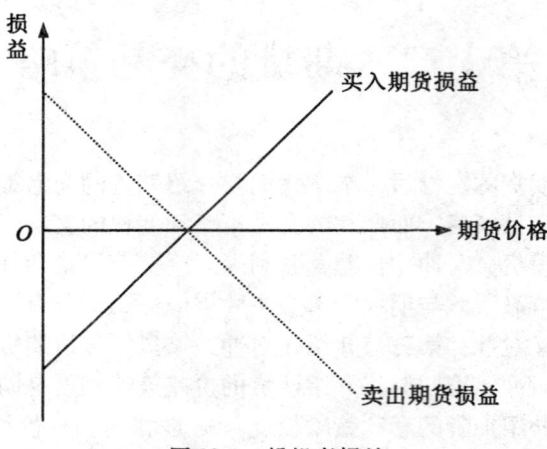

图 10-1　投机者损益

第二节　对冲策略

我们在前面提到，期货契约产生的最初目的是作为对冲的用途。期货对冲是指目前拥有现货头寸，或者是预期未来将拥有现货头寸，而进入期货市场，买卖期货契约，来规避现货头寸价格变动的风险。譬如说，基金经理人拥有股票现货头寸，可以在期货市场卖出指数期货，以规避现货股票价格下跌的风险。又譬如，进口商预计 3 个月以后有 1 000 万美元的支出，为了规避 3 个月以后美元兑人民币的升值，即人民币贬值的风险，可以预先购买美元的远期外汇或者是美元的期货来做对冲。第一个例子是对冲者已经有现货头寸；第二个例子是对冲者预期未来会拥有美元头寸。期货的对冲策略一般可分为空头对冲(bear hedge)、多头对冲(bull hedge)及交叉对冲(cross hedge)三种，现分别说明如下：

一、空头对冲

所谓空头对冲又称为卖出对冲(short hedge)，是指由于在现货市场持有现货商品，而担心将来因价格下跌而遭受损失，所以在期货市场卖出期货(sell futures)，而由期货的收益来规避因为现货价格下跌的风险。由于现货和期货的价格有高度的相关性，所以对冲者在期货市场卖出期货，如果现货价格真的下跌，对冲者虽然在现货市场遭受损失，但因为在期货市场是卖出期货，所以可以从期货市场获利，因而损益两相抵消，对冲者可达到对冲的目的。譬如前面提过，基金经理人拥有现货股票且卖空指数期货的例子，便是空头对冲。此外，空头对冲也可能因为未来会有现货的多头头寸，却担心未来现货会下跌，而预先卖出期货。譬如某出口商，预期 6 个月后会有 1 000 万美元的收入,但是担心半年后美元会贬值,使可兑换的人民币收入减少,因此可以预先卖出美元期货来规避美元下跌的风险,就是空头对冲的例子,以下将举一例说明。

【例题1】 假设某基金经理拥有和台股同样走势的现货头寸1.6亿元新台币,由于担心台股大盘可能下跌,因此卖空100手台股指数期货。过了1星期后,假设台股指数从8 000点下跌到7 600点,请计算此空头对冲证券组合的损益。(台指期货每点为200元,假设目前期货价格也是8 000点)

解:当台股指数从8 000点下跌到7 600点时,一共下跌了400点,即5%。因此,现货的损失为1.6亿元×5%=800万元。卖出台股指数期货每手获利400点×200元=8万元,因此100手获利800万元。现货损失800万元,加上期货的获利800万元,因此,整个对冲头寸的损益为0。

我们可以将例题1可能的指数涨跌、现货的损益、卖空期货的损益,以及整个对冲头寸的损益汇整成表10-1。由表10-1可以看出,当指数下跌时,现货有损失,但是期货却有收益,彼此抵消,因此总损益为0。反之,当指数上涨时,现货有获利,但是卖空的期货有损失,因此总损益亦为0。因此,空头对冲可以规避指数下跌的风险。反之,也牺牲了指数上涨使现货获利的空间。

表10-1　　　　　　　　　　　空头对冲损益表

大盘指数	现货损益	期货损益	总损益
8 600	1 200万元	-1 200万元	0
8 400	800万元	-800万元	0
8 200	400万元	-400万元	0
8 000	0	0	0
7 800	-400万元	400万元	0
7 600	-800万元	800万元	0
7 400	-1 200万元	1 200万元	0

在例题1中,如果卖空的期货手数较少,譬如说不是卖空100手,而是卖空80手的话,当股价下跌到7 600点时,现货损失了800万元,而卖空期货只赚得了640万元,因此整个对冲总损益是损失了160万元。反之,当股价上涨到8 400点时,由于卖空期货损失了640万元,而现货获利800万元,因此整个投资损益为赚得160万元;这种情形称为不足量对冲(underhedging)。不足量对冲一般用在预期股价有较大机会上涨时,当股价上涨的时候获利;当然如果股价不幸下跌的时候便有损失。

与不足量对冲相反的是过量对冲(overhedging)。过量对冲是指卖出期货的量超过100手(譬如说卖出120手)。当股价下跌到7 600点时,期货获利960万元,现货仍然损失800万元,因此整个对冲损益为160万元。反之,当股价上涨到8 400点时,期货损失960万元,现货虽然赚了800万元,但是仍然损失160万元。过量对冲一般用在预期股价有较大机会下跌时,因此过量对冲在股价下跌时会获利,当然如果股价上涨则会有损失。

二、多头对冲

多头对冲又称为买进对冲(long hedge),由于对冲者在现货市场卖空现货或未来会买入现货头寸,但是担心如果未来现货价格上涨将有损失,因此在期货市场买进期货。譬如说某投资者看空台股,而融券放空台积电、联电等股票,但是又担心股票上涨,因此可以买入电子期货来对冲。

又譬如前述进口商的例子,预期未来将有美元的支出,又担心美元升值,而事先买入美元期货,也是多头对冲的例子。假设某进口商未来将有1 000万美元的支出,此一进口商预先在市面上买进1手1 000万美元的外汇期货合约,汇率为6∶1,不管未来人民币兑美元的走势如何。假设3个月后美元升值,人民币贬值到6.6∶1,此时,某进口商所要支付的成本仍是6∶1,也就是6 000万元人民币,因此可以规避美元上涨的风险。当然,如果跟预先预期的相反,譬如说美元反而贬值,人民币兑美元的汇率变为5.5∶1,此时,买入美元的成本仍然是6∶1,因此成本就会相对地增加。由前述多头对冲,以及空头对冲可以了解,期货的对冲与期权的对冲损益是不同的。期货的对冲,不论现货走势如何,对冲头寸的价值是不变的;而期权的对冲头寸如果现货走势有利的话,其价值还是可以增加的(读者可以参考第六章)。

☞ **动动脑**

在例题1,如果基金经理人采用买入股指看跌期权来对冲,那么对冲损益和表10-1有何不同?

三、交叉对冲

前述我们所说的空头对冲或是多头对冲,都是假设对冲的现货头寸和期货契约的目标物都是一样的。但是,如果所欲规避的目标资产并无同样的期货资产该怎么办?一般可以采取买卖比较近似的目标资产的期货来作为对冲,这种对冲方法称为交叉对冲(cross hedging)。例如,某一厂商暴露在商业本票的利率风险,由于商业本票没有期货,所以可以利用短期国债期货契约来进行对冲。但是,这种规避商业本票利率的风险,是通过短期国债的期货来对冲,可能就会产生对冲误差风险。对冲误差风险可能来自短期国债期货与短期国债现货价格之间的差异,即基差风险;也可能来自短期国债与商业本票之间利率走势的差异风险,即配合误差风险[①](如图10-2所示)。

$$\text{交叉对冲风险} = \text{基差风险} + \text{配合误差风险} = (P_T - F_T) + (P_C - P_T) \quad (10\text{-}1)$$

其中:P_T为短期国债现货价格,F_T为短期国债期货价格,P_C为商业本票现货价格。

---

① 有时候称配合误差风险为由于现货风险部位和期货对冲部位性质不一致所引起的风险。此处所说的性质不一致可能是到期期限不同、产品不同、产品质量不同,以及金额数量不同等。

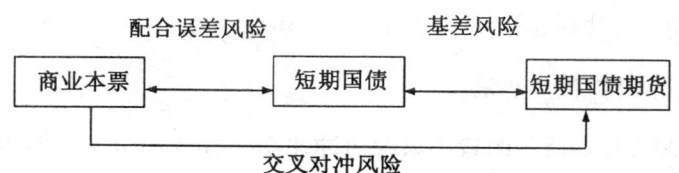

图 10-2　交叉对冲的风险：以短期国债期货规避商业本票的风险

交叉对冲必须考虑下列两个问题：首先要决定对冲所采用的适当期货契约。一般而言，适当的期货契约是选择和目标风险资产之间相关性最高的契约为主。譬如商业本票和短期国债的利率走势相当接近。但是，如果有时由于流动性的考虑，在没有其他产品时，还是可以采取相关性稍低的期货契约来对冲；接着便是决定买卖期货契约的适当数量，即最适期货对冲数量，这部分将在下一节讨论。

第三节　最适期货对冲数量

上一节介绍了空头对冲、多头对冲及交叉对冲，但是到底对冲者要买卖多少数量的期货来达到对冲效果呢？一般而言，有两种方法可以计算最适当的期货对冲数量，一种为简单对冲法，另外一种为最小风险对冲比率法。

一、简单对冲法

简单对冲法（naive hedge method，simple hedge method）或称完全对冲法（perfect hedge method），是指对冲者买进或卖出与现货商品同等价值，但头寸相反的期货。此种方法的基本假设是，现货和期货的价格变动是一致的，也就是没有基差的风险存在。因此，对冲者如果在期货市场买进与现货市场同等合约金额的期货，将可以规避价格变动的风险，当然也消除了可能的获利。我们定义期货的对冲比率为现货头寸总价值除以每手期货合约价值：

$$对冲比率 = 现货头寸总价值 \div 每手期货合约价值 \qquad (10\text{-}2)$$

【例题 2】　假设某基金经理拥有股票头寸总值为 1 亿 6 000 万元，为了规避股票下跌的风险，他应卖空多少手股指期货来对冲？（假设目前台指期货为 8 000 点，股指期货每点为 200 元）

解：目前股指期货每手总价值为 8 000×200 元 = 1 600 000 元；则根据简单对冲比率，16 000 万元÷160 万元 = 100 手，所以应卖出 100 手股指期货；与例题 1 中事先卖空 100 手期货的答案相同。

由例题 2 可看出，简单对冲法是假设现货证券组合的头寸和期货的走势完全一致，也就是完全相关。换句话说，就是现货证券组合上涨 1%，期货价格也上涨 1%；反之，证券组合下跌 1%，期货也下跌 1%，因此可以完全对冲。但是事实上，期货契约不管在到期月份或组成结构，不一定和现货市场所要规避的风险商品完全一样，因此价格变动也不会完全相同，譬如上述提到的某一股票证券组合和台股期货，或是商业本票或短期国债期货等情形，也因此简单的对冲方法不一定能完全规避现货风险。

二、最小风险对冲比率法

另外一种对冲方法是所谓的最小风险对冲比率法（minimum risk hedge ratio method）简称最小风险对冲法，或称回归分析法（regression method）。最小风险对冲法考虑到现货与期货之间价格的变动关联性。最小风险的对冲比率可以由现货对期货的回归得到。回归式如下：

$$S_t = \alpha + \beta \times F_t \tag{10-3}$$

其中：S_t 为 t 时点的现货价格，F_t 为 t 时点的期货价格，α 为回归线的截距，β 为回归线的斜率，也就是对冲比率。

一般在实务上，回归式可以采用现货及期货的价格，或是价格变化，或者是价格变动百分比，通常采用价格变动百分比较多，因此公式 10-3 可以改写成：

$$R_s = \alpha + \beta \times R_f \tag{10-4}$$

其中：R_s 及 R_f 分别表示现货及期货价格的变动百分比。譬如 $\beta = 0.8$ 表示期货每变动 1 个百分点，现货变动 0.8 个百分点。因此 β 就是对冲比率。在上例中，如果拥有 1 单位的现货，可以卖出 0.8 单位的期货来对冲。

图 10-3 即为对冲比率 β 的概念，横轴表示期货的变动率，而纵轴为现货证券组合的变动率。

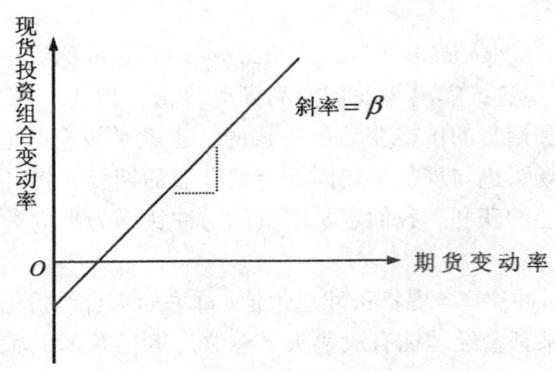

图 10-3 最小风险对冲比率

回归线作法很简单，譬如，要求招商银行股价变动率和沪深 300 指数期货变动率的回归线，我们可以找出过去 100 天招商银行股价每天的报酬率，以及某一个月份到期的期货每天的报酬率。回归线的意思就是找出一条关系直线，让每一个观测点到这一条直线距离的平方总和最小。譬如，我们发现当 $\beta = 1.2$ 的线可以达到误差平方和最小，亦即平均而言，沪深 300 指数期货每变动 1 个百分点，那么招商银行就变动 1.2 个百分点。

【例题 3】 假设在例题 2 中，对股票基金和期货求出的 β 为 0.8，那么在例题 2 中的例子中要卖出多少手沪深 300 指数期货来对冲呢？

解：由于 $\beta=0.8$，表示沪深 300 指数期货上涨 1%，股票基金上涨 0.8%，因此需要买入的期货头寸为原来的 0.8 倍，也就是 100 手×0.8＝80 手，因此只要卖空 80 手沪深 300 指数期货，就可以规避证券组合的风险。

另外，最小风险的对冲比率也可以由期货与现货间协方差除以期货的协方差而得到①。以 h 表示最小风险下的对冲比例，则 h 数学式表示为：

$$h=\frac{\text{Cov}(s,f)}{\sigma_f^2} \tag{10-5}$$

其中：h 为对冲比例，$\text{Cov}(s,f)$ 为现货与期货报酬的协方差

$$\text{Cov}(s,f)=\rho_{sf}\cdot\sigma_s\cdot\sigma_f$$

其中：ρ_{sf} 为现货与期货报酬的相关系数，σ_s 为现货报酬的标准偏差，σ_f 为期货报酬的标准偏差。

因为协方差等于期货与现货报酬的相关系数，乘以现货报酬的标准偏差，再乘以期货报酬的标准偏差。因此公式 10-5 可改为如下：

$$h=\frac{\rho_{sf}\times\sigma_s}{\sigma_f} \tag{10-6}$$

【例题 4】 假设某证券组合和某一期货合约报酬的相关系数为 0.825，证券组合报酬的标准偏差为 0.4，而期货报酬标准偏差为 0.3，求最小风险下的对冲比率。

解：由公式 10-6 可知对冲比率

$$h=\frac{\rho_{sf}\times\sigma_s}{\sigma_f}=\frac{0.825\times0.4}{0.3}=\frac{0.33}{0.3}=1.1$$

因此，应该卖出期货的合约数为简单对冲比率的 1.1 倍。②

由公式 10-5 及公式 10-6 的定义我们也可以知道，现货市场的标准偏差越大，也就是现货的波动程度越大时，应该买卖更多的期货契约数量来对冲；相反，现货市场的波动程度越小，买入或卖出期货契约的数量也就越少。当期货的标准偏差越大时，也就是期货的波动率越大时，应该买入或卖出期货契约的数量便越少；反之，当期货的波动率越小，买入或卖出期货的数量也越多。当现货和期货的相关程度越高，应该买入或卖出期货的数量也越多。如表 10-2 所示，对冲比率的大小和现货、期货价格的相关系数成正向关系，与现货报酬的标准偏差成正向关系，而与期货报酬的标准偏差成反向关系。

表 10-2　　　　　　　　　对冲比率大小与相关系数及标准偏差的关系

	报酬相关系数	现货报酬标准偏差	期货报酬标准偏差
对冲比率	正向	正向	反向

---

① 这也是回归系数 β 的求法。

② 另外，如果要仔细计算的话，我们也需要根据保证金流量来稍微调整对冲比率。由于期货保证金账户每天结算有现金流量发生，因此今天获利的现金流入可以再投资赚取利益，这种现象如果没有适当调整，将造成过度对冲。所以，需要稍微调整期货契约的数量，使得期货对冲部位的现值等于欲对冲部位的现值。

三、未到期前对冲的风险

在第二节中我们提到,理论上买卖某一对冲比率的期货,便可以达到对冲的目的。但是,由于现货价格的变动和期货价格的变动在每一个时点并不是百分之百的根据回归式而来,也就是现货和期货的关系在短期内是会变的,因此在对冲交易上仍存在基差风险。譬如说股价指数现货与期货的价格在期满日虽然会收敛到一致,但是在到期前可能期货价格大于现货价格,也可能现货价格大于期货价格。我们前面提过,当期货价格高于现货价格时,基差为负,此时我们称为正价差或正常市场;反之,当期货价格低于现货价格时,基差为正,我们称为逆价差或逆价市场。不论正常市场或逆价市场都会造成基差风险。

在多头对冲中,由于是买入期货契约,因此,在对冲的期间内,当基差变大时,会发生损失;反之,当基差变小时,则有获利。这是因为当基差变大时,表示期货价格相对于现货价格下跌,因此,买入期货相对遭受损失;而当基差变小时,表示期货价格相对现货价格上升,因此买入期货会获得收益。①

在空头对冲中,由于是卖出期货契约,因此,当基差变大时,会获利;反之,当基差变小时,会产生损失。这是因为当基差变大时,表示期货价格相对于现货价格下跌,因此,卖出期货相对有收益。当基差变异小时,期货价格相对现货价格上升,因此卖出期货会有损失。在此将基差的变动和对冲的损益汇总成表10-3。

表10-3 　　　　　　　　　　基差的变动与对冲损益

	基差变大	基差变小
多头对冲	不利	有利
空头对冲	有利	不利

【例题5】 在例题3中,假设 $\beta=0.8$,在卖空80手期货后,第二天股票证券组合的价值下跌了3%,而期货也下跌了3%(下跌240点),那么第二天此对冲证券组合的损益为何?

解:第二天,证券组合下跌了3%,因此损失1.6亿元×3%=480万元,而期货下降240点获利384万元(240×200×80),因此第二天对冲总损益为96万元(480万元+384万元),损失96万元,而非总损益为0。此96万元即基差风险,是由于所拥有的股票证券组合的涨跌和期货的涨跌没有遵循理论上的0.8:1的比率,即相对的股票证券组合下跌比较多。

---

① 此处所谓基差变大是指基差的值增加,表示此值可能由较大的负值,变为较小的负值;或是负值转为正值,或者小的正值变为大的正值;而基差变小表示基差值减少,表示此值可能由较小的负值变为较大的负值,或由正值转为负值,或由较大的正值变为较小的正值。有些教科书则以基差转强(strengthening)表示基差变大;以基差转弱(weakening)表示基差变小。

第四节 价差策略

第六章介绍期权的价差策略时，提到价差策略是同时买入和卖出一个相同目标资产、不同期满日、不同执行价格的看涨期权；或者是买入一看跌期权，同时卖出一个不同期满日、不同执行价格的看跌期权。同样地，期货的价差策略也很类似。期货的价差策略(spread strategy)是指同时买入及卖出两种或多种性质相近的不同的期货契约。价差交易和投机交易不同，投机交易只做单边，因此获利较大，但风险也比较高；而价差交易基本上是一买一卖，一方有获利，另一方有损失，因此风险比较小，当然报酬也比较少。同时，由于价差的风险较小，因此，保证金也比单边的投机交易低。价差交易主要用在目标资产的价格变动不大时使用。价差策略一般可分为市场内价差、市场间价差及商品间价差等。

一、市场内价差

市场内价差(intra-market spread)指分别买卖同样目标资产而不同到期月份之期货。譬如买进10月到期的台股指数期货，同时卖出11月到期的台股指数期货。市场内价差有时也称为交割日间的价差(interdelivery spread)，这是由于一买一卖期货的交割日不同的关系。如刚提过的买入10月卖出11月到期的期货便是一例。

一般期货合约，如股价指数到期期限愈长，期货价格愈高，因此当现货上涨时，一般期限较长的期货上涨幅度较期限较短的期货大。因此，借着买入期限较长的期货，而卖出期限较短的期货，当现货价格上升时可获利，因此称为牛市价差(bull spread)；反之，如果预期股价会下跌，则可以买入期限较短的期货，而卖出期限较长的期货。当现货价格下跌时，由于期限较长的期货下跌较大，而期限较短的期货下跌较小，因此可以获利，此种策略称为空头价差(bear spread)。

价差交易应用的另外一个情形是，当两种期货契约的价格偏离理论价格时。譬如说A、B两种期货有相同的目标资产，A期货相对理论价格偏低，而B期货相对理论价格高估，因此，可买进相对价格较低的A期货，而卖出相对价格较高的B期货而获利。或者A、B两种期货的价格都相对于理论价格低估，或者A、B两种期货的价格都相对于理论价格高估，仍然可以买进相对低估的A期货，而卖出相对高估的B期货。因此，这种价差交易不论现货价格上升或下跌，只要这两种的价差维持一定或回复期货的理论价格，交易者都可获利。

二、市场间价差

市场间价差(inter-market spread)是指同时在不同交易所买入及卖出相同的期货契约。譬如在SIMEX买入日经225指数期货，同时在大阪交易所(OSAKA)卖出日经225指数期货。由于交易成本、市场供需等因素，在不同交易所的日经225指数期货价格有差异，因此买入相对价格低估者，而卖出相对高估者可以赚取价差。在到期时，两个价格会收敛到现货价格，因此头寸会互相对冲。1995年，巴林事件的主角李森，最初就是利用在 SIMEX 及大阪交易所的日经 225 指数期货价格不均衡而进行套利,但是后来由于只做单边的投机交易而造成巨额亏损。

三、商品间价差

商品间价差(inter-commodity spread)是指同时买进及卖出两种性质相近的期货契约,譬如买进在新加坡交易的摩根台指期货,同时在中国台湾期货交易所卖出台湾加权股价指数期货;或者买进电子期货,同时卖出台指期货;或者买进 3 个月的美国短期国债期货,同时卖出 3 个月的欧洲美元期货;或者买入中期债券期货,卖出长期债券期货等,都是商品间价差的例子。商品间价差的理由是不同商品的价差均有一定、暂时的失衡,最后会回复到一定的价差,因此在暂时失衡时,借着买入低估的期货,卖出高估的期货来锁定利润,赚取它们中间不正常的价差。

长期资本公司(LTCM)的亏损事件中,有一部分的交易就是价差交易。LTCM 买入价格相对低估、比较低等级的债券期货,譬如前苏联的债券期货,而卖出价格相对高估、比较高等级的债券期货,譬如德国的债券期货。因为当时 LTCM 发现这两者的价差超出以前平均的价差水平,因此他们认为相对低估的前苏联债券期货价格终会上升,而德国债券期货相对的价格将会下降。但是,如同在上一节所提到的,虽然最后基差可能会恢复固定,但是这中间基差可能会变大。基差变大的结果可能会使价差交易产生重大的暂时性损失或造成流动性不足。这是由于当时前苏联债信恶化,拒绝偿付所发行债券,而使低价的前苏联债券期货价格更低,而价位更高的西德债券期货价格上升,使价差扩大,造成损失。因此,LTCM 需要填补更多的保证金,而产生流动性不足无法补交保证金的情形。

商品间价差的另外一个原因是性质相近的期货反应不同。譬如当台股指数上涨时,电子期货上涨的幅度可能会大于台指期货上涨的幅度,因此买入电子期货卖空台指期货,在预期股价上涨时,将可获利。

第五节 套利策略

套利策略(arbitrage strategy)是指当期货价格违反持有成本理论时,借着买低卖高来赚取其中的价差。譬如在第九章介绍持有成本理论的时候,我们说当钻石现货的价格为 10 万元,无风险利率为 10% 时,1 年期钻石期货的理论价格应该是 11 万元,如果高于 11 万元(譬如说 12 万元)则套利者便可以卖空高估的期货,同时买入相对低估的钻石现货以套取此 1 万元利润,而且完全没有风险。反之,如果钻石期货价格低于 11 万元(譬如说 10 万元)的时候,套利者便可以买入钻石期货,同时卖空钻石现货,而赚得 1 万元的利润,且不需承担风险,就可以有套利的情形。

正向套利与反向套利

一般将套利策略分为正向套利(cash-and-carry arbitrage)与反向套利(reverse cash-and-carry arbitrage)。所谓正向套利,是指当期货价格相对于持有成本理论价格高时,买入现货而卖空期货。反之，反向套利是指当期货的市价低于持有成本理论的价格，而买入期货卖空现货的套利。

【例题6】 假设新台币兑美元的现货汇率是32：1，而3个月美元的远期外汇的价格为32.16，换汇点是1.6角，投机者如何套利呢？

解： 假设新台币3个月定期存款利率是6%，而美元3个月定期存款是利率5%，根据持有成本理论，3个月的远期外汇理论价格 $F=S[1+(r-r_f)T]$，所以 $F=32\left[1+(6\%-5\%)\times\dfrac{1}{4}\right]=32.08$，也就是换汇点应该等于0.8角，而市价换汇点为1.6角，表示3个月的美元高估了，因此投机者可以卖出3个月远期美元。譬如说卖出1 000万3个月的远期美元，同时买进1 000万的即期美元，然后将此1 000万美元作3个月定期存款。3个月后，此套利的利得总共为(1.6-0.8)角×1 000万元=80万元新台币。

另外一个相反的例子是，假设3个月远期美元的汇价低于现货的价格，大部分情况是预期新台币会升值。假设3个月远期汇率的汇价是31.98，很明显地，远期的价格低于理论价格，因此套利者可以先卖空1 000万现货美元，然后买进1 000万3个月的远期美元。3个月后，此套利策略的收益为100万元(1 000万×(32.08-31.98))新台币。

当然以上所讲的套利，都没有牵涉交易成本、买卖价差、或是买卖的限制、交易的延迟等。因此，实务上在套利时，仍需要考虑到这些交易成本、手续费、买卖价差等。尤其台湾地区外汇市场交易量小，而货币市场又不甚健全，因此远期美元外汇常会有违反持有成本理论的情形出现。

另外，指数套利(index arbitrage)是指数期货和指数现货之间的套利行为，需要考虑到卖空现货股票的限制(譬如法人无法卖空现货)、买卖的价差、买卖股票的交易税、期货的交易税，以及现货与期货之间的相关程度。关于指数套利，将在下一章介绍。

此外，期货也可以和期权搭配以套利：我们提到指数看涨期权、看跌期权和指数期货须服从看涨期权看跌期权期货平价理论，否则会有套利机会。譬如市场上如果 $K=7 000$、$C=200$、$P=100$、$F=7 060$，则 $C-P=90>F-K=60$，因此可以卖出相对高估的 C，买入相对低估的 P，同时买入 F，这中间的差价30(90-60)即套利所得。

【实务专栏10】

外资台股期货及台股现货两面操作手法

"……欧美股市重挫，亚股惨遭拖累，台股昨日大跌205点，虽然外资券商卖超台股，但在台指期货市场却反向作多，在台指期货多单多出2 000余手，这也透露台股正在筑底、酝酿强弹……"这是从报刊杂志可以常常看到的对外资台指期货、台股现货操作的两面手法的报导。也因此，股票投资者也可以从外资台指期货空单或多单的变化，来预期未来股价的走势以作为股票交易的参考。

外资在台股现货、台指期货市场操作手法一般是，当股价指数下跌趋缓时，外资虽然会继续砍杀现货，但却反手在台指期货布下多单。当期货多单持续拉高时，外资在现货市场就会翻空为多买入股票，同步推高现货、期货指数，而在期货市场获利。反之，当股市上涨时，(譬如有一阵子新台币对美元升值，导致外资流入股市，造成股市大涨)外资陆续买入现货，当指数到相对高位时，外资虽还持续买超现货，但在期货市场就会悄悄翻多为空。当台指期货空单拉高到一定数量后，外资就会大卖现货获利了结，同时在台指期货市场的空方也将同时获利。这就是外资现货、期货的两面操作手法。

小　　结

1. 期货对冲策略是指目前拥有现货头寸，或者是预期未来为拥有现货头寸，而进入期货市场，买卖期货契约，来规避未来现货头寸价格变动的风险。

2. 期货的对冲策略一般可分为空头对冲、多头对冲及交叉对冲三种。

3. 空头对冲又称为卖出对冲，是指由于在现货市场持有现货商品，而担心将来因价格下跌而遭受损失，所以在期货市场卖出期货。

4. 多头对冲又称为买进对冲，由于对冲者在现货市场卖空现货或未来会买入现货头寸，但是因为担心未来现货价格上涨将有损失，因此在期货市场买进期货。

5. 交叉对冲是指所欲规避的目标资产并无同样的期货资产，因此采取买卖比较近似的目标资产的期货作为对冲。

6. 简单对冲法或称完全对冲法，基本上是对冲者买进或卖出与现货商品同等价值但头寸相反的期货。对冲比率求法如下：

对冲比率＝现货头寸总价值÷每手期货合约价值

7. 回归分析法又称最小风险对冲比率法，是考虑到现货与期货之间价格的变动关联性，以回归的方式求出对冲比率。

8. 最小风险的对冲比率也可以由期货与现货协方差除以期货的协方差而得到。以 h 表示最小风险下的对冲比率，则 h 数学式表示为 $h=\dfrac{Cov(s,f)}{\sigma_f^2}$。

9. 在多头对冲中，由于是买入期货契约，因此，在对冲的期间内，当基差变大时，会发生损失；反之，当基差变小时，则有获利。这是因为当基差变大时，表示期货价格相对于现货价格下跌，因此，买入期货相对有损失；而当基差变小时，表示期货价格相对现货价格上升，因此买入期货会有收益。

10. 在空头对冲中，由于是卖出期货契约，因此，当基差变大时，会获利；反之，当基差变小时，会发生损失。这是因为当基差变大时，表示期货价格相对于现货价格下跌，因此，卖出期货相对有收益；而当基差变小时，期货价格相对现货价格上升，因此卖出期货会有损失。

11. 如果没有现货头寸，而只是买入或卖空期货，此策略称投机策略；投机策略分为多头投机与空头投机。多头投机指看涨后市而买进期货；空头投机指看空后市而卖空期货。

12. 期货的价差策略是指同时买入及卖出两种或多种性质相近的不同的期货契约。

13. 价差策略可分为市场内价差、市场间价差及商品间价差等。

14. 市场内价差指分别买卖同样的目标资产不同到期月份的期货。

15. 市场间价差是指同时在不同交易所买入及卖出相同的期货契约。

16. 商品间价差指同时买进及卖出两种性质相近的期货契约。

17. 套利策略指当期货价格违反持有成本理论时，借着买低卖高来赚取其中的价差。

18. 正向套利指在套利的行为中买入现货卖空期货；而反向套利是指卖空现货买入期货的套利。

习　题

1. 什么是空头对冲？请举一例说明。
2. 什么是多头对冲？请举一例说明。
3. 什么是交叉对冲？请举一例说明。
4. 假设某基金公司有股票头寸 20 亿元，台指期货目前为 8 000 点，每点 200 元，请用简单对冲法求出需要卖出多少手期货来对冲。
5. 承上题，假设证券组合和台股指数期货的 β 值等于 1.2，根据最小风险对冲比率法，该卖空多少手台指期货来对冲？
6. 某基金公司有 20 亿元股票头寸证券组合，和股指期货的相关系数为 0.7，而证券组合报酬率的标准偏差为 0.5，期货报酬率的标准偏差为 0.3，求在最小风险下的对冲比率，以及需要卖空多少手股指期货？（假设股指期货为 8 000 点，每点 200 元）。
7. 多头对冲中，如果基差变大时，会有损失还是获利？为什么？
8. 在空头对冲中，如果基差变大时，会有损失还是获利？为什么？
9. 什么是价差策略？
10. 什么是市场内价差、市场间价差及商品间价差？请各举一例说明。
11. 什么是正向套利？什么是反向套利？请各举一例说明。

第十一章　股价指数期货

在第九章介绍了期货持有成本定价公式、第十章介绍了期货的交易策略后，本章接着介绍股价指数期货，并利用持有成本理论及交易策略来说明股价指数期货契约的定价及应用。股价指数期货自从1982年在美国推出后，交易量增长相当迅速，而全球各交易所也纷纷推出自己的股价指数契约。中国台湾地区也在1998年开始台指期货的交易。然而，股价指数期货的功过也备受争议，譬如有人指出它是1987年全球股票大崩盘的元凶，更是造成百年老店巴林银行倒闭的罪魁祸首。本章第一节将介绍股价指数期货的意义、发展历史，以及主要产品契约等；第二节将利用第九章介绍过的持有成本理论来定价股价指数期货；第三节讨论股价指数期货的应用，包括指数套利及证券组合保险、资产配置等；第四节讨论1987年全球股价大崩盘与股价指数期货的关系，同时也将探讨程序交易及断电机制等，以及探讨巴林银行事件与股价指数期货的关系；第五节介绍台指期货市场。实务专栏介绍中国金融期货交易所在2010年4月推出的沪深300股指期货。

第一节　股价指数期货发展沿革

一、股价指数期货的意义

股价指数期货（stock index futures）简称指数期货（index futures），是一种期货契约，双方约定在某一期满日以某一约定价格与到期股价指数，以现金结算差价。指数期货与第七章所介绍的股价指数期权有相同及相异之处。股价指数期货和股价指数期权的目标资产都是股价指数。股价指数期权和一般股票期权不同，到期时并不交割数百种股票，而是采取现金结算。亦即，期权的买方在期满日时，根据期满日的股价指数与执行价格的差价采取现金结算。同样地，股价指数期货到期时买方或卖方并不交割数百种股票，也是以现金结算差价。此外，股价指数期权在到期时，现货价格和执行价格之间的价差可能很大。但是，指数期货就不同，由于期货的执行价格就是期货每天的价格，且因为期货实行每日结算，而期满日时，现货价格会等于期货价格，由于到期前一天已经结算差价，因此指数期货最后的差价只有最后一天的价格变化。

二、股价指数期货的发展历史

最早的股价指数期货是由美国堪萨斯市期货交易所（Kansas City Board of Trade，KCBT），在1982年2月24日所推出的价值线股价指数期货（Value Line Index Futures）。

该指数包括1 700支股票,大部分的成分股票在纽约交易所(NYSE)交易。同年4月21日,芝加哥商业交易所(CME)推出标准普尔500股价指数期货(S&P 500 Index Futures),受到市场的欢迎。纽约期货交易所(New York Futures Exchange, NYFE)在同年5月6日也推出NYSE综合指数期货(NYSE Composite Index Futures),该指数包括大约2 200支在纽约证券交易所(NYSE)挂牌交易的股票。另外,芝加哥期货交易所(CBOT)也在1984年推出主要市场指数期货(Major Market Index Futures, MMI Index Futures),该指数包括纽约证券交易所前20支蓝筹股(blue-chip),即交易量最大的股票加权而得的指数。此外,芝加哥商业交易所在1996年更推出小型标准普尔500股价指数期货(Emini S&P 500 Index Futures),该期货契约价值大小为标准标准普尔500股价指数期货的1/5,即每点乘以50美元,由于契约总价值比较小,并在GLOBEX2上交易,交易量增长非常快速,截至目前为止是全球交易量最大的股价指数期货。

在英国,伦敦国际金融期货交易所(LIFFE)在1984年5月3日推出金融时报100种股价指数期货(FT-SE 100 Index Futures);德国的期货及期权交易所在1990年推出德国股价指数期货(DAX Stock Index Futures);法国交易所则在1988年11月9日推出法国公会股价指数期货(CAC 40 Stock Index Futures),CAC 40指数是选取巴黎交易所40支最具代表性的股票组合而成。另外还有欧洲交易所的道琼斯50指数期货、俄罗斯的指数期货、NASDAQ 100指数期货等。

在亚洲方面,1988年香港期货交易所推出恒生股价指数期货(Hang Seng Index Futures)。在日本,大阪股票交易所在1988年9月3日推出日经225股价指数期货(Nikkei 225 Index Futures),同时,东京股票交易所也推出东京证交所股价指数期货(Topix Stock Index Futures)。此外,新加坡国际金融交易所早在1986年9月3日已经开始交易日经225股价指数期货;印度、马来西亚也陆续推出指数期货的交易。中国台湾地区则是在1998年7月开始交易台湾加权股价指数期货,并于次年7月推出电子指数期货及金融指数期货,2001年4月推出小型台股指数期货。2010年4月16日,中国大陆在中国金融期货交易所正式推出沪深300股指期货。

三、世界主要股价指数期货

全球交易所指数期货交易量较大的契约包括CME的小型S&P 500指数期货、欧洲交易所的道琼斯欧洲50指数期货、印度交易所的指数期货、小型日经225期货、韩国Kospi 200指数期货、法国CAC 40指数期货、俄罗斯期货与期权交易所(Futures & Option Russian Trading System Stock Exchange)的指数期货等。

第二节 股价指数期货的定价

在第九章我们介绍了期货的持有成本理论,了解期货价格应该等于现货价格加上持有成本。持有成本理论可以运用于各种期货产品的定价,只需要针对不同目标资产的特性加以修正即可。本节将利用持有成本理论,来定价股价指数期货(简称股指期货)。

股价指数是由众多股票加权组合而成的,常见的股价指数如S&P 500指数(S&P

500 Index)、日经 225 股价指数(Nikkei 225 Index)、中国台湾加权股价指数等一般称为广基指数(broad-base index),亦即包括数百种以上的股票。股票一般都会有股利的分配,收到股利将减少持有现货的成本,因此,买入股价指数的持有成本就会等于股价指数乘以利率,再减掉所发放的股利。所以,根据持有成本理论,还有 T 期到期的股价指数期货理论价格 F,就可以修改成:

$$F = S(1 + rT) - \sum_{t=0}^{T} D_t [1 + r(T - t)] \qquad (11\text{-}1)$$

其中:D_t 表示在时点 t 有 D_t 元的股利收入,$[1+r(T-t)]$ 为在 t 时点 1 元在期满日的本利和。

但是,由于股价指数牵涉众多的股票,譬如 S&P 500 股价指数就是由 500 多种股票组成,要计算每种股票发放股利的时间及金额似乎较复杂、费时。一般我们采用股利率(dividend yield)的形式来表示。因此,股价指数期货的价格公式就可简单地写成:

$$F = S[1+(r-\delta)T] \qquad (11\text{-}2)$$

以连续复利方式表示,公式 11-2 可改写成:

$$F = Se^{(r-\delta)T} \qquad (11\text{-}3)$$

其中:r 代表年利率,δ 代表连续复利形式的年股利率,T 是表示期货到期期限。

以下举例说明公式 11-2 的应用。

【例题 1】 假设股指数现货是 8 000 点,无风险利率是 6%,股指数股利率是 4%,那么,3 个月以后到期的股指期货目前的理论价格是多少点呢?

解:根据公式 11-2,$F = S[1+(r-\delta)T]$

则 $F = 8\,000[1+(6\%-4\%)1/4]$
    $= 8\,000 \times 1.005 = 8\,040$

所以,3 个月以后股指期货的理论价格应该是 8 040 点。

一般指数期货的契约价值(俗称 1 手的价值),会等于期货的价格再乘以一个乘数,譬如 S&P 500 指数期货价格是乘以 250①,大阪交易所的日经 225 指数期货是乘以 1 000,台指期货是乘以 200,小型台指期货乘以 50,沪深 300 指数期货则乘以 300。

第三节 股价指数期货的应用

在第十章我们介绍了期货的交易策略,包括投机、对冲、价差、套利等,这些策略可以应用到股价指数期货。以下将分股价指数期货参与大盘走势、证券组合保险、指数套利、资产配置,以及与指数期权或指数期货期权搭配使用等五项来做说明。

---

① S&P 500 指数期货的合约价值本来为指数乘以 500 美元,在 1997 年 11 月已改为乘以 250 美元,其原因大概是 S&P 500 指数已超过 1 000 点,合约价值高达 50 万美元,系为了降低每手合约价值以增加流通性之故。目前小型 S&P 500 指数期货的交易,其乘数为 50 美元,2008 年交易量为全球之首。

一、指数期货可参与大盘走势

在第七章第二节我们谈到股价指数期权的功能应用,其中提到可以在预期未来股票市场上涨时,买进股价指数看涨期权;相反地,如果预期未来大盘会下跌,则可以买进股价指数看跌期权。同样地,对于一些影响整个市场的总体交易信息,例如政治、经济、通货膨胀、汇率的升贬值、利率的调升,可以借由买卖股价指数期货来获利。看涨股票大盘则买入股指期货;反之,看空股票大盘则可以卖空股指期货。

二、指数期货可作为证券组合保险之用

证券组合保险(portfolio insurance)是利用卖出股价指数期货或买入股价指数看跌期权,来规避股价下跌对整个拥有的现货股票证券组合价值的影响,使整个证券组合有一个保证最低的资产价值。譬如,持有一个和台股市场指数相同走势的指数基金的经理人,因怕股价下跌,造成其基金价值的下跌,理论上他可以把所有股票卖掉,但因为交易成本太大,及大量卖出股票会造成价格下跌,因此他可以借由卖空台指期货,或买进台股指数看跌期权来规避股价下跌的影响。当股票市场下跌时,手中所握有的证券组合会有损失,但由于卖出台指期货,因此一边损失、一边得利,便可以使证券组合的报酬维持在某一水平。

在第十章讨论过对冲比率的问题,曾提到应购买多少手的期货来对冲。简单的对冲比率为证券组合的市值除以每手期货合约的价格,譬如,目前台股指数为 8 000 点,则每手台指期货价值为 160 万元(8 000×200),如果手中拥有 1 600 万元的证券组合,便可以卖空 10 手期货来对冲。证券组合保险卖空期货合约数计算公式如下:

$$投资组合保险期货合约数 = \frac{投资组合价值}{每口期货价值} \qquad (11\text{-}4)$$

但是,由于证券组合和指数期货的变动方向并非百分之百关联,也就是指数上涨 1%,证券组合可能上涨超过 1%,或不足 1%,因此,需要采用上一章介绍过的最小风险对冲法,即求出最适对冲比率 β。假设期货上涨 1%,证券组合上涨 1.2%,即表示 β 为 1.2,所以需要买入 10 手×1.2 = 12 手,才可以完全对冲。因此,最小风险对冲法的期货合约数公式修正如下:

$$投资组合保险期货合约数 = \beta \times \frac{投资组合价值}{每口期货价值} \qquad (11\text{-}5)$$

其中,β 是证券组合对于期货价格的敏感程度,也就是当期货上涨 1% 时,证券组合会上涨或下跌多少百分比。

三、指数期货可作为指数套利的工具

第十章提到期货的套利策略,即买入相对低估的期货,卖出相对高估的现货;或反之买入相对低估的现货而卖出相对高估的期货。指数套利(index arbitrage)是一种指数期货的套利交易策略,其原理是如果股价指数期货价格违反了持有成本理论,那么借由买入相对低估的股价指数期货,同时卖出股价指数的个股;或者是卖出相对高价的股价

指数期货,同时买入股价指数的个股,来赚取之间的差价。指数套利将使指数期货价格接近持有成本理论价格。

譬如,假设台股现货指数是 7 100 点,根据持有成本理论 12 月到期的期货价格是 7 120 点。但是期货市价是 7 080 点,因此,期货相对低估,套利者可以买入相对低估的期货,同时卖空相对高估的个股股票进行套利。到期时,股价指数期货的价格会等于现货的价格。因此,套利者就可以赚得 40 点的利益。1 点以 200 元计算,40 点等于 8 000 元。反之,如果期货的市价是 7 150 点,那么,期货的市价是相对高估了,套利者就可以买进相对低估的股票,卖空相对高估的期货,进行高套利策略,而会有 30 点的套利利润,等于 6 000 元。当然,指数套利尚需考虑交易成本,只有套利利润大于交易成本才会吸引套利的交易。此外,有些市场如台湾地区有平盘以下不能放空股票的限制,或法人不能放空股票的限制,都会影响指数套利的进行。

四、指数期货可作为资产配置之用

股价指数期货还可以被用来作资产配置(asset allocation)。所谓资产配置就是将证券组合中不同资产的比重加以改变。譬如证券组合中可能有 80% 投入股票,20% 投入无风险债券;或是 50% 放在股票上,50% 放在无风险债券上等。在第四章我们谈到看跌看涨期权平价关系时,知道该理论不只表示看涨期权、看跌期权、股票、无风险债券之间的价格关系,同时,也表示 4 种产品之间的关系,也就是说,任何一种产品都可以经由其他 3 种产品来复制;同样地,持有成本理论公式告诉我们,期货价格等于现货价格再加上持有成本。假设在股价指数中不考虑股利率,那么持有成本就是无风险利率,所以,股价指数期货等于股票现货再加上无风险债券,因此,把公式 9-1 移项以后,我们可以得到合成的无风险债券等于股价指数减掉股价指数期货,也就是说,买入个别的股票,同时卖出股价指数期货,就可以合成一个无风险的短期国债。

买入股票(指数)+卖出指数期货=买入无风险债券

因为买进股票卖出期货的组合是一个无风险证券组合,因此无风险证券组合应该赚得无风险利率,类似一个合成的短期国债。如果一个基金经理人拥有和大盘指数同样走势的股票,并预期未来股价可能下跌,而想把所有的资金移转到债券,比较单纯的想法就是把所有的股票卖掉,然后将钱投资到无风险的债券或短期国债。但是,要同时卖掉如此多的股票,可能交易成本相当高,同时也会造成市场价格下跌。此时,基金经理人可以在期货市场上卖出股价指数期货,那么,结合已有的现货头寸,就创造了一个合成的短期国债头寸。

同样地,我们可以将上式移项得到合成的股票头寸就等于无风险债券加上股价指数期货。如以下公式所示。

买入无风险债券+买入指数期货=买入股票(指数)

譬如某一个基金经理人拥有债券的证券组合,如果他预期未来大盘将会上涨,则他有两个做法:将债券卖掉然后将钱投资到股票市场;或者是在股价指数期货市场买进股价指数期货,和债券头寸合成一个股票的证券组合头寸。

五、指数期货可与指数期权或指数期货期权搭配

股价指数期货还可以和股价指数期权的看涨期权看跌期权互相搭配。上一章我们谈到股价指数期权的看涨期权看跌期权期货等价理论，我们知道指数期权的看涨期权看跌期权相对价格会等于指数期货减掉执行价格的折现；或者，指数期权的相对价格等于期货减掉执行价格的折现，公式如下：

$$C-P=(F-K)e^{-rT} \tag{11-6}$$

因此，如同第四章介绍过的看跌看涨期权平价关系，这些产品可以透过等价理论来复制。譬如可以经由买进指数期货并卖出某一部分比率的债券，经由不断地调整来复制指数看涨期权。同样地，也可以经由卖空指数期货与买入债券，经由不断地调整来复制和指数看跌期权一样的报酬，或是经由买入指数期货与指数看跌期权来复制指数看涨期权。上述等式中的 C、P 除了是指数看涨期权、看跌期权之外，也可以是指数期货看涨期权及指数期货看跌期权。因此，指数期货看涨期权、指数期货看跌期权及指数期货三者，也可以互相搭配复制。

第四节　股价指数期货造成的灾难

一、1987年全球股票大崩盘

1987年10月19日星期一，美国道琼斯工业指数（DJIA）从 2 246 点下跌到 1 738 点，大跌 508 点，大约 22.7%；S&P 500 股价指数也下跌 58 点，大约 20.4%（如图 11-2）；而 12 月份的 S&P 500 股价指数期货的价格更大跌 29%，这就是所谓的黑色星期一（Black Monday）。不只是美国，全世界几乎每个股票市场的股价也都重挫，包括英国下跌 10.84%、法国下跌 9.64%、日本下跌 14.9%；中国香港虽然在星期二、三、四、五停止交易 4 天，但也在星期一开盘时，大跌 33%；而中国台湾地区的加权股价指数，在 10 月 20 日虽然由于涨跌幅的限制，只下跌 4.7%，但是到了 10 月 30 日，累计跌幅也达 25%[1]。

对于何种原因造成全球股市大崩盘，有人认为股票已经涨过头了，股价的重挫无可避免；有人认为是市场反应过度所致；有人则认为是买卖数量不均衡所致；也有人认为是市场参与者的信息差异以及流动性不足所造成的。但是大部分人认为，股价指数期货是崩盘的大元凶。Brady 报告（Brady Report）则认为，过高的贸易赤字对公司合并课税等是导火线，而法人投资机构利用程序交易，大做指数套利，或证券组合保险更是火上加油[2]。

表 11-1 为全球主要股市 1987 年 10 月份股价指数下跌情形，其中以香港下跌

---

[1] 台湾地区当时每天的涨跌幅限制为 5%。
[2] Brady 报告是美国在 1987 年 10 月 19 日股票大崩盘后，由里根总统任命组成的调查委员会所作的报告。

45.8%最大,其次为新加坡的42.2%、澳洲的41.8%、马来西亚的39.8%及墨西哥的35%,下跌最大的前四名均在亚洲。中国台湾地区在1987年10月19日的加权股价指数为3 665.93点,10月20日为3 492.94点,到了10月30日为2 722.32点,总共约下跌了25%。

表11-1　　　　　全球主要股市1987年10月份股价指数下跌情形

国家或地区	股价下跌率	国家或地区	股价下跌率
香港	-45.8%	南非	-23.9%
新加坡	-42.2%	荷兰	-23.3%
澳洲	-41.8%	比利时	-23.2%
马来西亚	-39.8%	法国	-22.9%
墨西哥	-35.0%	加拿大	-22.5%
挪威	-30.5%	德国	-22.3%
新西兰	-29.3%	瑞典	-21.8%
爱尔兰	-29.1%	美国	-21.6%
西班牙	-27.7%	意大利	-16.3%
英国	-26.4%	日本	-12.8%
瑞士	-26.1%	丹麦	-12.5%

数据来源:本书作者整理自Barro等人所著的 *Black Monday and the Future of Financial Market*(Dow Jones-Irwin Inc. 1989年出版)

二、程序交易

所谓的程序交易(program trading)是利用计算机程序下单,同时从事买卖许多种股票的交易方式,以达到快速买卖股票的目的。根据NYSE的定义,程序交易是单一买单同时买入至少15支不同的股票,或单一卖单同时卖出15支不同的股票。程序交易主要用来作为指数套利或证券组合保险之用。程序交易常被认为是造成股价大幅波动的原因,是导致1987年股票大崩盘的一个祸首,因此有一些股票经纪商及交易所纷纷采取某些限制措施来规范程序交易,譬如纽约股票交易所便曾规定,当道琼斯股价指数在1天内上升或下降超过某一点数(譬如200点)时,即禁止使用程序交易。

三、断电机制

断电机制是由于1987年全球股票大崩盘造成股价指数现货和期货双双重挫且价格背离,而由一些交易所拟订的办法。断电机制(circuit breakers)是指当股价指数和指数期货的价格下跌超过某一个范围(譬如200点或300点),交易便暂停(譬如30分钟),然后再重新交易。其目的是要冷却一窝蜂的卖盘,使股票现货和期货的价格关系更加紧密。

图 11-1 为股票大崩盘前后 S&P 500 股价指数走势图;图 11-2 为 S&P 500 股价指数现货和 12 月到期的股价指数期货价格之差(基差)走势图。由图 11-2 可以看出,在 10 月 19 日黑色星期一以前,股价指数期货的价格大于现货价格;但是,星期一以后约有 2 周,期货的价格远低于现货的价格,也就是在崩盘的一两个星期之内,期货的价格违反了持有成本理论,使得现货和期货的价格大大背离。此时套利的机制薄弱,加上流动性不足等因素,使得期货价格,远低于理论价格,而无法恢复。①

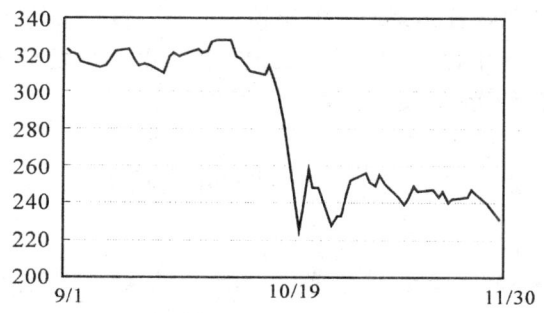

图 11-1 1987 年股票大崩盘前后,S&P 500 股价指数走势图

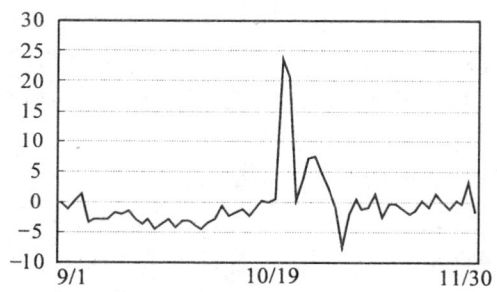

图 11-2 S&P500 指数现货与 12 月份指数期货基差图

四、股价指数期货与巴林事件

巴林银行(Barings Bank)是英国历史最悠久的银行,是由来自荷兰的巴林家族,于 1762 年在英国成立。然而在 1995 年 2 月 27 日,却因尼克·李森(Nick Leeson)操作日经股价指数期货亏损了将近 14 亿美元而宣告倒闭,在 1995 年 3 月 5 日由荷兰的荷兴银行买下。

李森是新加坡巴林子公司的交易员,他的任务是操作指数套利交易,即买进相对低估的日经指数期货、卖出日经现货股票,或相反地买进相对低估的日经现货股票、卖出

---

① 参见:陈威光. In Investigation of Stock Index Futures Basis and Stock Prices Morement During the October Market Crash. 第三届证券暨金融市场之理论与实务研讨会论文集,1994:470-485.

日经指数期货。另外，也在 SIMEX 及大阪一买一卖日经指数期货做价差交易，基本上风险是非常低的。但是后来李森野心愈来愈大，只做单边的投机交易。1995 年，李森看涨日本的股票，所以大量买进日经 225 股价指数期货，做单边的投机交易，又利用卖出股价指数期货看涨期权及看跌期权所获得的资金，大量购买股价指数期货。

1995 年 1 月 17 日，由于阪神大地震的结果，日本股价大跌，李森为了弥补损失，又大量加码，继续大量买进日经 225 指数期货，希望能影响现货行情。数据显示，在 1 月 17 日阪神大地震后一个星期，李森大量拥有的日经 225 指数期货长头寸高达 17 000 手，以每手指数乘以 1 000 日元来算，便高达将近 3 000 亿日元头寸。但是，日经 225 股价指数在地震后却连连下挫，又使李森的损失更加扩大，终于在 2 月 27 日事件爆发，最后使得巴林银行损失约 14 亿美元，终至倒闭。

第五节 台指期货市场

一、台湾地区期货市场发展沿革

我国台湾地区期货发展的历史比起欧美或日本等地，起步较晚。1998 年 7 月 21 日，中国台湾期货交易所推出第一个台湾加权股价指数期货，开启了台湾期货交易的历史。期货交易所并且在 1 年后，推出电子期货及金融期货。为了使交易量更为活跃，期货交易所更于 2001 年 4 月 9 日推出小型台指期货，每手合约的价值为原来台指期货的 1/4，亦即每一点乘以 50 元。2003 年 6 月，为配合证券交易所推出中国台湾 50 指数型基金，期货交易所也推出台指 50 指数期货。

我国台湾期货交易所共有台指期货、小型台指期货、电子期货、金融期货、非金电期货、柜台买卖期货及 MSCI 台指期货、台湾 50 期货等 8 种指数期货上市交易。这当中，台指期货与小型台指期货的比重最大，合计占了 9 成以上。

以下将针对台指期货、小型台指期货、电子期货及金融期货、台指 50 期货及摩根台指期货的规格加以说明。

二、台指期货、小型台指期货

台指期货在期交所的正式名称是台股期货，是台湾地区第一个本土期货契约，其目标指数为大家熟知的中国台湾加权股价指数。台指期货到期交割月份自交易当月起连续 2 个月，另加上 3、6、9、12 月中 3 个接续的季月，总共有 5 个月，但是目前仍以近月份的交易量占大部分。台指期货的合约价值是每 1 点乘以 200 元新台币，台指期货各契约的最后交易日为各该契约交割月份第三个星期三。最后结算价是以最后交易日收盘价为依据。开盘时间为上午 8 点 45 分，收盘为下午 1 点 45 分；而小型台指期货除了每点 50 元之外，其余均与台指期货相同。

三、电子期货及金融期货

电子期货的目标指数为电子指数，包括上市的重要电子公司 129 支。其中台积电、中华电、联电合计便占了将近50%的比重。电子期货的契约条款，和台指期货类似，其差异只在于契约价金。台指期货每点200元，而电子期货每点4 000元。至于金融期货的契约条款大致和电子期货相同。所不一样的是，金融期货的契约价为金融期货指数乘上1 000元，权值比较大的包括国寿、开发、世华银、一银、台银等。

四、台指50期货

台指50期货系期货交易所在2003年6月30日推出。目标指数中国台湾50指数系我国台湾证券交易所与英国富时指数有限公司(FTSE)共同挑选集中市场具代表性的50支股票编制而成。富时指数有限公司所编制的股价指数最具代表性的是英国的FTSE 100指数。中国台湾50指数也是台湾地区第一支交易所交易基金(ETF)的成分指数，因此中国台湾50指数期货与中国台湾50指数基金可以互动或作为对冲、套利的工具。中国台湾50指数期货的其他条款和台指期货大致相同，但是在契约价值上，是指数再乘上100。

五、摩根台指期货

摩根台指期货是由新加坡国际金融交易所于1987年推出。77支以台湾主要公司股价为主的摩根台指期货，从2000年11月30日起，目标指数改为63只股票市值加权。2001年以前，摩根台指期货是台湾地区交易量最大的期货合约，2001年1月起，本土台指期货交易量首度超越摩根台指。摩根台指的契约价值为摩根台指乘上100美元，若以合约价值看来，摩根台指的合约价值，大概为台指期货的2/3。目前摩根台指期货目标股票数量少，为102支，适合做指数套利。摩根台指的最后交易日则为合约月份倒数第二个股市营业日，较符合国际趋势。一般而言，由于限制较少，外资比较倾向在SIMEX交易摩根台指期货。

【实务专栏11】

沪深300股价指数期货

中国金融期货交易所于2010年4月16日推出沪深300股价指数期货(即股指期货)。沪深300股指期货是中国最早推出的金融期货。中国金融期货交易所由上海期货交易所、郑州商品交易所、大连商品交易所、上海证券交易所和深圳证券交易所共同发起设立，于2006年9月8日在上海成立。

沪深300指数是由上海和深圳证券市场中选取300只A股作为样本编制而成的成分股指数。沪深300指数样本覆盖了沪深市场6成左右的市值，具有良好的市场代表性。沪深300指数是沪深证券交易所第一次联合发布的反映A股市场整体走势的指数。

沪深300股指期货合约标的为沪深300指数。沪深300股指期货的合约价值是每一点乘以300元人民币，最低交易保证金的收取标准为12%，涨跌停板幅度为10%，与股票市场保持一致。各契约的最后交易日为各该契约交割月份第三个周五，此规定可规避股市月末波动，最后结算价是以最后交易日收盘价为依据。沪深300股指期货分为上午盘和下午盘，上午开盘时间为上午9点3分，收盘为上午11点30分；下午开盘时间为下午1点整，收盘为下午3点15分，其交易时间较股市开盘早15分钟，收盘晚15分钟。沪深300股指期货到期交割月份自交易当月起连续2个月，另加上3、6、9、12月中两个接续的季月，总共有4个月。此外基于风险控制、防止价格操纵，单个非套保交易账户的持仓限额为100手。

沪深300指数期货合约表

合约标的	沪深300指数
合约乘数	每点300元
报价单位	指数点
最小变动价位	0.2点
合约月份	当月、下月及随后两个季月
交易时间	上午：9：15-11：30，下午：13：00-15：15
最后交易日交易时间	上午：9：15-11：30，下午：13：00-15：00
每日价格最大波动限制	上一个交易日结算价的±10%
最低交易保证金	合约价值的12%
最后交易日	合约到期月份的第三个周五，遇国家法定假日顺延
交割日期	同最后交易日
交割方式	现金交割
交易代码	IF
上市交易所	中国金融期货交易所

小　结

1. 股价指数期货简称指数期货，是一种期货契约，双方约定在某一期满日依某一约定价格与到期股价指数，以现金结算其差价。

2. 根据持有成本理论，还有T期到期的股价指数期货理论价格$F=S[1+(r-\delta)T]$，其中r为无风险利率，δ为股利率。

3. 股价指数期货的应用包括可参与大盘走势、证券组合保险、指数套利、资产配置，或与股价指数期权，或股价指数期货期权搭配使用。

4. 证券组合保险是利用卖出股价指数期货或买入股价指数看跌期权，来规避股价下跌对整个拥有的现货股票证券组合价值的影响，使整个投资的组合有一个最低的资产价值。

5. 指数套利是一种期货的套利交易策略，其原理是如果股价指数期货价格违反了持有成本理论，那么借着买入相对低估的股价指数期货，同时卖出股价指数的个股；或者是卖出相对高估的股价指数期货，同时买入股价指数的个股，来赚取之间差价。

6. 买入个别的股票，同时卖出股价指数期货，就可以合成一个无风险的短期国债；反之，买入股价指数期货，同时买入无风险债券，就可以合成一个股票头寸。

7. 1987年10月19日星期一，美国道琼斯工业指数从2 246点下跌到1 738点，大跌508点，S&P 500股价指数也下跌58点，而12月份的S&P 500股价指数期货的价格更大跌29%，而全世界各地股票也都重挫，这就是通称的黑色星期一。

8. 程序交易是利用程序下单计算机同时从事买卖许多股票的交易方式，可以达到快速买卖股票的目的。

9. 断电机制是指当股价指数和指数期货的价格下跌超过某一个范围时，交易便暂停某一时段，然后再重新交易。

10. 1995年2月27日英国巴林银行因为其交易员李森交易日经指数期货发生巨大亏损14亿美元，而导致巴林银行倒闭，是为巴林事件。

习 题

1. 什么是股价指数期货？股价指数期货在金融市场有何应用？
2. 什么是证券组合保险？
3. 什么是指数套利？
4. 什么是程序交易？
5. 什么是黑色星期一（Black Monday）？
6. 什么是断电机制？
7. 什么是巴林事件？
8. 期货期权的看跌看涨期权平价关系公式是怎样的？

第十二章 外汇期货与利率期货

我们在第十一章介绍了股价指数期货,本章接着要介绍另外两种重要的金融期货——外汇期货与利率期货。外汇期货与利率期货交易的历史比股价期货还久,早在20世纪70年代就开始交易。第八章介绍过的远期外汇,其中的概念大多可以应用到外汇期货上。本章第一节将介绍外汇期货的意义、历史发展、目前主要的外汇期货、交易量以及外汇期货的运用;接着第二节将利用持有成本理论来介绍外汇期货的定价;第三节则介绍利率期货的意义、发展历史、主要的利率期货契约及运用等;第四节则介绍利率期货的定价。实务专栏探讨缺乏监管的对冲基金会不会是下一个金融风暴的主角。

第一节 外汇期货的发展沿革

第八章我们介绍了远期外汇,知道远期外汇是最早被用来规避汇率风险的金融衍生工具。外汇期货(currency futures)又称为外币期货,与远期外汇很类似,也是规避汇率风险的工具。外汇期货是一种外汇衍生性契约,契约的买卖双方约定在未来某个期满日,以约定的某个交割汇率,买卖一定数量的某一外国货币。

由于1971年前后美元陆续贬值,到了1973年初终于使得布雷顿森林协议崩溃,固定汇率制度瓦解,各国纷纷采取浮动汇率,使得汇率风险大增。芝加哥商业交易所(CME)的国际货币市场部门(International Monetary Market,IMM)于1972年5月16日开始推出英镑、加币、马克、日元、瑞士法郎等5种外汇期货,提供规避外汇风险的另一渠道。外汇期货可说是第一个在交易所交易的金融期货,比利率期货、股价指数期货都来得早。而后,在欧洲、亚洲各地的期货交易所陆陆续续推出了外汇期货的交易。

除了CME的外汇期货交易外,全世界目前主要的外汇期货交易所还包括芝加哥期货交易所(CBOT)、伦敦国际金融期货交易所(LIFFE)、欧洲交易所(Eurex)、新加坡国际金融交易所(SIMEX)等。CBOT于2007年已并入CME集团,目前CME的外汇期货除了欧元、日元、英镑、加币、澳币等外,也有一些新兴国家和地区如巴西币、俄罗斯卢布、人民币等币别的外汇期货,以及主要国家和地区的交叉汇率期货如日元对英镑、日元对欧元等期货。中国台湾地区目前除了远期外汇外,因台湾地区货币当局担心对新台币汇率的冲击,还没有开放新台币外汇期货的交易。中国大陆虽然商品期货已经发展了一段不算短的时间,但是金融期货才刚刚起步,股指期货于2010年4月作为"先行者"推出,目前尚无外汇期货产品。

芝加哥商业交易所(CME)主要的外汇期货各外币的合约单位是不太一样的。对欧元和瑞士法郎来讲,合约单位都是12万5 000(如12万5 000马克)。加拿大币、澳币的期货合约单位是 10 万(如 10 万加币)。日元期货是 1 250 万日币、英镑期货为 6 万 2 500 英镑,墨西哥比索期货为 50 万比索。各交易所规定的合约大小并不一样,有兴趣的读者可上网到各交易所网站查询。在 CME 交易的外汇期货期满日是每 3、6、9、12 月的第三个星期三。根据 CME 的契约条款,目前除了巴西币、俄罗斯卢布和人民币是现金结算外,其余都是实物交割。但是,实际上大部分都是到期前平仓,采用现金结算差价。另外,大部分的外汇期货交易都经由电子交易系统完成。

一、主要外汇期货

根据 BIS 的统计资料,全球外汇期货 2008 年交易量为 4.33 亿份契约,比 2007 年的 3.53 亿份增长了 22.7%,而交易金额为 2.44 亿美元,比 2007 年的 2.03 亿美元增长了 20.2%。CME 数据显示,至 2009 年 9 月,CME 的外汇期货未平仓合约,以欧元(Eurodollar)的 320 亿美元最多,其次为日元的 164 亿,再下来为英镑(British Pound) 103 亿,澳元(Australian Dollar)95 亿及加元 7.1 亿,欧元期货的未平仓金额几乎占了 5 成。

二、远期外汇与外汇期货的比较

外汇期货和远期外汇虽然很相似,但是仍有几项比较特别的差异,包括:
(1)远期外汇基本上是银行或经纪商或客户之间经由电话或电传来交易,即场外交易;而外汇期货是在交易所交易。
(2)90%以上的远期外汇都是实行实际的外币交割;但是大部分的外汇期货基本上都是在到期前平仓用现金结算差价,而不实际交割外汇。
(3)外汇期货有标准的规格,即有标准的合约大小、期满日、保证金等;而远期外汇则是由交易双方量身订制,并没有标准条款。
(4)远期外汇交易中间并无现金的进出,而外汇期货为每日结算(daily settlement)。
(5)由于远期外汇的交易历史较久,也比较有弹性,主要用于国际性的跨国银行的交易,因此交易量远大于期货的交易量。根据国际清算银行的资料,2008 年底远期外汇未平仓金额为 2.12 千万美元,而外汇期货为 950 亿美元,前者约为后者的 200 倍。

三、外汇期货的应用

外汇期货可以供有外汇交易的厂商、银行或个人作为规避汇率风险之用。譬如对日本进口商来说,如果进口商 3 个月以后将进口一批美国货品,需要有美元的支出,该日本厂商可以预先购买美元兑日元的外汇期货来对冲。如果 3 个月以后美元兑日元升值,也就是日元相对于美元贬值,进口商所需支付美元的成本将会增加,但是因为已预先购得美元外汇期货获利,可用来弥补美元成本的增加,因此可以用来对冲。反之,对于一个出口商而言,假设出口商 3 个月后将会收到一笔美元,可是担心 3 个月后美元的汇率会下跌,也就是相对于美元会走贬,所能换到的日币就减少。因此,他可以预先卖出 3 个月以后的美元兑日元外汇期货来对冲。

当然,如同前面讲过期货的交易策略,除了对冲以外,外汇期货也可以作为投机的策略。譬如预期美元兑日元会上涨,就买入美元期货;反之,预期美元会下跌,就卖出美元期货。除了投机以外,期货也可以作为套利的工具;也就是当期货价格和现货价格不服从利率平价理论时,便可以买入相对价格低的外汇现货,同时卖出相对价格高的外汇期货来套利。另外,投资者也可以借买入外汇现货,卖空外汇期货($S-F$)来复制一个合成的无风险投资部位,亦即合成短期国债部位(Synthetic T-bill)。此外,第十章所介绍的期货的其他交易策略都适用于外汇期货,在此不再重复。

第二节 外汇期货的定价

在第八章介绍远期外汇时,我们利用利率平价理论,来确定远期契约的理论价格。其实在某一层面来说,远期外汇的价格与期货外汇价格是相等的。利率平价理论与第九章介绍的持有成本理论也是一体两面,都可以用来定价外汇期货。根据第九章的持有成本理论,如果买了外汇,由于持有外汇会有借款成本以及外汇的利息收益,而外汇的收益就是国外的无风险利率乘以外汇本金,因此,外汇期货的价格就应该为①:

$$F = S[1+(r-r_f)T] \tag{12-1}$$

其中,S 为即期外汇汇率,F 为外汇期货价格,r_f 是国外无风险利率,r 为国内无风险利率,T 为期货到期期限。公式 12-1 和第九章公式 9-5 远期外汇的定价公式是相同的。公式 12-1 告诉我们外汇期货受到现货汇率及两国利率差异的影响。另外和公式 11-2 股价指数期货价格公式比较,可以发现股价指数期货与外汇期货的公式很类似,只是在股价指数期货公式里收益是股利率,而在外汇期货中是用国外利率取代。

【例题1】 假设人民币兑美元的汇率是 6:1,人民币的无风险利率是 6%,美国的无风险利率是 5%,请算出 1 年期美元兑人民币外汇期货的理论价格。

解:根据公式 12-1,1 年期美元外汇期货的价格

$$F = S[1+(r-r_f)T]$$
$$= 6[1+(6\%-5\%)\times 1]$$
$$= 6\times 1.01 = 6.06$$

所以 1 年期美元兑人民币外汇期货的理论价格应该是 6.06 元。

由例题 1 中我们知道,人民币的无风险利率 6% 大于美国的无风险利率 5%,因此,持有成本是 1%(6%-5%)为正值,而美元外汇期货的价格会高于美元现货的汇率,此称为升水(premium)。反之,如果国内的无风险利率低于国外的无风险利率,也就是持有成本为负的情形,那么外汇期货的价格将会低于现货的价格,这时称为外汇贴水(discount)。

当然,外汇期货的理论价格和市价还是有差距的。是否市价和理论价格有差异就存在套利的机会呢?如同我们在第十一章提到的,当期货的价格不等于持有成本理论所算出来的理论价格时,由于有交易成本以及交易的限制等,所以会存在所谓的无套利区,

---

① 远期外汇或外汇期货的定价也可以写成:$F = S\dfrac{(1+rT)}{(1+r_fT)}$ 或 $F = Se^{(r-r_f)T}$。

也就是期货的市价会在期货理论价格上下一个区间内。外汇期货的定价与远期外汇的定价很类似，读者可参考利率远期外汇部分。

第三节 利率期货的发展沿革

在前面介绍过的期货合约譬如股价指数期货，它的目标资产为股价指数，而外汇期货的目标资产为外汇，但是这里要介绍的利率期货（interest rate futures）的目标资产并不是利率，因为并没有利率这项交易产品。利率期货的目标资产为和利率有关的存款或固定收益证券（fixed income securities），譬如短期国债，中、长期长期国债，欧洲美元，欧元等。

一、利率期货的发展历史

在本章第一节提到，全球固定汇率在 1973 年崩溃后，各国纷纷采取浮动汇率。同时，各国也纷纷以调整利率的方式来稳定各国的币值，因此造成利率的大幅变动。再加上 1974 年全球石油危机，导致世界各国通货膨胀加剧，全球利率大幅上扬，利率风险随之大增。芝加哥期货交易所（CBOT）首先在 1975 年 10 月推出联邦抵押贷款债券期货（GNMA futures），可以说是为最早的利率期货。CME 也在 1976 年推出 3 个月短期国债期货（3-Month T-bill futures）。CBOT 在 1977 年推出 15 年期美国政府长期国债期货，紧接着 CME 在 1981 年开始交易欧洲美元期货（Eurodollar futures）。可以说大多数美国的利率期货都集中在芝加哥期货交易所（CBOT）以及芝加哥商业交易所（CME）。

芝加哥期货交易所所交易的利率期货，大部分是长期利率期货，譬如长期的长期国债期货（T-bond futures），10 年期、5 年期、2 年期的中期债券期货（T-notes futures），还有地方债券期货（municipal bond futures）等。CBOT 在 1988 年 10 月 3 日也推出 30 天期联邦基金期货（30-day federal funds futures）。

芝加哥商业交易所主要是交易短期的利率期货，包括 3 个月的短期国债期货、欧洲美元期货、1 个月 LIBOR 期货等。3 个月的短期国债期货采用实体交割，其目标证券为面额 100 万美元、到期期限为 13 周的美国短期国债，其付息是采用贴现方式。到期交割的美国短期国债可以是新发行的或尚有 13 周到期的短期国债。虽然名称为 3 个月短期国债，一般有 90 天、91 天或 92 天到期 3 种。CME 在 2007 年合并 CBOT 后，便成为全球利率期货交易量最大的集团。

欧洲美元（Eurodollar）是存放在美国境外银行的美元存款，尤其是存在欧洲银行，以英国为最多。在伦敦金融市场基本上是采用伦敦银行间拆借利率 LIBOR（London InterBank Offered Rate），来作为欧洲美元 3 个月存款的利息。欧洲美元期货的目标资产为面额 100 万美元、3 个月到期的欧洲美元定期存款。欧洲美元期货采用现金交割，和 3 个月短期国债期货的实体交割不同。欧洲美元期货目前是交易最活跃的短期利率期货。欧洲美元期货的期满日有长达 10 年之久的契约，常被用来作为规避利率互换合约风险的工具。① 欧洲美元利率走势和3个月短期国债的走势也相当接近。在我国台湾地区，2004年台湾期货交易所先后推出10年期长期国债期货及30天期商业本票利率期货，只是交易量并不大。

二、世界主要利率期货

目前全世界交易量较大的利率期货包括CME的3个月欧洲美元期货(Eurodollar futures)、欧洲交易所(Eurex)的欧元长期国债期货(Euro BOND futures)、CME的美国10年长期国债期货(Treasury-bond futures)、英国伦敦国际期货交易所(LIFFE)的3个月欧元期货(Euribor futures)及欧洲交易所的欧元中期长期国债期货(Euro BOBL futures)等(参见表12-1)。CME的欧洲美元期货的交易量几乎是第二名的1倍以上。欧洲交易所的欧元长期国债期货的目标证券为德国8~10年期的长期国债，而欧元中期长期国债期货的目标证券为到期期限3~5年的德国债券。LIFFE的欧元期货(Euribor futures)，Euribor是Euro Interbank Offered Rate的缩写，为欧元在欧洲银行间拆借利率，是欧元(Euro)3个月定期存款的利率水平，也是欧元的短期利率指标，类似于LIBOR是欧洲美元短期利率指标。

三、利率期货的应用

利率期货可以规避利率变动的风险，譬如未来6个月后公司可能会有美元的短期借款，若担心未来美元借款利率上升，将增加借款成本，可以预先卖出6个月到期的欧洲美元期货，锁定未来期货到期后3个月的美元借款利率。如果未来美元借款利率上升，则欧洲美元价格会下跌，因此可以由期货的获利来弥补借款成本的上升。反之，如果公司在未来有美元的存款或银行从事美元的放款，担心美元利率下降将造成损失，可以事先买入欧洲美元期货，以规避美元利率下跌的风险。此外，中、长期的利率债券期货也可以作为规避中、长期利率风险的工具。

第四节 利率期货的定价

一、债券期货的定价

在本章第三节我们利用持有成本理论来评论外汇期货，同样地，本节也将利用持有成本理论来为债券期货及短期利率期货定价。在债券期货中的目标资产(譬如长期债券或是其他固定利率收益债券)，都会有利息的收入，因此，债券的持有成本即是持有债券的资金成本减去利息收入，因此，债券期货的价格可以写成：

$$债券期货价格 = 债券价格 + 债券资金成本 - 债券利息收入 \quad (12\text{-}2)$$

以数学符号表示为：

$$F = S[1+(r-c)T] \quad (12\text{-}3)$$

---

① 有关利率互换请参阅第十三章。

其中：F 是债券期货价格；S 是债券现货价格；r 是资金成本，常以短期债券回购的利率代表；c 是债券的目前收益（current yield），等于票面利率乘以债券面值再除以债券价格；T 是到期期限①。

【例题 2】 假设一个 10 年期债券的现货价格是 102 元，而债券的目前收益率为 8%，市场上 3 个月债券回购利率是 6%，那么 3 个月后到期的债券期货的理论价格等于多少？

解：根据公式 12-3，债券期货价格 $F = S[1+(r-c)T]$

$$= 102[1+(6\%-8\%) \times \frac{1}{4}] = 101.50$$

由以上的例子我们发现，长期国债期货的价格低于长期国债现货价格。一般而言，若收益率曲线的形状是往上（正斜率），也就是说长期收益率大于短期收益率时，债券期货的价格会小于债券现货的价格。如上面的例子，3 个月的短期利率是 6%，而 10 年期债券的收益率为 8%。因此，债券期货价格会低于债券现货价格，也就是持有成本为负。相反，若收益率曲线的形状是往下（负斜率），也就是说长期收益率小于短期收益率时，债券持有成本为正，债券期货的价格会大于债券现货的价格。

一般在美国，长期国债期货的报价是采用面值的百分比（CME 交易所长期国债的面值为 10 万美元），而最小变动单位并不是以百分比表示，而是以 1/32 表示，譬如 CME 12 月到期长期国债期货报价为 99-20，表示该期货的价值为：

$$100\ 000 \times 99\frac{20}{32}\% = 996\ 667$$

CME 的长期国债期货采实物交割，因此成交实际价格（invoice price）需加上债券已经累计的利息。另外，CME 允许期货卖方可以选择交割 15 年以上不同票面利率的长期国债②，因此须考虑不同债券之间的价格关系，即转换因子（conversion factor）。转换因子的大小可以由 CME 获得，因此长期国债期货的实际交易价格为：

$$100\ 000 \times 期货报价\% \times 转换因子 + 累计利息 \tag{12-4}$$

二、短期国债期货的定价

对于短期国债而言，由于短期国债是用贴现的方式，因此持有短期国债现货至期满日间并无利息收入，所以公式 12-2 中，短期国债的期货价格就只等于短期国债的现货价格加上利息成本：

$$短期国债期货价格 = 短期国债现货价格 + 利息成本 \tag{12-5}$$

以公式表示：

---

① 如果将债券的目前收益率改为票面利率，那么上式公式变为 $F = S + (sr - fc')T$，此处的 c' 为票面利率，f 为债券面值，目前收益率 $c = \frac{f \times c'}{S}$。

② 除此之外，卖方尚未有所谓盘后期权（Wild Card Option）。CBOT 的长期国债期货交易截止时间为下午 2 点，长期国债现货为下午 4 点，而结算公司允许卖方在晚上 8 点前决定是否发出长期国债交割通知，因此卖方可以视现货行情而决定是否交割。

$$F=S(1+r\cdot T) \tag{12-6}$$

【例题3】 假设还有150天到期的短期国债收益率为6.4%，60天债券回购的利率为6.2%，求60天到期的短期国债期货的理论价格。

解： 由于短期国债是采用折现方式，因此还有150天到期的短期国债现货价格为 $S=100-y\cdot T$（y 为收益率），故 $S=100-6.4\%\times\dfrac{150}{360}=97.34$。

因此短期国债期货理论价格为短期国债现货价格加上持有短期国债利息成本，或根据公式12-6：

$$F=S(1+r\cdot T)=97.34\left(1+6.2\%\times\dfrac{60}{360}\right)=98.35$$

所以短期国债的期货理论价格为98.35，由于13周短期国债的面值为100万美元，因此实际上交易金额（invoice amount）应为983 500美元（100万美元×0.9835）。

对于短期国债期货而言，其报价方式并非实际所计算出来的交易价格。短期国债期货合约是采用国际货币市场指数（IMM index）报价方式。IMM指数等于100减去期货的贴现收益率（discount yield）。

因此，例题3中短期国债期货的理论报价应为100减去贴现收益率。贴现收益率 y 可由以下公式求得：$1-y\times\dfrac{90}{360}=98.35\%$。因此，贴现收益率 $y=6.6\%$，期货报价 $=100-y=93.40$。台湾地区30天商业本票利率期货的价格也是采用100减去利率的方式。或是我们也可以由短期国债期货的报价求出短期国债期货的实际价格。至于欧洲美元的报价方式与短期国债很类似，不同的是欧洲美元是以现金结算差价，不交割目标资产，而且利息是外加，而非如短期国债是折现方式。另外，如果短期国债期货报价为93.88，则期货实际交易价格 $=1\,000\,000\left(1-6.12\%\times\dfrac{90}{360}\right)=1\,000\,000\times 0.9872=987\,200$ 美元。

三、隐含回购利率

由利率期货的实际价格，经由公式12-6持有成本理论可以反推回短期国债现货的短期资金成本，也就是所谓的隐含回购利率（implied repo rate），可视为短期的无风险利率。隐含回购利率等于期货的实际价格除以现货的价格减1再除以 T，或是期货价格减现货价格除以现货与到期期限之积：

$$r^*=\dfrac{\left(\dfrac{F}{S}-1\right)}{T}=\dfrac{F-S}{S\times T} \tag{12-7}$$

其中，r^* 为隐含回购利率，如果期货的市价和理论价格相同，则隐含回购利率就会等于市场上同期限债券回购利率。

☞ **动动脑**

本节所介绍的隐含回购利率与第五章期权的隐含波幅，在概念上有何相同及相异之处？

【实务专栏12】

对冲基金将会是下一个金融风暴的主角吗？

　　对冲基金，被认为是2008年金融海啸和2010年欧洲债务危机的帮凶，更是1992年欧元汇率机制危机、1998年东南亚金融风暴的刽子手。全球金融监管机构认为，再不严加规范，对冲基金可能会是下一个金融风暴的主角。以德国、法国为主的欧盟国家，在欧盟经济与财长理事会，通过立法加强管束。规定不是在欧盟注册的对冲基金，必须申请执照才能在欧盟国家营业，这将增加商品销售的难度。新法案还将限制对冲基金的杠杆金额，并要求它们定期披露证券组合。英国聚集了欧洲80%的对冲基金，将首当其冲。

　　1949年美籍琼斯（Alfred Winslow Jones）创立了第一档对冲基金（Jones Hedge Fund），他利用放空和财务杠杆操作，形成保守投资策略，消除系统风险对证券组合的影响。琼斯对冲基金绩效在当时超越其他共同基金，被称为对冲基金之父。

　　对冲基金和一般共同基金不同之处是，对冲基金的报酬目标是绝对报酬，而共同基金采用相对于大盘报酬的概念；此外，对冲基金的投资策略为做多、做空、套利以及对冲，而一般共同基金只能做多；再者，对冲基金的投资工具有股票、债券、衍生性商品，而一般共同基金则不能操作衍生性商品；更大的不同是，对冲基金投资人为专业投资机构或富人，一般共同基金则可以给一般大众投资。对冲基金是伺机而动的狩猎者，它会等待全球国家或地区中不合理的汇率、资产或商品泡沫、或不稳定的经贸状况、特殊的事件等，乘机发动攻击，因而是金融危机的推手。

　　对冲基金造成的祸害首推量子基金。量子基金由索罗斯成立于1969年。1992年，欧洲推出欧元，成立汇率机制，会员国汇率变动不得大于上、下15%。若超出此范围，该国有义务使汇率再度回到15%的范围内。由于英国当时经济脆弱，英镑走贬，索罗斯分析英格兰银行无法长期支撑英镑。于是量子基金放空英镑，买进马克。从1992年9月到1993年1月，英镑兑美金汇率由2.01，下跌到1.4603，下跌了30%，量子基金因此获利近10亿美元。

　　对冲基金造成的另一个危机是亚洲金融风暴。1997年前几年，许多东亚和东南亚国家和地区如泰国、马来西亚和韩国等长期依赖中短期外资贷款，维持其国际收支平衡，其汇率偏高，并大多施行与美元挂钩的固定或联系汇率。1997年3月，泰国中央银行宣布流动资金不足，量子基金于是放空泰铢。泰国中央银行不敌攻击，1997年7月2日，不得已改变了维持13年之久的联系汇率制，实行浮动汇率制，造成泰铢狂跌17%。1997年7月24日，泰铢跌至1美元兑32.07泰铢，1998年1月更跌到1美元兑53泰铢的历史最低水平。泰国政府被对冲基金卷走了40亿美元，亚洲各国汇率相继贬值，股市下跌，造成东南亚金融风暴。

　　1997年香港回归中国，房市与股市存在泡沫化威胁，加上东南亚金融风暴，国际股市动荡。1997年10月，香港股市开始下跌，香港银行同业拆借利率节节上扬。量子基金于是放空港币、股市和期货。最后，因香港金融管理局动用外汇存底支撑港元，并升息抽紧银根,加上中国大陆的出面捍卫,索罗斯虽于汇市未赚到大钱,但股市期指收获丰富。但是,索罗斯对1998年俄罗斯债务危机,及日元汇率走势的判断错误,使量子基金规模从1998年底的103.6亿美元减少至1999年4月的82.5亿美元;2000年网络泡沫破裂,更损失达50亿美元。2000年4月索罗斯宣布关闭量子基金。

另一著名的对冲基金是长期资本管理公司(LTCM)。LTCM是在1994年由两位诺贝尔奖得主休斯及莫顿成立。其主要投资策略为相对价值策略与反向交易策略。相对价值策略乃利用金融工具的无效率价格赚取利润,反向交易策略则是利用国内及国际上利率的偏离来获利。但是,1998年俄罗斯债务危机和亚洲金融风暴导致LTCM亏损,最后由14家美国大银行以36.5亿美元买下90%股份,2000年被清算。

另外一个有恶名的对冲基金是老虎基金。该基金于1980年由朱利安·罗伯森创立,采用全球总体投资策略。1993年老虎基金狙击英镑、里拉成功,声名大噪。1998年也受到俄罗斯债务危机及日元大贬影响,投资人撤资,于2003年清算。

另外,《华尔街日报》报道,2010年5月6日美股瞬间暴跌千点,对冲基金业者寰宇投资公司(Universa Investment)当天大举押注股市下跌的期权合约,可能就是主因。因此,对冲基金的监管与规范实在刻不容缓。

小 结

1. 外汇期货(currency futures)又称为外币期货,是一种外汇衍生性契约,契约的买卖双方约定在未来某个期满日,以约定的某个交割汇率,买卖一定数量的某一外国货币。外汇期货与远期外汇类似,都是作为规避汇率风险的工具。

2. 外汇期货和远期外汇的差异包括:远期外汇采用场外交易,而外汇期货在交易所交易;远期外汇采用实际的外币交割,外汇期货一般到期前便平仓采用现金结算;外汇期货有标准的规格,而远期外汇则由交易双方量身订制;远期外汇交易中间并无现金的进出,而外汇期货为每日结算;远期外汇是全球性的交易,没有特别的交易地区,而外汇期货则在全球的几个主要的外汇期货交易所交易。

3. 外汇期货可以供外汇交易者作为规避汇率风险之用。譬如进口商未来有美元的支出,可以预先购买美元的外汇期货来对冲。反之,出口商未来将会收到一笔美元,可以预先卖出美元的外汇期货来对冲。

4. 根据持有成本理论,外汇期货的理论价格为 $F=S[1+(r-r_f)T]$,其中 S 为即期外汇汇率,F 为外汇期货价格,r_f 是国外无风险的利率,r 为国内无风险利率,T 为期货到期期限。

5. 目前全世界交易量较大的利率期货包括CME的3个月欧洲美元期货、欧洲交易所的欧洲长期国债期货、CME的美国长期国债期货、英国伦敦国际期货交易所的3个月的欧元期货及欧洲交易所的欧元中期长期国债期货。

6. 根据持有成本理论,债券期货理论价格等于债券价格加上债券资金成本减去债券利息收入。

7. 若收益率曲线是正斜率,则债券期货的价格会小于债券现货的价格。反之,若收益率曲线是负斜率，则债券期货的价格会大于债券现货的价格。

8. 根据持有成本理论，短期国债期货价格等于短期国债现货价格加上短期国债资金成本。

9. 短期国债期货合约是采国际货币市场指数（IMM index）报价方式。IMM 指数是 100 减去期货的贴现收益率（discount yield）。

10. 由利率期货的实际市场价格，经由持有成本理论可以反推回短期资金成本，也就是所谓的隐含回购利率。隐含回购利率等于期货的价格除以现货的价格减 1 再除以 T。

习　题

1. 远期外汇和外汇期货有何异同？

2. 假设目前有人民币兑美元的期货契约，人民币兑美元的即期汇率为 6.6∶1，人民币的利率水平为 5%，美国的利率水平为 6%，求 3 个月美元期货的理论价格。期货的理论价格会高于或低于现货，为什么？

3. 举例说明如何利用欧洲美元期货来规避利率风险。

4. 什么是 IMM 指数报价方式？

5. 什么是欧洲美元期货（Eurodolls futures）？在哪一个交易所交易？它属于外汇期货还是利率期货？

6. 什么是欧元期货（Euribor futures）？在哪一个交易所交易？它属于外汇期货还是利率期货？

7. 假设还有 120 天到期的短期国债现货价格为 98.00，30 天债券回购利率是 6.2%，求 30 天期短期国债期货的理论价格。

8. 如果 2 个月后到期的欧洲美元期货的报价为 96.50，那是表示什么呢？

9. 如果 2 个月后到期的 3 个月短期国债（T-Bill）期货的报价为 93.50，那么这表示什么意思呢？

10. 什么是隐含回购利率？如何求出隐含回购利率？如果 3 个月到期短期国债期货价格为 980 576，6 个月到期的短期国债现货价格为 966 085，则隐含 3 个月回购利率为多少？

11. 请上网到欧洲交易所（网址为 http：//www.eurexchange.com），查看并列出目前有哪些与利率有关的期货产品。

12. 请上网到 CME（网址为 http：//www.cme.com），查看并列出目前有哪些与外汇期货与利率期货有关的产品。

第十三章 互换契约

在第二章至第十二章介绍了期权、远期契约及期货契约以后,接下来将介绍金融衍生工具的另一个产品——互换契约。互换契约的发展比前面介绍过的3种金融衍生工具来得晚,大约在20世纪80年代才开始。互换契约一般可分为利率互换、货币互换、商品互换及权益互换及信用违约互换,本章将按照次序介绍这些契约。第一节将介绍互换契约的沿革以及全球互换契约的现状;第二节接着介绍利率互换;第三节则讨论货币互换;第四节介绍商品互换;第五节则介绍权益互换;第六节则讨论信用违约互换及总报酬互换;最后一节介绍资产互换与远期互换等其他互换合约。实务专栏是关于信用链接债券的介绍。

第一节 互换契约的沿革与现状

互换(swap)是一种契约,双方约定在未来的某一时间内互换一系列的现金流量。其实互换契约存在已久,早期人类以物易物可以说是互换的始祖。当时,人类以香蕉互换番石榴,或以鹿互换稻米等,以有余补不足。然而,这里所要介绍的互换契约,一般是指金融互换(financial swap)。金融互换一直到20世纪80年代初期才正式出现,一般指涉及资产价格如利率、汇率、股价、商品价格,甚至信用等的互换。互换契约一般可分为利率互换、货币互换、商品互换、权益互换及信用违约互换等。

金融互换合约的出现有其历史背景。第二次世界大战末期,1944年,美英等主要国家在美国新罕布尔州的布雷顿森林开会,达成布雷顿森林协议(Bretton Wood Agreement),确立以美元为中心的全球固定汇率制度(fixed exchange rate regime)。然而,战后美国援欧计划,造成美元大量外流,而在20世纪五六十年代美国贸易赤字激增,美元外流,使美元存在相当大的贬值压力。因此,在1972年、1973年各国纷纷放弃固定汇率,而改用浮动汇率,是以造成汇率波动增大。譬如在1980年到1985年间,美元相对其他国家升值将近一倍;但是1986年到1990年间,美元相对其他国家却大幅贬值;而在1995年到2000年间,美元又升值接近40%(参见图13-1)。

在利率方面,1979年美国联邦储备理事会(Fed)主席Paul Volcker宣布Fed的货币政策将放弃以往的控制利率政策,采用控制货币供给量来控制物价。我们知道,货币数量和利率是无法同时控制的,控制利率就无法控制货币数量;反之,控制货币数量就无法控制利率水平。Fed放弃控制利率的政策,因而导致利率的波动大幅增加。譬如在1977年美国3个月的短期国债(T-bill)的利率约为5%,到了1980年便飙涨到16%左右的水平(如图13-2)。因为利率及汇率的波动加剧,所以银行及企业面临相当大的利率

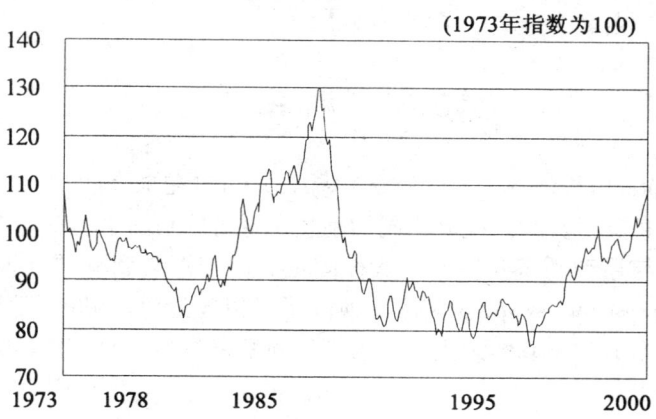

图 13-1　1973—2000 年美元和主要国家通货汇率走势
数据来源：美国联邦储备银行。

及汇率的风险。既有的利率、汇率衍生性金融工具无法满足跨国银行及企业的需求，因而货币互换、利率互换在 1980 年代初乃应运而生。

至于股价及石油价格在最近一二十年也发生激烈变动。近 10 年来，企业的信用风险也逐渐上升，倒闭事件时有所闻，也因此使得股权互换、商品互换及信用违约互换等商品乃因应而生。尤其是信用违约互换市场，在短短不到 10 年间，呈现大幅增长，同时也是导致 2008 年金融海啸的罪魁祸首之一。

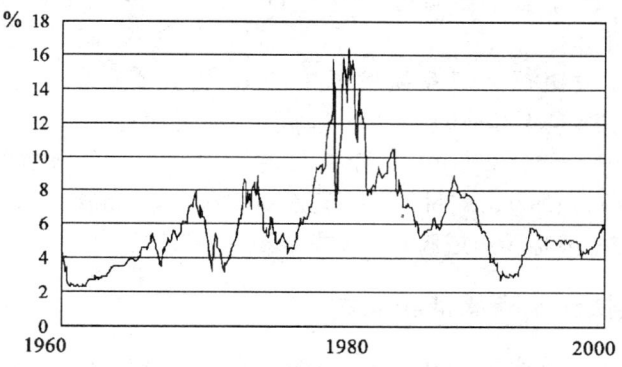

图 13-2　1960 年来美国 3 个月短期国债利率走势（月资料）
数据来源：同图 13-1。

虽然利率互换和货币互换的交易不到 20 年的历史，但是全球利率互换及货币互换的增长率非常快速。根据 ISDA（International Swaps and Derivatives Association）的统计资料，全球利率互换的流通在外价值近 7 年来增长了将近 5 倍。货币互换也有将近 3 倍的增长率。而被认为是造成 2008 年金融海啸的罪魁祸首之一的信用违约互换的增长更是

185

惊人，7年内增加了45倍，几乎每年呈倍数成长。2008年因为金融海啸，该年信用违约互换的流通在外名义本金减少了约30%。

第二节 利率互换

利率互换(interest rate swap，IRS)是交易双方约定在未来的某一期限内，彼此互换一连串不同的利息支付契约。此处不同的利息支付可以是固定利率与浮动利率互换，也可以是浮动利率与浮动利率互换。一般称固定利率与浮动利率的互换为单纯利率互换(plain vanilla interest rate swap)。利率互换除了可以规避浮动利率风险外，也可以经由比较利益降低借款成本，或作为银行机构管理利率风险和企业改变其资产收益方式或是负债融资方式的工具。

一、以利率互换规避浮动利率借款风险

譬如A公司向工商银行借入一笔10亿元人民币的贷款，其利息是采用浮动计息，以180天期商业本票利率加上1%计算，期限为7年。A公司为了规避因为利率上涨所带来的利率风险，可以找一家互换银行(swap bank)，譬如建设银行或花旗银行，或互换经纪商(swap dealer)，进行一个期限为7年的利率互换。双方约定，A公司每半年支付固定利率年利率7%乘以10亿元本金的利息给建设银行，而建设银行每半年支付浮动的180天期商业本票利率加1%乘以10亿元本金的利息给A公司。因此，A公司将收到的浮动利息收入转付给借款银行(工商银行)，而规避利率上升或下跌的风险，并锁定借款的利息成本于7%，如图13-3所示。当然，一般利息支付是采取利率差额来支付，譬如固定利率7%，如果浮动利率支付为6%，则A公司需支付中信银行1%乘以10亿元的利息金额。

在A公司与建设银行利率互换例子中的10亿元本金，称为名义本金(notional principles)，名义本金是不互换的，作为计算利息支付标准之用。7年的合约期限，一般称为互换期限(tenor或maturity)；而支付的固定利率称为互换票息(swap coupon，swap fixed rate或swap rate)，支付的180天期商业本票浮动利率称为参考利率(reference rate)，互换的双方一般称为边或脚(sides或legs)。

二、经由比较利益降低借款成本

假设有两家公司，A公司及B公司。两家公司由于信用不同，银行贷款所收取的固定利率及浮动利率也不同。假设B公司向银行借款须支付固定利率11%，如果是浮动利率则为180天期商业本票利率(C/P)加1.5%；而A公司如果借款须支付固定利率8%，若是浮动利率为180天期商业本票利率加0.5%。所以，两家公司固定利率的差距为11%−8%=3%，而浮动利率的差距为(C/P+1.5%)−(C/P+0.5%)=1%(如表13-1)。很明显地，这两家公司在此固定利率及浮动利率两种借款上存在信用价差(credit spread)2%(=3%−1%)。虽然B公司两种借款成本均较高，但对B公司而言，借浮动利率相对有利；反之，对A公司而言，借固定利率相对有利。但是，由于某些因素，B

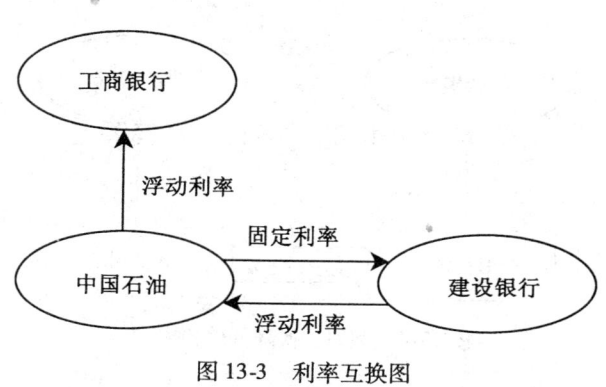

图 13-3 利率互换图

公司喜欢固定利率的借款;而 A 公司偏好浮动利率的借款。因此,双方约定 B 公司先以浮动利率贷款,而 A 公司以固定利率贷款,然后彼此进行一个利率互换,对彼此均有利。

表 13-1　　　　　　　　　不同借款成本的比较利益

	固定利率成本	浮动利率成本
B 公司	11%	C/P+1.5%
A 公司	8%	C/P+0.5%
借款价差	3%	1%

如图 13-4 所示,B 公司以浮动利率(商业本票利率加 1.5%)向银行借贷了 10 亿元人民币,然后每年依约定交付 10% 乘以 10 亿元的利息给 A 公司;而 A 公司向银行以 8% 的固定利率贷款 10 亿元,依约定每年付给 B 公司商业本票利率加 1.5% 的利率。经过互换以后,B 公司实际支付的利率为 10%(C/P+1.5%+10%−C/P−1.5%),比当初用固定利率借款的成本 11% 还低了 1%。对 A 公司而言,其利息支出为 C/P−0.5%(8%−10%+C/P+1.5%),比当初 A 公司用浮动利率借款的成本 C/P+0.5% 降低了 1%。因此,双方都节省了 1% 的利息支出。总共节省下来的 2% 利息支出就是浮动利率借款的差距 1%,以及固定利率借款差距 3% 之间的信用差额。当然,一般利率互换是透过互换银行来进行的,因此,这省下来的 2% 可能会被互换银行的佣金所稀释一些。譬如在 2% 里面,互换银行可能拿了其中 0.6%,而 B 公司与 A 公司各降低 0.7% 的成本。

三、作为银行机构管理利率风险的工具

利率互换除了可以规避浮动利率风险及降低借款成本外,还可作为银行机构或保险公司等管理利率风险的工具。银行或保险机构因为有许多利率敏感性资产及负债,如果利率敏感性资产和利率敏感性负债无法配合,而存在着利率缺口(interest rate gap),则

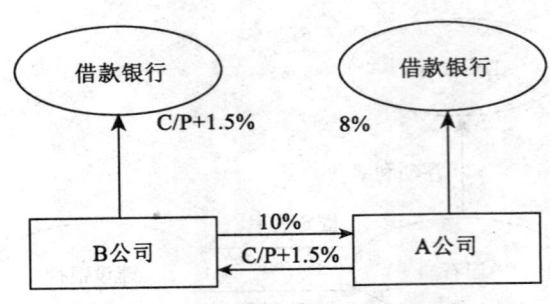

图 13-4 利率互换降低借款成本

利率的变动将对银行的资产负债造成损失。因此,银行机构或是保险公司可以藉由利率互换来缩小利率敏感性资产和利率敏感性负债的差距(gap)。譬如某银行如果利率敏感性资产小于利率敏感性负债,那么它可以藉由资产部分签订利率互换合约来支付固定利率、收取浮动利率,以增加利率敏感性资产;反之,则支付浮动利率、收取固定利率。

四、作为企业改变其资产收益方式或是负债融资方式的工具

利率互换除了作为银行机构等管理利率风险的工具以外,也可作为一般企业改变其资产的收益方式或是负债的融资方式的工具。譬如公司资产中已经拥有浮动利率债券,如果预期未来利率会下跌,公司就可以进行一个利率互换,将资产的收益由浮动的利率转变为固定的收益。同理,一个拥有固定利率收入的公司,譬如国内有些综合券商拥有许多固定收益的公司债,预期未来利率将上涨,也可进行一个利率互换,将固定利率的公司债收益转换成浮动利率。在融资方面,以浮动利率借款的企业,可以经由利率互换支付固定利率、收取浮动利率,而将融资成本锁定为固定利率。同样地,以固定利率融资的企业,也可以因为对未来利率走势看跌,进行利率互换,使融资成本转变为浮动利率,以获取未来利率可能下降的好处。

五、利率互换的定价

利率互换契约可以看成是发行一个固定利率的债券,支付固定利率,同时买入浮动利率的债券,而收取浮动利率。因此,利率互换的定价就可以由这两种债券净值的差来求得。利率互换的定价原理为:

$$\text{收到的浮动利息总现值} = \text{付出固定利息的总现值} \quad (13\text{-}1)$$

以数学式表示为:

$$\sum_{i=1}^{N} \frac{P \times \tilde{R}_i}{(1+r_i)^i} = \sum_{i=1}^{N} \frac{P \times \bar{R}}{(1+r_i)^i} \quad (13\text{-}2)$$

其中,P 为互换名义本金,$\tilde{R}_i$ 为预期浮动利率,可用殖利率曲线反推求得,$\bar{R}$ 为支付的固定利率,即互换票息(swap coupon),r_i 为折现率,一般采用殖利率曲线上不同到期债券的殖利率,或零息债券的殖利率当折现率。以下举一例说明固定利率的求法。

【例题 1】 假设伟玲国际公司向工商银行买入一个 1 年期的利率互换,每半年工商银行支付 6 个月的 LIBOR 利率给伟玲国际公司,而伟玲国际公司每 6 个月支付固定利率给工商银行。假设名义本金是 1 亿元,那么伟玲国际公司该支付的固定利率为多少?(假设目前市场上 6 个月的 LIBOR 是 6%,一年期的 LIBOR 是 8%。)

解:首先我们利用 6 个月的 LIBOR 及 1 年期的 LIBOR,换算出 6 个月以后 6 个月的隐含远期 LIBOR 利率(implied forward rate)$_6f_{12}$。

$$\left(1+\frac{6\%}{2}\right)\left(1+\frac{_6f_{12}}{2}\right)=1+8\%$$

上述等式表示先以 P 元买入半年的债券,到期再买入半年的债券之本利和,应该等于直接买入 1 年期债券的本利和(参见本书第九章远期利率的推导),因此,由上式可求得 6 个月的远期 LIBOR 利率 $_6f_{12}$ 为 9.7%。代入公式 13-2 得:

$$\frac{P\times\frac{6\%}{2}}{1+\frac{6\%}{2}}+\frac{P\times\frac{9.7\%}{2}}{1+8\%}=\frac{P\times\frac{\overline{R}}{2}}{1+\frac{6\%}{2}}+\frac{P\times\frac{\overline{R}}{2}}{1+8\%}$$

解上式得到固定利率 $\overline{R}$ 等于 7.806%,亦即伟玲国际公司应支付年利率 7.806% 的固定利率给工商银行。

在以上例子中,在互换契约签订时,双方的收支净值相等。因此,在利率互换期初的时候,互换的价值是零。利率互换的价值为零时,称为平价互换合约(at-market swap)。

利率互换的价值会随着浮动利率变动而变动。收浮动利率者,当浮动利率上升则利率互换价值高有收益;反之,收固定利率者,当浮动利率下跌则有收益。利率互换现值的公式如下:

利率互换现值=浮动利息总现值−固定利息总现值 (13-3)

当利率互换的固定利率收益现值不等于浮动利率收益现值时,利率互换的价值就不为零,此时互换契约称为离价互换合约(off-market swap)。以下将举一简例说明。

【例题 2】 同例 1,假若利率互换合约签订后几天,殖利率曲线突然发生变化,譬如 6 个月的 LIBOR 由 6% 上升到 7%,12 个月的 LIBOR 由 8% 上升到 9%,此时利率互换的价值为多少?

解:由于利率互换的价值为收到浮动利息的现值减去支付固定利息的现值。首先先求出隐含的 6 个月的远期利率 $_6f_{12}$,由 $\left(1+\frac{7\%}{2}\right)\left(1+\frac{_6f_{12}}{2}\right)=(1+9\%)$,得出 $_6f_{12}=10.63\%$,因此,收到的浮动利息的现值为:

$$\frac{1\text{亿}\times\frac{7\%}{2}}{1+\frac{7\%}{2}}+\frac{1\text{亿}\times\frac{10.63\%}{2}}{1+9\%}\approx 8\ 257\ 780$$

而支付的固定利息的现值为:

$$\frac{1亿 \times \frac{7.806\%}{2}}{1+\frac{7\%}{2}} + \frac{1亿 \times \frac{7.806\%}{2}}{1+9\%} \approx 7\ 357\ 140$$

因此，利率互换的价值为 900 640 元(8 257 780－7 357 140)。

此利率互换的价值约为 900 640 元。支付固定利率者有利。因此，若浮动利率支付的一方要提前取消此合约，须支付 900 640 元给支付固定利率的一方。

当然，并不是每一笔的利率互换在签约时，浮动利率支付的现值和固定利率支付的现值都要是一样的。譬如某公司想要订立一个 7 年期的利率合约，根据计算的结果，收到的浮动利率的净现值为 1 亿元，而由此算出来的固定利率需要支付 8%。但是，公司担心未来 7 年内的现金流入比较少，可能只能支付 6% 的固定利率，而目前公司手头上有比较多的现金，因此，如果以 6% 的固定利率来算，预计支付固定利率的现值为 9 000 万元。所以，在利率互换交易时，这个互换的价值就是 1 000 万元。这家公司可以先支付 1 000 万元的现金来从事这个 7 年期的互换交易，以后每年收取浮动利率，而每年支付 6% 的固定利率；因此利率互换除了规避利率风险外，也可以作为公司现金流量的调整手段。

第三节 货币互换

货币互换(currency swap)又称通货互换，指双方约定在期初互换两种不同的货币（例如美元与欧元），而在期中互换所得到的货币利息，到期末再换回两种不同的货币。① 货币互换除了可以规避汇率风险外，还可以规避外汇管制及降低借款利息成本。货币互换约在 20 世纪 70 年代下半期已经在市场上出现，第一笔货币互换据说 1979 年出现于英国伦敦。但是，一般公认最早的货币互换是世界银行(World Bank)和国际商业机器公司(IBM)于 1981 年由所罗门兄弟(Salomon Brother)撮合下完成的合约。

IBM 于 1970 年代末期发行以德国马克与瑞士法郎计价的债券，德国马克债券的票息为 10%，瑞士法郎债券的票息为 6.1875%，两者的期满日皆为 1986 年 3 月 30 日。债券发行之后，美元兑德国马克与瑞士法郎大幅升值，使得 IBM 以德国马克及瑞士法郎计价的债务下降，IBM 非常希望锁定汇率上的既得利润。

世界银行的政策是借低利率货币，如德国马克与瑞士法郎等货币。但是，由于其发行的规模与频率过高，且德国马克及瑞士法郎的债券市场已经相当饱和，再发行以德国马克、瑞士法郎计价的债券有其困难。然而，在美元债券市场，世界银行仍然可以轻易发行美元债券，但是世界银行不愿意借高利率的美元。于是，所罗门兄弟公司建议双方以固定利率对固定利率的货币互换交易解决双方的问题。

世界银行于 1981 年 8 月 11 日发行欧洲美元债券，面值共计 2.1 亿美元，票息为 16%，期满日为 1986 年 3 月 30 日(与 IBM 的债券期满日相同)。世界银行在取得美元

---

① 有些货币互换合约在最初并没有互换两种不同的货币本金。

后，和 IBM 互换 3 亿德国马克及 2 亿瑞士法郎。在互换交易合约期间内，世界银行每年支付 IBM 固定年利率 10% 乘以 3 亿德国马克（约为 0.3 亿德国马克）与 6.1875% 乘以 2 亿瑞士法郎的利息（约为 0.12375 亿瑞士法郎）；而 IBM 每年支付给世界银行年利率 16% 乘以 2.1 亿美元的利息（约为 0.336 亿美元）。

世界银行利用所收取的美元利息来支付其发行欧洲美元债券的票息；而 IBM 则利用收取的德国马克与瑞士法郎利息来支付其既有德国马克及瑞士法郎债券的票息。当合约到期时（1986 年），世界银行归还 3 亿德国马克与 2 亿瑞士法郎的本金给 IBM；而 IBM 归还期初收到的 2.1 亿美元的本金。世界银行利用此 2.1 亿美元本金赎回其发行的欧洲美元债券，而 IBM 则利用德国马克与瑞士法郎本金赎回其既有的德国马克及瑞士法郎债券。此项货币互换的交易流程如图 13-5 所示。

通过固定对固定的货币互换交易，世界银行可以规避美元兑马克与美元兑瑞士法郎的汇率风险，并支付较低利息；反之，IBM 则可以锁定美元兑马克与美元兑瑞士法郎的汇率既得利润。

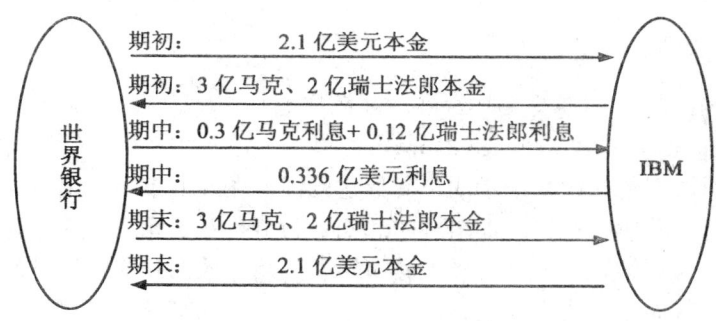

图 13-5 世界银行与 IBM 的货币互换

因此，货币互换的三个步骤，可以汇总如下：
1. 彼此互换不同本金（principles），譬如美元和马克。
2. 彼此互换不同利息，譬如美元利息、马克利息。
3. 将先前互换的本金再互换回来。

在步骤 1 及步骤 3 的汇率一般是事先约定好，通常步骤 1 及步骤 3 的汇率是一样的。

1995 年亚洲开发银行在中国台湾地区发行小龙债券，募集新台币资金，便是通过和交通银行进行货币互换，而取得美元资金。欧洲复兴银行、中美洲银行在台湾地区发行新台币债券，也是藉由货币互换而得到美金。

当然货币互换除了规避外汇管制及汇率风险外，也可以经由比较利益降低借款的成本。在货币互换中，由于通常互换本金，交割风险较大，因此，根据 BIS 规定，货币互换需要提列的风险资本会比利率互换来得高。

一、换汇换利契约，跨通货互换

货币互换的双方彼此互换两个不同货币的固定利率。如果货币互换双方的利率，有一方是浮动利率，另一方是固定利率；或者两方都是浮动利率，称为跨通货互换(cross currency swap，CCS)，或称换汇换利契约。譬如美元及欧元货币互换中一方，以固定的美元利率互换浮动的欧元利率，或是以浮动的美元利率互换浮动的欧元利率便是一个例子。

换汇换利契约可作为银行筹集资金的一种方式。譬如，工商银行预期未来美元需求增加，而本身美元资金不足，花旗银行未来也需要人民币的资金，因此，工商银行就可以跟花旗银行进行一个换汇换利契约。彼此约定在期初工商银行交付花旗银行某一金额的人民币，而花旗银行交付工商银行等值的美元货币，到期时工商银行再将美元交还给花旗银行，花旗银行再将人民币还给工商银行。因此，在这个换汇换利契约中，彼此可以规避因为汇率变动所导致的风险，同时也可以吸收自己需求的货币。在换汇换利的契约中，若国内银行要求支付固定的美元利率，便可以让国内银行的美元成本固定。

二、换汇交易

在外汇市场，除了即期交易(spot)、远期交易(forward)外，尚有所谓的换汇交易(swap transaction 或 foreign exchange swap，或 FX swap)。换汇交易是指同时买入及卖出等额的同一货币，但是交割日期不同。譬如建设银行在外汇市场卖出100万即期美元给花旗银行，同时向花旗银行买入1个月的远期合约100万美元。也就是说该银行目前以美元互换人民币，而约定1个月后用人民币换回美元。换汇和前面提过的货币互换基本上是不同的。一般而言，货币互换契约时间较长，而换汇交易通常较短，在几个礼拜或是几个月以内。此外，换汇交易一般是外汇市场的经纪商为中介，但是货币互换的中介商基本上为投资银行或证券商。再者，换汇交易基本上是先买后卖或先卖后买某一货币，而货币互换基本上是互换某一个货币。

三、货币互换的定价

在上一节我们介绍了利率互换的定价。我们了解到利率互换定价的基本概念是找出一个固定的利率，让收到浮动利率的总现值与支付固定利率的总现值相等。这种概念也可以同样应用到货币互换及权益互换的定价上。

我们知道货币互换一般可分为三类，第一类是双方都支付固定利率；第二类是一方支付浮动利率，另一方支付固定利率；第三类是双方都支付浮动利率。以下将针对前两类有固定利率支付的货币互换来探讨。固定对固定的货币互换可以视为两种不同币别的利率互换。譬如甲公司收到美元，支付美元的固定利率，而乙公司收到欧元，支付欧元的固定利率。因此，对甲公司而言，美元的固定利率可经由上一节美元的利率互换中求固定利率的方法求得，也就是经由美元的利率期限结构(term structure of interest rate)，求出在利率互换中该支付的美元固定利率。

反之，对支付欧元的固定利率的乙公司而言，可经由欧元的利率互换，亦即欧元的利率期限结构,求出在欧元利率互换中所需支付的欧元固定利率。因此,在货币互换刚开始,不论用美元或欧元来计价所算出来的双方支付利息的现值均相等。在浮动对固定的货币互换方面,假设甲方支付美元的浮动 LIBOR 利率,而乙方支付欧元的固定利率。在此种状况下,乙方所支付的固定利率,其实和前面提过的乙方支付的固定利率是一样的。

第四节 商品互换

除了前面介绍过的利率互换、货币互换外,另外一种互换合约称为商品互换。商品互换(commodity swap)其实应该说是商品价格互换(commodity price swap)。商品互换是一方交付另外一方浮动商品的价格乘以名义数量,而由另外一方收到固定商品的价格乘以名义数量(但通常取其差价)。商品互换本身并不互换商品,其目的是要规避商品价格波动所带来的风险。最早的商品互换,是由美国大通银行(Chase Manhattan)在 1986 年所订的交易合约。

我们举一个简单例子来说明商品互换。譬如,中国石油需每年由原油市场以浮动油价进口大量原油,所以原油是中石油的一项最重要的成本,因此原油价格的波动将会造成中国石油成本的变动。为了规避原油价格的风险,中国石油可以借由国外的原油期货来规避此风险,也可以藉由商品互换合约来规避油价的风险。譬如,中国石油可以找一家互换银行(如花旗银行),彼此约定每半年中国石油将固定的原油价格或是平均 6 个月的油价,乘以某一约定的名义数量(譬如 1 万桶)的金额交给花旗银行,同时从花旗银行收到浮动原油价格乘以名义数量(一般是采用结算差价)的金额。因此,不论现货原油价格的波动如何,中国石油可以借商品互换来规避原油价格波动的风险,其互换的过程如图 13-6 所示。中国石油支付固定油价给花旗银行,并从花旗银行收到浮动油价,再以浮动油价到原油市场购入原油。因此,最后中国石油所支付的原油价格为固定油价,是以规避了原油价格波动的风险。

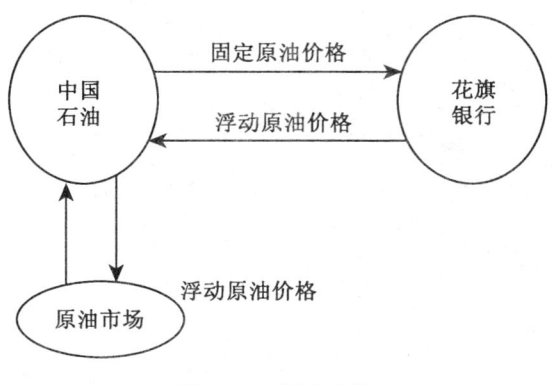

图 13-6 商品互换

商品互换其实可以视为多期的远期商品合约。譬如上述中国石油的例子,假设中国石油和花旗银行所作的互换期限(tenor)为5年,每半年互换油价,那么就可以看成是10个远期油价合约,期限分别从半年到5年。不同的是在互换契约中,10期所支付的原油价格是相同的,但是在一连串的远期原油契约中,每一个远期油价的价格可能不一样。

☞ 动动脑

互换银行进行商品互换时,就承担了商品价格波动的风险,应当如何对冲呢?

第五节 权 益 互 换

权益互换(equity swap)是另外一种形式的互换契约。权益互换指双方约定在未来的一段时间,依名义本金由一方支付另外一方股价指数或股票的报酬,而另外一方则支付对方固定利率或者是浮动利率。

权益互换可以用来规避证券组合价值变动的风险。譬如某基金经理人拥有10亿元的上证(即上海证券交易所,后同)A股股票的证券组合,证券组合是仿真大盘指数走势,可以说是一种股票的指数基金(index fund)。如果基金经理人看空未来A股股票的走势,该经理人可以经由权益互换来规避股价指数下跌的风险。

举例来说,该基金可以找一家互换银行,譬如花旗银行,订立一个1年期的互换契约,每3个月基金经理人将上证指数的报酬乘以名义本金(譬如10亿元),交付给花旗银行,而花旗银行每3个月支付固定利率(譬如说1.5%)乘以名义本金10亿元的金额,给证券组合的经理人,如图13-7所示。假设3个月以后A股指数上涨了3%,基金经理人便依约将这3%乘以10亿元的所得(3 000万元)交付花旗银行,而由花旗银行收到1.5%乘以10亿元的本金,即1 500万元,或只交付差额1 500万元。如果台股指数涨0.5%,则支出为0.5%乘以10亿元,即500万元。但同样地,此基金经理人仍然收到1.5%的固定利率1 500万元,也就是此基金每3个月有最低收益率1.5%。

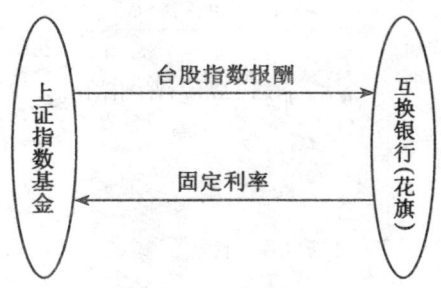

图13-7 权益互换图例

但是,如果上证指数下跌,譬如下跌了5%,那么,基金经理人除了收到1.5%的固定利率，还可以收到花旗银行给付的 5% 股价下跌的收益。因此，总收益为 5% + 1.5% = 6.5%。但是，因为所拥有的股价下跌 5%，因此对基金而言整个部位的损益仍然锁定在 1.5%（6.5% - 5%）的水平。所以不论股价如何变动，此基金的证券组合的损益都是固定的每 3 个月 1.5%（1 500 万元）。因此，权益互换可以视为进行了多个远期合约，锁定一个固定的报酬水平。

但是，权益互换有时也会被误用作为拉抬股价的工具。譬如，公司的大股东跟外商银行作权益互换合约，大股东依约定，每期支付固定利率给外商银行，而外商银行则支付个股股价的报酬给大股东。因此，外商银行为了规避股价上涨的风险，常需要买入大量的股票，因此会拉抬股价。

权益互换的估值

权益互换是甲方支付股票证券组合的报酬给乙方，而乙方支付固定利率给甲方。因此，对支付固定利率的权益互换而言，类似于利率互换。不同的是在利率互换上，浮动利率的一方是支付浮动利率，而在权益互换的浮动一方，是支付变动的股票报酬。因此，依照本章第二节介绍过的利率互换定价的原理，就是让支付浮动指数报酬的现值等于支付固定利率的现值。

我们知道在股价指数期货的定价上，$F = S[1+(r-\delta)T]$，其中 $(r-\delta)T$ 便是所谓的持有成本，因此，$(r-\delta)T$ 可以看成是股价指数的预期报酬。但是，由于持有股票的证券组合会有股利率的收益，因此再将 δT 加回来；而持有股票的预期报酬为 rT，将预期报酬 rT 乘以名义本金，再每期折现回来，就可以得到支付股票证券组合的报酬现值，这个现值应该等于支付固定利率的现值。

☞ **动动脑**

如图 13-7，当台股指数下跌时，互换银行既要支付固定利率，又要付给基金经理人报酬，如此一来风险不是太大了吗？

第六节 信用违约互换

自从 1993 年以来，信用衍生金融工具（credit derivatives）逐渐在全球金融市场兴起，交易量每年都有大幅度的增长。信用衍生金融工具顾名思义是用来规避因交易对手的违约，或信用降级所导致的损失风险。常见的信用衍生金融工具包括信用违约互换（credit default swaps，CDS）、总报酬互换（total return swaps）、信用连结债券（credit-linked notes）、信用价差衍生金融工具（credit spread derivatives）等。本节将介绍两种与互换有关的信用衍生性契约，即信用违约互换以及总报酬互换。信用违约互换在这次全球金融海啸中与抵押贷款证券商品（collateral debt obligation，CDO）被认为是加重美国次级房贷危机的祸首。

一、信用违约互换

信用违约互换（CDS），是用来规避由于对手信用违约所导致的损失的风险。信用违约互换简单的含义是指承受信用风险的甲方支付一笔固定的费用给乙方，而乙方承诺当甲方因第三者信用违约发生损失的时候，乙方将甲方所承受的损失支付给甲方。譬如投资者甲拥有 A 公司的公司债，但是怕公司债违约造成损失，因此甲方可以跟互换银行订立一个 5 年期的信用违约互换。如图 13-8，甲方每 3 个月付给互换银行权利金，而互换银行保证在 5 年内如果 A 公司的公司债发生信用违约，互换银行将支付面值与债券违约后最终价格的差额给甲方。

信用互换也可以看成是甲方支付权利金给乙方向乙方买入一个看跌期权，如果 A 公司债券违约，甲方有权利以面值将 A 公司的债券卖给乙方。因此，CDS 的买方可以看成买一个保险，而卖方则收取保费。因此若没有违约时，卖方可以收到保费而不用付出成本，这也可能导致 CDS 在过去几年快速增长。2008 年全球金融海啸中，全球大企业排名前六名的美国国际集团（American International Group，AIG），因为操作大量 CDO 的信用违约互换，由于 CDO 的债券信用恶化，造成 CDS 的巨大损失，使这家将近百年历史的老店亏损了近百亿美元，最后被美国政府接管。

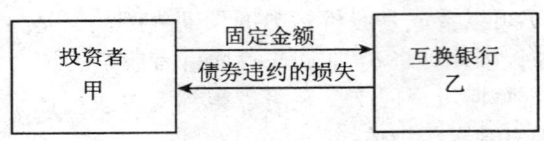

图 13-8　信用违约互换

二、总报酬互换

总报酬互换（total return swap）也可称为总贷款报酬互换（total return loan swap）。总报酬互换与信用违约互换有一点类似。放款银行甲方贷款给 A 公司，但是怕 A 公司由于信用风险使得贷款无法按时收回或贷款价值缩水，因此甲方跟互换银行乙订立一个契约，每一季甲方将贷款所获得的利息或费用收入，加减贷款金额价值的变动的总报酬，支付给乙方，而乙方则支付给甲方浮动利率，譬如 LIBOR 利率乘以约定本金。因此，对甲方而言，虽然贷款给某一家公司承受信用风险，但是经由总报酬的互换可以得到 LIBOR 利率的收入，便可以规避放款所产生的风险，如图 13-9 所示。

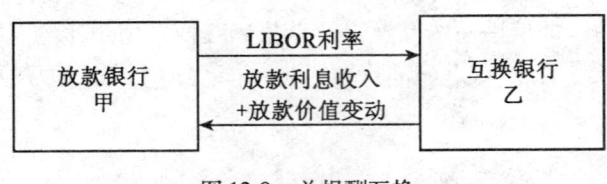

图 13-9　总报酬互换

☞ **动动脑**

你认为除了信用违约互换和总报酬互换之外，还有哪些信用衍生金融工具可用来规避交易对手的信用风险？

第七节　其他互换契约

前面提过的一些互换合约都是单纯的互换合约(plain vanilla swap 或 generic swap)，除了这些标准的互换合约外，互换合约已经有很多的变形，譬如资产互换、远期互换、基差互换、异质利率互换、延迟设定互换、摊销型利率互换、互换期货、互换期权等。

一、资产互换

近年来，在可转换公司债券(convertible bond)市场上，出现所谓的可转换公司债资产互换(convertible bond asset swap)或简称资产互换(asset swap)。可转换公司债可视为单纯的公司债加上股票期权。可转换公司债资产互换就是指拥有可转换公司债的券商或投资银行，可以分别出售此债券或股票期权给不同投资偏好的人。因为有些投资者偏好固定利率的收益便可以投资普通债券；而有些投资者偏好股票，便可以购买股票期权。当然持有可转换公司债的投资人，如果只想拥有股票期权的部分，也可以将可转换部分的债券卖给券商，而券商也可将债券部分转卖给债券投资人。在债券投资方面，甚至可以再加上利率互换，而将债券支付的固定利率转为浮动利率。

二、远期互换

远期互换(forward swap)就是指双方约定在未来某一个时间执行一个互换合约，而互换合约的条款均是事先订定的。远期互换合约的应用和远期利率或远期外汇契约的功用有点类似，都是规避未来利率或汇率波动的风险。譬如说某家公司在未来1年后将发行一个7年期的浮动利率债券，但是又担心未来利率将会上涨，因此可以找一家互换银行，进行一个1年后的远期互换契约。1年以后，这家公司可以执行此7年期的互换契约，支付固定利率，而将由互换银行所收到的浮动利率来支付该公司所发行的浮动利率债券，因此可以用来规避因为发行浮动利率债券所导致的浮动利率风险。

三、基差互换

基差互换(basis swap)有时候又称浮动对浮动互换(floating for floating swap)。基差互换是互换的两方都互换浮动的利率，但是彼此互换的浮动利率是不同水平的利率。譬如甲方支付给乙方 LIBOR 的利率，而乙方支付给甲方美国3个月短期国债(T-bill)的利率；或者说甲方支付6个月的 LIBOR 利率给乙方，而乙方支付3个月的 LIBOR 利率给甲方。

四、异质利率互换

异质利率互换(rate-differential swap 或 diff-swap)是互换不同国家的浮动利率的互换

契约。譬如说互换契约约定,甲方交付给乙方3个月德国马克的利率,而乙方支付给甲方3个月的 LIBOR 利率。

五、延迟设定互换

延迟设定互换(delayed-reset swap 或 delayed-rate setted swap),是在签订互换契约的时候,并没有设定应该支付多少固定利率,而是直到后来的某一约定日期,才根据事先已经约定好的计算公式,依最近的利率水平来计算设定固定利率。

六、摊销型利率互换

摊销型利率互换(amortizing swap 或 index amortizing swap),或可译为分期摊销利率互换。一般互换的名义本金是固定的,但是摊销型利率互换合约的本金是变动的,随着利率水平的下跌而上升;或是随着时间的流逝,调降名义本金。

七、互换期货

互换期货(swap futures)和远期互换很类似,只不过互换期货是在交易所交易,并采用现金结算。1998年10月,伦敦国际金融期货交易所(LIFFE)推出5年期及10年期的欧元互换期货(Euro LIFFEEFB Swap Future),LIFFEEFB 是 LIFFE Euribor Financed Bond 的缩写,此互换期货在期货到期、互换合约生效时采用现金结算。

八、互换期权

互换期权(swaption)是一种期权合约,买方有权利在未来某一段时间执行一个互换的契约。这个互换契约的期限、名义金额、互换利率和浮动利率等,在期权订定时都已经事先约定好了。互换期权可分为两种:一种称为支付型互换期权(payer swaption),另一种则为接受型互换期权(receiver swaption)。支付型互换期权的买方拥有权利在未来某时间执行一个互换合约,并且支付固定利率利息而收到浮动利率利息。接受型互换期权的拥有者,有权利在未来某时间内执行一个互换合约,并且支付浮动利率利息而收到固定利率利息。

当然,随着互换商品的推陈出新,新的且复杂的互换商品也不断出现在市场上。但是,因为互换商品几乎都是 OTC 交易的产品,因此透明度低、流动性低,很容易产生违约风险。目前欧美各国都已经朝向标准化互换合约,并集中在交易所结算,以降低风险。

【实务专栏13】

信用链接债券

20世纪90年代起,损失金额极大的公司违约事件,如全世界最大的能源交易商安然(Enron)、世界通讯(WorldCom)、施乐(Xerox)、默克药厂(Merck)违约等相继发生。

这些世界顶级企业纷传弊案，导致接二连三的企业破产或信用危机，凸显了对信用风险的转移需求。信用衍生性金融工具的发展，最主要的目的，就在于有效控制债券的违约损失，将违约风险转嫁给愿意且能够承担的投资者。投资者通过购买此项债券，额外承担所链接标的违约风险，因而可获得报酬率的提升。全球第一款信用风险型态的金融衍生工具信用违约期权，于1991年由信孚银行(Bankers Trust)发行，目的在于减少Banker Trust对日本银行的曝险。信用衍生金融工具以信用链接债券及信用违约互换为主要产品。

2008年全球金融海啸。许多银行及个人投资者，购买雷曼兄弟的信用链接债券，遭受了很大的损失(譬如，雷曼兄弟5.5年期信用链接保本AAA级连动债券)，信用链接债券这名称才逐渐为投资者所知。所谓信用链接债券(Credit Link Note, CLN)是一种债券，它的本金取回比率和所链接的公司债或长期国债的价值有关。如果存续期间所链接的公司债没有违约，则信用链接债券的投资者可以获得较高的利息，本金全部拿回；反之如果公司债违约，则非但没有利息收入，同时本金也会发生损失，或是被转换成所链接的公司债。常看到的产品是链接单一公司债(长期国债)，或一篮子公司债。如果是一篮子公司，则只要其中一家公司发生信用违约事件，则本金也会受到损失。

通常信用链接债券的发行人都是持有所链接债券的债权人，为了避免承担所持有债券违约的风险，而找投资银行。为其发行链接债券，而将信用风险转移。譬如瑞士银行曾发行5年期的信用违约链接债券，其信用链接标的为美国罗氏大药厂(Roche Holding Inc)所发行的10年期公司债。其付息方式是依3个月瑞士法郎LIBOR加上40个基点(basis point)，而最低保障利息0.9%。如果发生信用违约，则不付利息，本金则依现金赎回，或以实体公司债赎回。

法国巴黎银行也曾推出了一篮子信用链接债券。此债券的链接标的为多个公司信用风险，包括福特汽车、高特利集团、希尔顿饭店、美国电话电报公司、路易威登、飞雅特汽车、易利信等7家公司债。当一篮子标的中产生第一家信用违约公司时，违约保护的卖方须按契约支付金额，投资此商品的投资人需要承担首次发生信用事件的风险。计息方式为若链接的7家公司未发生任何信用事件，则可以获得5%的利息加上本金。若链接的7家公司任何一家发生信用事件，则不支付利息，另外，将依债券卖出后的所得价值，以现金交付部分本金。

当然，信用链接债券标的也可链接到国家的信用风险。如法国巴黎银行也曾发行"3年期金砖四喜国家级信用链接债"，其链接的标的为韩国、印度、俄罗斯及巴西四个国家的债信。其配息高达5.5%，优于定期存款收益，但如果任一国家率先发生所定义的信用事件，则本产品将停止支付利息，客户所取回之本金将以最终价格现金结算或交付实券。

随着公司债及国家信用风险的增加，信用链接债券的发行也越来越多。但是，经过2008年金融海啸后，投资者对于这些店头市场的衍生性金融工具，不要只看其高收益，更要注意产品可能的风险。尤其是信用链接债券的发行者，一般比较了解所链接债券的信用状况，而投资者则可能比较欠缺这方面的信息。投资以前，更应该详细了解投资标的，以免血本无归。

小　结

1. 20世纪80年代美国及全球利率、汇率的剧烈变动是造成互换交易兴起的原因。

2. 互换契约一般可分为利率互换、货币互换、商品互换、权益互换及信用违约互换等。

3. 利率互换是双方彼此约定在未来的某一期限内，双方互换一连串不同的利息支付契约。一方支付固定利率，另一方支付浮动利率，而不互换本金。

4. 利率互换的功能可以规避浮动利率风险，可以经由比较利益降低借款成本，并可以作为资产负债管理，及改变资产或负债的收益或成本之用。

5. 货币互换又称通货互换，系指双方约定在期初互换两种不同的货币，而在期中互换支付所得到的货币的利息，到期末再换回两种不同的货币。货币互换可以规避汇率风险、逃避外汇管制，以及降低借款成本。

6. 跨通货互换又称换汇换利交易，指货币互换双方的利息支付中，一方支付浮动利率利息，另一方支付固定利率利息；或者两方的收、支都是浮动利率利息。

7. 换汇交易是指同时买入及卖出等额的同一货币，但是交割日期不同。

8. 商品互换是用来规避商品价格波动所带来的风险，是由一方交付另一方浮动商品的价格乘以名义数量的金额，而由另一方收到固定商品的价格乘以名义数量（但通常取其差价）的金额。

9. 权益互换是用来规避股价证券组合的风险，双方约定在未来的一段时间，依名义本金由一方支付另一方股价指数或股票的报酬，而另一方则支付对方固定利率或是浮动利率利息。

10. 信用违约互换，是用来规避交易对手信用违约所导致的损失的风险。信用违约互换中，承受信用风险的一方支付固定的费用给另一方，而后者承诺当前者因第三者信用违约发生损失时，将支付给前者所受的损失。

11. 可转换公司债资产互换，简称资产互换，是指拥有可转换公司债的券商或投资银行，可以分别出售此债券或股票期权给不同投资偏好的人。

习　题

1. 全球在20世纪80年代为何有互换合约的兴起？
2. 互换合约可分为哪几类？
3. 什么是利率互换？有何功能？
4. 什么是货币互换？有何功能？
5. 什么是换汇交易？与货币互换有何不同？
6. 什么是商品互换？有何功能？
7. 什么是权益互换？有何功能？

8. 什么是信用违约互换?有何功能?
9. 什么是总报酬互换?有何功能?
10. 什么是资产互换?

第四编　风险管理

第十四章 风险值 VAR

过去十多年来，由于许多大型银行与投资公司，如巴林银行、LTCM 等相继发生因为操作金融衍生工具而倒闭的事件，加上 2008 年发生全球金融海啸，金融衍生工具被认为是元凶之一，因此风险管理愈加重要。本书连续三章将逐一探讨风险管理有关的主题。首先，本章将介绍近年来较著名的金融衍生工具操作失利事件及风险的种类、风险值（VAR）、三种 VAR 的算法等主题。第一节首先介绍操作期权失利的事件，接着再介绍操作其他金融衍生工具失利的事件。第二节则探讨风险的种类，包括市场风险、流动性风险、信用风险、作业风险及法律风险等。第三节介绍一种衡量市场风险的方法——风险值（VAR），这一方法已逐渐成为风险管理的工具。第四节至第六节介绍三种 VAR 的算法，分别为历史模拟法、标准差法、蒙特卡罗模拟法。实务专栏介绍 2008 年金融海啸的经过及对全球股市的冲击。

第一节 操作金融衍生工具失利的案例

过去十多年来全球发生操作金融衍生工具失利的案例层出不穷，本节将介绍一些比较有名的案例。首先，介绍操作期权失利的事件，包括"中华电信"[①]及皇田工业等，接着再介绍操作其他金融衍生工具失利的事件，最后介绍 2008 年全球金融海啸。

一、"中华电信"

2008 年 3 月，"中华电信"宣布，由于新台币升值，公司外汇期权交易估计账面损失为新台币 40 亿元，引起市场震撼。"中华电信"在 2007 年 7 月，与高盛签订长达 10 年的外汇期权交易。2007 年美国次级房贷事件，使美元陆续贬值、新台币升值，致使"中华电信"遭受损失。根据契约，双方每两个星期结算一次。如果新台币兑美元汇率高于 31.5，但不超过 32.7，"中华电信"可以用 30 : 1 的汇率购入 200 万美元，此时"中华电信"有获利；如果汇率超过 32.7 则合约中止，对高盛有利。反之，如果汇率低于 31.5"中华电信"就必须以 31.5 的汇率向高盛购入 400 万美元，此时"中华电信"遭受损失。很幸运的是在 2008 年 10 月 21 日，新台币兑美元盘中出现 32.7 的成交价，使该外汇期权合约自动终止，"中华电信"先前确认的 40 亿美元的未实现损失也陆续冲销回来。

---

① "中华电信"股份有限公司（ChungHwa Telecom）是中国台湾地区最大的固网电信、数据通信及行动电信公司，1997 年起正式开始推动民营化，逐步将部分股份释出为民有。

二、中国航油公司

中国航油公司是在新加坡注册的油料公司,其母公司为中国航空油料控股公司,在中国大陆航空油料供应中居于主导地位。中国航油公司在2002年、2003年进行了石油期权的交易,但在财务报表中并未披露。2004年,全球油价由年初的1桶34美元涨到11月底的55美元。2004年该公司宣布,因为操作石油期权亏损,公司遭受5.5亿美元的损失。

三、联合爱尔兰银行

2002年2月,爱尔兰最大的银行联合爱尔兰银行(Allied Irish Bank)在美国巴尔的摩的子公司Allfirst Bank,因为外汇金融衍生工具的交易而发生巨额亏损。该银行的一位交易员鲁斯纳克(John Rusnak),长期在外汇交易中利用众多的外汇期货及期权的交易,来弥补正常外汇交易的损失,让公司损失了7.5亿美元。

四、美国吉布森贺卡公司

以生产贺卡闻名国际的吉布森公司(Gibson Greeting),在1991—1993年间和信孚银行(Banker Trust)一共签订了包括期权、互换等29个合约。1994年9月,该公司宣称账面损失将近1亿美元。吉布森公司因此控告信孚银行,在交易过程中误导及提供不实信息等,最后双方庭外和解,吉布森公司赔偿部分损失金额。信孚银行成立于1903年,为美国历史悠久的银行,20世纪90年代在OTC金融衍生工具的交易量相当庞大。发生此一事件后,该公司声望因此严重受损。

五、巴林银行

1995年2月,巴林银行因李森操作日经股价指数期货亏损了将近14亿美元而宣告倒闭,在1995年3月由荷兰的荷兴银行买下。巴林银行(Barings Bank)是英国历史最悠久的银行,是由来自荷兰的巴林家族,于1762年在英国成立。李森是新加坡巴林子公司的交易员,1995年,由于李森看涨日本的股票,所以大量买进日经225股价指数期货,做单边的投机交易,又利用卖出股价指数期货看涨期权及看跌期权所获得的资金,大量购买股价指数期货。1995年1月17日,由于阪神大地震,日本股价大跌,李森为了弥补损失,又大量加码,继续大量买进日经225指数期货,希望能影响现货的行情,最后巴林银行损失约14亿美元,终至倒闭。

六、长期资本管理公司

1998年9月22日,长期资本管理公司(Long Term Capital Management,LTCM)因为亏损了将近40亿美元,由美国联邦储备理事会Fed出面召开银行团会议处理,最后由14家欧美银行出资35亿美元接管,引起金融市场极大的震撼。LTCM在1994年,由债券交易专家梅利威勒(John Meriwether)和1997年诺贝尔经济学奖得主舒尔茨(Myron Scholes)以及莫顿(Robert Merton)等人成立。LTCM为了获取高报酬,采取高杠杆的操作,据了解,LTCM 曾以 25 亿美元的资本操作 1 250 亿美元的资产,杠杆倍数高达 50 倍。

LTCM 借由数量模型与计算机的运算,采取的策略主要为市场中立策略及部分单边策略。譬如买进意大利、西班牙等国信用等级较差的长期国债,并放空信用等级较佳的德国长期国债等。单边策略包括放空波动率、卖空股票期权及指数期权等。1998 年 8 月 17 日,俄罗斯宣布暂停偿付国债,并将卢布贬值 34%,造成市场一片恐慌,纷纷抛售俄罗斯国债及信用等级差的债券,给了 LTCM 致命的一击,LTCM 终于难逃结束的命运。

七、其他金融衍生工具有关的失利事件

(一)美国宝洁公司

成立于 1837 年的美国宝洁公司(Procter & Gamble, P&G),在 1994 年 4 月 12 日宣布,因为和信孚银行操作利率互换与德国马克互换等金融衍生工具,一共损失 1 亿 5 000 万美元,并控告信孚银行未尽告知义务,提供不当建议及为客户设计不适当的投资商品。最后庭外和解,公司事后增设风险管理审查会。

(二)美国加州橙县

1994 年,美国好莱坞所在地加州橙县(Orange County),其财务局长雪特龙(Robert Citron)为了提高该郡基金收益,利用与券商进行的债券回购协议(Reserve Repurchase Agreement),以债券质借,大量购入联邦债券及反浮动利率债券。1994 年,Fed 为抑制通货膨胀,调升利率共 6 次,使债券价格下跌,导致该基金损失惨重。又因为无法提供更多的质押担保,而券商又将质押的债券出售,让该基金损失达 14 亿美元,1994 年底宣告破产。

(三)日本大和银行

1995 年日本大和银行(Daiwa Bank)在纽约的分行交易员井口俊英,因为操作浮动利率债券、美国长期国债及长期国债期货,亏损将近 11 亿美元。在长达 11 年中,井口全权负责交易、记账、证券保管、交割、放款等业务。为了规避操作损失,不断加码,损失越来越大。这弊案显示大和银行的内控出现问题。随后美国起诉大和银行,处以罚金 13 亿美元并勒令大和银行结束在美国的业务。

(四)法国兴业银行

2008 年 1 月 24 日,法国第二大银行兴业银行(Societe Generale Bank)宣布,一名 33 岁的交易员凯维尔(Jerome Kerviel)隐匿交易,持有数量庞大的欧股期货,导致公司损失 49 亿欧元(约 71.5 亿美元)。此一案件与 1995 年巴林银行的李森案件相当类似。

(五) 2008 年全球金融风暴

2008 年 9 月,美国次贷风暴,导致美国几家大型投资银行相继破产或被收购,全球股市大跌、企业倒闭、失业率上升、经济衰退,形成 2008 年全球金融海啸。2008 年 9 月 15 日,有 158 年历史的美国投资银行雷曼兄弟公司(Lehman Brother)因不堪巨额亏损,而宣告破产;同一天,美林证券(Merill Lynch)被美国银行(Bank of American)以 500 亿美元并购;当天道琼斯指数大跌 496 点(约 5%)。隔天,全球保险巨人美国国际集团(American International Group, AIG)被美国政府接管,引爆了全球金融海啸。

自 2008 年 9 月爆发金融海啸以来,全球主要股市纷纷重挫。纽约道琼斯指数,从 2008 年 9 月最高点 11 533,2 个月内下跌了 3 981 点(34.5%);而 S&P 500 指数更下跌了 41.1%。中国台湾加权指数也从 6 813 跌到 4 090,下跌 40%。全球平均下跌 35% ~ 40%。世界性的股灾随后波及实质生产层面,造成许多企业倒闭、工厂减产裁员、各国失业率不断飙升。这次全球金融海啸的原因很多,包括美国房市泡沫、金融衍生工具如 CDO、CDS 更是加重了危机。其中,金融衍生工具更成为众矢之的,被认为是造成此次灾害的罪魁祸首。

在此将近年来发生在全球各地的金融衍生工具操作失利的案子汇总于表 14-1。

表 14-1　　　　　　　　　全球金融衍生工具操作失利案例摘录

公司名称	发生时间	操作商品	估计损失金额
德国金属工业公司	1993 年 6 月	石油期货	13.3 亿美元
美国吉布森贺卡公司	1994 年 3 月	期权及互换等	1.67 亿美元
德国石油公司	1994 年 4 月	石油金融衍生工具	15 亿美元
美国宝洁公司	1994 年 4 月	利率互换	1.57 亿美元
美国加州橙县	1994 年 11 月	浮动利率票券	15 亿美元
华侨银行	1995 年 1 月	债券、利率互换等	5 亿元新台币
英国巴林银行	1995 年 2 月	日经 225 指数期货及期权	14 亿美元
日本昭和蚬壳公司	1995 年 2 月	远期外汇、外汇期货	17 亿美元
日本大和银行	1995 年 5 月	美国长期国债	11 亿美元
日本养乐多公司	1997 年 3 月	金融衍生工具	8 亿美元
长期资本管理公司(LTCM)	1998 年 8 月	各种金融衍生工具及债券	约 20 亿美元
联合爱尔兰银行	2002 年	外汇期权	7 亿美元

续表

公司名称	发生时间	操作商品	估计损失金额
中国航油公司①	2004年11月	石油期权	5.5亿美元
法国兴业银行	2008年1月	股价指数期货	71.5亿美元
中华电信	2008年3月	外汇期权	账面损失40亿新台币
皇田工业	2008年12月	外汇期权	6.3亿新台币

第二节 风险的种类

上一节我们已经介绍数十例国际知名公司陆续出现了操作金融衍生工具，发生重大亏损甚至破产的事件。因此，不论公司本身或金融监管机构，如国际清算银行（BIS）、各国中央银行或证券监管单位等，均对金融衍生工具的风险管理更加重视。

依照国际清算银行（Bank for International Settlements，BIS）对金融风险的定义，可将风险分为5种，包括市场风险、信用风险、流动性风险、作业风险及法律风险，在此分别简述如下：

一、市场风险

市场风险（market risk）或称价格风险（price risk），是指市场商品或契约的价格，或是价格的波动率变动所造成损失的风险。大部分前面介绍过的事件都和市场风险有关。譬如加州橙县事件是由于美国利率的上升所致；而巴林银行倒闭是由于日经股价指数大幅下挫而引起的。市场风险一般又包括常见的股价风险、利率风险、汇率风险及商品价格风险。

二、信用风险

信用风险（credit risk）是指交易对手无法履行交易合约的义务，而导致的风险，又称违约风险。如1998年俄罗斯宣布，无法偿付该国所发行债券的利息和本金，而导致全球金融市场发生剧烈震荡。2008年金融海啸，也有许多信用违约事件发生。2010年迪拜及希腊等地也发生国家无法偿付的信用风险。

三、流动性风险

流动性风险（liquidity risk）可分为两种情形：

---

① 即中国航空油料集团公司（简称"中国航油"），成立于2002年10月11日，是国内最大的集航空油品采购、运输、储存、检测、销售、加注为一体的航油供应商，也是国务院国有资产管理委员会管理的中央企业。2004年的期权亏损事件中，中国航油新加坡公司因未及时向投资者和监管机构公开重大信息而遭到处罚。

1. 指现金准备不足,面对保证金追缴无法履行义务,被迫提前清算而造成损失的风险。譬如 LTCM 事件,由于其操作杠杆太大,当损失增加时,无法履行保证金的补缴义务。巴林李森事件、加州橙县事件都是属于此种风险。

2. 指市场交易量不足,无法以某一市价冲销某一部位而导致的损失。譬如 LTCM 事件,当俄罗斯经济危机发生,LTCM 所购置信用等级较差国家的债券价格下跌,而交易量小,无法很快地脱手卖出。又譬如券商买股票来规避认购权证的风险,在股票价格急剧下跌时,无法立即大量抛售股票来改变对冲比率。另外,金融海啸时各银行的流动资金不足,紧缩银根,也是流动性风险。

四、作业风险

作业风险(operational risk)是由于信息不足或内部风险管理缺失,或人为错误导致损失的风险。譬如巴林银行事件,李森既为交易员又是清算人员,导致不受监管;而加州橙县、日本大和银行、法国兴业银行、联合爱尔兰银行、中华电信、皇田工业与中国航油公司事件等,也都和作业风险有关。

五、法律风险

法律风险(legal risk)是指交易契约未具备法律强制性,或契约法律文件有缺失或因法令规定改变而导致的损失风险。美国吉布森公司及宝洁公司事件便牵涉法律效力,或文件的问题。

在此将历次金融衍生工具事件所牵涉的风险种类,分析如表 14-2。由表中可看出,大部分事件和市场风险有关。另外,流动性风险、作业风险、信用风险或法律风险也都有涉及。

另外,我们从 LTCM 失败的例子当中,也可以看到它的交易部位中,几乎都包含了市场风险、流动性风险及一些信用风险。从 LTCM 及金融海啸中更可以发现,市场风险和信用风险也是息息相关的。市场风险的产生,往往伴随着信用风险的发生,反之亦然,而作业风险更是许多失败案例第二种常见的风险,市场风险与作业风险更是常常一起出现,可见公司内控的重要性。

表 14-2　　　　　　　　历次金融衍生工具事件风险种类分析

事件	市场风险	流动性风险	信用风险	作业风险	法律风险
2008 年金融海啸	✓	✓	✓		
1998 年 LTCM 事件	✓	✓	✓		
1995 年巴林事件	✓	✓		✓	
加州橙县	✓	✓		✓	
吉布森贺卡公司	✓			✓	✓
美国宝洁公司	✓				✓

续表

事件	市场风险	流动性风险	信用风险	作业风险	法律风险
日本大和银行	✓			✓	
联合爱尔兰银行	✓			✓	
法国兴业银行	✓			✓	
中华电信	✓			✓	
皇田工业	✓			✓	
中国航油公司	✓			✓	

除了以上五种风险以外，其实全球金融市场也存在着所谓"全球系统性风险"。全球系统性风险是指任何主要国家或地区的金融市场稍有巨大变动就会波及全球其他地区的金融市场。这可由1987年全球股票大崩盘、1997年的东南亚金融危机、1998年LTCM事件，以及2008年全球金融海啸佐证。因此，我们除了要分析上述五项金融风险的影响外，更应随时注意全球系统性风险。

第三节 风险值(VAR)的简介

早在1994年，国际清算银行的巴塞尔(Basle)银行监管委员会，公布的《金融衍生工具风险管理指南》，以及1995年公布的《包括市场风险的巴塞尔资本协议的补充建议》，便建议采用风险值(VAR)作为衡量市场风险的工具。同时，由美国前联邦储备理事会(FED)主席沃克(Paul Volcker)领导的G-30(Group of Thirty)30人小组推出了一份报告书《金融衍生工具：实务与原则》，也主张以VAR来衡量市场风险。2008年全球金融海啸发生以来，加强金融衍生工具的风险管理又被各主管机关一次又一次地提出来。以风险值来衡量及控制投资部位的风险更是风险管理的一项主要工具。国际上，许多大型银行也早已在年报或季报上揭露公司的风险值。

风险值或在险值(Value at risk, VAR)是用来衡量个别金融商品，或某一证券组合在某一特定时间内(譬如1天)，某一置信水平下(95%)，由于价格变动所产生的最大损失。譬如你手中有一张台积电的股票，目前价值为100万元，如果所求出来1天、95%的VAR是5万元，那表示明天有95%的机会，损失会在5万元以内，也就是只有5%的概率，明天你的损失会超过5万元。因此，VAR是用来衡量证券或证券组合的市场风险或价格风险，让投资者或监管者知道投资部位可能损失的大小。

此外，VAR有一定的衡量期间，譬如1天、10天；而且VAR有所谓的置信水平，譬如95%或99%的置信区间。摩根银行(JP Morgan)在1994年开发出计算VAR的方法——风险计量法(RiskMetrics)手册，建议采用1天、95%的标准，而BIS则建议采用10天、99%的标准。在某些假设下，这两种标准求算出来的VAR可以互相转换，这将在下一节介绍。

图 14-1 说明 95% 下的 VAR 概念。此图显示证券组合，譬如股票报酬的分布情形，灰色部分表示证券组合的报酬有 5% 的机会将小于 1.65 个标准差。如果假设中国石油股票每天的报酬标准差为 2%，那么在离中心点左边 1.65 个标准差就是 3.3%（1.65×2%）的地方，只有 5% 的机会损失会超过 3.3%，也就是有 95% 的机会损失会低于 3.3%。如果股票价值为 100 万元，表示有 95% 的机会损失不会超过 33 000 元（100 万元×3.3%），也就是说只有 5% 的机会损失会超过 33 000 元。

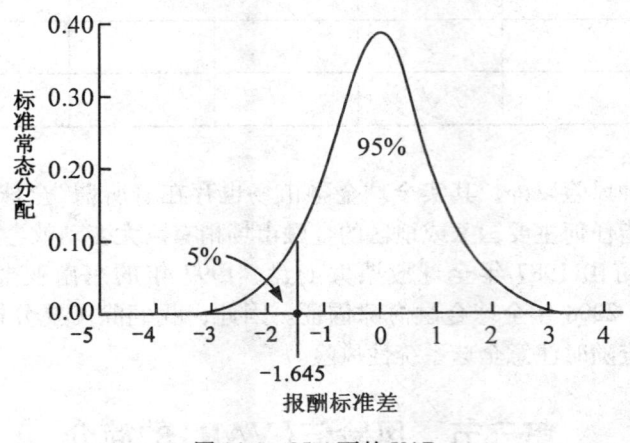

图 14-1　95% 下的 VAR

VAR 的概念最早是由摩根银行总裁 Dennis Weatherstone 提出来的。他要求部属在每天下午 4 点 15 分前，必须呈送一份一页的公司全球风险报告书。此页报告记录了摩根银行全球各地的涉险程度，并同时估计未来 24 小时内，该公司可能遭受的损失大小。这便是有名的 4-15 报告（Four-fifteen Report）；而 VAR 也逐渐成为管理阶层及金融监管单位风险管理的一种新工具。目前在欧美几乎各银行或投资银行都被要求在年报或季报**揭露 VAR** 的资料。

表 14-3 为摩根大通银行（JP Morgan Chase & Co.）2009 年财务报表中关于投资银行部分 VAR 的报表数据。由表可看出 2009 年公司全年平均 99%、1 天的 VAR 为 2.48 亿美元。其中交易部位的 VAR（trading VAR）为 2.27 亿美元，包括固定收益、外汇、股票、商品及其他等四项的 VAR。这也是市场风险中较常见的四个风险，交易方面又以固定收益的 2.21 亿美元占了最大的比重。信用证券组合 VAR（credit portfolio VAR）占了 1.01 亿美元。在 2009 年 12 月 31 日当天，全部加总的 VAR 为 1.46 亿美元，比去年同期的 3.17 亿美元，大约减少了一半。摩根银行是采用过去 12 个月的价格数据，并利用历史模拟法来求得 VAR①。

---

① 历史模拟法将在下一节介绍。

表 14-3　　　　　　摩根大通银行 VAR 报表（12/31，2009）

99% 置信水平，1 天　　　　　　　　　　单位：百万美元

	2009			2008			12 月 31 日	
	平均	最小	最大	平均	最大	最小	2009	2008
风险种类：								
固定收益	$ 221	$ 112	$ 289	$ 181	$ 99	$ 409	$ 123	$ 253
外汇	30	10	67	34	13	90	18	70
股票	75	13	248	57	19	187	64	69
商品及其他	32	16	58	32	27	53	23	26
分散效果	(131)	—	—	(108)	—	—	(99)	(152)
交易部位 VAR	$ 227	$ 103	$ 357	$ 196	$ 96	$ 420	$ 129	$ 266
信用证券组合 VAR	101	30	221	69	20	218	37	171
分散效果	(80)			(63)			(20)	(120)
交易及信用证券组合加总 VAR：	$ 248	$ 132	$ 397	$ 202	$ 96	$ 449	$ 146	$ 317

数据来源：作者取自摩根银行 2009 年年报。

注：括号表示风险分散效果为负值。

第四节　历史模拟法

如何才能预估未来可能的最大损失呢？这也就是 VAR 的估算方法所要做的。VAR 的计算方法一般分为三种，即历史模拟法、标准差法与蒙特卡罗模拟法。其中历史模拟法与蒙特卡罗模拟法是一种完全定价法（full valuation）方式；而标准差法则属于部分定价法（local valuation）方式。本节将先介绍历史模拟法，至于标准差法及蒙特卡罗模拟法将在第五节及第六节分别介绍。

一、单一资产 VAR

历史模拟法（historical simulation）是假设过去实际发生过的资产价格变化，未来价格变动也会重复过去的情形。换言之，推测未来 1 天或 10 天股价可能的变动情形，我们就可以用过去股价变动的情况将它由小而大排序找出临界价格的变动，作为合理的估计基础。历史模拟法是最简单的方法，不需任何的统计假设。

历史模拟法步骤如下：

步骤 1：找出过去一段时间（譬如过去 101 天）每天的股票收盘价 S_1，S_2，S_3，…，S_{101}。

步骤 2：求股价变动率或绝对变动量：

股价变动率 $R_i = \dfrac{S_i - S_{i-1}}{S_i}$

绝对变动量 $\Delta S_i = S_i - S_{i-1}$

步骤3：将股价变动率（或绝对变动量）由小至大排列，譬如：

股价变动率：-6%，-5%，…，0，1%，…，6%

或

绝对变动量：-6元，-5.5元，…，0，…，5.5元，6元，6.5元

步骤4：找出VAR值：

找出最后5%的临界变动率 R^* 或临界变动量 ΔS^*，则：

$$VAR = -R^* \times V$$

或
$$VAR = -\Delta S^* \times Q \tag{14-1}$$

其中，V 表示股票目前总价值 $= S \times Q$，Q 表示股数。本来损失为负值，但习惯上 VAR 的值都取正值，因此公式14-1加一个负号。譬如最后5%（第五个）观测值 R^* 为 -4.5%，则 VAR 等于证券组合价值（譬如100万元），乘以-4.5%，取负值后等于 45 000元。或者也可采用绝对变化量，譬如最后第五个损失 ΔS^* 为-5元，则手中有1万股，则为-5元×1万股，取负值，VAR 等于5万元。①

以上同时说明采用绝对变动量及变动率来计算 VAR。采用绝对变动量有一个缺点，即比较的标准不一样。假设过去中国石油股价处在低位，譬如股价在50元左右，则股价下跌3.5元，就是7%；但是，今天中国石油股价处于高位，譬如100元附近，股价下跌3.5元，只是3.5%，因此会低估未来股价的变动。反之，如果过去的股价较高，譬如股价除权以前约为100元，但是目前股价比较低约为50元。如果用过去股价的绝对变动量（ΔS）来预估未来股价的变动量，将会高估 VAR。也就是说，用绝对变动量比较无法以过去股价的变动量预估未来股价的变动量，除非过去平均股价和目前平均股价相当；采用股价变动率则不会发生此问题。因此，本书建议采用股价变动率来求 VAR。

【例题1】 假设你在今天以收盘价100元买入鸿海股票10张（1万股），共100万元，求1天后、95%的置信水平下，你所投资的 VAR 为多少？

解：步骤如下：

步骤1：找出过去101天鸿海的每日收盘价 $S_1, \cdots, S_{101}$。

步骤2：求出每天的报酬率 $R_i = \dfrac{S_i - S_{i-1}}{S_{i-1}}$。

步骤3：将 R_i 由小排至大。

步骤4：找出倒数第五个的临界报酬率 R^*，假设为-3.35%。

步骤5：$VAR = -R^* \times V = 3.35\% \times 1\,000\,000 = 33\,500$（元）

上例求出来持有鸿海的股票100万元，1天后95%几率的 VAR 值为33 500元，即1天后你有95%的几率最大损失会低于33 500元，或是明天只有5%的几率，你的损失

---

① 历史模拟法好比想要知道班上100人当中，倒数第五个最矮的学生的身高为多少。只要把100个人从高排到低，找出倒数第五个学生就可以知道。

会超过33 500元。一般而言,由于股价上涨是慢慢上涨,而下跌可能发生大跌。因此,股票卖方的VAR在历史模拟法下常常会大于买方。

二、两种资产的VAR

当证券组合包括两支以上的股票或不同资产的组合时,同样可以利用前述三种不同的方法来计算其VAR,但是由于股票报酬(或资产报酬)之间存在关联性,需要考虑彼此间的相关系数,因此第三节介绍的方法需要作些许的修正。

两支股票的历史模拟法步骤如下:

步骤1:找出证券组合内两支股票A及B,一段时间(譬如101天)的每日收盘价为:股票A为$S_1^A, S_2^A, S_3^A, \cdots, S_{101}^A$,股票B为$S_1^B, S_2^B, S_3^B, \cdots, S_{101}^B$,并求出A及B的100个损益$R^A$、$R^B$。

步骤2:求出证券组合的可能损益$\Delta V = R^A \times V^A + R^B \times V^B$,得到100个证券组合历史的可能损益。其中,$R^A$、$R^B$为A、B个别的股价报酬率;$V^A$、$V^B$为目前投资A、B股票的价值。

步骤3:将100个可能损益ΔV,由小到大排序,找出最低5%(第五个)的临界损益ΔV^*,即为此证券组合的VAR。

如果是含三种股票以上的证券组合,方法也是类似的。

【例题2】 假设你的证券组合除了1万股鸿海股票外,还包括1万股中国石油股票,中国石油股票的收盘价为50元,因此你的总证券组合价值为150万元(100万元+50万元),求此证券组合在95%下、1天的VAR。

解:依步骤1,求出过去鸿海及中国石油100个股票报酬率,再求出100个可能损益ΔV的值,其中ΔV的计算如说明的步骤2;对求出的100个证券组合每天的可能损益ΔV加以排序,找出倒数第五个的临界损益ΔV^*,譬如56 350即为证券组合的VAR。

历史模拟法是比较直觉的做法,不须任何分配的假设。其缺点是需要较长的历史数据,对刚上市不久的商品会有问题。另外,过去的情况并不能完全反映未来可能的情况;再者,当置信水平较高时,其精确度则会受到影响。

三、拔靴法

另外有一种与历史模拟法很类似计算VAR的方法,称为拔靴法(bootstrapping approach)。如同历史模拟法是利用过去股价报酬的数据,拔靴法从过去的股价报酬不断地重复抽样出来排序。譬如以过去100天报酬数据,不断地重复抽出数据(抽完再放回),因此样本数可以变得较多(譬如10 000个样本)。

☞ **动动脑**

在上述两支鸿海和中国石油股票的证券组合中,我们是否可以将鸿海股票排序,另中国石油也同时排序,而分别求出VAR然后相加?

第五节 标准差法

标准差法(standard derivative method)也称为方差—协方差法(Variance-covariance method)或 delta 常态法(delta normal method)。因为求算 VAR 需要用到资产报酬的标准差或变异数以及资产间的共变异数,因此有此称呼。标准差法主要是假设目标资产的报酬是呈现正态分布,再求出过去股价的波动率,并假设未来的波动率也等于过去的波动率,利用统计的概念求出风险值。

一、单一资产的 VAR

单一股票的 VAR 求法是,首先求出此股票过去每天报酬的标准差,再以 95% 的置信水平,取 1.65 个标准差,或在 99% 置信水平下,取 2.33 个标准差,而求得临界报酬率 R^*,再乘以 V 来求出 VAR。

$$VAR_{95\%} = -R^* \times V = -\alpha_{95\%} \times \sigma \times V = 1.65 \times \sigma \times V$$
$$VAR_{99\%} = 2.33 \times \sigma \times V \tag{14-2}$$

其中,R^* 为临界股票报酬率,σ 为每天股票报酬率的标准差,V 为股票目前的总价值,VAR 取正值,所以加上负号。

【例题 3】 以标准差法求鸿海 95% 下 1 天的 VAR。

解:利用例题 1 的 100 个鸿海历史股价报酬率,求出每天报酬率的标准差 σ 为 2.264%,则 95% 的一天的 VAR = 1.65×2.264%×1 000 000 = 37 360(元)。

另外,如果要换算成 99% 的 VAR,只要将 95% 下的 VAR 乘以 2.33 再除以 1.65 即可,如上面的例子,99% VAR = 37 356×2.33/1.65 = 52 750。[①]

二、两个资产的 VAR

假设证券组合内有 A、B 两支股票,则证券组合 95% 的 VAR 可由下列公式 14-3 求得:

$$VAR_P = -\alpha_{95\%} \times \sigma_P \times V = 1.65 \times \sigma_P \times V \tag{14-3}$$

其中:V 表示证券组合目前的价值,σ_P 表示证券组合的波动率,而

$$\sigma_P = \sqrt{w_A^2 \times \sigma_A^2 + w_B^2 \times \sigma_B^2 + 2 \times w_A \times w_B \times \rho \times \sigma_A \times \sigma_B} \tag{14-4}$$

其中:w_A、w_B 分别为股票 A 及 B 价值占证券组合价值的权数,ρ 为报酬的相关系数。权数在买入部位时为正,卖出部位时为负。

当两支股票个别的 VAR 已知时,也可利用公式 14-5 求出证券组合的 VAR_P:

$$VAR_P = \sqrt{VAR_A^2 + VAR_B^2 + 2 \times \rho \times VAR_A \times VAR_B} \tag{14-5}$$

其中:VAR_A、VAR_B 分别表示股票 A 及 B 的 VAR。

以下举例说明标准差法下,两种股票证券组合 VAR 的计算方法。

---

① 记得 VAR 的值是预估的值,所以不要取到小数点的位置,取到百元、十元均可。

【例题 4】 同例题 3，求此证券组合在标准差法下 95%、1 天的 VAR。

解：解法一：

由历史资料可知，鸿海的每日股价报酬波动率为 2.264%，中国石油的每日股价报酬波动率为 2.65%，鸿海与中国石油的相关系数为 0.852，且两支股票个别权重分别为：

$$w_A = \frac{100}{150} = 0.667$$

$$w_B = 1 - 0.667 = 0.333$$

代入公式 14-4，可求出证券组合每天报酬的波动率为：

$$\sigma_P = \sqrt{0.667^2 \times 0.02264^2 + 0.333^2 \times 0.0265^2 + 2 \times 0.667 \times 0.333 \times 0.852 \times 0.0226 \times 0.0265}$$
$$= 0.0231 = 2.31\%$$

代回公式 14-3，求出证券组合的 VAR 为：

$$VAR_P = 1.65 \times 0.0231 \times 1\,500\,000 = 57\,170 (元)$$

解法二：

先利用单一股票的标准差法，计算出中国石油的 95%、1 天的 VAR = 1.65 × 0.0265 × 500 000 = 21 860 元，由例题 2 已求出鸿海 95%、1 天的 VAR = 37 360 元，另外利用鸿海、中国石油 100 天的历史报酬，求出其相关系数为 0.852，将以上数据直接代入公式 14-5，即可求出证券组合的 VAR 值：①

$$VAR_P = \sqrt{37\,360^2 + 21\,860^2 + 2 \times 0.852 \times 37\,360 \times 21\,860} = 57\,140 (元)$$

其实使用公式 14-5 会较公式 14-3 来得方便，并不需考虑权重的计算。另外我们也发现，证券组合的 VAR 会比两支股票单独 VAR 的加总来得小，这是因为这两支股票间相关系数小于 1，所以有分散风险的效果。相关系数越低则分散风险的效果越大，证券组合的 VAR 也将越小。

三、两种以上资产的 VAR

如果证券组合包含两支以上股票或两种以上资产，则计算 VAR 的原理仍然是相同的。只是在 N 支股票的证券组合中，需要求出 N 支股票报酬的标准差，同时也需求出 N 支股票彼此间的相关系数。

$$VAR_P = \sqrt{\sum_{i=1}^{N} VAR_i^2 + 2 \sum_{i=1}^{N} \sum_{j<i}^{N} \rho_{ij} VAR_i VAR_j} \quad (14-6)$$

其中，VAR_i 为第 i 支股票的风险值，ρ_{ij} 为第 i、j 支股票报酬的相关系数。或也可由

$$VAR_P = 1.65 \times \sigma_P \times V \quad (14-7)$$

而 $\sigma_P = \sqrt{\sum_{i=1}^{N} \omega_i^2 \sigma_i^2 + 2 \sum_{i=1}^{N} \sum_{j<i}^{N} \omega_i \omega_j \rho_{ij} \sigma_i \sigma_j}$，$\omega_i$ 为第 i 支股票价值占证券组合价值的

---

① 两种解法计算出来的 VAR 值，理论上应该要完全一样，这里因为小数点四舍五入，所以两个 VAR 值略有差异。

权重。

☞ 动动脑
如果证券组合包括买入一支股票(譬如中国石油),另外再卖空一支股票(譬如中国移动),那么公式14-4 中的权数 w_A、w_B、相关系数等,应该如何改变呢?

四、估算 VAR 的时间大于 1 天时

之前所讨论的都是计算 1 天的 VAR,如果求出 1 天的 VAR 以后,想要了解 10 天的 VAR 该如何计算? 是否需要重新计算呢? 答案是不需要。因为我们知道假设 1 天的标准差为 σ,则 10 天的标准差应该为 $\sqrt{10}\sigma$,因此在标准差法下,10 天的 VAR,可以写成 1 天的 VAR,再乘以 $\sqrt{10}$,即:

$$\text{VAR}_{10} = \text{VAR}_1 \times \sqrt{10}$$

或写成通式

$$\text{VAR}_T = \text{VAR}_1 \times \sqrt{T} \tag{14-8}$$

因此例题 3 中,如果要求 10 天的 VAR 便可得到 $37\,356 \times \sqrt{10} = 118\,130$ 元。但要注意的是,公式 14-8 只适用于线性报酬的证券组合。当考虑到非线性报酬,譬如期权时,上式便不能通用。另外历史模拟法及蒙特卡罗模拟法也不能使用以上公式。

五、考虑预期报酬率不是零的情况

VAR 的定义为 95%(或 99%)置信水平下的最大可能损失,一般是指绝对的损失量。譬如前面介绍的历史模拟法及蒙特卡罗模拟法,所求出来的 VAR 便是绝对损失。但在标准差法的 VAR,却是相对损失量的概念。如果要计算绝对损失金额的 VAR,便需要另外考虑股票或证券组合的预期报酬。如公式 14-2 中,我们并没有考虑股票的预期报酬率,也就是假设预期报酬率为 0。摩根银行的风险计量法模型(Risk Metrics),也是假设预期报酬为 0,因此相对损失量就等于绝对损失量。当然,在时间很短的情况下,譬如 1 天的期限,股票的预期报酬很小,因此可以视为 0。此时相对损失就等于绝对损失。但是,当求算 VAR 的时间加长,譬如 10 天或 1 个月,或投资金额相当大,预期报酬便不可忽略。此时欲求绝对损失 VAR,公式便需稍加修正,也就是在求算临界报酬 R^* 时需加入预期报酬 μ,以求得绝对损失。①

$$R^* = \alpha\sigma + \mu \tag{14-9}$$

所以公式 14-2 的 VAR 应该修正为:

$$\text{VAR}_{95\%} = -R^* \times V = -(\alpha\sigma + \mu) \times V \tag{14-10}$$

假设 $\sigma = 2\%$,则 $\alpha\sigma = -1.65 \times 2\% = -3.3\%$,即原来相对损失为 3.3%。如果预期报

---

① 一般标准化 $\alpha = \dfrac{R^* - \mu}{\sigma}$,则临界报酬的 $R^* = (\alpha\sigma + \mu)$。

酬为 $\mu=1\%$，此时绝对临界报酬率应该为 $-3.3\%+1\%=-2.3\%$。换句话说，在 95% 下求出实际绝对的损失为 2.3%。因此，利用标准差法如果没有考虑到正的预期报酬率，则会高估预期的损失。换句话说，如果利用标准差法求 VAR，那么求出来的 VAR 还需减去正的预期报酬，所以 VAR 会降低。

标准差法是比较容易计算的一种方法，只要知道资产的标准差及资产间的相关系数，就可以很快求出单一资产或证券组合的 VAR。而且，前面也提过，如果要求不同的置信水平下的 VAR 或不同天期下的 VAR 都可以很快地转换。但是，标准差法的缺点是必须做统计的假设（一般是正态分布），无法捕捉肥尾（fat tail）的情形。另外，对于非线性损益的商品如期权、债券等，标准差法就有其所短了。

☞ **动动脑**

一般市场上由于有涨跌幅限制，股价分布未遵循正态分布。你认为哪一种方法计算出来的 VAR 可能比较合理？

第六节 蒙特卡罗法

第三种方法称为蒙特卡罗模拟法（Monte Carlo Simulation）。蒙特卡罗模拟法是利用模拟明天可能的股价、汇率、利率或证券组合可能的价值从而计算 VAR。

一、单一资产 VAR

步骤1：假设股价的变动过程如以下公式所示：

$$S_{+1} = S e^{(r-0.5\sigma^2)\Delta t + \sigma\varepsilon\sqrt{\Delta t}} \tag{14-11}$$

在此，Δt 可表示为 1 天，而 r、σ 均化成以 1 天为单位，其中 S 为今天股价，S_{+1} 表示明天可能股价，σ 为每天的股价报酬标准差。

步骤2：抽出标准正态随机数 ε，利用公式 14-11 求出明天的可能股价 S_{+1}。

步骤3：重复 N 次，产生 N 个明天可能的股价 S_{+1}。

步骤4：将 N 个 S_{+1} 由小排到大。

步骤5：找出最小 5% 的 S_{+1} 设为 S_{+1}^*。

步骤6：计算 VAR

$$\text{VAR} = -\Delta S^* \times Q = -(S_{+1}^* - S) \times Q \tag{14-12}$$

其中，Q 是目前的股数。

【例题5】 同例题1，利用蒙特卡罗模拟法求出中国石油 1 天 95% 下的 VAR。

解： 我们已知每天报酬标准差 σ 为 2.264%，假设年利率为 6%。根据公式 14-11 模拟出 1 000 个明天可能的鸿海股价。将 1 000 个可能股价依大小排序，找出倒数第 50 个股价，假设为 96 元，则 VAR 为：

$$\text{VAR} = -(S_{+1}^* - S) \times Q = (100-96) \times 10\ 000 = 40\ 000(\text{元})$$

二、两个资产 VAR

如果证券组合包括两支股票，则其步骤跟单一股票的做法类似，但是必须考虑两支股票的相关性，因此在进行第二步骤抽出标准正态随机数时，必须加入两者的相关系数。

步骤1：求出两支股票的报酬标准差 σ_1、σ_2 及 δ 与相关系数 ρ。

步骤2：股价计算公式修改为：

股票A $\quad S_{+1}^A = S^A \times e^{(r-0.5\sigma^2)\Delta t + \sigma \varepsilon_1 \sqrt{\Delta t}}$ （14-13）

股票B $\quad S_{+1}^B = S^B \times e^{(r-0.5\sigma^2)\Delta t + \sigma \varepsilon_2 \sqrt{\Delta t}}$

其中，S^A、S^B 分别为今天A、B股票的股价。S_{+1}^A、S_{+1}^B 表示明天的股价。

而

$$\varepsilon_1 = x_1$$
$$\varepsilon_2 = \rho \times x_1 + \sqrt{1-\rho^2} \times x_2$$

（14-14）

其中 x_1、x_2 为标准正态随机数抽样，ρ 为两支股票的相关系数。

步骤3：求出100个 $V_i = Q^A \times S_{+1}^A + Q^B \times S_{+1}^B$，其中 Q^A、Q^B 为目前持有A、B股票的股数，并将 V_i 排序，求出最小第五个 V^*，则 VAR $=(V-V^*)$，而 V 为今天的证券组合价值。

以上是两支股票的情形，如果是含3种以上股票的证券组合，则蒙特卡罗模拟法抽样就会变得比较复杂，因为必须考虑到随机数间的相关系数，此时也可以使用拔靴法①。拔靴法基本上是利用过去股价的报酬为样本集，不断抽出可能的报酬，由于使用的样本集数据已经包含个股间的相关系数，因此可以解决蒙特卡罗模拟法抽样的复杂情形。

蒙特卡罗模拟法的优点是相当有弹性。蒙特卡罗模拟法中，股价或目标资产产生的方式不一定是正态分布，也可以是二项分布或股价突然上涨、下跌的Jump分配。如果是仿真利率，则有不同利率模型可作为利率的产生模型。另外，在处理利率期权或新奇期权等方面，蒙特卡罗模拟法也相当有用。但是蒙特卡罗模拟法的缺点是常需要模拟千次甚至万次以上，比较耗时，尤其证券组合的资产越多所需的时间就相当可观了。

【实务专栏14】

2008年金融海啸经过及对全球股市的冲击

2008年9月15日，雷曼兄弟公司宣告破产，同日美林证券被美国银行以500亿美元并购，引爆了全球金融海啸。兹将2008年全球金融海啸重要事件时间，整理列于表14-4。

---

① 可能在某些数据，历史仿真法会高于标准偏差法，哪一种方法较高并不一定。

表 14-4　　2008 年全球金融海啸重要事件时间表

时间	事件
2007/4/2	美国第二大次贷融资公司 New Century 破产
6/22	美国第五大投资银行贝尔斯登旗下两支基金因次贷导致净值近乎零
2008/2/17	英国北岩银行（Norther Rock）被政府接管
3/17	JP 摩根大通以 2.4 亿美元并购贝尔斯登
7/13	两房（房地美和房利美，后同）危机，美国财政部及 FED 连手救两房
9/15	雷曼兄弟申请破产保护；美林被美国银行收购；道琼斯指数下跌 5%
9/16	美国政府入股 79.9% 接管美国国际集团 AIG，贷款 850 亿美元给 AIG
9/22	高盛及摩根斯坦利转型为商业银行，美国前五大投资银行走入历史
9/25	美国华盛顿互惠银行被 FETC 接管，宣布倒闭
9/29	比利时、荷兰与卢森堡政府联合注资富通银行 1 250 亿欧元
10/3	美国国会通过总值 8 000 亿美元的经济稳定紧急法案
10/7	冰岛三大银行被政府接管
10/9	冰岛政府面临破产，实施外汇管制；道琼斯指数下跌 7.3%
10/13	英国政府注资 4 630 亿美元给包括苏格兰皇家银行在内的 4 家大型银行
10/15	道琼斯指数重挫 8%，史上少见
10/21	荷兰政府向 ING 注资 100 亿欧元
11/20	道琼斯指数降到 2008 年谷底的 7 522 点，随后止跌回升
11/23	美国出手拯救花旗集团，注资 200 亿美元

在股市方面，10 月 6 日，美国道琼斯指数下跌了 370 点，跌破万点；隔天继续下跌了 508 点（约 5%），10 月 9 日更重挫 679 点（7.3%）。短短 1 周，美国道琼斯指数已经下跌了 19%；10 月 15 日，道琼斯指数又再重挫 733 点，将近 8%，史上少见。

全球股市哀鸿遍野。中国台湾股市在 10 月 6 日至 10 日那一周也下跌了将近 12%。在此列举五个欧美地区及五个亚洲地区的股价指数来加以探讨。表 14-5 为 2008 年 9 月爆发金融海啸以来全球十个股价指数下跌情形。

表 14-5　　2008 年金融海啸世界各地区股市下跌情形

	9 月最高(a)	全年最低(b)	(b-a)/a	全年最高(c)	(b-c)/c
美国道琼斯工业指数	11 533(9/3)	7 552(11/20)	−34.5%	13 058(5/2)	−42.2%
美国 S&P500 指数	1 278(9/2)	752(11/20)	−41.1%	1 447(1/3)	−48.0%
德国 DAX 指数	6 518(9/2)	4 127(11/21)	−36.7%	7 949(1/2)	−48.1%

续表

	9月最高(a)	全年最低(b)	(b-a)/a	全年最高(c)	(b-c)/c
英国 FTSE-100 指数	5 621(9/2)	3 781(11/21)	-32.7%	6 479(1/3)	-41.6%
法国 SBF 250 指数	3 206(9/2)	2 023(11/21)	-36.9%	3 914(1/2)	-48.3%
韩国综合指数	1 502(9/25)	939(10/24)	-37.5%	1 889(5/16)	-50.3%
中国上海上证指数	2 325(9/1)	1 707(10/24)	-26.6%	5 498(1/14)	-69.0%
新加坡海峡指数	2 759(9/2)	1 600(11/04)	-42.0%	3 444(1/2)	-53.5%
中国台湾加权指数	6 813(9/1)	4 090(11/20)	-40.0%	9 295(5/19)	-56.0%
日本日经225指数	12 834(9/1)	7 163(10/27)	-44.2%	14 691(1/4)	-51.2%

数据来源：本书作者计算整理，括号内为日期。

小 结

1. 2008年3月，"中华电信"宣布，由于新台币升值，公司的外汇期权交易估计账面损失为新台币40亿元，引起市场震撼。

2. 2008年9月，由于美国次贷风暴，导致美国几家大型投资银行相继破产或被收购，全球股市大跌、企业倒闭、失业率上升、经济衰退，这称为2008年全球金融海啸。

3. 1998年9月22日，长期资本管理公司(Long Term Capital Management, LTCM)因为亏损了将近40亿美元，由美国联邦储备理事会Fed出面召开银行团会议处理，最后由14家欧美银行出资35亿美元接管，引起金融市场极大的震撼。

4. 1995年2月，巴林银行因李森操作日经股价指数期货与期权亏损了将近14亿美元而宣告倒闭，在1995年3月由荷兰的荷兴银行买下。

5. 国际清算银行将金融风险分为五种，包括市场风险、信用风险、流动性风险、作业风险及法律风险。

6. 市场风险(market risk)或称价格风险(price risk)，是指由于市场商品或契约的价格，或是价格的波动率变动所造成损失的风险。

7. 信用风险(credit risk)是指交易对手无法履行交易合约的义务，而导致的风险，又称违约风险。

8. 流动性风险(liquidity risk)可分为两种情形：(1)指现金准备不足，面对保证金追缴无法履行义务，被迫提前清算而造成损失的风险；(2)指市场交易量不足，无法以某一市价冲销某一部位而导致的损失。

9. 作业风险(operational risk)是由于信息不足或管理内部失控、人为错误导致损失的风险。

10. 法律风险(legal risk)是指交易契约未具备法律强制性，或契约法律文件有缺失，或因法令规定改变而导致的风险。

11. 风险值(VAR)是用来衡量个别金融商品，或某一证券组合在某一特定时间内(譬如1天)，某一置信水平下(95%)，由于价格变动所产生的最大损失。

12. VAR的计算方法一般分为三种，即历史模拟法、标准差法和蒙特卡罗模拟法。

13. 历史模拟法乃是利用过去资产价格，来推测未来可能的价格变动情形，进而求出 VAR。

14. 标准差法主要是利用标准正态分布的概念，先求出此股票的变异数，再在 95% 置信水平下，取 1.65 个标准差，或 99% 置信水平下，取 2.33 个标准差，而求出 VAR。

15. 蒙特卡罗模拟法是利用计算机仿真出未来可能的股价及报酬分布率和临界报酬率，进而求出 VAR。

16. 当证券组合包括两支以上的股票或两种以上资产时，计算证券组合的 VAR 则需考虑股票和股票报酬率间的相关系数。

17. 证券组合内有 A、B 两支股票，则证券组合 95% 的 VAR 可由下列公式求得：
$$VAR_P = 1.65 \times \sigma_P \times V$$
其中，V 表示证券组合目前的价值，σ_P 表示证券组合的波动率，

而
$$\sigma_P = \sqrt{w_A^2 \times \sigma_A^2 + w_B^2 \times \sigma_B^2 + 2 \times w_A \times w_B \times \rho \times \sigma_A \times \sigma_B}$$

其中，w_A、w_B 分别为股票 A 及 B 价值占证券组合的权数，ρ 为报酬的相关系数。

18. 当两支股票个别的 VAR 为已知时，可以利用下面的公式求出证券组合的 VAR：
$$VAR_P = \sqrt{VAR_A^2 + VAR_B^2 + 2 \times \rho \times VAR_A \times VAR_B}$$

习　题

1. 中华电信在 2008 年为何出现重大亏损？
2. 造成 2008 年金融海啸的原因有哪些？
3. 何谓 LTCM 事件？
4. 何谓巴林银行事件？
5. 一般将风险分为哪几类？
6. 市场风险又包括哪几类风险？
7. 流动性风险一般包括哪两类？
8. 何谓信用风险？除了课本所提出的信用风险外，你还能想出何种信用风险？
9. 何谓 VAR？95%、1 天的 VAR 及 99%、1 天的 VAR 各代表什么意义？
10. 一般用来计算 VAR 的算法有哪三种？
11. 假设你于今天以收盘价 100 元买入 10 张鸿海股票，同时以收盘价 30 元买入 10 张工商银行股票，试以下列不同方法计算个股及证券组合的 VAR（假设中国石油每天报酬标准差 $\sigma = 2.3\%$，工商银行每天报酬标准差 $\sigma = 1.4\%$，相关系数为 0.2）：

（1）以标准差法分别求出中国石油、工商银行的 VAR。

（2）以标准差法求出中国石油和工商银行证券组合的 VAR。

（3）如果分别买入中国石油股票 10 张，卖空工商银行股票 10 张，请用标准差法计算证券组合的 VAR。

12. 承上题，以历史模拟法求出答案。

第十五章　金融衍生工具风险值的估算

上一章介绍了三种估计风险值的方法，并以个别股票以及股票证券组合为例说明。本章接着介绍金融衍生工具的 VAR。其中远期契约和期货很相似，期权的 VAR 求法比较复杂，至于利率互换与债券很类似。是否金融衍生工具的 VAR 也可以用现货商品 VAR 的方法来求呢？答案是，不一定，要视金融衍生工具的性质而定。金融衍生工具的价格与目标商品的价格是线性关系（譬如期货）时是可以的；但像期权这种非线性关系，又有时间价值的商品则不行。第一节将讨论期货、远期契约 VAR；接着第二节以完全评价法来求期权的 VAR；第三节利用部分评价法的 delta 及 delta-gamma 法来求期权的 VAR；第四节加入考虑波动率风险的 VAR；第五节则介绍债券利率互换 VAR 的算法。实务专栏探讨 2008 年金融海啸事件的原因。

第一节　期货与远期契约的 VAR

一、期货的 VAR

譬如你今天买入 1 手台股指数期货，如何求出这手指数期货的 VAR 呢？如果有过去的期货价格数据，便可以依照上一章求个别股票的 VAR 的方法，将期货看成是类似股票的产品，而利用上一章所提过的三种方法来计算。

【例题 1】　假设买入 1 手 1 月到期的台股指数期货，价格为 8 000 点，求出 95%、1 天的 VAR 每手的契约价值为 $V=160$ 万元（200 元×8 000）

解：步骤如下：

步骤 1：找出过去 101 天台股指数期货的历史价格。

步骤 2：求出期货价格的变动率，并由小到大排序（历史模拟法）；或求出标准偏差（标准偏差法）。

步骤 3：找出倒数第五个临界报酬率 R^*，譬如为 3%，则：
$$\text{VAR} = R^* \times V = 3\% \times 160 \text{ 万元} = 4.8 \text{ 万元}$$

或求出标准偏差。譬如 $\sigma = 2\%$，则：
$$\text{VAR} = 1.65 \times 2\% \times 160 \text{ 万元} = 5.28 \text{ 万元}$$

因此，你的期货证券组合明天有 95% 的几率损失会低于 4.8 万元（或 5.28 万元）。如果以 99% 计算，则 $\text{VAR} = 5.28 \times 1.41 = 7.45$ 万元。这个数字很接近 2009 年 12 月底中国台湾期货交易所规定的台指期货的原始保证金的 7.7 万元。也就是说保证金订定的概念，其实类似风险值的估算。

(一) 利用现货指数数据求 VAR

如果你买了 1 手刚上市不久的期货合约，没有 101 笔历史数据，则该如何求出 1 天的 VAR 呢？那就要利用所对应现货的数据了。有一个变通的方法是，我们可利用期货的持有成本理论公式 $F=Se^{(r-d)T}$，其中 F、S 分别代表期货及现货价格。这个理论公式表示期货价格等于现货价格再加上持有现货的利息再减去现货股利的调整。因此，期货的临界变动量应该等于股价指数的临界变动量，$\Delta F^* = \Delta S^* e^{(r-d)T}$，因此求出股价指数变动的临界值，也就可以得出期货变动的临界值，进而得到 VAR。但是，基本上 ΔF^* 一般会远大于 ΔS^*。

或者，我们也可以用现货的波动率代替期货的波动率运用标准偏差法求 VAR。但一般而言，期货的市价不会刚好等于理论价格，中间仍存在价差，而且价差并非固定，因此期货的变动量，并不会完全等于现货的变动量。而且，期货的波动率一般较现货来得大，所以用现货的波动率代替期货的波动率有可能会低估期货的风险。

(二) 利用不同期满日期货数据求 VAR

另外一个比较可行的方法是以过去、别的期满日的同性质期货合约价格作为计算数据。也就是假设不同到期日的期货契约的波动率或报酬型态一样。譬如说一般台指期货近月份的交易量较大，其价格也比较有代表性。因此，可以采用每个月交易量较大的台指期货价格来做 VAR 的计算资料，但要注意的是到期前几天，波动率可能改变，因此到期前 2、3 天就要换仓，采用下一个月的契约。而且，换仓当天的期货损益牵涉 2 个不同期满日期货价格的变动，所以可考虑舍弃此一天做的观测值。

(三) 利用 VIX 的数据求 VAR

另一种方法是可以采用中国台湾期货交易所每天所公布的波动率指数(VIX)，作为衡量未来期货波动率的参考，而利用标准偏差法来求算期货 VAR。譬如 95%、1 天的 VAR 公式如下：

$$指数期货\ VAR = 1.65 \times \frac{VIX}{\sqrt{250}} \times V$$

其中，$\frac{VIX}{\sqrt{250}}$ 是将 VIX 除以 100 再转换成每天的波动率，V 是期货部位的价值。

二、远期的 VAR

假设你向银行买了 100 万美元的远期外汇，如何求出 VAR 值呢？由于远期外汇也可以找到价格的数据，因此可以利用和前面介绍过的期货的 VAR 一样来计算。如果没有符合条件的远期外汇价格数据，则可以利用即期外汇汇率的资料，来求算汇率的变动以及其波动率，从而求出远期外汇的 VAR。至于影响远期外汇的另外两个变量——美元利率及人民币利率则暂时假设不变或影响不大。

第二节 期权的 VAR：完全评价法

在介绍期权的 VAR 前，让我们先来想想：

我们是否可以利用上节介绍过的求期货 VAR 的方法求期权的 VAR？

期权的价格性质比较特殊，譬如，到期时价外期权价值会变为 0。再者，当目标资产不变时，期权价值会因为时间价值下跌而下降；另外，期权价格的变动百分比非常大，可能从 10 元上升到 20 元（上涨 100%），也可以从 5 元下降到 1 元（下跌 80%）等，也因此期货 VAR 的求法或上一章介绍过的方法（譬如历史模拟法、标准偏差法）就不适用。

期权的 VAR 一般可采用完全评价法（full valuation）或部分评价法（local valuation）来求算。完全评价法是利用期权评价公式，或数值方法，完整地求出临界股价下的期权价值，再和今天的期权价值来比较，求算出 VAR；而部分评价法是利用期权敏感度分析，来求算期权的变动量，也即利用泰勒展开式的概念求出股价变动量，考虑个别因素变动，进而求出期权价值变动的近似值。部分评价法一般又包括 delta 法、delta-gamma 法及 vega 法。这一节将先讨论完全评价法，至于部分评价法将在下两节讨论。

完全评价法的步骤如下：

假设你今天买入工商银行看涨期权 Q 股，求 95%、1 天的 VAR。

步骤 1：找出过去 101 天工商银行的股价，并求其报酬率。

步骤 2：将报酬率排序，求出倒数第五个临界报酬率 R^*。

步骤 3：令 $S^* = S \times (1-R^*)$，则 S^* 为临界股价。

步骤 4：将 S^* 代入 B-S 公式，找出临界看涨期权价值 C^*，$C^* = BS(S^*, T-1)$，到期期限为 $T-1$。

步骤 5：$VAR = (C - C^*) \times Q$，其中 C 为今日看涨期权价格，Q 为数量。

以上乃是利用历史模拟法求出临界报酬率，进而求出临界股价 S^*。如果采用蒙特卡罗模拟法，同样可由模拟得出步骤 3 的临界股价 S^*。如果用标准偏差法，可以得到临界报酬率 $R^* = 1.65\sigma$，进而求得临界股价 $S^* = S \times (1-R^*)$，而步骤 4 和步骤 5 则均相同。以下将举一个实例注明。

【例题 2】 请以完全评价法求出买入 10 张工商银行看涨期权 1 天的 VAR（假设工商银行的隐含波动率 $\sigma = 36\%$，$T = 100$ 天，$r = 2\%$，$S = 100$，$K = 95$，看涨期权价格为 10.4 元）。

解：假设由上一章的例 2 得到工商银行的股价波动率为 2.264%，则临界点报酬率为 $2.264\% \times 1.65\% = 3.74\%$，则临界股价为 $(1-3.74\%) \times 100 = 96.3$ 元，将 $S = 100$，$K = 95$，$\sigma = 36\%$，$r = 2\%$，$T = 99$ 天代入 B-S 公式，得到临界看涨期权价格为 $C^* = 8.0$ 元，则求出 VAR 为 $(C-C^*) \times Q = (10.4-8.0) \times 10\ 000 = 24\ 000$ 元。权利金为 $10.4 \times 10\ 000 = 104\ 000$。所以 VAR 占权利金大约 24%，比股票的 3%、4% 大很多。

当然并不是每一种期权都有公式解。如果碰到没有公式解的期权，可以利用蒙特卡罗模拟法或二项式求出理论价格。但是，当证券组合内有许多期权时就需要重复计算，有公式解还好,如果需要利用蒙特卡罗等方法那就很费时。因此,下一节将介绍的部分评价法就方便多了。

☞ **动动脑**

如果在计算期权的 VAR 时,由期权的市价所求算出来的隐含波幅不等于由历史波动率算出来 B-S 的理论价格,那么你认为采取哪一种波动率求算 VAR 才合理呢?为什么?

第三节 期权的 VAR:部分评价法

前面介绍了期权完全评价法的风险值估算,这一节将介绍更常用的部分评价法。部分评价法是利用第十一章介绍过的期权敏感度分析,求出单独变量对期权价格的影响,进而来求算期权的变动量。我们可以利用泰勒展开式的概念,求出股价变动量、波动率变动对期权的影响,进而加总求出期权价值变动的近似值。部分评价法一般又分为 delta 法、delta-gamma 法,以及加入波动率的 vega。以下将举例说明 delta 及 delta-gamma,另外 vega VAR 则留到下一节。

部分评价法是利用期权对股价及波动率的一阶导数或二阶导数来求得。以看涨期权为例,看涨期权对股价 S 及波动率 σ 的泰勒展开式:

$$\Delta C = \frac{\partial C}{\partial S}\Delta S + \frac{1}{2}\frac{\partial^2 C}{\partial S^2}(\Delta S)2 + \frac{\partial C}{\partial \sigma}\Delta \sigma + \cdots$$
$$= \text{delta} \times \Delta S + \frac{1}{2} \times \text{gamma} \times (\Delta S)2 + \text{vega} \times \Delta \sigma + \cdots$$
(15-1)

其中,delta 是股价变动对看涨期权的影响,gamma 是股价变动对 delta 的影响,vega 是波动率变动对看涨期权的影响。因此,部分评价法可用 delta 法或 delta-gamma 法及加入 vega 考虑,在此分别说明如下:

一、delta 法

delta 法又称 delta-normal 法。其概念是假设期权价值的变动和股价的变动呈线性关系。因此期权的 delta VAR 可表示如下:

$$\text{delta VAR} = C^* \times Q = \text{delta} \times S^* \times Q \quad (15\text{-}2)$$

其中,ΔS^* 为临界股价变动,Q 为股数,因为看涨期权价格变动 ΔC 为负,所以前面加负号,VAR 取正值。

【例题 3】 假设工商银行看涨期权 delta=0.65,请利用 delta 法求出买入工商银行看涨期权 10 张,1 天的 VAR(工商银行股价为 100 元,每天报酬波动率为 2.264%)。

解:由例题 3 得知临界报酬率为 $-1.65\sigma = -1.65 \times 2.264\% = -3.74\%$,则临界股价变动量为:

$$\Delta S^* = -3.74\% \times 100 = -3.74$$

因此 deltaVAR = $-\text{delta} \times \Delta S^* \times Q$ = 0.65×3.74×10 000 = 24 310 元。

二、delta-gamma 法

在介绍 delta 中立对冲时我们提到，由于期权的价格和股价并非呈直线的关系，因此股价变动较大时，delta 法会产生大的误差，所以需要再考虑 gamma，则：

$$\text{delta-gamma VAR} = -(\text{delta} \times \Delta S^* + \frac{1}{2} \times \text{gamma} \times (\Delta S^*)^2) \times Q$$

$$= -(\text{delta} \times \Delta S^* \times Q) - \left(\frac{1}{2} \times \text{gamma}(\Delta S^*)^2 \times Q\right) \quad (15\text{-}3)$$

公式 15-3 第一项为 delta VAR，第二项即是 gamma VAR。

对看涨期权买方而言，其损失的风险在于股票下跌，由于股票下跌时 delta 也会下跌，所以 delta 法会高估买方的 VAR，因此要扣除 gamma 的 VAR；对看涨期权卖方而言，由于损失的风险在于股票上涨，然而股票上涨，delta 应该也要上涨，因此 delta 法会低估 VAR，所以要加上 gamma 的 VAR。对看跌期权买方而言，当股票上涨有 delta 风险，但 delta 的绝对值会变小，所以也要扣除 gamma 的 VAR；反之，看跌期权卖方则要加上 gamma 的 VAR。总之，期权买方应扣除 gamma 的 VAR，而期权卖方应加入 gamma 的 VAR。

【例题 4】 在例题 3 中，如果工商银行的 gamma 为 0.02，请以 delta-gamma 法，分别求出买方与卖方的 10 张工商银行看涨期权 1 天 95% 的 VAR。

解：买方的 VAR = 0.65×3.74×10 000 − 0.5×0.02×(3.74)×10 000
= 24 310 − 1 400 = 22 910

卖方的 VAR = 0.65×3.74×10 000 + 0.5×0.02×(3.74)×10 000
= 24 310 + 1 400 = 25 710

部分评价法的优点是容易计算。对于相同目标资产、不同执行价格的期权，其 delta 及 gamma 是可以加总的，因此可以一起计算 VAR，不像完全评价法需要一个一个算出期权价格。但是，部分评价法的缺点是它也只是一个近似值。此外，部分评价法并没有把时间的因素考虑进去。严格来说，如果求算 VAR 的天数较长（譬如 10 天），那么随期满日缩短而减少的价值便不可忽略。另外，波动率变动的风险对期权而言也是很重要的，这将在下一节讨论。

☞ **动动脑**
期权买方的 VAR 较大还是卖方的 VAR 较大？为什么？

第四节　波动率风险值

期权受波动率影响很大，而波动率的变动对期权投资者造成的风险很大，因此不能够忽略。况且当股价大跌时，波动率常常会大幅上扬 1 倍或 2 倍以上，譬如在 2008 年金融海啸时，CBOE 的 VIX 就曾从 20% 上升到最高 80%，几乎是 4 倍。因此期权卖方就会面临波动率上升的风险。波动率风险值（vega VAR）的衡量可根据公式 15-1 第三项求得，公式如下：
$$\text{vega VAR} = -\text{vega} \times \Delta\sigma^* \times Q \tag{15-4}$$

【例题 5】 如果你卖出 10 张工商银行看跌期权（delta 为 0.35，gamma 为 0.02），假设 vega=0.1，已知 95% 临界波动率变动为 $\Delta\sigma^* = 5\%$，则 VAR 将变为多少？

解：delta-gammaVAR = $0.35 \times 3.74 \times 10\,000 + 0.5 \times 0.02 \times (3.74)^2 = 13\,090 + 1\,400 = 14\,490$

$$\text{vega VAR} = -\text{vega} \times \Delta\sigma^* \times Q = 0.1 \times 5\% \times 10\,000 = 5\,000$$

总和　VAR = 14 490 + 5 000 = 19 490（元）

vega 约占 delta+gamma VAR 的 $\frac{1}{3}$，所以不能忽略。

对看跌期权卖方来说，σ 上升才会有 vega 风险，所以上面 $\Delta\sigma^*$ 取 5%。

对卖出看跌期权的卖方而言 VAR 可能最大。因为卖出看跌期权当股价下跌时，看跌期权价格上升会造成损失；而当股价下跌时，波动率也会上升，这也会让看跌期权价格上升，这两个因素都会让看跌期权卖方损失加大。至于看跌期权买方，当股价上涨时，由于波动率下降或不变，则会有 vega 的损失风险。应该加上 vega 风险。对于看涨期权买方，由于股价下跌时，σ 会上升，所以反而没有 vega 风险，而应该减去 vega VAR；反之，看涨期权卖方当股价上涨时，一般 vega 下跌或不变，此时也没有 vega 风险，甚至获利，所以也应该减去 vega 风险。

总之，对看跌期权的买卖双方，vega 风险为正，所以应该在 delta+gamma 风险下加入 vega 风险；反之对看涨期权买卖双方，vega 风险可以不用调整，甚至还可以扣除 vega 的风险（如表 15-1）。但是为保守起见，反向的 vega 风险还是不要从总 VAR 中扣除比较好，而视为零即可。甚至在波动率很低时，由于股价的连续上涨，可能也会引起波动率上升，因此看涨期权所产生的 vega VAR 仍应加入考虑。

表 15-1　　　　　　　　加入 gamma 及 vega 后 VAR 的变动

部位	风险来源		加入 gamma 后的 VAR	加入 vega 后的 VAR
	股价变动方向造成的风险	股价变动方向造成波动率变动		
买 C	$S\downarrow$	$\sigma\uparrow$	减少	减少
卖 C	$S\uparrow$	$\sigma\downarrow$（或不变）	增加	减少（或不变）
买 P	$S\uparrow$	$\sigma\downarrow$（或不变）	减少	增加（或不变）
卖 P	$S\downarrow$	$\sigma\uparrow$	增加	增加

如果求算看涨期权的 vega 风险，没有足够天数的隐含波动率来求算上题中 95% 的临界波动率的变动量，那该怎么办？由于不同执行价格有不同的隐含波动率，或是隐含波动率不够时，该如何计算隐含波动率的变动量呢？有一个近似的方法就是，可以用期货交易所编制的波动率指数 VIX，来求出波动率的变动率（或在历史模拟法下，将 VIX

的变动量排序）。

【例题 6】 假设你以市价 178 点卖出执行价格为 8 000，1 月到期的看跌期权 1 手。求 99%、1 天的 VAR。（已知当天 F 收盘为 7 953，距期满日天数为 27 天，利率 1%）

解：（1）根据本书所附软件，求出该看跌期权的隐含波动率 = 17.74%，delta = 0.539，gamma = 0.001，vega = 858。

（2）根据过去 101 天台指期货的价格（利用过去 5 个月份近月期的期货数据，在到期前 3 天换仓），求得期货报酬波动率 σ 为 1.7%，乘以 2.33 再乘以今天期货价格 7 953，得到临界期货变动量 $\Delta F^* = 315$

（3）delta VAR = 0.539×315×50 = 8 490

gamma VAR = 0.5×0.001×(315)²×50 = 2 480

（4）利用过去一年 VIX 的数据求出 VIX 的变动量，再排序得到倒数第 3 笔 $\Delta \sigma^* = 8\%$ ①

（5）vega VAR = vega×$\Delta \sigma^*$×50 = 858×8%×50 = 3 430。

（6）加总 VAR = 8 490+2 480+3 430 = 14 400（元）

由此可见，总 VAR 有 14 400，比起看跌期权的权利金 8 900 元（178×$50）要高出很多。

因此，期货交易所所订定的台指期权风险保证金 A 值（高值），目前为 19 000 元，足以保障求出来的总 VAR。

第五节 互换与债券的 VAR 求法

利率互换是买方支付固定利率并收取浮动利率的合约，可以看成是买入浮动利率债券，加上卖出固定利率的债券。因此，利率的变动会影响互换的价格。债券的价格同样也受到利率的影响，本节只讨论债券 VAR 的估算，至于利率互换 VAR 的计算也很类似，限于篇幅，在此不讨论。债券的 VAR 求法可以如同股票一样，采用债券市场价格来求，或将债券看成是利率的金融衍生工具而利用完全评价法，将到期收益率的变动代入债券评价公式而求出临界债券价格，再和购入的价格相比较。另外，也可以和期权的 delta-gamma 法一样采用部分评价法。只不过在求债券的 VAR 中我们是以到期期限（duration）代替上一节期权的 delta，而以凸性（convexity）代替期权的 gamma。在此分别说明如下：

一、以债券的价格求算 VAR

如同前面介绍单一股票 VAR 的求法一样，我们也可以利用债券过去的价格求算 VAR。但是和股票不一样的是，债券在接近期满日时，债券价格会逐渐收敛到面值，因而波动会减小。再者，对于刚上市不久的新债券（如同前面提到刚上市的期货契约一

---

① 如果数据不包括金融海啸期间的 9、10、11，只采用 2008 年 12 月至 2009 年 11 月的数据，则 $\Delta \sigma^* = 5\%$。

样),由于历史价格不多,因此无法像股票一样求出 VAR。另外一个方式是仿照上一节期权的求法,先求出债券到期收益率的变化,再代入债券的完全评价法或部分评价法。

二、以完全评价法求算 VAR

先求出债券到期收益率 y(yield)的临界变动量 y^*,然后代入以下债券的评价公式求出债券的临界价格:

$$P^* = \sum_{t=1}^{T} \frac{C_t}{(1+y+\Delta y^*)^t} \tag{15-5}$$

则 债券 $\text{VAR} = \left(\frac{P-P^*}{P}\right) \times V$

其中:P 为今天债券价格,P^* 为临界债券价格,C 为支付的利息或本金,t 为每一次支付的时间,T 为到期期限,y 为债券到期收益率,V 为投资金额。

三、以部分评价法求 VAR

债券的久期(duration)是债券价格与到期收益率间的切线斜率,而凸性(convexity)是指此切线斜率因为到期收益率变动而产生的变动大小。债券的久期很像期权的 delta,凸性很像期权的 gamma。在期权中,我们用 delta 及 gamma 求算 VAR。同样地,我们也利用久期加上凸性来求算 VAR。因此,利用泰勒展开式,每 1 元债券价格的变动可以表示成①:

$$\frac{\Delta P}{P} = D^* \times \Delta y + \frac{1}{2} \times C \times (\Delta y)^2 \tag{15-6}$$

那么根据公式 15-6,便可以得到债券的 VAR:

$$\text{VAR} = -\frac{\Delta P^*}{P} \times V = -D^* \times \Delta y^* \times V - \frac{1}{2} \times C \times (\Delta y^*)^2 \times V \tag{15-7}$$

其中 D^* 为修正的久期(modified duration),等于 $\frac{\Delta p/p}{\Delta y}$,$C$ 为凸性。原本的久期 D 的定义为 $\frac{\Delta P/P}{\Delta y/(1+y)}$,修正的久期 $D^* = \frac{D}{1+y}$,代表投资者买入债券需要多久才能收回本金及利息。也可解释为利率变动 1 单位,引起债券价格变动的百分比。譬如下例中的 $D^* = 3.4489$ 表示利率每变动 1%,则债券价格将变动 3.4489%。因为债券价格和到期收益率的关系不是线性的,因此有必要加入凸性,以捕捉非线性的部分,但一般而言,凸性的影响不大。

因为到期收益率曲线为凸向原点的曲线,而债券买方的风险在于利率的上涨,当利率上涨使债券价格下跌时,曲线的斜率会变得较平坦,也就是风险会比用 D^* 求出来的

---

① 债券价格 P 对到期收益率 y 的泰勒展开式为 $\Delta P = \frac{\Delta p}{\Delta y} \Delta y + \frac{1}{2} \left(\frac{\Delta p}{\Delta y}\right)^2 (\Delta y)^2$,则:$\frac{\Delta p}{p} = \frac{\Delta p_1}{\Delta y p^*} \Delta y + \frac{1}{2} \left(\frac{\Delta p}{\Delta y}\right)^2 \frac{1}{p} (\Delta y)^2 = D^* \Delta y + \frac{1}{2} C (\Delta y)^2$,即为每 1 元债券价格的变动。

VAR要低一点。因此,第二项的VAR变成负项;反之,债券卖方的风险在于利率下跌,当利率下跌时,价格上涨,此时到期收益率曲线的斜率变得较陡,因此风险变大,第二项的VAR变成加项。我们发现加入凸性的VAR和前面加入gamma的VAR一样,都是卖方VAR要增加,买方VAR会减少。

【例题7】 例如你买入100万元债券,发行日2008年7月20日,其票面利率2%,当天到期收益率0.86%,价格104.829,$D^* = 3.4489$,凸性$C = 815.68$。利用部分评价法求95%、1天VAR。

解:利用过去125天到期收益率数据得到临界到期收益率变动量$y^* = 0.024\%$。

1. 部分评价法:利用公式15-6:

债券的 VAR $= \left(3.4489 \times 0.024\% - \frac{1}{2} \times 815.68 \times (0.024\%)^2\right) \times 100$ 万

$\simeq 808$ 元

2. 完全评价法:利用公式15-5求得债券临界价格为104.745,所以债券的 VAR $= \left(\dfrac{104.829 - 104.745}{104.829}\right) \times 100$ 万 $= 800$ 元

由上面数据可以发现,债券的VAR比起股票、期货或期权小很多,一般只有本金的0.1%~0.5%,和股票、期货的3%、4%或期权的30%、40%差异相当大。

【实务专栏15】

2008年金融海啸事件原因探讨

2008年全球金融海啸的原因很多,包括美国房市泡沫、金融衍生工具如CDO、CDS加深危机、金融监管疏失、全球系统性风险等,在此仅就前两项加以说明。

自从2000年网络泡沫以及2001年美国9·11事件后,美国Fed连续十多次调降利率。几年的低利率水平,造成美国房地产大幅上扬,房贷金额快速增加,埋下泡沫的种子。2004年至2006年间,Fed为了抑制通货膨胀,连续17次提高利率,将基本利率由1%逐步调高至5%,美国房市的隐忧开始浮现。

在房贷中,贷款给信用较差者的称为次级房贷(Subprime Loan),简称次贷。在贷款经纪商的误导及推波助澜下,没有能力的购房者也加入贷款的行列,使次贷的金额快速攀升。当利率上扬、房价下跌时,最先受到冲击的就是这批贷款者,因此违约事件开始激增。

在提供房贷的过程中,银行将这些房屋抵押贷款证券化,变成抵押担保证券(Mortgage-backed Securities,MBS),藉以转移债权,扩大信用,并继续增加放款。而后,投资银行等将这些MBS等抵押证券及其他债务工具,再一次包装成担保债权凭证CDO(Collateralized Debt Obligation),再转卖给全球投资人,包括基金公司、国际各银行、保险公司、投资银行等。CDO一般会依风险的等级切割成不同的分券(tranch)出售,不同分券的票息、偿还顺位等条件也都不同。

另外,CDO的买方为了规避CDO违约的风险,开始和卖方(如保险公司AIG等)交

易信用违约互换(Credit Default Swap, CDS)。信用违约互换的买方支付固定费用给卖方,如果标的债券(如 CDO)发生违约,卖方需支付给买方债券违约所发生的损失。这些层层的信用风险转移看似十分漂亮,但是这其中的道德风险(moral hazard)在"卖愈多,赚愈多,分愈多"及"有赚有得拿,打破不用赔"的华尔街薪酬文化下,更是不断地被放大,导致信用的无限制扩张。一旦最初贷款者信用破产,滚雪球似的损失就会如山崩般一夕间倒塌下来,终至酿成不可收拾的重大灾祸。

当然,在这场风暴中,金融监管机构的缺失与对金融衍生工具的缺乏管理责无旁贷。另外,各国金融市场的高度国际化,使金融危机到处波及。"全球性系统风险"也是使全世界遭受摧残的原因之一。全球系统性风险明显地过度集中在全球少数几家规模庞大的金融机构上,犹如把鸡蛋放在同一个篮子里,风险相当大。因此,金融机构的巨型化、国际化、自由化,是否能没有界限,在探讨金融海啸之际,尤其值得我们深思。另外,为防止金融机构"太大不能倒"(too big to fail)的迷思,是否要恢复到以前银行、证券、保险各自独立的状况,也是一个值得思考的问题。

小　　结

1. 期货的 VAR 求法,可以看成是类似股票的产品,而利用三种方法来计算;或利用所对应现货的数据来求 VAR。
2. 期权的风险值可用完全评价法或部分评价法求得。
3. 完全评价法是利用期权评价公式,或数值方法完整地求出临界股价下的期权价值,再和今天的期权价值来比较,求算出 VAR。
4. 部分评价法是利用期权敏感度分析的方式,求出单独变量对期权价格的影响,进而来求算期权的变动量。
5. 部分评价法可采用 delta 法及 delta-gamma 法及考虑波动率的 vega 法求 VAR。

$$\text{deltaVAR} = -\text{delta} \times \Delta S^* \times Q$$

$$\text{delta-gammaVAR} = -\text{delta} \times \Delta S^* \times Q - \frac{1}{2} \times \text{gamma}(\Delta S^*)^2 \times Q$$

$$\text{vega VAR} = -\text{vega} \times \Delta \sigma \times Q$$

6. 债券的 VAR 求法可以如同股票一样,用市场价格来求,或是利用求出的到期收益率的变动代入债券评价公式求出临界债券价格,再和购入的价格相减;也可和期权的 delta-gamma 法一样,只不过在此以到期期限 D^* 代替 delta,以凸性代替 gamma,求出 ΔP^* 除以 P 再乘上本金。

$$\text{债券的 VAR} = -\Delta P^*/P \times V = -D^* \times \Delta y^* \times V - \frac{1}{2} \times C \times (\Delta y^*)^2 \times V$$

习　　题

1. 假设你在某 1 天买入 1 手沪深 300 期货,请求出 95%、1 天的 VAR。

2. 何谓 delta 法？何谓 delta-gamma 法？为何需加入 vega 风险？

3. 如何求出债券的 VAR？债券买方的 VAR 较大，还是卖方较大？

4. 假设你以 180 点买入 100 手 2 月到期、执行价格为 8 300 的台指看涨期权，其中 delta=0.52，gamma=0.001。2 月到期的台指期货为 8 280（假设台指期货每日报酬的标准偏差 2%，$\Delta\sigma^* = 5\%$）。

(1) 以 delta 法求 1 天 95% 台指看涨期权部位的 VAR。

(2) 以 delta-gamma 法求 1 天 95% 台指看涨期权部位的 VAR。

(3) 假设你以 200 点卖出 100 手同条件台指看跌期权，请以 delta 法及 delta+gamma 法求此台指看跌期权 1 天 95% 的 VAR。

5. 承上题如果 vega 等于 940，则 vega VAR 为多少？

6. 请上网到 CBOE 找出过去 3 个月 S&P 500 加权指数和 CBOE 期权的 VIX 指数，并说明其走势是呈正相关还是负相关。

第十六章　VAR 相关主题

上一章介绍了 VAR 的算法后，本章将针对 VAR 相关主题做进一步的探讨。第一节将深入讨论流动性风险，分为资产流动性风险及资金流动性风险，并将介绍流动性风险值(Liquidity VAR)的估算。第二节探讨信用风险，这也是造成全球金融海啸的重要因素之一，另外将介绍信用风险值(Credit VAR)的估算。第三节说明压力测试是在探讨异常事件冲击时风险值的大小，并讨论敏感度分析及情境分析。第四节介绍用来验证 VAR 模型正确性的回溯测试。第五节讨论 VAR 实际上的应用，包括部位的限制、绩效的评估、资产的配置、保证金大小的计算等。实务专栏探讨美国银行第三次压力测试的结果，其中花旗银行等四家没通过。

第一节　流动性风险

第十四章提到流动性风险(liquidity risk)一般可分为两种情形，包括交易量不足，无法以市价卖出及保证金不足等。前者又称为资产流动性风险(asset liquidity risk)，后者称为资金流动性风险(funding liquidity risk)。

1. 市场交易量不足，无法以某一市价冲销某一部位而导致损失。譬如 LTCM 事件，当俄罗斯经济危机发生时，LTCM 所购买的债券信用等级较差国家的债券价格下跌，但因为这类债券的交易量小，无法很快脱手卖出而造成损失。又譬如券商买入股票来规避认购权证发行的风险，在股票价格急遽下跌时，无法立即大量抛售股票来改变对冲比率，而造成损失。此项流动性风险有时候称为资产流动性风险，或称为产品流动性风险。

2. 现金准备不足，面对保证金追缴无法履行义务，被迫提前清算而造成损失的风险。譬如 LTCM 事件，由于其操作杠杆太大，当损失增加时，无法履行保证金的补缴而发生的损失。另外，操作台指期货或台指期权卖方也常会碰到保证金追缴的风险。此项关于保证金等不够的问题，有时可归类为资金流动性风险或融资流动性风险或现金流量风险。银行的挤兑也是资金流动性不足的一个现象。

一、资产面流动性风险

在一般交易量较大的市场如股票市场，流动性比较高；而在 OTC 交易的股票或金融衍生工具(如互换)等一般交易量较少，当需要在市场上抛售手上所持有的这些产品时，常常会对市场造成冲击，无法立刻以市价售出，而会让价格受到大幅下跌。在有涨跌幅限制的地方(譬如在台湾地区有 7% 的涨跌幅限制)，当股票大跌时(如 2008 年金融海啸时），许多股票跌停板，但是还是卖不掉，只看到大量空单高挂，却无买方，就是流动性风险一个明显的例子。

衡量市场交易量大小所引起的清算产品成本中，买卖价差（bid-ask spread）是比较容易衡量的一种。买价（bid）是买方愿意买入的价格，而卖价（ask）是卖方愿意卖出的价格。一般我们可以取买价或卖价的平均价当成分母，把买卖价差除以平均价定义为买卖价差率 S（spread ratio），如下所示：

$$S = \frac{卖价 - 买价}{平均价} \times 100\% \tag{16-1}$$

根据统计，纽约交易所股票的平均买卖价差常在0.2%上下，美国整个股票市场约为0.05%~5%，全球价差平均在0.4%。买卖价差造成的流动性风险值（Liquidity VAR）可估算为1/2买卖价差率乘以部位金额：

$$流动性 VAR = \frac{1}{2} S \times V \tag{16-2}$$

其中，V为部位价值。譬如买卖价差率为0.2%，$V=100$万元，则此流动性 $VAR = \frac{1}{2} \times 0.2\% \times 100$ 万元 $= 1\,000$ 元。

【例题1】 假设台积电股票卖价为63.3，买价为63.2，如果你有100万元台积电股票部位，求此流动性VAR。

解：根据公式16-1，$S = \frac{63.3 - 63.2}{63.25} = \frac{0.1}{63.25} = 0.15\%$。流动性 $VAR = \frac{1}{2} \times 0.15\% \times 100$ 万元 $= 750$ 元。比较同日台指期权、1月到期、执行价格8 200的看涨期权买价为61，卖价为62，则 $S = \frac{62 - 61}{61.5} = 1.6\%$。可见期权的买卖价差率是台积电股价的10倍左右。

除了正常市场买卖价差风险外，大量抛售产品也会改变平常的买卖价差，从而降低出售的价格。如果不是一次大量卖出，而是分批卖出，虽然可以减少卖压对市价造成的冲击，但是分批卖出手中的部位多，则风险相对也会比较大，如何求得平衡点也是重点。一般交易所都有部位限制，以避免个人或法人的交易部位太大，影响市场价格。譬如，台股期货就限定自然人不得超过5 000口，法人不得超过1万口，期货自营商不得超过3万口。沪深300股指期货合约期货交易账户持仓限额为100手。

二、资金流动性风险

资金流动性风险，是指现金不足或无法立即筹措资产，导致无法偿付负债的风险。一般包括：

1. 因为产品的市值发生变化（譬如股价下跌），需要追加保证金。譬如融资买进股票，或买入期货，这些只需先支付保证金。但是，当股票或期货价格下跌时，便需要再补充保证金，否则交易所会将股票或期货卖掉，俗称"断头"或"砍仓"。

2. 第二种情形是银行或贷款人要求借款人增加担保品，尤其在市场有大的变化时，贷款机构常会要求增加担保品或降低信用额度，使得借款人一时资金不够支付。

3. 另外有一种情形是现金支出的时点不等于现金收入的时点。譬如券商进行看似对冲的两笔互换交易，但因现金收入与支出的时点不同，也会造成流动性风险。

4. 客户要求赎回的流动性风险。这是指客户要求赎回其股权等，而公司现金不够支付，而导致的风险。譬如基金公司面临客户赎回，但是却无现金支付的情形，而被迫强制处置资产以变现，进一步又造成资产的流动性风险。

流动性风险在市场发生巨大变化时产生，有时甚至超过市场风险，因此在风险管理上不容忽略。譬如在这次金融海啸中，美国许多银行面临流动性风险的问题，幸好美国财政部及 Fed 注入大量资金进入市场，并且降低拆借利率以增加市场流动资金，避免了金融风暴的进一步恶化。

第二节 信 用 风 险

一、信用风险的定义

信用风险（credit risk）是指交易对手无法履行交易合约的义务，而导致损失的风险，又称违约风险（default risk）。譬如 1998 年俄罗斯宣布无法偿付该国所发行债券的利息和本金，导致全球金融市场发生激烈震荡的事件。国家所发生的信用风险有时另称为主权风险（sovereign risk）或国家风险。像这次金融海啸中，冰岛、迪拜等均发生国家风险。2008 年金融风暴中，发生许多公司信用违约的事件，导致全球股市受到重挫。在台湾地区雷曼兄弟的连动债券违约，更使许多投资人血本无归。这些都是信用风险的事例。信用风险又常常和市场风险同时发生。

二、信用风险的衡量

信用风险的衡量是最近一二十年才兴起的事。由于互换契约都是店头交易，因此交易对手的信用风险更为重要。随着互换合约交易量的增加，信用风险的衡量日益重要。信用风险和市场风险不同，主要在于信用风险一般比较长期，而市场风险为短期。另外，一般市场风险有市价可估算，而信用风险无市价可供估算。一般信用风险可归因于三个因子，包括违约率（default rate）、信用曝险金额（exposure profile）及回复率（recovery rate）。违约率是指对手违约的概率；信用曝险金额是指对手违约时求偿的价值，而回复率是指债券违约后可拿回的本金比率。回复率及违约率一般均需要特别的模型或数据才能求得。

三、信用风险衡量模型

信用风险可以说是金融机构所面临的最主要的风险。在国际间比较著名的信用风险模型有四个，包括摩根银行的"信用计量法"（CreditMetrics）；瑞士信贷银行的"信用风险加成法"（Credit）；麦肯锡顾问公司的"信用证券组合观察法"（Credit Portfolio View）；KMV 顾问公司的"证券组合经理法"（Portfolio Manager）。

摩根银行于 1994 年开发出评量市场风险的风险计量法后，于 1997 年开发出信用计量法用以衡量由于违约及信用升级（upgrade）与降级（downgrade）等所产生的信用风险。

摩根银行的信用计量法依照三个步骤来计算个别金融工具及证券组合的信用风险值（Credit Value at Risk，Credit VAR，CVAR）。首先，求得证券组合中每一债务人曝险金额，包括债券、应收账款、利率互换及其他金融衍生工具。其次，计算由于违约及评等降（升）级所造成的每一金融资产价值的波动情形及概率。譬如每一资产在某一特定时段，由某一等级移至另一等级的概率可来自移转矩阵（transition matrix），另外由信用利差（credit spread）和违约后回复率等资料求出每一等级变动后的价值。每一等级依其概率及价值分配，可计算每一资产的预期值和标准偏差。最后考虑各个资产的相关性后，结合每一金融资产波动率，求出整个证券组合的波动率，其分析步骤如图16-1所示。

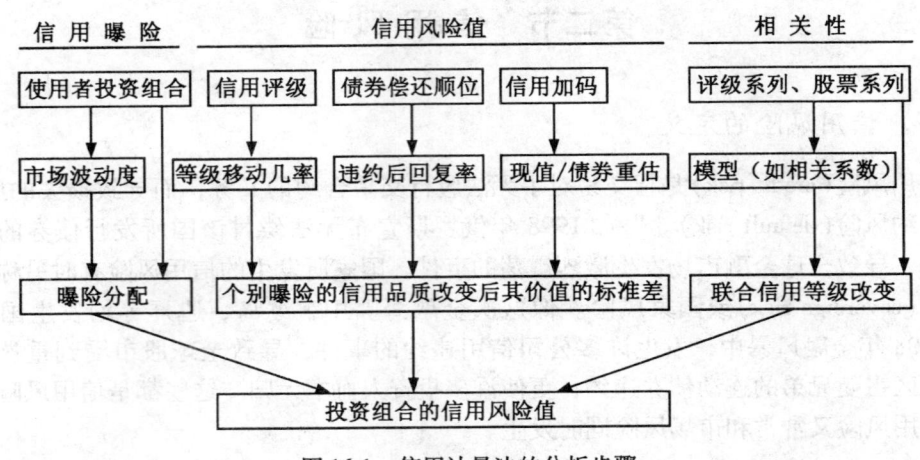

图16-1　信用计量法的分析步骤

四、信用风险值的计算

以下简要介绍如何计算信用风险值，并举例说明。信用风险值可分为单一资产曝险及多种证券组合两种情况，在此仅以单一资产曝险的信用风险值为例加以说明。

首先评估债券违约或移至任何可能信用质量状况的概率。接着决定债券违约时的回复率，将移至每一信用等级类别的远期零息曲线（forward zero curve）作为折现率，来决定债券评等降（升）级时的价值。最后，由所获得概率和求得的各信用等级下的价值加以结合，计算由于信用质量变动而产生的价值波动率。

假设一证券组合只包含一个先顺位无担保（senior subordinated）票面利息6%、5年期BBB等级的债券，兹将计算信用风险值VAR的三个步骤分别说明如下。

步骤1：信用等级移动

目前该债券信用等级为BBB，但1年风险期后，该债券等级同为BBB的可能性较大，其概率为86.93%（见表16-1）。但是信用等级也可能降级为BB或升级为A，其概率分别为5.30%或5.95%。当然，信用等级降（升）为其他等级（如AAA、AA或B、CCC等）也有可能，但所有可能性的概率加总须等于1。

步骤 2：评价

决定移动至任何可能信用质量状况的概率后，其次求取每一信用状况的价值。因对每一移动状况可计算一价值，因此在此简单单一债券组合例子中，共有 8 种重估价值可能性。如信用质量移至违约的状况，可根据债券顺位分类估计回复率(此例子的平均回复率为面值的 51.13%)。

如信用质量移至另一非违约等级，则可依债券现值估价。换言之，先获取每一等级类别的远期零息曲线，然后使用此等级零息曲线重估每一等级类别，以及债券的剩余现金流量。

假设本例中的 BBB 债券 1 年后信用等级升级为 A，则债券价值为 108.66 元，此数值等于将年息 6 元及到期本金 100 元依相对零息利率加以贴现求得。在此例中，1 年、2 年、3 年、4 年期的远期零息利率分别为 3.72%、4.32%、4.93% 及 5.32%。同理，利用相对零息利率可求出其他信用等级类别的债券现值，将之汇总如表 16-1。

表 16-1　　**BBB 债券 1 年后可能升级或降级的概率及对应的价值**

8 种可能等级情况	AAA	AA	A	BBB	BB	B	CCC	Default
移转概率(%)	0.02	0.33	5.95	86.93	5.3	1.17	0.12	0.18
债券价值($)	109.37	109.19	108.66	107.55	102.02	98.10	83.64	51.13

步骤 3：信用风险值的估计

从前述步骤 1 获得所有可能等级变动(所有降(升)级和违约)的概率，以及步骤 2 每一等级的价值分配后，便可估计信用质量改变的价值波动率，用来计算风险估计值。信用风险值的衡量方法之一是以标准偏差大小来表示。为计算标准偏差，需先求取平均数。平均数是所有等级类别(包括违约类别)下，概率加权的平均值。如表 16-1 所示，此平均值为 107.09 美元。其次，计算标准偏差，以衡量个别值与平均值之差。本例显示由于信用改变的价值的标准偏差为 2.99 美元，2.99 再乘以 2.33(99%)的临界值，6.9 元即为摩根银行信用计量法的单位信用风险值。再转换成部位金额即可以得到部位的 CVAR。

总而言之，信用风险是比较难以量化的风险，譬如客户的信用、国家的信用等，但是不能量化并不表示能够忽略其风险，常常不能量化的风险反而最大。因此，风险管理者除了依量化的方法来监控公司的风险外，也应特别注意难以量化的信用风险。

第三节　压　力　测　试

前几节介绍了单一股票、股票证券组合、金融衍生工具 VAR 的算法。然而，单一数字的 VAR 对于风险管理者而言，仍是不够的，尚需配合其他数据，譬如敏感度分析、情境分析、压力测试、回溯测试等。本节将先介绍压力测试，至于回溯测试将在下节介绍。

一般风险值着重在正常市场状况下的损失分析，而压力测试(stress test)则是探讨在异常事件的冲击时风险值的大小。一般而言，确定市场的风险值须假设事件发生的概率。压力测试不需概率假设，是一种非统计的风险衡量方法。以下分为敏感度分析及情境分析进行介绍。

一、敏感度分析

敏感度分析(sensitivity analysis)用来检验个别变量对 VAR 的影响大小程度。譬如管理阶层可以先求算出当股价报酬波动率增减 1%，或利率、汇率上升或下降 1% 时，VAR 值的变动情形。由此可以看出哪些变量的变动对部位的风险有比较大的影响，根据这些变量再做情境分析。另外，由于 VAR 的计算过程中牵涉参数的估算，譬如变异数、相关系数等，这些参数的变动都会改变 VAR 的大小。此外，取样期间的长短也会影响 VAR 的值，因此风险管理者应针对计算过程中，所采用的数据、采样的期间、采用的步骤等，做一个分析。

二、情境分析

压力测试系针对影响本身部位 VAR 比较大的变量的巨大改变，做假设性的分析并求出 VAR 值，也就是所谓的情境分析(scenario analysis)。情境分析一般可以分为历史情境分析(historical scenario analysis)及虚拟情境分析(hypothetical scenario analysis)。我们知道，VAR 的计算是假定在一般"正常的状况"，然而风险管理人员也应该清楚知道，如果过去金融市场发生重大变动的情况再度出现时，或者是假设股票大跌 10%、外汇贬值 10% 后，这些极端事件发生可能对公司 VAR 造成的变化。前者即为历史情境分析，后者则为虚拟情境分析。

（一）历史情境分析

历史情境分析是讨论假如在某历史事件重演时，对公司 VAR 的影响。譬如对股市而言，如果像 1987 年 10 月 19 日的黑色星期一、全球股市崩盘的情况再度发生，那么公司的 VAR 将会如何？对汇市而言，如果类似 1994 年 12 月 20 日墨西哥比索大贬，或 1998 年 8 月东南亚金融风暴、亚洲各国汇率大贬这些情况再度发生，公司的 VAR 将会如何？对利率风险而言，如果类似 1994 年 2 月 4 日，美国联邦储备银行(Fed)突然改变政策，连续调高利率而使债券市场崩盘的情形再次出现，那么公司的 VAR 又将如何？这些都是历史情境分析的例子，也都是历史上曾发生过的重大事件，对 VAR 将有非常重大的影响。兹列出各国银行常用到的历史情境分析，如表 16-2。

表 16-2　　　　　　　　全球主要机构历史情境分析

历史情境	风险类别
1974 年石油危机	商品风险
1987 年全球股市大崩盘(Black Monday)	股价风险
1992 年欧洲货币系统危机	汇率风险
1994 年债券市场崩盘	利率风险
1997 年亚洲金融风暴	利率、股价、汇率、信用风险
1998 年俄罗斯债信危机	利率、汇率、信用风险
1998 年 LTCM 事件	利率、汇率、信用风险
2000 年网络泡沫	股价风险
2001 年 9·11 世贸大楼恐怖袭击	利率、股价、信用风险

(二)虚拟情境分析

历史情境模拟可以提供非常准确的风险因子相关性，但是因为事件比较少，所以常常也可同时使用虚拟情境分析。虚拟情境分析又称假设情境分析或未来情境分析(prospective scenarios analysis)，是自行给予既定的参数下计算出对 VAR 的影响。譬如当股市下跌 10% 时，证券组合的 VAR 为何？或是人民币兑美元汇率贬值 0.5 元时，证券组合的 VAR 为多少？

国际间金融机构常使用的虚拟情境分析变量包括：

1. 债券方面。殖利率曲线上下平行移动达 100 个基本点、殖利率曲线斜率变动达 25 个基本点，或两者同时发生。

2. 股价及隐含波动率方面。股价指数的隐含波动率增减达 20% 及股价增减达 10%。

3. 汇率方面。本国对主要国家汇率变动达 6%，对其他国家汇率变动达 20%。

4. 利差方面。互换契约利差(swap spreads)变动达 20 个基本点。

另外，值得一提的是，由芝加哥商业交易所集团(CME Group)在 1988 年所开发的整户风险保证金制度(SPAN)，也是采用压力测试方式。该系统估算次日部位可能的 16 个风险情境，进而搭配相关评价公式，将部位在不同状况下，利用完全评价法，对损益及风险变化情形进行分析。SPAN 是估算证券组合整体风险，而不是各个资产部位的风险加总，因此可以降低部位所需的保证金。此情境分析包含了股价与波动率的增减幅度等 16 种情况，计算出对期权及期货所造成的 VAR 变动，根据最不利的情形收取保证金。

总之，由于近年来金融市场的波动加大，平均每 10 年就有一次大的金融风暴发生。根据一般的 VAR 模型估算出来的 VAR 常常无法捕捉到异常的变动。因此，风险管理者应该在标准的 VAR 下也配合执行压力测试，避免重大事件发生时，措手不及，而导致极大的损失，甚至令公司倒闭。美国金融主管机关在 2009 年 5 月 7 日，公布美国 19 家大型银行控股公司压力测试结果,包括花旗集团在内的10家银行共需增资746亿美元。这次虚拟情境分析的变量包括:实质GDP成长率下跌3.3%、民间失业率上升到8.9%,及房屋价格下跌22%等。Fed在2012年3月13日也公布了全美国19家大银行的第三次压力测试结果。19家中有15家银行通过,另外花旗集团等四家未能过关(请参阅实务专栏)。

第四节 回溯测试

美国前联邦储备理事会主席格林斯潘(Alan Greenspan)曾说过:利用量化的方法来揭露市场风险时,也必须同时揭露计算风险的方法,以及计算结果的准确性,如此所计算出来的市场风险才有意义。的确,单单是一个VAR数字,并不代表就能掌握住未来的风险。除了前面介绍的压力测试外,风险管理人员也需要了解所计算出来的VAR和实际损失之间的关系。回溯测试(back-testing)便是用来验证VAR模型正确性的一种统计分析方法。

回溯测试又称为真实性测试(reality test),对内部使用者如金融机构来说,可以帮助他们改进VAR模型的准确度。外部使用者如监管机构,也可以藉此加强对金融机构的有效监管,避免金融机构故意低估VAR,减少资本准备;或因运气不好有太多次损失超过VAR,以致受到惩处。

最简单的回溯测试就是检验VAR的失效率(failure rate)。所谓失效率是指实际的观察损失超过VAR的天数除以总观察天数的比值。譬如在100天的检测期间中,如果有6天的实际损失值超过VAR值,则失效率为6%。在95%的信赖水平下,此VAR模型是正确的。反之,如果失效率在10%,则有必要修正VAR模型。当然比较精确的回溯测试,需要以传统的统计方法来估计。

在执行回溯测试时,一般利用证券组合的报酬跟VAR做比较。但是估算VAR时,我们都假设现有的证券组合是固定不变的。但是,实务上证券组合在1天内会因交易而一直变动。所以,要运用哪一种证券组合的报酬来和预测的VAR做比较呢?一般常用实际报酬,亦即实际上所拥有的部位的报酬,包括日内交易以及手续费、佣金等来做比较。另外有时也用假设报酬来验证。假设报酬是以计算VAR当时的证券组合部位去计算1天后以实际价格代入的部位损益,亦即假设证券组合的部位是固定的。

在做回溯测试时会讨论失败及成功的次数,而二项概率分布(binomial probability distribution)便可以用来检测失败(例外)的数目。其检测的信赖区间计算公式如下:

$$P \times N \pm \alpha_{95\%} \times \sigma \tag{16-3}$$

其中P为失败概率,即1减去信赖水平;N为观察失败天数,$P \times N$为期望失败天数;σ为二项分布的标准偏差$=\sqrt{P(1-P)N}$;在95%信赖水平下双尾检定的α值$=1.96$。

一般回溯测试是选取1年的数据,譬如250天来测试。在95%信赖水平之下,$\sigma=\sqrt{P(1-P)N}=\sqrt{00.5*0.95*250}=3.46$。因此,信赖区间为$0.05\times250\pm1.96\times3.46=12.5\pm6.8$,即介于5.7~19.3。所以失败次数在6~19次均可认为模型正确。如果失败

次数低于6次，表示模型高估了每日VAR；反之，如果失败次数大于19次则表示模型低估了每日VAR。如果是在99%，则信赖区间变成失败次数小于7次模型才成立。

另外，除了计算超过损失的次数外，超过VAR量的大小也相当重要。也许超过的次数不多，但是每次超过的量都非常大；或者是超过的次数虽然多，但是超过的量都很小。因此，在回溯测试时，应该同时考虑失效率及超过的量大小。譬如，极端值理论（Extreme Value Theory，EVT）就特别考虑尾端5%损失的概率。它是利用极端的历史数据，求出左尾端的概率分布，然后求出VAR值。另外，也可以估计预期尾端损失（expected tail loss，或 expected shortfall）的值，此方法探讨如果损失超过VAR，那么尾端5%的预期平均损失大小为多少。

第五节　VAR的应用

VAR最初被用来让管理阶层了解公司的风险大小，以及在财务报表上揭露风险给股东或债权人，而后管理机关也要求公司必须在财务报表上揭露及描述公司的VAR。除了这些以外，VAR其实也有一些更进一步实际上的应用。这里将针对部位限制、绩效评估、资产配置、保证金大小的计算等，分别介绍。

一、部位限制

早期不管对于交易员或部门，为了管理风险常常限制某位交易员或部门所能动用的名义本金或部位，称为部位限制（position limit）。譬如规定每位交易员部位不能超过1亿元或部门不能超过3亿元等。但是，由于每位交易员交易的商品不同，风险也不同，而发生困扰。譬如同样是1亿元的部位，股票交易员的风险就比债券交易员来得高，而金融衍生工具的交易员的风险又比股票来得高。因此，如果能加入VAR的考虑或以VAR代替部位限制，更能使公司掌握每个交易员或部门实际所承担风险的大小。

如图16-2，假设有一个股票及债券自营部门，分配到200万元部位的VAR限额。那么主管便可以将这200万元限额分配给下面的股票部门及债券部门各120万元。由于两部门的相关性产生分散效果，使两部门VAR加总等于200万元。另外，债券部门的主管把这120万元VAR限额分配给该部门的三位交易员，譬如每个人50万元VAR限额；而股票部门每人70万元VAR限额，由于VAR有分散效用，所以部门VAR的值会小于个人VAR值的加总。这样经由VAR由上而下的分配，便可以有效控制及分散风险。

二、绩效衡量

一般在衡量绩效分配奖金时，常常视交易员的获利高低给予红利。譬如假设某位股票交易员获利500万元，而债券交易员获利200万元。直觉上，股票交易员应该获得较高的红利。但是，如果我们知道股票交易员的VAR是100万元，而债券交易员的VAR只有20万元，考虑了两人所承担的风险，如果你是老板，该根据何种标准来分配红利呢？最简单的就是以报酬除以风险值，也就是看平均每一单位的VAR的获利情形而定，

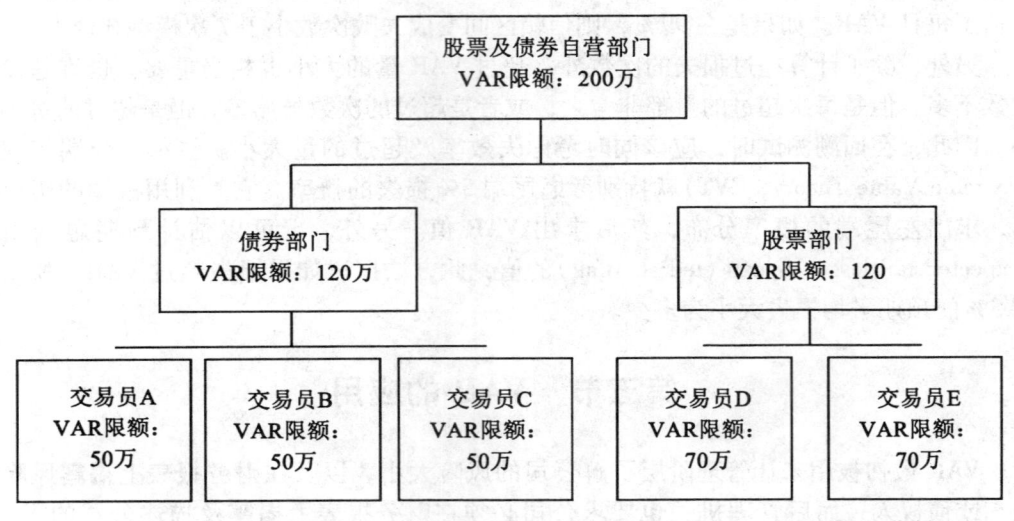

图 16-2 VAR 限额的分配与管理

这便是风险调整后的报酬(Risk-Adjusted Performance Measurement, RAPM)的概念,表示如下:

$$RAPM = \frac{报酬}{VAR} \qquad (16-4)$$

如同上例,股票交易员的 $RAPM = \frac{500 万}{100 万} = 5$,而债券交易员的 $RAPM = \frac{200 万}{20 万} = 10$,反而是债券交易员应该得到较高的红利。

三、资产配置

公司常常需要将资产做妥善的配置,除了求最大的收益外,也要考虑资金的配置,可以使整个 VAR 最低。譬如公司有债券部门、股票部门、衍生性部门,以及外汇部门。假设今天有一笔新的资金想要分配给四部门中的一部门,该如何衡量呢?简单的方法就是检查资金投入哪一个部门,可以使整个公司的总 VAR 的增加量最小。这是因为各部门商品之间具有相关性,有时候某一部门部位增加时,可使得总 VAR 只呈现小部分的上升,甚至有可能会让总 VAR 下降。因此,VAR 也可作为资产配置的标准。

四、保证金大小的计算

期货交易的双方需要缴交保证金,而期权的卖方也需要缴交保证金,而保证金的大小,可以根据商品风险的大小来计算。风险愈高者所收的保证金愈高,以免发生违约事件。风险愈高的商品其 VAR 也愈高,所以两者的概念是相同的。譬如我们前述提到台股期货,2009 年 12 月的原始保证金为 7.7 万元,约为合约价格 150 万元的 5%(以 7 500 点为例,150 万元=7 500 点×200 元),这和我们上一章对期货求算出的 99% VAR,

约为契约价值的5%很接近(沪深300股指期货交易保证金为12%)。

总而言之,VAR系统不单单只是被动地用来在财务报表上披露风险,也不只是为了应付监管机关的要求而设立的。VAR还可以有积极的用法,就如同前述介绍过的,随着VAR的普及,相信VAR系统未来将扮演着愈来愈重要的角色。

【实务专栏16】

美国银行第三次压力测试,花旗银行等四家没过

美国联邦储备理事会(Fed)在2012年3月13日公布全美国19家大银行的第三次压力测试结果。19家中有15家银行通过,另外4家,未能过关。未过关的4家是花旗集团、Ally Financial、MetLife和SunTrust Banks。Fed要求他们30天内重提资本计划。

这波压力测试仿真了美国失业率上升到新高的13%、股市市值下跌50%以及房价暴跌21%等极端情况,藉此评估19家大银行在严重景气衰退时的营收、资本充足率与盈亏等情形。

全美第三大银行花旗集团,在2008年金融危机期间曾接受美国政府最大笔注资,这次连同Ally Financial、SunTrust两家公司,问题出在"第一类资本率"(Tier 1 capital ratio,即核心资本率)这一项的储备资本低于规定的5%。MetLife不及格的是"总资本率"6%,未达规定的8%。Fed认为金融机构只有具备充足的资本储备,才能确保公司能在经济困顿时,还能维持放款与偿债能力。

美国银行的压力测试始于2008年底,起因于雷曼兄弟公司倒闭之后,Fed主席伯南克想了解美国金融体系碰到异常情况会有多大损失。压力测试现在一年一次,已成为Fed监督金融风险的标准作业。

美国金融主管机关在2009年5月7日,也曾公布美国19家大型银行控股公司第一次压力测试结果,包括花旗集团在内的10家银行共需增资746亿美元。那次虚拟情境分析的变量包括:实质GDP成长率下跌3.3%、民间失业率上升到8.9%、房屋价格下跌22%等。

小　　结

1. 流动性风险可分为资产流动性风险及资金流动性风险。
2. 资产流动性风险指市场交易量不足,无法以某一市价冲销某一部位而导致损失。
3. 资金流动性风险指现金准备不足,面对保证金追缴无法履行义务,被迫提前清算而造成损失的风险。
4. 流动性风险值(Liquidity VAR)可估算为:$\frac{1}{2}S \times V$,其中V为部位价值,S为买卖价差率,$S = \frac{\text{卖价} - \text{买价}}{\text{平均价}} \times 100\%$。
5. 信用风险(credit risk)是指交易对手无法履行交易合约的义务,而导致损失的风

险，又称违约风险。

6. 信用风险可归因于三个因子：违约概率、信用的曝险金额及回复率。

7. 信用风险(credit VAR)是指债券等信用商品因债券违约或降级在某一信赖水平下的最大可能损失。

8. 压力测试(stress test)是探讨在异常事件的冲击时风险值的大小。

9. 敏感度分析(sensitivity analysis)是用来检验个别变量对VAR的影响大小程度。

10. 压力测试系针对影响本身部位VAR比较大的变量的巨大改变，做假设性的分析并求出VAR值，就是所谓的情境分析。情境分析一般可以分为历史情境分析及虚拟情境分析。

11. 历史情境分析(historical scenario analysis)是讨论假如在某历史事件重演时，对VAR的影响。

12. 虚拟情境分析，是自行给予既定的参数下，计算出对VAR的影响。

13. 回溯测试(back-testing)是用来验证VAR模型正确性的一种统计分析方法。

14. VAR实际上的应用，包括部位限制、绩效评估、资产配置及保证金大小的计算等。

15. 风险调整后的报酬(Risk-Adjusted Performance Measurement，RAPM)，指报酬除以风险值，也就是平均每1单位的VAR的获利情形：$RAPM = \dfrac{报酬}{VAR}$。

习 题

1. 何谓资产流动性风险？何谓资金流动性风险？
2. 请上网找一支交易量较大的权值股，及一支交易量较小的股票求出买卖价差比率。
3. 何谓信用风险？
4. 何谓违约率？何谓回复率？
5. 何谓压力测试？
6. 常用的历史情境分析包括哪些？常用的虚拟情境分析包括哪些？
7. 何谓回溯测试？
8. 如果回溯测试观察天数为500天，存在有21个失误值，则在95%信赖水平下模型的正确性为多少？
9. VAR有哪些应用？
10. 何谓RAPM？

第五编 期权进阶

　　本编共四章，所探讨的主题都和期权有关。包括第十七章奇异期权、第十八章二项式定价法及蒙特卡罗模拟法、第十九章波动率有关的主题以及第二十章期权进阶主题。第十七章主要介绍一些特殊的期权，包括平均式期权、障碍期权、回顾型期权、多因子期权等。第十八章则是介绍另一种期权定价的方法——数值分析法，藉由计算机的运算来求出期权的价格。二项式定价法及蒙特卡罗模拟法则是数值分析法常用的方法。第十九章波动率有关的主题包括历史波动率的估计、隐含波动率的估计、隐含波幅的特性、波动指数 VIX 等。第二十章所介绍的期权进阶主题包括 B-S 公式的推导、二项式定价法的公式推导、期权敏感度分析、期权的 delta 及 gamma 中立对冲、波动率的估计方法及实质期权等。

第十七章 奇异期权

本章要介绍另一类期权,称为奇异期权。这类期权的报酬型态与欧式期权是不同的。本章将介绍各种不同的奇异期权,包括平均式期权、障碍期权、回顾型期权、多因子期权、数值期权等。第一节为奇异期权的分类;第二节介绍平均式期权,是最常见的奇异期权;第三节介绍障碍期权,第四节为回顾型期权;第五节介绍多因子期权;第六节介绍百慕大期权等其他期权。实务专栏介绍台湾地区第一种台指连动债券——茂硅股价指数连动公司债。

第一节 奇异期权导论

在前面几章我们提到的欧式期权或是美式期权,它们到期时的报酬和期满日的股价或目标资产价格有关。这些期权一般称为第一代期权(first generation option)或单纯期权(plain vanilla option)。本章所要介绍的期权有各种不同的报酬型态,和第一代的欧式、美式期权不同。这一类有特殊报酬型态的期权,我们通常称为第二代期权(second generation option)、奇异期权(exotic option)或特殊期权。

奇异期权最早出现在柜台买卖(OTC),尤其以外汇期权最多,主要用于银行和大客户间,或银行和银行间的交易,以满足客户的不同对冲需求及降低成本。由于奇异期权可以满足不同客户的特殊需求,所以交易量及种类也愈来愈多,产品也由外汇扩增至股票,而交易地点也由柜台扩及交易所。本书介绍过的台湾地区重设型认购权证、回顾型认购权证与上限型认购权证等,以及市场上许多连动债券,都属于奇异期权的一种。

奇异期权的种类很多,可粗略分为三类:第一类为路径相依期权;第二类为多因子期权;第三类为其他期权。当然有些奇异期权比较难以归类,有的同时包含两类特性。

第一类奇异期权的报酬与期权存续期间的股价有关,我们称这种奇异期权为路径相依期权(path-dependent option)或取决于路径期权。一般标准欧式期权到期的价值,取决于目标资产期满日的价格与执行价格之差,而不论这期间目标资产的价格如何变动;但是路径相依期权的价格会和目标资产过去的价格路径有关。常见的路径相依期权有平均式期权(average rate option)、障碍期权(barrier option)、回顾型期权(lookback option)、阶梯期权(ladder option)及喊价期权(shout option)等。

第二类奇异期权称为多因子期权(multi-factor option),或多资产期权。标准欧式、美式或路径相依期权,其价值取决于单一资产的价值(譬如浦发银行股价);而多因子期权的价值则取决两种或多种目标资产的价格。常见的多因子期权包括彩虹期权(rainbow option)、变量期权(quanto option)及组合式期权(basket option)等。

此外，还有一些奇异期权，包括数值期权（binary option）、复合期权（compound option）、百慕大期权（Bermudan option）等。图17-1将奇异期权的分类及主要产品种类汇总，以利于读者参阅。当然，随着新金融商品的不断推陈出新，新的奇异期权也不断出现。再者，如同堆积木一样，许多奇异期权都具有多种特性，譬如台湾地区的重设型认购权证，可视为结合平均式及障碍期权的产品；而回顾重设型认购权证则可视为平均式期权、回顾型期权与障碍期权的结合。

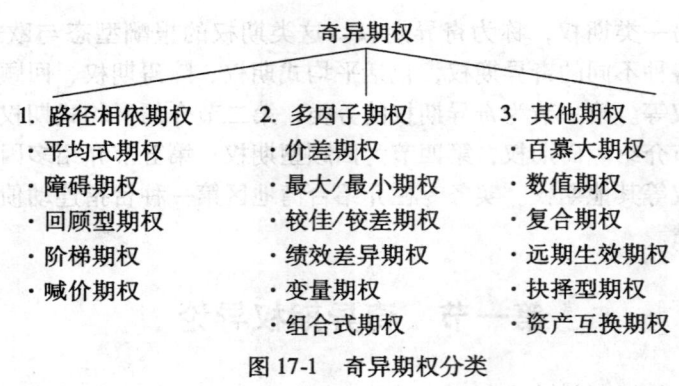

图17-1 奇异期权分类

第二节 平均式期权

平均式期权（average rate option）是路径相依期权的一种，其价值取决于过去股价的平均，又称为亚式期权（Asian option）。有别于欧式期权与美式期权，欧式期权与美式期权的报酬只与期满日股价有关，而平均式期权的报酬是依过去股价的平均值来决定。例如第二章提过的怡富日本保本基金，其报酬为在基金2年的有效期间，如果过去日经指数8季的平均股价大于执行价格，基金的报酬就是8季的平均值减去执行价格，否则报酬就是0。此种报酬形式为典型的平均式期权，即期权的报酬和过去股价的平均有关。一般产品的设计很喜欢采取平均式的方法。

平均式期权又分为两种：一为平均价格期权（average price option），一为平均执行价格期权（average strike price option）。一般而言，前者较为常见，后者较为少见，因此，一般提到的平均式期权都是指前者。对平均价格期权而言，看涨期权到期的损益等于过去的平均股价减去执行价格；而看跌期权的价格是执行价格减去过去平均的股价，亦即以平均股价取代原来欧式期权中的期满日股价。平均价格期权的看涨期权及看跌期权，其报酬以公式表示为：

$$C = \max(\bar{S} - K, 0)$$
$$P = \max(K - \bar{S}, 0) \tag{17-1}$$

其中，$\bar{S}$为平均价格。

平均执行价格期权是以过去的平均价格作为执行价格，因此，执行价格不是固定的。平均执行价格看涨期权及看跌期权公式为：

$$C = \max(S_T - \bar{S}, 0)$$
$$P = \max(\bar{S} - S_T, 0) \tag{17-2}$$

其中，S_T 为到期股价。

至于平均价格 $\bar{S}$ 一般有两种求法：一种是算术平均（arithmetic average）$\bar{S}_A$，即各期股价相加再除以平均期数 n：

$$\bar{S}_A = \frac{S_1 + S_2 + \cdots S_i + \cdots + S_n}{n}, \quad i = 1, 2, \cdots, n$$

其中，S_i 表示为第 i 期股价。

另一种为几何平均（geometric average）$\bar{S}_G$，即各期股价相乘再开 n 次方：

$$\bar{S}_G = \sqrt[n]{S_1 \times S_2 \times \cdots \times S_n}$$

这两者以算术平均最为常见。此外，早期台湾地区重设型认购权证的重设条款一般视 2 日或 6 日的算术平均价格而定，也是属于算术平均。

平均式期权的运用很广，例如，某家贸易公司每个月有 1 000 万美元的支出，那么公司要如何规避这一年人民币兑美元汇兑的风险呢？该公司可以买 12 个远期外汇契约，或是买 12 个 1~12 个月的外汇期权，但是这些成本都很高；相反，该公司也可以买一个平均式的外汇期权。假设要锁定 6∶1 的汇率，因此将执行价格订为 30 元，1 年期的平均式期权报酬是 12 个月汇率的平均值减去履约汇率 6。如果 12 个月汇率的平均大于 6 元，那么看涨期权就有价值，否则看涨期权就没有价值，因此这家贸易公司可以锁定平均 1 年 6∶1 美元的成本。当人民币 1 年的平均汇率高于 6 元，那么此公司的平均美元成本便会上升，但是因为从平均式看涨期权可以得到补偿，所以平均该公司美元支出的成本大致锁定在 6∶1 元左右。一般平均式期权由于平均价格的波动率较传统欧式期权的波动率小，且价格较便宜，因此对期权买卖双方均有利。

第三节 障碍期权

另一种路径相依期权的价值是取决于目标资产股价在期权有效期间内的极端价值，称为极端值期权（extremum-dependent option）；而障碍期权（barrier option）是一种最常见的极端值期权，又称为障碍期权。顾名思义，存在一种障碍价格（barrier price）或障碍价格，当目标资产价格碰到障碍价格时，便有不同的结果发生，可能是出局，也可能是生效，当视契约种类而定。

一、出局期权与生效期权

第一种障碍期权是当目标资产价格碰触到所设定的障碍价格时，期权就自动失效了，这种期权称为出局期权（knock-out option）或终止期权。另一种障碍期权是当目标资产价格碰触到障碍价格时，期权就生效，称为入局期权或生效期权（knock-in option）。

二、上出局期权与下出局期权

对于出局期权或生效期权，依其障碍价格的高低又分为上界期权或下界期权。譬如障碍价格高于期初价格时（此时为上界），当股价上升到障碍价格就出局了，此种出局期权称为上出局期权（up-and-out option）；反之，如果障碍价格比期初价格还低，当股价下跌碰到障碍价格时（此时为下界），期权即失效，称为下出局期权（down-and-out option）。出局期权的值可能为0或障碍价格减去执行价格。

三、上生效期权与下生效期权

生效期权也可分成两类：上生效期权（up-and-in option）就是当障碍价格高于期初价格，股价碰到障碍价格即生效；反之，下生效期权（down-and-in option）就是障碍价格低于期初价格，当股价碰到障碍价格时即生效。因此障碍期权依出局或生效总共可分为四类，即上出局期权、下出局期权、上生效期权及下生效期权，如图17-2所示。每一类又分为看涨期权、看跌期权，因此共有8种障碍期权。

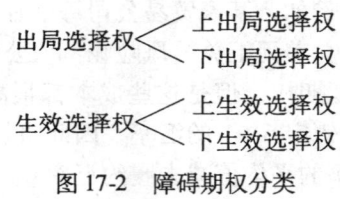

图17-2 障碍期权分类

第七章所介绍的重设型认购权证，可视为一个下出局期权加上一个下生效期权。譬如原始执行价格为100元，原始股价为100元，若股价碰触到90元，则执行价格调降为90元。此种重设型认购权证可视为一个执行价格为100元、障碍价格为90元的下出局期权，以及一个执行价格为90元、障碍价格为90元的下生效期权。当股价碰触到90元时，执行价格为100元之下出局期权就失效，同时执行价格为90元之下生效期权便产生了。

四、上限型期权

上限型期权（cap option）可视为一种出局期权。出局期权是指当股价碰到上限或下限时就失效，所谓失效是指此种期权终止不存在，因此其报酬可能为0或可能给予某一固定的报酬（rebate）。例如第八章介绍的宝来的华新上限型认购权证，当股价碰到某一个上限价格（cap price）时，期权就自动消失，其价值就是上限价格减去执行价格。假设上限价格是150元时，执行价格是100元，当股价超过150元，这个期权就终止，而其报酬就是50元（150-100）。美国芝加哥期权交易所（CBOE）早在1991年起，便推出S&P 100股价指数的上限看涨期权（cap call）及下限看跌期权（cap put），其上下限价格分别为S&P 100股价指数往上加30%（对于看涨期权），或往下减30%（对于看跌期权）。

五、双重障碍期权

另外,还有一种障碍期权称为双重障碍期权(double barrier option),此种期权同时存在两个障碍价格,即一个价格区间,只要目标资产的价格碰触到其中一个障碍价格,亦即跳出该区间,期权将出局消失。譬如本书之前介绍的花旗投资型外币定期存款,其产品大部分设定的条件是当参考汇率如果碰触到某两个外汇价格之外,报酬就为 0 或是比较低的报酬,亦即此期权就出局。又譬如花旗银行曾发行的日元区间汇价产品,其条件为如果美元对日元的汇价,在 3 个月内的任何时间,均未触及或超过日元的区间价位上限 112.5 元及下限 103 元,则可获取 10% 的年收益率;反之,只可获取 2% 的年收益率。

第四节 回顾型期权

一、回顾型期权

回顾型期权(lookback option)是另一种路径相依期权,可以让持有人由期权存续期间的最高股价或最低股价而获利,因此对持有人较为有利。标准的回顾型期权是看涨期权的报酬和过去的最低股价有关。看涨期权的价值也就是到期的股价减去过去最低的股价,亦即以过去最低股价取代原来的执行价格,又称为浮动履约价回顾(floating strike lookback);以公式表示为:

$$C = \max(S_T - S_{\min}, 0) \qquad (17\text{-}3)$$

反之,看跌期权的价值是过去最高的股价减掉到期的股价,即:

$$P = \max(S_{\max} - S_T, 0) \qquad (17\text{-}4)$$

其中,$S_{\min}$、$S_{\max}$ 分别表示期权存续期间(或某段特定期间)最低和最高股价,S_T 为到期股价。

简单地说,这一类回顾型期权的执行价格是不固定的,而与最高或最低的股价相关。因此,我们知道回顾型期权的价值一定大于传统欧式期权的价值,而且波动率愈大,回顾型期权的价值就愈高,有时回顾型期权的价值甚至是欧式或美式期权价值的 2 倍以上。中国台湾地区宝来证券曾发行一种回顾重设型认购权证,它是将上市后 1 个月最低 6 日平均股价作为新的执行价格,这是一种回顾加上重设的认购权证。

另外,有一种回顾型期权是以过去股价最高或最低价格取代最后期满日股价,称为修正的回顾型期权(modified lookback option)或固定履约价回顾(fixed strike lookback)。此种回顾型期权的看涨期权、看跌期权的报酬为:

$$C = \max(S_{\max} - K, 0)$$
$$P = \max(K - S_{\min}, 0) \qquad (17\text{-}5)$$

中国台湾茂硅公司曾发行 3 年期台股指数连动债券,其每季的利息收入为 6.8% 的年利率,再加上每季的最高日平均股价指数减去原始股价指数,此种指数连动债券可视为一种普通债券再加上 12 个修正的回顾型看涨期权的结合。

二、阶梯期权

阶梯期权(ladder option)是一种特殊的路径相依期权，与回顾型期权很类似。当目标资产的价格碰触到某一个特定的阶梯价格时，执行价格将自动地重新设定为此阶梯价格，而将股价上涨超过原执行价格的部分锁定住。假设某一支股票的阶梯式看涨期权，最初的执行价格是100元，每10元设定一个阶梯，当股价上涨到110元时，执行价格将自动调整到110元，而已经超过的10元(110-100)就成为此阶梯式看涨期权的其中一项累积报酬。如果最后期满日的股价低于110元，甚至低于100元，则看涨期权价值仍然值10元。根据以上的说明，阶梯期权的报酬可以用简单的公式表示如下：

$$C = \max[0, S_T - K, \max(L_i - K, 0)] \tag{17-6}$$

其中，L_i为目标股价在期权存续期间达到的第i个阶梯价格(如110、120、130，…)。

由公式17-6可看出阶梯期权比欧式期权多加了一项权利，此权利为过去曾经达到某一高点的股价所获得的利益；假设过去股价最高达135元，那么就达到第三个阶梯=130；如果在期满日时，股价低于135元，甚至低于原来执行价格100元，此时看涨期权仍具有30元(130-100)的价值。公式17-6也可简化如下：

$$C = \max[\max(S_T, L_i) - K, 0] \tag{17-7}$$

即看涨期权的价值视到期股价或曾经达到的阶梯价格而定。

此种期权可以消除投资人目标资产先涨后跌的风险。回顾型期权可以看成许许多多的阶梯期权，由公式17-7可知，阶梯期权分割的阶梯次数i趋近于无限大时，阶梯期权即收敛至回顾型期权。

第五节　多因子期权

标准期权及路径相依期权的价值一般都取决于单一目标资产的价格，本节要介绍的多因子期权的价值则和两种或多种目标资产的价格行为有关，这些期权包括彩虹期权、组合式期权及变量期权等。

一、彩虹期权

彩虹期权(rainbow option)的价值是取决于两种或多种目标资产的绩效。因此也称为多资产期权(multi-asset option)。常见的彩虹期权包括较佳期权、较差期权、绩效差异期权、价差期权、最大值期权及最小值期权等分别介绍如下：

(一)较佳与较差期权

较佳期权(better-of option)的价值取决于数种目标资产中价值或报酬最大的，以公式表示为：

$$C = \max(R_1, R_2, \cdots, R_i, \cdots, R_n, 0) \quad, i = 1, 2, \cdots, n \tag{17-8}$$

其中，R_i为第i种目标资产的价格或报酬率。

譬如当投资者无法决定要购买浦发银行或招商银行股票时,他便可以买一个较佳期权,看涨期权的报酬为浦发银行、招商银行股价中报酬较大者。另外,假设投资者无法决定在日本或美国股票市场建立部位时,他可以买一个较佳期权,其投资盈亏将视日经股价指数或道琼斯工业指数的表现较佳者而定。譬如日经股价指数上涨20%,而道琼工业指数上涨5%,那么较佳期权报酬就是20%。当然较佳期权的目标资产不一定都是股价指数,例如,投资者可以买进一种较佳期权,它的盈亏取决于股价的报酬或债券的报酬两者较佳者。

与较佳期权相反的是较差期权(worse-of option),其报酬为多种资产报酬最低者,即 $C=\max[\min(R_1, R_2, \cdots, R_N), 0]$。

(二)绩效差异期权

另一种彩虹期权称为绩效差异期权(out-performance option),这种期权价值取决于两种目标资产的绩效差异,以数学式表示为:

$$C=\max(R_1-R_2, 0) \tag{17-9}$$

例如,招商银行、浦发银行的绩效差异期权取决于这两种股价报酬的差,若浦发银行报酬上涨20%,招商银行报酬上涨15%,那么绩效差异期权的报酬就是5%;此外,也可以取浦发银行股价报酬和大盘股价报酬,如果浦发银行报酬大于大盘报酬,此绩效差异期权的报酬即为前者减去后者;或者也可由日经股价指数和道琼斯工业股价指数报酬差异作为此种期权的报酬。

(三)价差期权

价差期权(spread option)与绩效差异期权很类似,只不过是当两种资产的报酬差异超过某一特定值后,此期权才有价值,以公式表示为:

$$C=\max[(R_1-R_2)-R^*, 0] \tag{17-10}$$

其中,R^* 为特定的价差。

譬如,当浦发银行股价报酬大于招商银行股价报酬5%(R^*)以上时,此期权才有价值;或是1年期的利率超过3个月的利率50个基点(50 basis points, 0.5%)时,此种期权才有价值。绩效差异期权可以说是一种特别的价差期权,其中公式17-10特定的价差 R^* 为0。

(四)最大值与最小值期权

另外,彩虹期权里有一种最大值期权(maximum option),它是取决于两种或多种期权到期值最大者,以公式表示为:

$$C=\max(S_1-K_1, S_2-K_2, 0) \tag{17-11}$$

其中,S_1、S_2 分别为第一、第二目标资产价格;K_1、K_2 为第一、第二执行价格。因此,最大值期权可以看成是多个不同目标资产的欧式期权,而取其最大者。

与最大值期权相反的是最小值期权(minimum option),其报酬取决于个别看涨期权之值较小者,即 $C=\max(C_1, C_2, \cdots, C_N, 0)$。

二、组合式期权

组合式期权(basket option)又称为一篮子期权。顾名思义,这种期权到期的盈亏决定于一篮内目标资产价格的平均,而非个别目标资产的价格。中国台湾地区券商发行的组合型认购权证包括两种股票以上,便是一种组合式期权。组合式期权常被用于外汇市场,以规避多种汇率风险。譬如,一家美国出口商,主要出口到德国和日本,为了防止美元兑欧元及日元的升值,这家厂商可以买进欧元兑美元及日元兑美元的看跌期权,来规避汇率风险;但是该公司也可以买进这两种汇率的组合式期权,以降低成本。我们知道,组合式期权价格会低于分别购买这两种汇率期权的价格总和,这是由于欧元和日元的走势并没有百分之百绝对的对应关系,因此,两种汇率形成的指数波动率较个别汇率的波动率低,所以价格较便宜。

三、变量期权

变量期权(quanto option)是 quantity-adjusted option 的缩写。变量期权主要用于规避汇率对证券组合所造成的风险。有些期权的报酬取决于某一目标资产的价格(如股价),而该目标资产的价格又取决于另一个目标资产(如汇率)。譬如台湾地区某投资者购买了美国的股票看涨期权(譬如 IBM 股票看涨期权),其目标资产是 IBM 股票;但是期权到期时,此投资的价值除了取决于 IBM 股价外,还取决于人民币与美元的汇率,如果投资者希望通过期权来规避人民币与美元风险,他可以加买外汇期权或远期外汇来规避汇率的风险,或者购买这种变量期权除去汇率风险,此种变量期权到期时,契约的报酬只与股价有关,投资者不会因为人民币与美元汇率的升贬而遭受不确定的风险。变量期权到期价值为:

$$E_0 \times \max(0, S_T - K) \tag{17-12}$$

其中,E_0 为事先约定好固定的人民币与美元汇率,S_T 为到期 IBM 股价。这种变量期权,卖方除了承担目标资产变动的风险外,还要承担汇率风险。

另一种变量期权称为连接变量期权(joint quanto option)。这种期权到期的价值除了取决于股价外,还取决于到期时,美元、人民币及其汇率和某一保证汇率之间的关系,因此,这种连接变量期权的到期价值可以写成:

$$\max(E_T, E^*) \times \max(0, S_T - K) \tag{17-13}$$

其中,E_T 为期权到期的汇率、E^* 为保证汇率。

☞ **动动脑**

何谓彩虹期权?你认为为何称为"彩虹"期权?

第六节 其他奇异期权

除了前面介绍过的几种奇异期权外,还有许多不同或难以归类的期权,以下将介绍几种。

第十七章 奇异期权

一、百慕大期权

百慕大期权(Bermudan option)又称为准美式期权(quasi-American option)或中大西洋期权(Mid-Atlantic option)，它是一种介于欧式和美式之间的期权。我们知道美式期权可以有无限次的提前履约，欧式期权只能在期满日履约，而这种百慕大期权在期满日之前有几个固定日期，买方可以提前履约，以某一固定价格换取目标资产。百慕大期权中几个固定的履约日期的执行价格可能是固定的，也可能随着时间而有不同的执行价格，通常执行价格会随着时间往上调整。百慕大期权常见于可转换公司债，例如，第二章提到的LYON产品，此种债券持有人在债券存续期间，每年可以有一个转换成股票的期间，也就是在存续期间有数个提前履约的机会。

☞ 动动脑

为何称为中大西洋期权？为何称为百慕大期权？

二、数值期权

数值期权(binary option)又称数字期权(digital option)或打赌期权(bet option)，其报酬只有固定的两种值。一般欧式期权或美式期权的报酬可能为0或很大，随到期股价的上升而呈线性上升，因此会有很多不同的报酬，但是数值期权的报酬只有两种。

现金或无期权(cash or nothing option)便是一种数值期权。假设在契约期满日，目标资产价格高于执行价格，持有者将获得一笔固定金额的现金；如果在期满日，目标资产价格低于执行价格，则持有者将没有任何收益，其报酬型态以公式表示为：

$$C_{cn} = \begin{cases} Q & \text{如果 } S_T > K \\ 0 & \text{如果 } S_T \leq K \end{cases} \tag{17-14}$$

其中，Q为固定常数。

另外，资产或无期权(asset or nothing option)也是一种数值期权。当契约到期时，如果目标资产价格高于执行价格，则持有者将可获得标的资产(譬如股票)；如果契约到期时，目标资产价格低于执行价格，持有者将无报酬。譬如，浦发银行股价若大于100元，便可拿到一张浦发银行股票，反之则无；其报酬型态以公式表示为：

$$C_{an} = \begin{cases} S_T & \text{如果 } S_T > K \\ 0 & \text{如果 } S_T \leq K \end{cases} \tag{17-15}$$

事实上，一般标准化的期权可看成是由买入"资产或无看涨期权"(损益为S_T或0)，与卖出给付的固定金额Q等于执行价格K的"现金或无看涨期权"(损益为K或0)的部位组合而成的期权，即由公式17-15减去公式17-14可得到下式：

$$C = C_{an} - C_{cn} = \begin{cases} S_T - K & \text{如果 } S_T > K \\ 0 & \text{如果 } S_T \leq K \end{cases} \tag{17-16}$$

公式17-16为标准欧式看涨期权到期的损益情形。

三、复合期权

复合期权(compound option)是一种期权的期权(option on option)。此种期权的买方在期初支付期权的费用后,取得在将来某一时点(譬如半年后),以某一价格购买另一期权的权利。另外,预付款与分期付款买房子,也可以视为一种复合看涨期权;因为投资者在付出第一笔分期付款后,便取得下一次分期付款的权利,如此下去,一直到付出最后价金取得房子。如果投资者在任何一期不付款项,便丧失下次继续付款及最后取得房子的权利,所以可以视为一种多重的复合看涨期权。

复合看涨期权一共可分为四种,即看涨期权的看涨期权(call on call)、看涨期权的看跌期权(put on call)、看跌期权的看涨期权(call on put)及看跌期权的看跌期权(put on put)。譬如,假设某家工程公司要参加国内的一个工程竞标,如果得标便需进口大量的机器设备,但是如果等到知道得标再进口机器,则可能会有汇率的风险,因此,这家工程公司可以先购买一个看涨期权的看涨期权,先付一些权利金,等到确实得标之后,即有权利购买另一个外汇看涨期权来规避汇率风险。如果没有得标,就不用再支付第二个外汇看涨期权的价格。

四、资产互换期权

资产互换期权(option to exchange one asset for another; exchange option)是期权买方有权利以某种资产互换另一种资产,例如,在外汇市场上以美元换日元。资产互换期权也可以在金融市场中看见,譬如,A公司希望购并B公司,并打算利用自己的股票互换B公司的股票,因此,B公司的股东相当于持有一个资产互换期权,亦即B公司股东有权利将手中的股票互换为A公司的股票。

五、远期生效期权

远期生效期权(forward start option)又称为未来生效期权,也是一种与时间相关的期权。这种期权的买方期初支付权利金,但在未来某一时期(譬如3个月后),此期权才生效,其执行价格在买卖当初是不固定的,通常是事先约定以未来生效时的目标资产价格作为基础。如果执行价格定为生效时目标资产的价格,那么就是平价期权;当然执行价格也可以订为生效时目标资产价格往上10%或往下10%;也就是说,10%价外或10%价内。假设生效时目标资产价格是100元,如果设定执行价格为110元,那么就是10%的价外;反之,如果执行价格为90元,那么就是10%的价内。

在国外,常有所谓的员工认股权(employee stock option)或称员工期权的措施。此种员工福利制度是公司给予员工的一种认购权证,员工可以依规定在公司服务几年后(譬如2年以后),以某一约定价格买进一定数量的公司股票,因此,员工认股权证也可以看成是一种未来生效期权。当然,员工认股权证的执行价格大都是事先订好的,而远期生效期权的执行价格则是不确定的,视生效时股价而定。

远期生效期权除了用于股市外,在利率及汇率市场也常看到,在利率市场的定期上限期权(periodic cap option)便是一例。定期上限期权和标准的利率上限期权(interest rate cap option)不同,标准的利率上限期权的执行价格基本上在买卖时就已决定,但是这种定期上限期权的执行价格都是以设定日期到期时的市场即期利率为准(如 LIBOR),再加上一些加码。例如,一个 1 年期的定期利率上限期权,每逢 1 月、4 月、7 月、10 月为设定日期,因此,这种定期上限期权的执行价格,就是根据到期当时 1 月、4 月、7 月、10 月份的即期 LIBOR 再加上 50 个百分点而定。

六、抉择型期权

抉择型期权(chooser option)又称为如你所愿期权、随心所欲期权(as-you-like-it option)或后来决定期权(choose-later option),是一种与时间相关的期权。此种期权的持有人有权在到期前某一段期间,决定该期权为看涨期权或看跌期权。因此,在决定的时间点 t,抉择型期权的价值应该是 $\max(C_t, P_t)$,亦即看涨期权、看跌期权中价值较大者。

如果选取的是看涨期权,那么到时候持有人即可依执行价格买进某一数量的目标资产;如果选择的是看跌期权,则持有人可以在期满日以约定的价格卖出目标资产。

抉择型期权通常用在未来某段时间中,将会发生某些重大事件而影响目标资产的价格,但是影响的方向是不确定的情形。譬如,公司未来可能合并,如果合并成功,股价将上涨;如果合并不成功,股价将会下跌;或者是总统大选、某一国际事件、选举结果、事件结果等,皆可能影响股价或汇率的大幅升值或贬值,因此,若是投资者购买抉择型期权,就可避免这些因素造成的风险,待事件发生确定后,再决定此目标资产为看涨期权还是看跌期权。

☞ **动动脑**

除了本章介绍的奇异期权以外,你能否设计出其他三种别的奇异期权?

【实务专栏 17】

台湾地区第一种台指连动债券——茂硅股价指数连动公司债券

1999 年 1 月,中国台湾茂硅(简称茂硅)电子股份有限公司发行了台湾地区首见的股价指数连动公司债券,投资人除了每 3 个月收到固定的 6.8% 的年利息之外,还可以根据每 3 个月的我国台湾加权股价指数平均水平,领取额外的利息加码。此债券一发行便引起市场各界的瞩目,在 2 天内即迅速募集完成,使得台湾地区债券市场的发展又向前迈进了一步。

股价指数连动债券可以简单地分为本金连动与债息连动两种。本金连动债券到期时,除了支付原始投资本金之外,还可以根据当时的指数水平(或平均股价指数)得到额外的收益;至于债息连动债券,就是每一期的债券利息支付与指数水平有关。

这次茂硅电子股份有限公司发行公司债的总发行量为新台币 20 亿元,面额有新台币 10 万元及新台币 100 万元。基本利率为 6.8%,发行年限为 3 年,自发行日起每 3 个月付息一次,3 年到期一次归还本金。茂硅股价指数连动债券属于债息连动债券,所以每期票面利率除了基本利率6.8%之外，还可以根据我国台湾加权股价指数平均水平作利率加码。关于票面利率加码的相关条款规定如下：

（结算日起每3个月的台湾加权股价指数平均－结算指数）×0.1×1bp－上次已加码的bp

bp表示一个基本点（basis point），等于0.01%。所以，平均股价指数每高出结算指数10点就可以加码一个基本点，其中结算指数为第一次发行日前2日的加权股价指数。此外，为了吸引投资人，特别设计一个票面利率"向上递增不向下递减"的条款。也就是说，如果根据上面公式所得到的此次加码利率小于零，将不会从上次付息利率中扣除，而是以上次付息的利率为准。所以，当付息公式为负时，就以上次付息利率为准；若付息公式为正时，就有利率加码。茂硅为了避免因股价指数大幅上涨，造成票面利率大幅上扬的风险，所以订有一利率上限为9%，以避免公司必须支付的利息成本过高。

由于茂硅股价指数连动公司债券票面利率只涨不跌，所以只要每一期的平均股价指数没有高过前面几期的最高平均股价指数水平，就不能加码，而以前一期的利率为准。也就是说，每一期的利率加码与过去的最高平均股价指数有关。再加上有利率上限，所以每一期的票面利率最后应该等于：

$$C_i = \min[6.8\% + \max(I^i_{max} - K, 0) \times 0.1bp, 9\%]$$
$$= 6.8\% + \min[\max(I^i_{max} - K, 0) \times 0.1bp, 2.2\%]$$

其中：I^i_{max}为前i期最高平均指数，K为结算股价指数。

若把固定6.8%的部分抽离出来，再考虑本金部分，就可以把整个指数连动债券视为一个固定利率6.8%的债券加上多个不同期间的期权。因为每一期计算的票面利率是在下一期才支付，第一期的票面利率是基本利率6.8%，所以总共会有11个期权部分。这11个期权与一般我们常见的欧式期权不太一样，其中牵涉多种新奇期权的性质，包括回顾型、平均式、上限等期权，在本章的课文中都曾提及，以下将简单介绍。

1. 回顾型期权

由于茂硅股价指数连动公司债券有票面利率"向上递增不向下递减"的条款设计，具有回顾型看涨期权的性质。

2. 亚式期权

茂硅股价指数连动公司债券是以每3个月中每天的中国台湾加权股价指数平均水平为连动指针，因此具有平均式期权的性质。

3. 上限型期权

由于茂硅股价指数连动公司债券设有利率上限9%，当平均股价指数上涨高出结算指数2 200点，代入票面利率加码公式，票面利率将会超过利率上限9%，则投资人只能拿到9%；假如平均股价指数高于结算指数，但是未超过2 200点，则可以得到平均股价指数减去结算指数的部分，所以具有上限型看涨期权的性质。

小　　结

1. 平均式期权又称为亚式期权，其报酬是由过去股价的平均值来决定。

2. 障碍期权：当目标资产价格碰到障碍价格时，期权可能终止，也可能生效。

3. 出局期权是当目标资产价格碰触到所设定的障碍价格时，期权就终止。

4. 生效期权是当目标资产价格碰触到障碍价格时，期权就出现或生效。

5. 回顾型期权的报酬和期权存续期间的最高股价或最低股价有关。标准的回顾型看涨期权以过去最低股价取代原来的执行价格；修正的回顾型看涨期权是以过去最高股价取代到期股价。

6. 阶梯期权与回顾型期权很类似，当目标资产的价格碰触到某一个特定的阶梯价格时，执行价格将自动地重新设定为此阶梯价格，而将股价上涨超过原执行价格的部分锁定住。

7. 彩虹期权的价值取决于两种或多种目标资产的绩效，因此也称为多资产期权。常见的彩虹期权包括较佳期权、较差期权、绩效差异期权、价差期权、最大值期权及最小值期权等。

8. 较佳期权的价值取决于数种目标资产中价值或报酬最大的。

9. 绩效差异期权取决于两种目标资产的绩效差异。

10. 最大值期权是取决于两种或多种股票、或目标资产的价格是否在期满日分别大于执行价格。

11. 组合式期权又称为一篮子期权。到期的盈亏决定于一篮内目标资产价格的平均，而非个别目标资产的价格。

12. 抉择型期权又称为如你所愿期权、随心所欲期权或后来决定期权，持有人有权利在到期前某一段期间，决定该期权为看涨期权或看跌期权。

13. 远期生效期权又称为未来生效期权，买方期初支付权利金，但在未来某一时期此期权才生效。

14. 数值期权又称数字期权或打赌期权，其报酬只有固定的两种单值，而非如欧式的连续报酬。

15. 复合期权是一种期权的期权，此种期权的买方在期初支付了期权的费用后，取得在后来某一时点以某一价格购买另一期权的权利。

16. 百慕大期权又称为准美式期权或中大西洋期权，它是一种介于欧式和美式之间的期权，在期满日之前有几个固定日期，买方可以提前履约。

17. 资产互换期权是期权买方有权利以某种资产互换另外一种资产。

习　　题

1. 算术平均看涨期权与几何平均看涨期权的价值何者较大？为什么？
2. 平均式期权的平均期数愈多，期权的价值愈高或愈低？为什么？
3. 上限型认购权证价格比普通欧式认购权证价格低还是高？
4. 为何重设型认购权证可以说是一种障碍期权，请说明理由。
5. 在回顾型期权中，如果回顾的频率由每周回顾变为每天回顾（即由每周最末1天的收盘价改为每天收盘价），那么回顾型看涨期权的价值会变高还是变低呢？为什么？

6. 假设某一个3年期债券的报酬和美股指数连动。如果3年后美股指数上涨 $R\%$，则此债券可得到 $R\%$ 乘以债券本金的报酬；如果美股指数下跌，则债券持有人将没有报酬。假设美股指数报酬的波动率为25%，无风险利率为6%，求此债券投资3年的总预期报酬率。

7. 承第6题，如果将3年美股指数的涨幅改成12季平均股价与期初股价指数的涨幅，那么此债券持有人的预期报酬比第6题会增加或减少？

8. 为何重设型认购权证的价格会先随着重设执行价格的下降先增加，然后随着重设执行价格的不断下降将变为下降？

9. 何谓百慕大期权？试举一个例子说明。

10. 何谓数值期权？试举一个例子说明。

第十八章　二项式定价及蒙特卡罗模拟法

第五章介绍了 B-S 的定价公式,本章将介绍另一种期权定价的方法——数值分析法。数值分析法基本上不需要推导公式,而是藉由计算机或重复试验而得到逼近理论价值的方法。数值分析法一般分为二项式定价法、蒙特卡罗模拟法及有限差分法。本章将讨论常用的两种数值方法,即二项式定价模型与蒙特卡罗模拟法,至于有限差分法,由于较为困难,有兴趣的读者可以参阅相关书籍,或是作者所著的《期权》第十二章"数值分析法"。本章第一节介绍单一期的二项式定价模型;第二节则介绍多期的二项式模型;第三节则探讨二项式模型的美式求法以及上涨下跌幅度的选取;第四节介绍蒙特卡罗模拟法;第五节则介绍两个实例。实务专栏是关于蒙特卡罗模拟法名称的由来的介绍。

第一节　二项式期权定价模型

二项式期权定价模型(binomial option pricing model,BOPM)是一种常用来给期权定价的方法。在二项式定价模型中,由于股价展开以后,成为倾倒 90 度角的树状,因此也常称为二项树状模型(binomial tree model)或树状模型(tree model)或二项式模型。二项式模型最早是由诺贝尔奖得主 William Sharpe 在 1978 年提出,后来 John Cox、Stephen Ross 和 Mark Rubinstein 三人以及 Rendleman 和 Barter 两人又分别提出相同主张。目前大都以 Cox、Ross 和 Rubinstein 三人发表的论文为主,故又称为 CRR 模型。[1]

二项式模型的基本概念是假设股价的变动是间断的(discrete),而非 B-S 模型中的连续的(continuous)。二项式模型中假设股价不是涨到 S_u 就是下跌至 S_d 两种情形,其中 S 为股价,u、d 为 1 加上上涨幅度或减去下跌幅度。譬如上涨 10%,则 $u=1.1$;下跌 10%,则 $d=0.9$,即股价不是由 100 上涨到 $110=100\times1.1$,就是下跌到 $90=100\times0.9$。

二项式模型是借由求出最终股价,然后求出最终期权价格,再往前推出二项式模型前一期的期权价格,再通过相同程序,求出更往前一期的价格,如此重复,最后得出期权的期初价格。因此,二项式模型基本上是知道了期满日的股价,推导出到期期权价格,再推回期初的看涨期权价格。

首先,假设期权还有一期到期,股价上涨到 S_u 或下跌到 S_d,假设看涨期权到期的

---

[1] Cox, Ross and Rubinstein. Option Pricing: A Simplied Approach. *Journal of Financial Economics* 7, 1979: 229-264. Rendleman and Barter. Two State Option Pricing. *Journal of Finance*, 1979: 323-378.

价格分别为 C_u 和 C_d，而 C_u 等于 $\max(S_u-K, 0)$，而 C_d 等于 $\max(S_d-K, 0)$，如图 18-1 所示。

$$S \begin{cases} S_u \\ S_d \end{cases} \quad C \begin{cases} C_u \\ C_d \end{cases}$$

图 18-1　一期模型

因此，二项式一期期初看涨期权价值的公式可以得到如下：

$$C = \frac{pC_u + (1-p)C_d}{a} \tag{18-1}$$

其中，$p = \dfrac{a-d}{u-d}$，$1-p = \dfrac{u-a}{u-d}$，$a = e^{r\Delta t}$ 或 $1+r\Delta t$，r 为利率；Δt 为期间的长短。此外，u、a、d 还须满足 $u > a > d$ 的条件，不然会有套利的情形发生。在此，p 可视为股价上涨的概率。①

【例题1】　假设目前股价为 $S = 100$，看涨期权执行价格 $K = 100$，还有 1 年到期，另假设 $u = 1.2$，$d = 0.9$，年利率为 10%，求此看涨期权的价格。

解：一年后可能股价：

上涨：$S_u = 100 \times 1.2 = 120$

下跌：$S_d = 100 \times 0.9 = 90$

股价上涨时，看涨期权到期值 $C_u = \max(120-100, 0) = 20$。

股价下跌时看涨期权到期值 $C_d = \max(90-120, 0) = 0$。

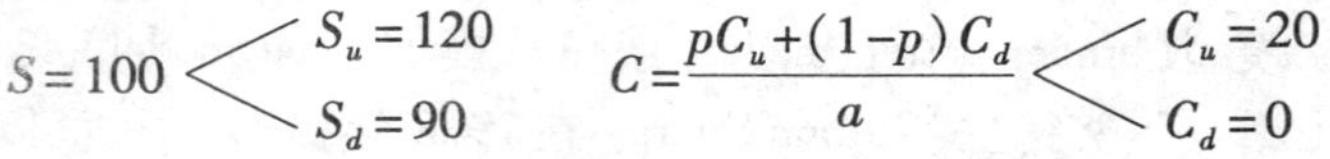

$$S = 100 \begin{cases} S_u = 120 \\ S_d = 90 \end{cases} \quad C = \frac{pC_u + (1-p)C_d}{a} \begin{cases} C_u = 20 \\ C_d = 0 \end{cases}$$

而 $\Delta t = 1$，所以 $a = e^{r\Delta t} = e^{0.1 \times 1} = 1.1$，而 $p = \dfrac{1.1-0.9}{1.2-0.9} = 0.667$，$1-p = 0.333$，代入公式得到目前看涨期权价值为：

$$C = (0.667 \times 20 + 0.333 \times 0)/a = (0.667 \times 20)/1.1 = 12.1$$

第二节　多期二项式定价法

上一节讨论的方式是针对股价只上涨或下跌一次的情形，但是只有一期的情形，并不足以反映全貌，因此以下将先介绍两期模型，再进而推导多期模型。

一、两期模型

假设股价在期权到期前有两次上涨或下跌的机会，如图 18-2 所示。股价在第二期有上涨 2 次的 S_{uu}，上涨一次及下跌一次的 S_{ud} 及下跌二次的 S_{dd}，其对应的看涨期权价

---

① 严格来说，应该是在风险中性的假设下。参见第十九章第二节。

值分别为 C_{uu}、C_{ud} 及 C_{dd}。

看涨期权两期模型的公式可以表示如下：

$$C = \frac{p^2 C_{uu} + 2p(1-p) C_{ud} + (1-p)^2 C_{dd}}{a^2} \qquad (18\text{-}2)$$

看涨期权两期模型公式 18-2 可以由公式 18-1 单期推导出来。由于 $C_u = \frac{pC_{uu}+(1-p)C_{ud}}{a}$，$C_d = \frac{pC_{ud}+(1-p)C_{dd}}{a}$，将 C_u、C_d 代入公式 18-1，即可得到公式 18-2，此部分留于本章习题。另外也可以由 C_{uu}、C_{ud}、C_{dd} 往前推而得到 C_u、C_d；然后由 C_u、C_d 再推出 C。

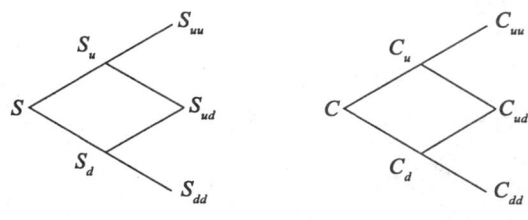

图 18-2　两期模型

【例题 2】　假设目前股价 $S = 100$，看涨期权执行价格 $K = 100$，还有 1 年到期，每半年股价变动一次，另假设 $u = 1.1$，$d = 0.95$，年利率为 10%，求此欧式看涨期权的价格。

解：根据上面的说明，有两种计算方法可以得到看涨期权价值：

解法 1：直接利用公式 18-2，求出期初看涨期权价格：

$$C = \frac{p^2 C_{uu} + 2p(1-p) C_{ud} + (1-p)^2 C_{dd}}{a^2}$$

所以

$$C = \frac{0.667^2 \times 21 + 2 \times 0.667 \times 0.333 \times 4.5 + 0.333^2 \times 0}{1.05^2} = 10.29$$

解法 2：由后往前回推的方法：即为由树形图一步一步反推出期初看涨期权价格。由上述资料可知：

$$S_u = 100 \times 1.1 = 110$$
$$S_d = 100 \times 0.95 = 95$$
$$S_{uu} = 110 \times 1.1 = 121$$
$$S_{ud} = 110 \times 0.95 = 104.5$$
$$S_{dd} = 95 \times 0.95 = 90.25$$

因此

$$C_{uu} = \max(0, 121 - 100) = 21$$
$$C_{ud} = \max(0, 104.5 - 100) = 45$$
$$C_{dd} = \max(0, 90.25 - 100) = 0$$
$$\Delta t = 0.5, \ r = 10\%$$

又 $a = e^{r\Delta t} = e^{10\% \times 0.5} = 1.05$（或 $a = 1 + r\Delta t = 1 + 10\% \times 0.5 = 1.05$）。

另外 $p = \dfrac{a-d}{u-d} = \dfrac{1.05 - 0.95}{1.1 - 0.95} = \dfrac{0.1}{0.15} \cong 0.667, \ 1-p \cong 0.333$

所以先求出：$C_u = \dfrac{1}{1.05}(0.667 \times 21 + 0.333 \times 4.5) = 14.77$

$$C_d = \dfrac{1}{1.05}(0.667 \times 4.5 + 0.333 \times 0) = 2.86$$

由此可知：

$$C = \dfrac{1}{1.05}(0.667 \times 14.76 + 0.333 \times 2.857) = 10.29$$

所以，最后求得看涨期权价格为 10.29。图 18-3 为股价展开及期权回推的树形图。

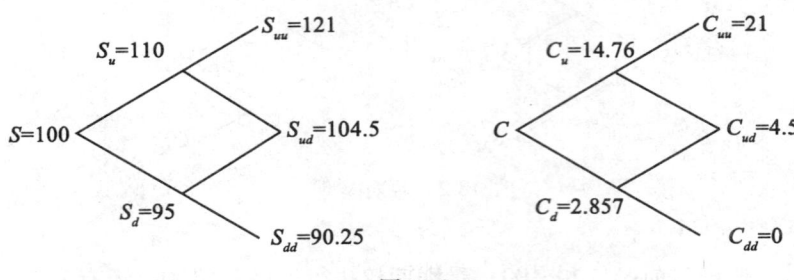

图 18-3

二、二项式多期定价公式

当 n 为多期时，譬如 $n = 10$，表示股价在期权到期前有 10 次上涨或下跌的机会，二项式看涨期权的一般公式为：

$$C = \dfrac{1}{a^n} \sum_{j=0}^{n} \binom{n}{j} p^j (1-p)^{n-j} (u^j d^{n-j} S - K) \tag{18-3}$$

其中，n 为分割期数，j 为上涨次数，$\binom{n}{j}$ 为从 n 中抽出 j 的组合次数。

因此，根据公式 18-3 便可很快由股价求出看涨期权公式，不需要一期一期地折现回来，亦即不需要处理中间的节点。当 n 愈大，即股价切割愈细时，公式 18-3 会愈接近理论值，如图 18-5 所示。①

第三节 二项式美式期权定价法

由于美式期权具有提前履约的特性，因此，如果提前履约有利，则提前履约所得到

---

① 本书附有二项式定价软件，读者可以任选参数及设计 n 的大小，便可以很快得到看涨期权或看跌期权的价值。

的内在价值将会高于原来持续持有欧式期权的价值。所以,第二节欧式期权的运算公式 18-3 便不能使用,而需要每一期都去比较内在价值和期权继续持有价值,取其较大者。本节除了讨论二项式美式期权定价法外,另外亦讨论 u、d 的选取,以下举例说明二项式对美式期权的处理。

【例题3】 假设 $S=100$,$u=1.1$,$d=0.95$,$a=1.05$,$n=2$,求执行价格为 100 元的欧式看跌期权及美式看跌期权的价格。

解:分别计算如下:

(1)欧式看跌期权

根据所给资料,上涨概率 $p=\dfrac{1.05-0.95}{1.1-0.95}\cong 0.667$,$1-p=0.333$。将股价及看跌期权展开如下图:

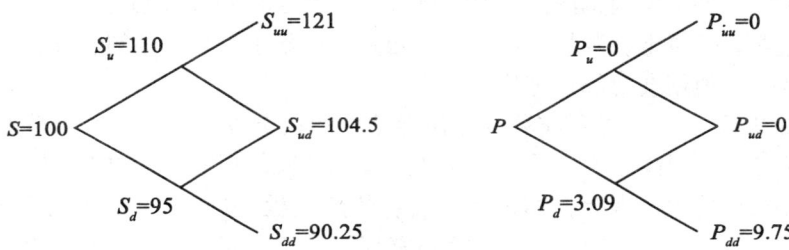

$P_{uu}=p_{ud}=0$,所以 $P_u=0$;$P_{dd}=100-90.25=9.75$,所以 $P_d=(0.667\times 0+0.333\times 9.75)/1.05=3.09$,因此:欧式看跌期权 $=(0.667\times 0+0.333\times 3.09)/1.05=0.98$

(2)美式看跌期权

美式看跌期权需考虑提前履约的问题,即比较内在价值与反推出来的看跌期权价值,取其较大者。因为在节点 S_d 的股价为 95 元,所以看跌期权内在价值 $K-S=100-95=5$。因为内在价值大于第一期看跌期权求出的价格 $P_d=3.09$ 元,所以会提前执行,所以取 $P_d=\max(5,3.09)=5$ 元,因此美式看跌期权 $=(0.667\times 0+0.333\times 5)/1.05=1.59$,比欧式的 0.98 大。所以在求美式期权时,需要在每一个节点比较内在价值与二项式反推回来的价值,而取其较大者。①

u、d、p 的选取

上两节提到假设股价上涨到 S_u,下跌到 S_d 的情形。但是并没有讨论到 u、d 应如何选取才合适。如果 u、d、p 的设定满足对数正态分布假设,即满足股价报酬分配的平均值及变异数大小的假设,则二项式求得的解会很快收敛到理论值。

一般我们假设: 上涨的幅度 $u=e^{\sigma\sqrt{\Delta t}}$
下跌的幅度 $d=e^{-\sigma\sqrt{\Delta t}}$

---

① 由本书所附的软件可算出美式期权的价格。

亦即 $u = \dfrac{1}{d}$；其中 σ 为股价报酬波动率，Δt 为分割期间，如果 1 年分为两期，则 $\Delta t = \dfrac{1}{2}$。

第四节 蒙特卡罗模拟法

蒙特卡罗模拟法(Monte Carlo Simulation)运用的范围很广，也很早。譬如，要测定一个不均匀的铜币，其人头出现的概率为多少，我们可以将铜币往上掷许多次，譬如 1 000 次，然后计算人头出现的次数，便可求出概率。或者想知道掷投某一样东西(譬如铜板或针)，其可能落在某个颜色地板上的概率。另外，赌场的庄家为了知道赢钱的概率或预期的输赢报酬率，他可以玩 10 000 次吃角子老虎，然后看看 10 000 次中的预期报酬率为多少。蒙特卡罗模拟法同时也广泛地运用在自然科学及社会科学中，如原子、分子撞击实验等。基本上，蒙特卡罗模拟法乃是一种基于大数法则的实证方法，实验次数愈多，它的平均值就会愈趋近理论值。

1977 年，Boyle 首先将蒙特卡罗模拟法运用到期权定价上。蒙特卡罗模拟法用于期权定价的概念是基于风险中性假设，亦即任何看涨期权的现值等于以无风险利率折现的未来预期看涨期权价值。因此，如果知道股价的产生程序(如几何布朗运动)，藉由计算机仿真出几百次、几千次或甚至几万次可能股票价格的路径，然后转换成每次可能的看涨期权价值，再将几千次看涨期权取平均值，便可得到到期看涨期权的期望值，最后再以无风险利率折现，便可得到看涨期权(或看跌期权)目前价值。以公式表示：

$$C = e^{-rT} E[\max(S_{Ti} - K, 0)]$$
$$= e^{-rT} \dfrac{1}{n} \sum_{i=1}^{N} C_i$$

其中：$C_i = S_{Ti} - K$，S_{Ti} 为到期时可能的第 i 种股价，$E[\cdot]$ 为期望值，而 r 表示无风险利率，T 则为到期期限。如果 $S_{Ti} > K$，则 $C_i > 0$；如果 $S_{Ti} < K$，则 $C_i = 0$。

蒙特卡罗仿真法进行程序

一般蒙特卡罗仿真法进行的程序可归纳如下：

步骤 1：选定标的资产价格产生模型、均数及标准偏差。譬如最常用的是对数正态分布，其产生公式如下：

$$S_{t+1} = S_t e^{(r-0.5\sigma^2)\Delta t + \sigma \varepsilon \sqrt{\Delta t}} \qquad (18\text{-}4)$$

其中：S_t、S_{t+1} 分别为本期及下一期的股价，r 为利率，σ 为股价报酬的标准偏差，Δt 为产生股价的间隔时间，ε 为标准正态分布随机数。

步骤 2：抽取随机数值 ε，根据公式 18-4 产生下一期股价，如此一直循环产生一条股价路径及到期股价。

步骤 3：依据期权到期的定义，求最终期权价值(如欧式看涨期权为 $\max(S_T - K, 0)$，或欧式看跌期权为 $\max(K - S_T, 0)$)。

步骤 4：将上述步骤 2、3 重复 N 次，求 N 次期权的平均值。
步骤 5：以无风险利率将平均值折现，即为期权目前价值。

第五节　二项式及蒙特卡罗模拟法实例

一、二项式实例

为了让读者更了解二项式定价法及蒙特卡罗仿真法的定价原理，本节特别以两个实例说明。读者可以利用所熟悉的 Excel 软件，根据本书介绍的步骤，求出期权的价值，相信将有助于对这两种定价方法的了解。

【例题 4】　假设股价 $S=100$，执行价格 $K=100$，股价报酬率波动率 $\sigma=60\%$，无风险利率 $r=6\%$，期权到期期限 $T=1$ 年，期数分割为 $n=5$ 期，求看涨期权的价格。

解：由以上条件，我们知道 $\sigma=60\%$，$\Delta t=1/5=0.2$，因此 $u=e^{0.6\times\sqrt{0.2}}=1.3078$

$$d=\frac{1}{u}=\frac{1}{1.31}=0.7647$$

$$a=1+r\Delta t=1+0.06\times 0.2=1.012$$

则

$$p=\frac{a-d}{u-d}=0.455,\ 1-p=\frac{u-a}{u-d}=0.545$$

因此，先将股价展开成 5 期的树形图，如图 18-4。由对应的到期的股价，我们便可以得知到期看涨期权的价值（如图 18-4）。譬如，股价为 382.53 元时，到期看涨期权价值为 282.53 元。然后，再依公式 18-1 逐渐往左推出前一期看涨期权的价值，最后我们便可以得到欧式看涨期权价格为 26.98 元，其计算出来的值如图 18-5。随着切割期数的增加，求出的看涨期权价值会愈接近理论值，如图 18-6 所示，大约在分割期数为 50 期时，便接近理论价格 25.92 元。

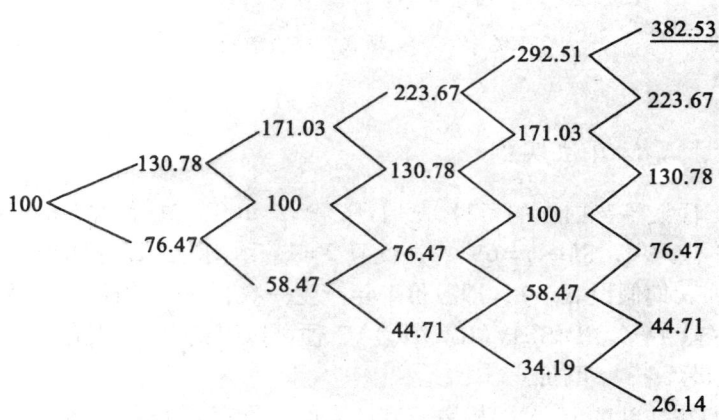

图 18-4　二项式股价树形图（股价的展开）

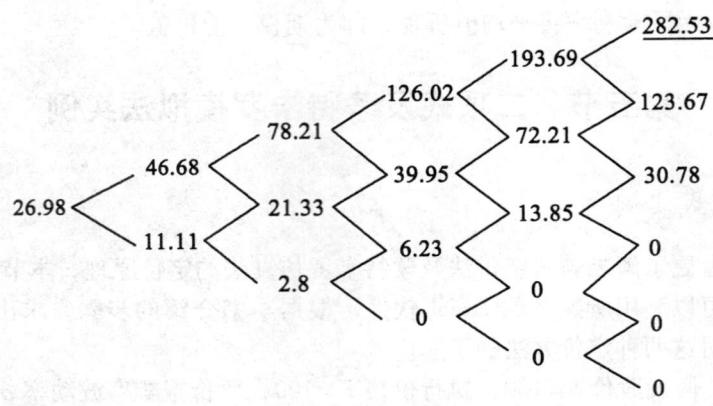

图 18-5 二项式看涨期权计算方法（期权的回推）

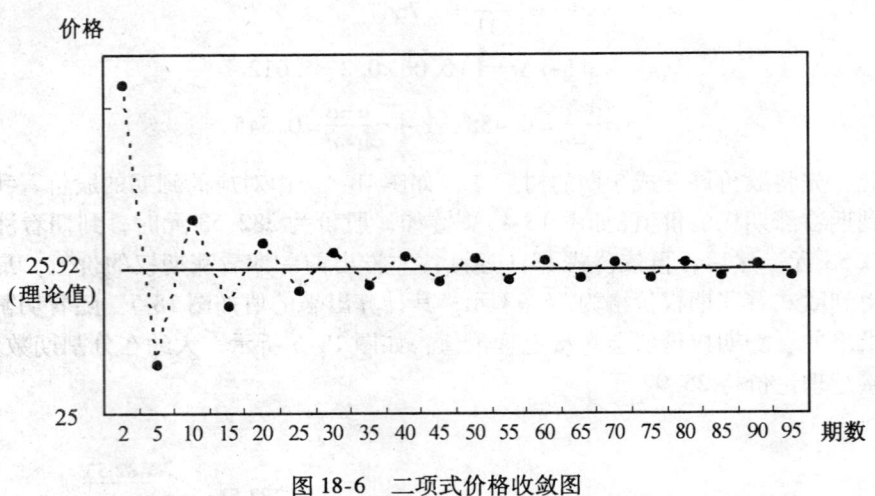

图 18-6 二项式价格收敛图

二、蒙特卡罗仿真法实例

【例题 5】 假设给定同样的条件，亦即股价 $S=100$，执行价格 $K=100$，股价报酬波动率 $\sigma=60\%$，无风险利率 $r=6\%$，期满日 $T=1$ 年，求看涨期权价值。

解：首先，我们假设 $\Delta t=1$，即股价 1 年产生一次，并以抽样 10 次为例。首先我们可以在 Excel 中输入 =NORMSINV(RAND())，便可以得到 10 个正态分布随机数，根据公式 18-4 产生最后 10 个股价。

随后，我们将抽到的 10 个随机数及其产生的股价在表 18-1 列出，以第一次抽到随机数 0.6534 为例，到期股价为 $100 \cdot e^{(0.06-0.5 \cdot 0.6^2) \cdot 1 + 0.6 \cdot (-0.6534)\sqrt{1}} = 59.93$，因为此次路径股价小于 100，所以到期看涨期权价值为 0。重复以上步骤，便可以知道 10 个看涨期权的到期价值，再将这 10 个看涨期权的价值平均，得到 39.04 元，然后再以 6% 的利率折现,得到 10 次模拟的看涨期权现值为 36.83 元,如表 18-1。随着抽样次数的增加,看涨期权的现值会逐渐接近理论值 25.92 元。①

表 18-1　　　　　　　　　　　蒙特卡罗模拟法(10 次)

模拟次数	正态分布随机数	到期股价	到期看涨期权价值
1	−0.6534	59.93	0
2	−1.9005	28.36	0
3	1.2794	191.10	91.10
4	−0.1825	79.49	0
5	−0.0401	86.58	0
6	0.5037	119.99	19.99
7	0.9662	158.36	58.36
8	1.3488	199.22	99.22
9	1.5271	221.73	121.73
10	−0.0994	83.56	0
10 次看涨期权平均价值			39.04
最后看涨期权价值			36.83

【实务专栏 18】

蒙特卡罗模拟法名称的由来

蒙特卡罗仿真法名称的由来据说可追溯到 1942 年美国发展核武器的曼哈顿计划(Manhattan Project)在新墨西哥州建立的 Los Alamos Scientific Laboratory。该科学实验室或称国家实验室(National Laboratory),是美国在第二次世界大战中,秘密发展核武器的根据地。由于在原子核链式反应的理论中,涉及一些复杂的数学积分问题并没有公式,Stanislaw Ulam 及 John Von Neumann 等人便建议,利用蒙特卡罗仿真法来估算出其数值。

Ulam 这位波兰的数学家,后来在他的自传中透露,当初替这个方法取名为蒙特卡罗仿真法,是为了纪念他一位酷爱赌博的叔叔。蒙特卡罗的名字取自法国南方摩纳哥(Monaco)一家建立于 1862 年著名赌场的名字——Monte Carlo Casino。

摩纳哥位于法国南端,是一个靠海小国,人口约 3 万人,以观光旅游为主,尤其是观光赌场更是举世闻名。摩纳哥首都是摩纳哥,蒙特卡罗在其北边,而蒙特卡罗赌场就在其中。世人比较熟悉的是,1956 年美国著名影星葛丽丝·凯莉(Grace Kelly)嫁给摩

---

① 读者可利用本书所附软件求出二项式及蒙特卡罗模拟法的值。

纳哥王子雷尼尔。葛丽丝·凯莉在1954年以《乡村姑娘》(*The Country Girl*)一片获得奥斯卡最佳女主角奖。葛丽丝·凯莉的形象高贵优雅，而她的老东家美国米高梅制片公司，更将这场世纪婚礼拍下，传播到全世界，使得这个欧洲小国立即为世人所知，葛丽丝·凯莉也几乎成为摩纳哥的代称。葛丽丝·凯莉不幸于1982年因车祸过世。

蒙特卡罗也常被应用到财务上，譬如计算公司的价值、预估投资计划的未来现金流量等等。自从Boyle在1977年将蒙特卡罗仿真引入期权的评价之后，此方法一直为期权学术及实务界广泛运用。随着风险管理议题的日趋重要，使用蒙特卡罗仿真法来估算投资部位的风险值也越来越多。

小　结

1. 二项式定价模型假设股价是间断变动，股价不是上涨到 S_u 就是下跌到 S_d。
2. 一期二项式模型看涨期权公式如下：

$$C=\frac{pC_u+(1-p)C_d}{a}$$

其中：$p=\frac{a-d}{u-d}$，$1-p=\frac{u-a}{u-d}$，$a=e^{r\Delta t}$ 或 $1+r\Delta t$。

3. 两期二项式模型看涨期权公式如下：

$$C=\frac{p^2C_{uu}+2p(1-p)C_{ud}+(1-p)^2C_{dd}}{a^2}$$

4. 多期(n)二项式模型看涨期权公式如下：

$$C=\frac{1}{a^n}\sum_{j=0}^{n}\binom{n}{j}p^j(1-p)^{n-j}(u^jd^{n-j}S-K)$$

5. 二项式美式期权需考虑任何一点所反推回来的期权价值，以及内在价值取其大者。
6. 二项式模型假设 $u=e^{\sigma\sqrt{\Delta t}}$ 和 $d=e^{-\sigma\sqrt{\Delta t}}$，选定此参数可以较快地收敛到理论值。
7. 蒙特卡罗仿真法进行的程序如下：选定标的资产产生模型、均数及标准偏差，接着抽取正态分布随机数值 ε 产生股价的路径，及最后期末的股价，然后依据期权到期的定义，求最终期权价值；重复以上步骤 N 次，求 N 次期权的平均值，最后以无风险利率将平均值折现，即为期权目前价值。

习　题

1. 二项式模型对股价有何假设？
2. 利用Excel以二项式的方法，求出当期数等于二期、四期、六期下看涨期权的价值(假设 $S=100$，$K=100$，$T=1$，$r=6\%$)。
3. 同例题2的数据，利用本书所附的二项式定价软件，求出欧式与美式看跌期权的价格，观察需要多少期才会稳定收敛(误差小于千分之一)。

4. 请利用 Excel 操作蒙特卡罗模拟法模拟 1 000 次、1 年期看涨期权的价值，并和 B-S 公式做比较（看涨期权条件为 $S=100$，$K=100$，$r=6\%$，$\sigma=60\%$，$T=1$）。

5. 利用本书所附的软件求例 4 中看涨期权的价格，并观察要仿真多少次才会使仿真的误差在价格的百分之一以内。

第十九章 波动率相关主题

前面曾经介绍过，影响期权的 6 个因素中，最重要的是波动率。波动率的衡量是否正确，极大影响模型价格与市价间的差异。另外，学术界及实务界也提出隐含波动率的观念来解决此问题。隐含波动率的笑状波幅及波幅期限结构等在学术界及实务界也很受重视。本章将探讨这几个和波动率有关的主题。第一节将介绍历史波动率的估计，包括平均加权法、指数加权法、GARCH 法等；第二节探讨隐含波动率的估计，包括二分法及牛顿拉弗森法；第三节介绍隐含波幅的特性，包括笑状波幅、波幅的期限结构、隐含波幅的矩阵等；第四节介绍波动指数 VIX，包括 VIX 的计算公式等。实务专栏是介绍一种对冲新工具——波动率期货与波动率期权。

第一节 历史波动率的估计

在本书第五章的 B-S 公式中提到，利用过去历史股价所求出来的股价报酬波动率，称为历史波动率。其实有很多方法可以利用过去历史的股价数据来估计预期未来股价报酬的波动率。重要的是，看看哪一种估算方法较能正确地预估未来股价的波动率，因此简要介绍几种求算历史波动率的方法。

一、简单加权移动平均法

简单加权移动平均法（equally-weighted moving average）为最常使用的一种方法，第五章第四节也介绍过。此种求法的基本想法是，把每天股价的变动权数看成一样，亦即 3 个月前股价的变动，跟昨天股价的变动对未来波动率的估算权重是一样的。公式如下：

$$\sigma = \sqrt{\frac{1}{N}\sum_{t=1}^{N}(R_t - \bar{R})^2} \tag{19-1}$$

其中：R_t、$\bar{R}$ 分别为每日股价报酬率及平均报酬，N 为取样天数，σ 为股价报酬的日标准偏差。

将上述的 σ 乘以 $\sqrt{250}$，可以转成年化的标准偏差。

二、指数加权移动平均法

由于平均加权把昨天的股价报酬和前 1 个月某天的股价报酬的权数看成一样，似乎有点不合理。直觉判断，越靠近今天的股价波动，越会影响明天的股价波动，因此，越

第十九章 波动率相关主题

靠近的日期其权数也应越大。指数加权移动平均法（Exponential Weighted Moving Average，EWMA）就是这种概念。它是摩根银行 JP Morgan 在其《风险计量》（RiskMetric，1995）一书中所建议的。其公式如下：

$$\sigma = \sqrt{(1-\lambda)\sum_{t=1}^{N}\lambda^{t-1}(R_t - \overline{R})^2} \tag{19-2}$$

其中：λ 是衰退因子（decay factor），是影响力消逝的速度，λ 可能是 0.99、0.97 或 0.94，λ 越小表示消逝速度越快。

三、利用每日最高最低的股价来估算

Parkinson(1980)认为，只利用每天收盘价来计算股价报酬的波动率，可能会忽略每天盘中的波动情形，因此，他利用每天最高最低的股价来求波动率，其公式如下：

$$\sigma = \sqrt{\frac{0.361}{N}\sum_{t=1}^{N}\left(\ln\frac{H_t}{L_t}\right)^2} \tag{19-3}$$

其中：H_t 为当日最高价格，L_t 为当日最低价格，ln 为自然对数。

对期权而言，股价盘中大幅震荡，也就表示波动增加，相对的也就会影响期权的价格。

四、加入每日开盘收盘价格估算法

Garman and Klass(1981)依照 Parkinson 所提出的修正，再加入每天的收盘价、开盘价而得，其公式如下：

$$\sigma = \sqrt{\frac{0.361}{N}\sum_{t=1}^{N}\left[\frac{1}{2}\left(\ln\frac{H_t}{L_t}\right)^2 - (2\ln(2)-1)\left(\ln\frac{C_t}{O_t}\right)^2\right]} \tag{19-4}$$

其中：O_t 表示当日开盘价，C_t 表示当日收盘价。

五、广义自回归条件异方差法

广义自回归条件异方差法（generalized autoregressive conditional heteroscedasticity，GARCH）由 Bollerslev(1986)提出。他认为股价的条件波动率会随着时间改变，大的波动率会紧随大的波动率之后，亦即有波动率群集（volatility clutching）的现象。一般常用 Bollerslev 的 GARCH(1,1)形式，其公式如下：

$$\sigma_t^2 = \alpha + \beta_1\sigma_{t-1}^2 + \beta_2 r_{t-1}^2$$

其中：$r_t = \sigma_t\varepsilon_t$，$\varepsilon_t \sim N(0,1)$。

公式表示条件变异数 σ_t^2 是受最近一期条件变异数 σ_{t-1}^2 及最近一期股价报酬 r_{t-1}^2 的影响；而长期的变异数为 $\frac{\alpha}{1-\beta_1-\beta_2}$，如果 $\alpha=0$，$\beta_1=\lambda$，$\beta_2=1-\lambda$，则此法即为前面提过的 EWMA 方法。

第二节 隐含波动率的估计

一、隐含波动率的估计：二分法及牛顿拉弗森法

隐含波动率在第五章已提过，是将期权的市场价格代入 B-S 评价公式中，求出市场期权价格内所包含未来股价的波动率。在求算隐含波动率时，我们可以用试错（try and error）的方法，将不同的波动率带入 B-S 公式中，看哪一个波动率得出来 B-S 的值和期权的市价之差可以低到±0.1 或甚至±0.01，此时的波动率就是隐含波动率。但是，这种方法比较浪费时间，也没有效率。有一种简单的估计方法比较有规则，就是二分法（bisection method）。

（一）二分法

二分法的基本概念是，先猜一个低的波动率（σ_L）以及一个高的波动率（σ_H），将 σ_L、σ_H 代入 B-S 公式分别算出 2 个 BS 值，分别为 BS_L、BS_H，并使市价介于这两者之间。接着再采取 σ_L、σ_H 两个的中间值（σ_M），再带入 B-S 公式求出 BS_M。如果市价介于 BS_L 和 BS_M 之间，则下一个 σ 取 $\frac{1}{2}(\sigma_L+\sigma_M)$；如果市价介于 BS_M 及 BS_H 之间，则下一个 σ 取 $\frac{1}{2}(\sigma_M+\sigma_H)$。如此重复上述步骤，一直缩小所猜 σ 的上下范围，直到所猜的 BS 值与市价的误差小于 0.01 为止，此时的 σ 就是所要求的隐含波动率。

另外一种改良的二分法，可以更快找到隐含波动率。其概念是等比例的想法。亦即假设价格差异的比例等于波动率差异的比例，而不是只猜中间的 σ。譬如，期权市价和上界值 BS_H 之差为 a，市价和下界值 BS_L 之差为 b，那么所要猜的下一个 σ_M 须满足 $\frac{\sigma_H-\sigma_M}{\sigma_M-\sigma_L}=\frac{a}{b}$。解等式，则得到：

$$\sigma_M=\frac{b\sigma_H+a\sigma_L}{a+b} \tag{19-5}$$

而前面提到的所求的 σ_M 是取中间值，则是假设 $\sigma_H-\sigma_M=\sigma_M-\sigma_L$。

（二）牛顿拉弗森法

另一种求隐含波动率的方法称为牛顿拉弗森法（Newton-Raphson method）。它的概念是利用微积分切线斜率来逼近期权市价。譬如先猜一个 σ_1，则下一个要猜的 σ_2 为：

$$\sigma_2=\sigma_1+\frac{C_m-C(\sigma_1)}{C'(\sigma_1)} \tag{19-6}$$

其中 C_m 为市价，$C(\sigma_1)$ 为代入 σ_1 的 BS 值，$C'(\sigma_1)$ 为 C 对 σ_1 的一阶导数，即 $\frac{\partial C}{\partial \sigma}$，等于 vega。如此一直猜 σ_3、σ_4、…，直到 $C_m-C(\sigma_i)$ 之差小于 0.01，此时的 σ 即隐含波动率。这个方法比二分法还要快。

二、采用何种隐含波动率为代表

我们曾经提到,不同的执行价格有不同的隐含波幅,即所谓的笑状隐含波幅。那么应该采用何种契约的隐含波幅,作为目标指数波动率的代表呢?有一些学者做了以下不同的建议:

1. Latane and Rendleman(1976)以每一契约价格对波动率的一阶偏导数$\left(\frac{\partial C}{\partial \sigma}\right)$,来作为各隐含波幅的权数,而后加总成为单一的隐含波幅,作为预期波动率的测度。

2. Beckers(1981)认为,平价的$\frac{\partial C}{\partial \sigma}$一般最大,他建议采用平价的隐含波幅作为代表及对未来波动率的预测。

3. Chiras and Manaster(1981)以每一期权契约价格对波动率的弹性$\left(\frac{\partial C/\partial \sigma}{C/\sigma}\right)$,即相对变动率作为权数来加总隐含波幅。

4. Whaley(1981)利用回归的方法,求出可使总误差平方最小的隐含波幅作为代表的预期波幅,即:

$$\min_{\text{ISD}} \sum_{i=1}^{N} (C_{m,i} - C_{\text{BS},i}(\text{ISD}))^2 \tag{19-7}$$

其中,$C_{m,i}$和$C_{\text{BS},i}(\text{ISD})$分别为第$i$个看涨期权市价及某个 ISD 下 B-S 理论价格。

5. Day and Lewis(1988)建议采用各期权合约的交易量作为权数来加权。他们认为交易量越大,越可以降低异步交易(nonsynchronous trading)的情形,同时减少买卖价差(bid-ask spread)。

6. 芝加哥期权交易所在1993及2003年分别编制了两种波动率指数 VIX 来代表整个指数的波动率。前者采用8个平价附近的看涨期权、看跌期权的隐含波动率加权就是采用平价的隐含波动率;后者采用所有价外的看涨期权、看跌期权市值,不用期权评估公式,而是直接利用转换公式加总而得。中国台湾期货交易所也在2006年引进 VIX 可以作为未来现货指数波动率的预期值。

第三节 隐含波幅的特性

第六章在谈到波动率交易策略时,介绍了隐含波动率的一些特性,包括:笑状波幅、波幅的期限结构、波动率的均数回复等,本节将针对前面两项再加以分析。

一、笑状波幅

对股票及股价指数等期权而言,一般情况下,执行价格越低,隐含波动率越大,这种由左上往右下斜的曲线就是一般所称的笑状波幅。原油及农产品期权的笑状波幅则相反,是由右上到左下形成的笑状波幅曲线,也就是履约价越高,其隐含波动率越大。对外汇期权而言,平价的隐含波动率最小,价外和价内较大,而形成两边向上,类似 V 字形的情形,成为名符其实的笑状波幅。

形成这三种不同笑状波幅的主要原因可能是：对股票而言，大跌的概率比模型预期的大，大跌时价外看跌期权可获利，所以价外看跌期权（K 较低）相对比较贵，而对应的价内看涨期权也比较贵。反之，原油及农产品，因为战争或歉收而使价格突然上涨的概率较正态分布来得大，因此价外看涨期权（K 较高）的价格就会比较贵。外汇期权因为汇率急剧升值或急剧贬值的概率都大于正态分布的预测，所以价外的看涨期权（K 较高）和价外看跌期权（K 较低）都比较贵，因此出现两边高的现象。① 另外，笑状波幅的一个特点是，越近到期，或波动越大笑状波幅的斜度越陡，也就是价内平价的波动率差距会加大。

如图 19-1，本书根据 CBOE 的 S&P 500 股价指数期权（SPX）的实际价格数据，利用本书所附软件求出不同执行价格下看涨期权的 ISD，并绘成图。由图 19-1 可以看出看涨期权价内的 ISD 大于价外的 ISD，即随着执行价格 K 的增加，ISD 逐渐下降，而到了价外附近隐含波幅有些许的上升。

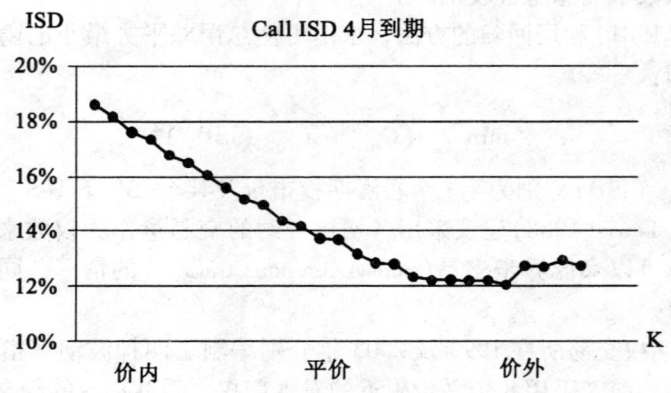

图 19-1　不同执行价格下，S&P500 股价指数看涨期权的隐含波动率

二、波幅的期限结构

利率的期限结构（term structure of interest rate）说明到期期限越长的债券，一般而言它的到期收益率越高。相同地，不同到期的期权契约，它们的隐含波动率也有类似的性质。到期期限越长的期权，一般而言它的隐含波动率越高，这称为波幅的期限结构（term structure of volatility）。②

本书利用 CBOE 不同到期数据，求出隐含波动率，绘图如图 19-2。图 19-2 显示，平价的看涨期权（$K=1175$）到期月份为 4、5、6、7 月，契约的 ISD 分别为 13.67%、14.85%、15.80%、16.36%，亦即随着期满日越长，ISD 越来越大。此现象验证了前

---

① 当然股票和指数期权有时也会出现价外看涨期权较平价看涨期权贵，而形成和外汇期权一样的笑状波幅。

② 有时也会有相反现象。

面的论点，到期期限较长的契约有较高的 ISD。

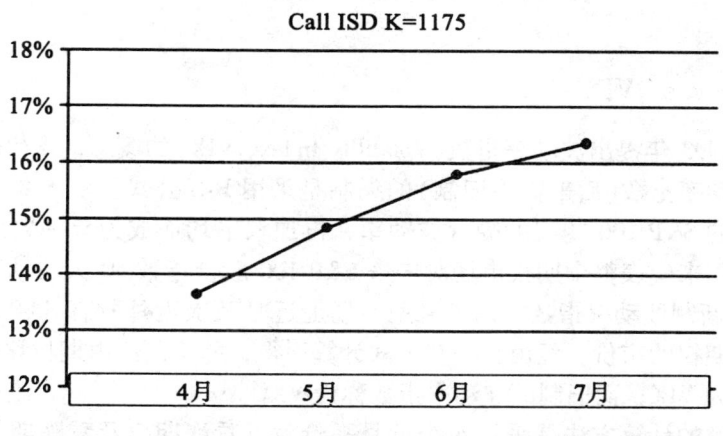

图 19-2　S&P 500 指数看涨期权不同到期月份的隐含波幅

三、隐含波幅矩阵

我们可以结合以上这两种特性，将不同执行价格及不同期满日的隐含波动率编制成一个矩阵形状，称为隐含波幅矩阵（implied volatility matrix）或简称波幅矩阵，如表 19-1 所示。也有人将此种关系画成三维空间形状（ISD、期满日、价内外程度），一般称为波动率平面（volatility surface）。隐含波幅矩阵可以作为评价新的权证或期权价格的参考，譬如要发行一个 3 个月到期、$\frac{S}{K}=1.05$ 的权证，那么就可以用 $\frac{S}{K}=1.01$ 及 $\frac{S}{K}=1.1$ 时，ISD 分别为 17.8% 和 20.2% 的平均求得 ISD=19%。

表 19-1　　　　　　　　　　　　隐含波幅矩阵

到期期限	价内外(S/K)				
	0.8	0.9	1.0	1.1	1.2
1 个月	15.6%	16.2%	17.8%	20.2%	23.4%
3 个月	16.0%	16.8%	18.2%	21.0%	24.2%
6 个月	16.5%	17.6%	18.8%	22.6%	24.5%
9 个月	16.4%	17.9%	19.0%	22.7%	24.9%
1 年	17.8%	18.1%	19.8%	23.5%	25.6%

说明：资料为年报酬率隐含波动率，为作者虚构值。

第四节 波动率指数(VIX)

一、VXO v. s. VIX

CBOE 在 1993 年提出波动率指数(Volatility Index,VIX)的概念,来代表指数波动率的水平。该波动率指数(后来称为旧制)的编制是采用 B-S 公式,求出 8 个近月及次近月,平价附近的 S&P 100 期权的隐含波动率,再加权平均而成为单一数值的波动率指数。此指数可用来代表整个期权市场对未来 S&P 100 股价指数 30 天波动率的预期。从 2003 年开始的新制波动率指数,则是采用市场上近月及次近月所有 S&P 500 价外的看涨期权及看跌期权的市价,经由另一套公式计算而得,并不须经由期权评价模型。新制波动率指数称为 VIX;而旧制的波动率指数称为 VXO。[①]

旧制波动率的计算方法是采用 4 个近月平价附近看涨期权及看跌期权的隐含波动率,用线性插补法求得刚好是平价时的隐含波动率(σ_1)。其次,再取 4 个次近月平价附近的隐含波动率,得出另一个刚好平价的隐含波动率(σ_2)。然后将 σ_1 及 σ_2 利用插补法求出 30 天隐含波动率,再乘以 100,得到波动率指数。因此旧制的波动率指数可以说是采用平价的波动率为整个波动率的代表。

虽然 VXO 采用 8 个期权的隐含波动率,其实也只用了 4 个。因为如果第四章介绍过的看涨期权看跌期权期货平价理论(put-call futures parity)成立,同一执行价格的看涨期权及看跌期权的隐含波动率应该一样。所以,严格来说,旧制可以说只取 2 个近月、2 个次近月执行价格靠近指数(或指数期货)上、下两档的合约。

新制的波动率指数是以价格来代替隐含波动率。由于越近平价附近的时间价值越高,所以平价附近的权重也越大。换句话说,平价的隐含波动率仍占很大的比重,所以 VIX 和 VIO 的关联性仍是很高。另外由平价理论公式 $C-P=(F-K)e^{-rT}$ 看出,其实价外的看跌期权价格,可以由价内看涨期权减去 $(F-K)e^{rT}$ 得到。所以,新制 VIX 其实也可以看成整个看涨期权隐含波动率的加权,而以平价附近几个合约的权重较大。只是,这时是以价格代替隐含波动率来计算。

二、新制 VIX 的计算公式

CBOE 新制 VIX 的计算公式以下式再乘以 100:

$$\sigma^2 = \frac{2}{T}\sum_i \frac{\Delta K_i}{K_i^2} e^{RT} Q(K_i) - \frac{1}{T}\left[\frac{\hat{F}}{K_0} - 1\right]^2 \qquad (19\text{-}8)$$

其中:T——存续期间

$\hat{F}$——从最近平价期权价格(价差最小者)所推算出来的隐含指数期货价格(依据公式 $C-P=(\hat{F}-K)e^{-RT}$)

[①] 因为 S&P100 期权的交易代码为 OEX,而 S&P500 的交易代码为 SPX。

K_i——第 i 个价外期权的执行价格,当 $K_i > \hat{F}$ 时采用看涨期权,当 $K_i < \hat{F}$ 时采用看跌期权

ΔK_i——临近的两个执行价格差距的一半

K_0——低于隐含指数 $\hat{F}$ 的第一个执行价格

$Q(K_i)$——执行价格为 K_i 的价外期权的市价(买价(bid)和卖价(ask))的平均

R——无风险利率

实际 VIX 是公式 19-8 求算出来的 σ 再乘以 100。其实公式 19-8 前面一项可看成所有价外期权的到期值,$e^{RT}Q(K_i)$,乘以两个临近执行价格的间距,$2\Delta K$,除以执行价格的平方 K^2,再除以到期期限 T 的加总。第二项则是平价期权的调整项,如果刚好是平价,则 $\hat{F}=K$,第二项为 0。其实第二项一般不大,甚至可以忽略不计。另外,在采用价外期权市价时,如果价外合约没有交易,变通的办法是找其对应的价内期权(相同 K),利用 $C-P=(\hat{F}-K)e^{-RT}$ 反算出来价外期权价格。

三、VXO 转成新制 VIX 的可能理由

CBOE 从旧制波动率指数 VXO 转换成新制的 VIX,笔者推测可能有几个理由,包括:

1. VIX 的计算不需经过 B-S 公式,而直接从期权市价计算;反之,VXO 则需经由 B-S 公式求出隐含波动率。

2. VIX 是由所有价外看涨期权及看跌期权的市价计算而得;而 VXO 是由 8 个近月及次近月平价期权的隐含波动率计算得到,代表性不足。换句话说,旧制是计算出平价的隐含波动率,而新制则是考虑了不同价外的价格。

3. VIX 的计算在理论上是由评价波动率互换(variance swap)的公式而来,VXO 则没有理论依据。

4. S&P 500 指数期权的交易量比 S&P 100 指数期权的交易量大很多。

5. S&P 500 是一般较常用的股价指数,其相关的商品也比 S&P 100 多。譬如 S&P 500 期货、S&P 500 期货期权、S&P 500 ETF、S&P 500 ETF 期权等。

【实务专栏 19】

对冲新工具——波动率期货与波动率期权

芝加哥期权交易所(CBOE)在 1993 年设计出波动率指数 VIX,10 年后,2003 年又推出新制的波动率指数,接着于 2004 年 3 月,设立了 CBOE 期货交易所(CBOE Futures Exchange,CFE),专门交易波动率期货(VIX futures)这项创新产品。2006 年 2 月 24 日,CBOE 又推出波动率指数期权(VIX option)交易,简称波动率期权,让有波动率风险者多一个对冲的渠道。

VIX 期权条款和 CBOE 的指数期权条款差不多,为一欧式期权,标的资产为 VIX 指

数，契约价格为每一点100美元，执行价格间距一般为1。但是，期满日则有另外的规定。VIX 期权的期满日是下一个月的第三个星期五（S&P 500 指数期权期满日），往前推30天的星期三。期满日大多数是落在第三个星期三，也有少数落在第四个星期三。譬如2010年12月期满日为12月22日，就是第四个星期三。此项设定是为了配合 VIX 指数是预估 S&P 500 未来30天的波动率。

波动率期权在短短的几年内，交易量增长快速。目前的交易量仅次于上一节提过的 ETF 期权及 S&P 500 指数期权，而高于 S&P100 期权，可以说在金融衍生工具占有重要地位。CBOE 的波动率期权，更在2006年赢得美国"最有创新性的指数衍生性商品奖"。

随后，CBOE 又推出纳斯达克100（Nasdoq 100）波动率期权及罗素2000（Russell 2000）波动率期权。欧洲方面，欧洲交易所（Eurex）于2010年3月22日推出道琼斯欧洲50（DJ Euro Stoxx 50）波动率期权，另外其他交易所也有波动率期权的交易，如德国 DAX 指数波动率期权、法国 CAC 40 指数波动率期权。

波动率期权有几项特别的功能。首先，对于指数期权的卖方，可藉由买入波动率期权看涨期权，来规避波动率上升所造成的指数期权损失。另外，对于一般股票、债券等证券组合，如果加入波动率期权或波动率期货的部位，可以降低整个证券组合的风险。因为一般当股市大跌、金融市场有巨变时，波动率将会大涨。这种负相关的部位，将可降低整个证券组合的报酬波动率。另外，投机者也可以经由对波动率方向的预期，来买卖波动率期权。如同第六章期权的交易策略一样，波动率期权的交易策略也很多。此外，投资者也可搭配波动率期货与期权灵活运用。

小　　结

1. 历史波动率的估算包括：简单加权移动平均法、指数加权移动平均法、利用每日最高最低的股价来估算、加入每日开盘收盘价格估算法、广义自回归条件异方差法。

2. 简单加权移动平均法是把每一天股价的变动权数看成一样。其公式如下：

$$\sigma = \sqrt{\frac{1}{N} \sum_{t=1}^{N} (R_t - \overline{R})^2}$$

3. 指数加权移动平均法是越靠近的日期其权数也应越大。其公式如下：

$$\sigma = \sqrt{(1-\lambda) \sum_{t=1}^{N} \lambda^{t-1} (R_t - \overline{R})^2}$$

4. 利用每日最高最低的股价来估算：

$$\sigma = \sqrt{\frac{0.361}{N} \sum_{i=1}^{N} \left(\ln \frac{H_t}{L_t}\right)^2}$$

5. 加入每日开盘收盘价格估算法：

$$\sigma = \sqrt{\frac{0.361}{N} \sum_{t=1}^{N} \left[\frac{1}{2}\left(\ln \frac{H_t}{L_t}\right)^2 - (2\ln(2)-1)\left(\ln \frac{C_t}{O_t}\right)^2\right]}$$

6. 广义自回归条件异方差（GARCH）的概念是，明天的波动率和今天的波动率及今天股价的涨跌有关。其公式如下：
$$\sigma_t^2 = \alpha + \beta_1 \sigma_{t-1}^2 + \beta_2 r_{t-1}^2$$

7. 二分法求隐含波动率的步骤是，先猜一个高一个低的 σ，而后求取平均 σ，再代入求出 BS 值，重复以上步骤一直到所求出的 BS 值很接近市价。

8. 牛顿拉弗森法是利用切线斜率方法来逼近期权的市价。其公式如下：
$$\sigma_2 = \sigma_1 + \frac{C_m - C(\sigma_1)}{C'(\sigma_1)}$$

9. 以前期权市场大都以平价的隐含波动率为波动率主要指标，目前则加入波动率指数 VIX 作为未来指数波动率的另一重要指标。

10. CBOE 旧制波动率指数，是采用 8 个平价附近期权的隐含波动率计算而得。

11. 2003 年后新制 VIX，则是采用市场上近月及次近月所有 S&P 500 价外的看涨期权及看跌期权的市价，经由另一套公式计算而得。

12. 新制 VIX 计算公式为：
$$\sigma^2 = \frac{2}{T} \sum_i \frac{\Delta K_i}{K_i^2} e^{RT} Q(K_i) - \frac{1}{T} \left[\frac{\hat{F}}{K_0} - 1 \right]^2$$

13. 波动率指数一般与股价的走势呈反向的关系。

14. 笑状波幅的特性是：股票期权，执行价格越低，隐含波动率越大；原油及农产品期权，履约价越高，隐含波动率越大；外汇期权，平价的隐含波动率最小，价外和价内较大。

15. 波幅期限结构是指到期期限越长的期权，它的隐含波动率越高。

16. 隐含波幅矩阵是将不同执行价格跟不同期满日的 ISD，编制成一个矩阵形状，成为隐含波幅矩阵。

习　　题

1. 请利用过去 6 个月上证加权指数数据，分别以平均加权法及指数加权法（$\lambda = 0.97$）求算波动率。

2. 同上，试利用每天最高最低股价，以及加入开盘、收盘股价求出台股的历史波动率。

3. 何谓二分法？如何利用该法求出期权的隐含波动率？

4. 试简述 CBOE 旧制和新制波动率指数编制有何不同。

5. 就实务而言，不同资产的隐含波动率，在不同执行价格下有何不同？差别的主要原因是什么？

6. 何谓波幅的期限结构？你认为是什么原因造成的？

7. 何谓隐含波幅矩阵？实务上可以如何运用？

第二十章 其他期权相关主题

本章将简要介绍一些与期权相关的比较深入的主题。第一节将对 B-S 公式中的偏微分方程及风险中性推导 B-S 公式作一介绍；第二节介绍二项式定价法的公式推导；第三节讨论期权敏感度分析；第四节介绍期权的 delta 及 gamma 中立对冲；第五节讨论实质选择权。本章仅对各个主题做简要性的介绍，至于详细的说明，有兴趣的读者可参阅作者所著《期权：理论、实务与应用》一书相关章节。实务专栏介绍一种风险移转新工具——巨灾债券。

第一节 B-S 公式的推导

第五章简单介绍了 B-S 公式，本节将针对 B-S 公式的推导、风险中性推导 B-S 公式等做一简要介绍①。

一、B-S 模型的主要概念

B-S 模型的主要概念是假设有一包含股票及其看涨期权的证券组合，藉由不断调整适当的股票与看涨期权的比率，可使证券组合在短时间内达到无风险状态。因此，在无套利情形下，该证券组合应赚得无风险报酬。Black 和 Scholes 的模型中，借着形成无风险证券组合(risk-free portfolio)，得到看涨期权对股价及时间的偏微分方程式，另外再加上期满日看涨期权价值的边界条件，而得到看涨期权公式解。

二、B-S 偏微分方程式的推导

B-S 模型中，假设股价服从对数正态分布(log-normal distribution)，亦即股价在取对数后服从正态分布。另外，股价服从几何布朗运动(Geometric Brownian Motion)，以下列式子来表达：

$$\Delta S = \mu S \Delta t + \sigma S \Delta z \tag{20-1}$$

其中：ΔS 为股价的变动，μ 为股价预期报酬率，Δt 为极短的时间，σ 为股价报酬的波动性，而变量 z 满足维纳过程(Wiener process)，Δz 为 z 的变动。

假设有一证券组合 V，包含卖空一股看涨期权，买入 α 股的股票，所以证券组合价值 V 为：

---

① 对 B-S 模型的深入探讨有兴趣的读者可参阅本书作者所著《期权：理论、实务与风险管理》的"Black-Scholes 期权定价模型(二)"。

$$V = -C + \alpha S \tag{20-2}$$

则短时间证券组合价值 V 的变动 ΔV 为：

$$\Delta V = -\Delta C + \alpha \Delta S \tag{20-3}$$

根据伊藤辅助定理(Ito's lemma)，看涨期权在极短时间的变动 ΔC 可表示为：

$$\Delta C = \frac{\partial C}{\partial S}\Delta S + \left(\frac{\partial C}{\partial t} + \frac{1}{2}S^2\sigma^2\frac{\partial^2 C}{\partial S^2}\right)\Delta t \tag{20-4}$$

将公式 20-4 的 ΔC 代入公式 20-3，并整理得：

$$\Delta V = \left(\frac{-\partial C}{\partial S} + \alpha\right)\Delta S - \frac{\partial C}{\partial t}\Delta t - \frac{1}{2}S^2\sigma^2\frac{\partial^2 C}{\partial S^2}\Delta t \tag{20-5}$$

如果令 $\alpha = \frac{\partial C}{\partial S}$，则公式 20-5 将变为：

$$\Delta V = -\frac{\partial C}{\partial t}\Delta t - \frac{1}{2}S^2\sigma^2\frac{\partial^2 C}{\partial S^2}\Delta t \tag{20-6}$$

在公式 20-6 中，证券组合的变动 ΔV 只受时间变动 Δt 的影响，不受股价变动的影响，因此，证券组合 V 是一个无风险的证券组合。如果将此 V 元拿去购买无风险债券，则应该赚取无风险利息，所以短时间 Δt 所赚得的无风险利息为：

$$\Delta V = V \times r\Delta t = \left(-C + \frac{\partial C}{\partial S} \times S\right)r\Delta t \tag{20-7}$$

其中：r 为无风险利率。公式 20-6 及公式 20-7 由于均是无风险证券组合所赚的报酬，所以应该相等，不然就有套利的机会。移项整理得到：

$$\frac{\partial C}{\partial t} = rC - rS\frac{\partial C}{\partial S} - \frac{1}{2}S^2\sigma^2\frac{\partial^2 C}{\partial S^2} \tag{20-8}$$

公式 20-8 即为著名的偏微分方程式(partial differential equation, PDE)。Black-Schole B-S 应用上述偏微分方程式加上边界条件解出 B-S 的看涨期权公式。[①]

三、以风险中性推导 B-S 公式

Cox & Ross(1976)二人利用风险中性假设，也推导出和 B-S 相同的公式。风险中性是假设所有的投资者对风险均无偏好或嫌恶。风险中性(risk neutral)的假设具有下列两项特性：(1)所有证券的预期报酬均为无风险利率；(2)看涨期权或任何证券的价值可视为未来预期现金流量，以无风险利率折现所得到的折现值。

所以，目前看涨期权价值为未来到期预期看涨期权价值以无风险利率折现，以公式表示为：

$$C = e^{-rT}E[\max(S_T - K, 0)]$$

其中，S_T 表示到期股价。以连续形态来表示，则看涨期权的价值可表示为常见的积分型态：

---

① Black 和 Scholes 同时也利用资本资产定价模型(Capital Asset Pricing Model, CAPM)导出此偏微分方程，有兴趣的读者可参阅 Black and Scholes(1973)的文章，第 645-646 页.

$$C = e^{-rT}\int_K^\infty S_T f(S_T)dS_T - Ke^{-rT}\int_K^\infty f(S_T)dS_T \qquad (20\text{-}9)$$

其中：$f(S_T)$ 为 S_T 的概率密度函数。

再利用到期股价是遵循对数正态分布，以及微积分变量代换与标准累积概率的概念，从公式 20-9 第一项，$e^{-rT}\int_K^\infty S_T f(S_T)dS_T$ 可以推导出它等于 $SN(d_1)$，而第二项 $Ke^{-rT}\int_K^\infty f(S_T)dS_T$ 可以推导出 $Ke^{-rT}N(d_2)$。$N(d_2)$ 就是股价在期满日大于执行价格时的概率。因此，由风险中性的假设，也可以推导出和 B-S 相同的公式。

第二节 二项式看涨期权公式的推导

二项式看涨期权公式推导的主要概念是看涨期权的损益可以由债券及股票复制。这和本章第一节 B-S 模型藉由股票和看涨期权形成一个无风险的债券组合有异曲同工之妙。假设我们在期初买入 N 股的股票及 B 单位的债券来复制看涨期权，亦即

$$\Delta S + B = C \qquad (20\text{-}10)$$

到下一期（期满日）时，如果股价上涨，则证券组合价值变为：

$$\Delta S_u + B_a = C_u \qquad (20\text{-}11)$$

如果股价下跌，则证券组合价值变为：

$$NS_d + B_a = C_d \qquad (20\text{-}12)$$

其中，B_a 为债券在一期后之本利和。

由公式 20-11 及公式 20-12 联立可求得：

$$N = \frac{C_u - C_d}{S_u - S_d}, \quad B = \frac{uC_d - dC_u}{(u-d)a} \qquad (20\text{-}13)$$

所以将 N 及 B 代入公式 20-10 整理后可得

$$C = \frac{\frac{a-d}{u-d}\times C_u + \frac{u-a}{u-d}\times C_d}{a} \qquad (20\text{-}14)$$

其中，$N = \frac{C_u - C_d}{S_u - S_d}$ 即为对冲比率。另外，公式 20-13 的 B 是负值，因此本证券组合是以买入股票及卖出债券来复制看涨期权。

风险中性下二项式公式的推导

在 B-S 模型中，我们提到可以利用风险中性的假设导出 B-S 公式；同样对二项式定价模型也可以用风险中性的假设导出公式 20-14 的定价公式，而不用之前提到的复制概念。在风险中性的假设下，任何证券的预期报酬为无风险利率，同时任何证券的现值等于预期现金流量以无风险利率的折现。

假设 q 为目标物价格上升的概率，而 $1-q$ 为下跌的概率，目前股价为预期下一期股价的折现，因此：

$$S = E(S_{+1})/a = (q \cdot S_u + (1-q)S_d)/a \tag{20-15}$$

目前看涨期权价值为预期下一期看涨期权价值的折现,则

$$C = E(C_{+1})/a = (q \cdot C_u + (1-q)C_d)/a \tag{20-16}$$

$E(S_{+1})$ 为下一期股价的期望值,$E(C_{+1})$ 为下一期期权的期望值。由公式 20-15 可以得到 $q = \frac{a-d}{u-d} = p$。因此,在风险中性下,公式中的 p 便可看成股价上涨的概率,而 $1-p$ 便是下跌的概率。代入公式 20-6 得证公式 20-14。

第三节 期权敏感度分析

在第三章提到,期权价格主要受到 5 个因素的影响,即目标资产价格、期满日、目标资产股价报酬波动率、无风险利率、执行价格的影响。任何一个因素的变动,均会造成期权价格的变动。因此,投资者和权证发行者(期权卖方)如何进行监控以及管理这些因素所造成期权价格变动的风险,也是非常重要的课题。敏感度分析(sensitivity analysis)便是用来衡量因上述 5 个变量发生变动时,期权价格变化的情况。由于一般习惯上用希腊字母(Greek)来表示这些变量变动对期权价格的影响,因此,期权敏感度分析有时称为期权 Greeks。

一、delta(Δ)

delta 用来衡量期权目标资产价格变动对期权价格的影响。如果目标资产价格变动 1 元,期权价格变动 0.6 元,则 delta 就等于 0.6;delta 也称为对冲比率。B-S 欧式看涨期权的 delta 以公式表示如下:

欧式看涨期权的 delta $= \frac{\partial C}{\partial S} = N(d_1) > 0$

欧式看跌期权 delta $= \frac{\partial P}{\partial S} = N(d_1) - 1 < 0$

看跌期权 delta 小于 0,表示当股价上涨时,看跌期权价格下跌,大小刚好为看涨期权 delta 减去 1。

二、gamma(Γ)

gamma 用来衡量 delta 的敏感度,也就是当股价变动时,对冲比率 delta 变动的情况。或者说,当股价变动 1 元时,delta 变动的大小。欧式看涨期权及看跌期权的 gamma 可以公式表示如下:

$$\Gamma = \frac{\partial^2 C}{\partial S^2} = \frac{\partial N(d_1)}{\partial S} = \frac{N'(d_1)}{S\sigma\sqrt{T}} > 0$$

其中:$N'(d_1)$ 为累积概率 $N(d_1)$ 的一阶导数,亦即为标准正态分布,$N'(d_1) = \frac{1}{\sqrt{2\pi}} e^{-0.5d_1^2}$。gamma 恒为正,表示 delta 随着股价上升而上升,随着股价下跌而下跌。譬

如 gamma=0.01，表示当股价变动 1 元时，$N(d_1)$ 会上升 0.01，表示看涨期权和股价呈曲线状态。在非常深价内时，gamma=0，此时对冲比率等于 1，表示股价变动并不影响对冲比率，即看涨期权和股价呈一直线关系。一般在平价附近，稍偏价外处，gamma 最大。看跌期权的 gamma 和看涨期权的 gamma 大小及符号都是一样的。同样表示当股价上涨时，delta 会上升，反之则下跌。

三、vega(v)

vega 或称 kappa 用来衡量目标价格波动率改变对期权价格的影响，也就是波动率每上升 1 单位对期权价格的影响。欧式看涨期权及看跌期权的 vega 可用公式表示如下：

$$\nu = \frac{\partial C}{\partial \sigma} = Ke^{-rT}\sqrt{T}N'(d_2) = S\sqrt{T}N'(d_1) > 0$$

vega 大于 0，表示当股价波动率上升时，看涨期权价格上升；反之，则下跌。一般在价外接近平价时之 vega 最大。看跌期权的 vega 和看涨期权的 vega 也是相同的，也就是波动率 σ 的上升使看涨期权及看跌期权的价格呈现相同大小、相同方向的变动。譬如当 σ 上升使看涨期权上升 1 元，则同条件的看跌期权也上升 1 元。也就是说，同条件的看涨期权看跌期权的相对价格 ($C-P$) 不受 σ 变动的影响。

四、theta(θ)

theta 用来衡量到期期限变动对期权价格的影响。因为期权是一种损耗性资产 (wasting asset)，所以期权的时间价值会随着到期期限的逼近而递减。欧式看涨期权 theta 可以用公式表示如下：

$$\theta = \frac{\partial C}{\partial T} = \frac{\sigma SN'(d_1)}{2\sqrt{T}} + rKe^{-rT}N(d_2) > 0$$

θ 为正，表示到期期限越长，欧式看涨期权的价格越高。有些教科书将 θ 取负值，表示随着期满日的减少，看涨期权价值下降。

欧式看跌期权 $\text{theta} = \frac{\partial P}{\partial T} = \frac{\sigma SN'(d_1)}{2\sqrt{T}} + rKe^{-rT}[N(d_2) - 1] \gtreqless 0$

看跌期权 theta 可能大于 0 也可能小于 0，也就是时间对欧式看跌期权的影响是不确定的，可能较短期的看跌期权反而价值较大。因为可能在某个时点先到期的先卖出股票拿到执行价格 K，会比后来才拿到执行价格有利（先赚取 K 的利息成本）。

五、rho

rho 用来衡量无风险利率变动对期权价格的影响，或者是说期权价格对无风险利率变动的敏感度。欧式看涨期权 rho 可以用公式表示如下：

$$\text{rho} = \frac{\partial C}{\partial r} = TKe^{-rT}N(d_2) > 0$$

因为 rho 为正，表示利率上升，则看涨期权价格上升；反之，利率下降，则看涨期权价格下跌。

欧式看跌期权 rho $= \frac{\partial P}{\partial r} = TKe^{-rT}[N(d_2)-1]<0$

看跌期权 rho 小于 0，表示当利率上升时，看跌期权价格下跌，和看涨期权 rho 方向相反。

六、执行价格对期权价格的影响

欧式看涨期权：$\frac{\partial C}{\partial K} = -e^{-rT}N(d_2)<0$

由于执行价格不太会变动，所以基本上并无执行价格风险。执行价格的变动对看涨期权而言，刚好成反向变动，所以执行价格越高，看涨期权的价格会越低。

欧式看跌期权：$\frac{\partial P}{\partial K} = e^{-rT}[N(d_2)-1]>0$

上面介绍的 delta(Δ)、gamma(Γ)及 theta(θ)其实彼此间也有关联。根据公式 20-8，B-S 的偏微分方程式(PDE)可以得到

$$\theta = rC - rS\Delta - \frac{1}{2}S^2\sigma^2\Gamma$$

七、lambda(λ)

lambda 是用来衡量当股价变动 1% 时，期权价格变动多少百分比。换句话说，delta 是衡量绝对价格的变动，而 lambda 是衡量相对价格的变动，亦即弹性的概念，所以有时候称 lambda 为看涨期权价格弹性，其定义如下：

$$\lambda = \frac{\Delta C/C}{\Delta S/S} = \frac{\Delta C/\Delta S}{C/S} = N(d_1)\cdot\frac{S}{C}$$

因此，λ 其实就是本书提过的实际杠杆比率(effective gearing)，而 $\frac{S}{C}$ 就是杠杆比率(gearing)，$\frac{\Delta C}{\Delta S}$ 是前面提过的 delta，所以 lambda 其实就是 delta 乘以杠杆比率。

看跌期权 lambda(λ) $= \frac{\Delta P/P}{\Delta S/S} = [N(d_1)-1]\times\frac{S}{P}<0$

这表示为股价上升 1%，看跌期权下降多少百分比，为看跌期权的 delta 乘以看跌期权的杠杆比率。

第四节 delta 及 gamma 中立对冲

一、delta 中立对冲策略

在上一节推导 B-S 公式时，提到假设卖出 1 股看涨期权，买入 delta 的股票所形成的证券组合，短时间内，该证券组合的价值不受股价变动的影响，也就是所谓的 delta 中立(delta-neutral)的情形。本节将探讨 delta 中立的对冲策略及可能的问题。

假设证券组合 V 包括卖出 N 股的看涨期权及买入 N_S 股的股票，则此证券组合的价值 V 可表示为：$V=N\times C+N_S\times S$，则股价变动对证券组合价值的影响可表示如下：

$$\Delta_P=\frac{\partial V}{\partial S}=-N\times\frac{\partial C}{\partial S}+N_S$$

Δ_P 称为部位 delta(position delta)。如果 $\Delta_P>0$，当股票上涨，证券组合价值会上升；反之如果 $\Delta_P<0$，则股票上涨，证券组合价值下降；如果 $\Delta_P=0$，表示证券组合的价值不受股价变动的影响。

【例题1】 假设某 A 券商发行 1 000 股中国石油认购权证，已知该权证的 delta 为 0.62，则需同时买入多少股中国石油股票来达到 delta 中立对冲呢（权证价格为 11.5 元，股价为 70.5 元）？

解： 要达到 delta 中立，则部位 delta 需为 0，即：

$$\Delta_P=-1\ 000\times\text{delta}+N_S=0$$

因为认购权证的 delta=0.62，$\Delta_P=0$，则 $N_S=0.62\times 1\ 000$，所以应该买入约 620 股的中国石油股票来达到 delta 中立的对冲效果。而对冲证券组合的价值或投资成本 $V=-1\ 000\times 11.5+620\times 70.5=32\ 210$ 元。

实务上，发行权证的券商也可以采用目标公司的期权或可转换公司债，或与目标股票相关系数较高的其他股票，甚至可用其他公司发行的相同目标权证来规避 delta 风险。

二、gamma 风险

是否发行权证的券商只要做 delta 中立对冲就能规避股价变动的风险呢？答案是否定的，因为对冲比率 $N(d_1)$ 会随着股价上升而上升，随着股价下跌而下跌，因此当股价上涨时，很明显地，对冲比率上升，也就是券商少买了股票；反之，如果股价下跌，$N(d_1)$ 下跌，券商则多买了股票，这就是 gamma 风险(gamma risk)。因此，采取 delta 中立的对冲，不论股价上升或下跌，对看涨期权的卖方都会有损失。

图 20-1 说明 delta 中立对冲及 gamma 风险大小。由图 20-1 可看出只用 delta 来估计股价上升对看涨期权的影响时，会低估看涨期权的价格变化。譬如原来股价及看涨期权

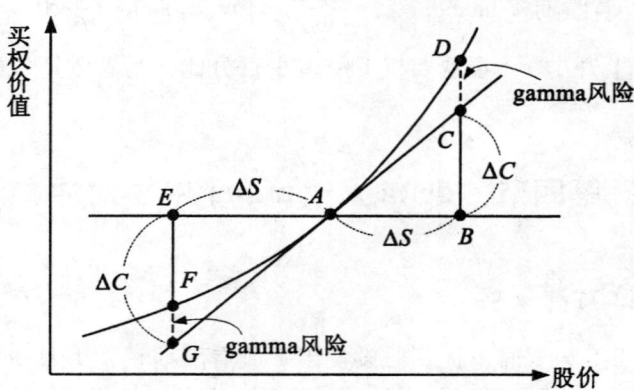

图 20-1 delta 中立对冲与 gamma 风险

价格在 A 点，当股价上升到 B 点时，对应的看涨期权变化应该为 BD 段，但由于 delta 只算出 BC 段，所以低估了 CD 段，此即 gamma 风险；反之，当股价下跌到 E 时，对应的看涨期权下降为 EF，但由 delta 估算为 EG，所以高估了 FG 段，故 FG 段就是 gamma 风险。因此对权证卖方而言，单纯的 delta 中立对冲是不够的，还要考虑 gamma 的风险。

☞ **动动脑**

期货有 gamma 风险吗？

三、delta-gamma 中立对冲策略

由前述可知，delta 中立对冲无法完全规避股价上涨或下跌的风险，尤其是平价期权在快到期时风险最大，那么应该如何来规避 gamma 风险呢？其方法之一就是随时调整股票的部位，但是缺点是交易成本太大；另一种方法就是做 delta-gamma 中立对冲。

假如要避掉 delta 风险，则可以买（卖）目标现货；而要规避 gamma 风险，则需要买（卖）跟目标资产二阶有关的产品，例如同目标资产的期权。所以，券商发行认购权证，须买进目标股票以规避 delta 风险，如果还要规避 gamma 风险，则必须买进相同目标股的其他认购权证。但是要买进多少相关的证券或权证才可以呢？兹举例说明。

【例题 2】 假设其他条件跟例题 1 一样，而认购权证 gamma 为 0.015，假设有另一 B 券商发行的中国石油认购权证的 delta、gamma 分别为 0.757、0.028。A 券商另外要规避 gamma 风险，即 delta-gamma 中立对冲。则 A 券商需买入多少该 B 券商发行的认购权证及中国石油股票来达到 delta-gamma 中立对冲？

解：证券组合可表示为

$$V = -1000 \times C_1 + N_2 \times C_2 + N_S \times S$$

其中：C_1 为 A 券商发行的权证，C_2 为 B 券商发行的权证，S 为中国石油股票。

delta 中立，则需 $\dfrac{\partial V}{\partial S} = -1\,000 \times \dfrac{\partial C_1}{\partial S} + N_2 \times \dfrac{\partial C_2}{\partial S} + N_S = 0$

gamma 中立，则需 $\dfrac{\partial^2 V}{\partial S^2} = -1\,000 \times \dfrac{\partial^2 C_1}{\partial S^2} + N_2 \times \dfrac{\partial^2 C_2}{\partial S^2} = 0$

即

$$\dfrac{\partial V}{\partial S} = -1\,000 \times \text{delta}_1 + N_2 \times \text{delta}_2 + N_S = 0$$

$$\dfrac{\partial^2 V}{\partial S^2} = -1\,000 \times \text{gamma}_1 + N_2 \times \text{gamma}_2 = 0$$

将 delta 及 gamma 资料代入，可得：

$$\dfrac{\partial V}{\partial S} = -1\,000 \times 0.62 + N_2 \times 0.757 + N_S = 0$$

$$\frac{\partial^2 V}{\partial S^2} = -1\,000 \times 0.015 + N_2 \times 0.028 = 0$$

由两个方程式解两个未知数 N_2 与 N_S，解出 $N_2 = 535.7$，$N_S = 214.5$。所以，A 券商应该买入 536 股 B 券商中国石油权证及 215 股中国石油股票来达到 delta-gamma 中立对冲。

☞ **动动脑**

如果在 delta-gamma 中立对冲中，另一支权证的 gamma 较欲对冲权证的 gamma 小，而 delta 较欲对冲的权证的 delta 大，那么股票部位将为正或负呢？为什么？

第五节 实质选择权

传统的投资理论中，探讨厂商的投资决策法则，大部分是采用净现值法（net present value，NPV），或称现金流量折现法（discount cash flow，DCF）。此理论主要是指当厂商的投资计划所获得的预期收益现值大于预期总成本之现值，即投资计划的净现值 NPV 大于 0 时，表示该投资计划是可行的；反之，当净现值小于 0 时，表示此投资计划不可行。一般净现值的求法可用下列公式表示：

$$NPV = \sum_{i=1}^{n} \frac{CF_i}{(1+k)^i} - CF_0$$

其中，CF_i 表示第 i 期的净现金流入，k 为要求报酬率，CF_0 表示期初投入金额。如果 NPV>0，表示该计划值得投资；NPV<0，表示不值得投资。

然而，以 NPV 法衡量决策有一些缺点，包括：

传统的 NPV 法假设投资计划必须维持至计划生命期限（譬如 5 年）。但实际上，管理者在 5 年计划执行中的某些时点，可以依当时的市场情况，弹性地中途终止计划，抑或增加或减少生产量或规模大小。此外，传统的 NPV 法假设计划要马上执行。但实际上，有些计划的执行具有可延迟的弹性，可以等到市场信息较充足时，再决定是否要投入资金执行此计划。另外，要求报酬率 k 的设定也是令人困扰的。

鉴于传统的 NPV 的缺失，有些学者尝试由期权的观点，来探讨投资计划中的弹性（如中止、放弃、延迟等的弹性），而发展出所谓实质选择权分析法（real option approach）。实质选择权分析法便是用来衡量这些投资计划中弹性的价值，而以扩张的 NPV（expanded NPV）或称广义的 NPV 来弥补传统的 NPV 法（static NPV）的缺失。这些弹性有些是计划本身便具有的，譬如，扩充规模、放弃继续投资等；或者是由对方所赋予的权利，比方说延迟投资等。以下利用公式来表示实质选择权分析法下的扩张 NPV 法和传统 NPV 法的关系：[①]

$$\text{扩张的 NPV} = \text{传统的 NPV} + \text{实质选择权价值} \tag{20-17}$$

[①] 本节内容主要参考：Trigeorgis. Real Options and Interactions with Financial. *Financial Management Journal*, Autumn 1993：2002-2024.

此处扩张的 NPV 为实质选择权分析法下的 NPV，即扩张的 NPV 等于传统的 NPV 加上实质选择权的价值（即弹性的价值）。

对此，读者一定会纳闷，为何称此种分析方法为实质选择权分析法呢？前面介绍过的期权包括股票期权、外汇期权、债券期权，其目标资产均为金融资产，通称为金融期权（financial option）。由于投资计划大多牵涉土地、厂房、矿产等计划，都与不动产（real estate）有关，由于目标资产为不动产等，因此，这些期权就称为实质选择权。以这些实质选择权的概念作为投资决策的出发点，便称为实质选择权分析法。

一般将这种投资决策的弹性，即实质选择权分为改变营运规模期权（option to alter operating scale）、放弃期权（option to abandon）、延迟期权（option to defer）、延续性投资期权（time-to-build option）、转换期权（option to switch）、成长期权（growth option）及多重交互影响期权（multiple interacting option）等，现简单举例介绍。

一、改变营运规模期权

假如厂商在投资计划执行中，当市场情况比原先预期还要好时，厂商可以有弹性地选择扩大（expand）生产规模；反之，若市场的状况差，厂商可以缩小（contract）原来的生产规模。若厂商因投资所产生的收益不够支付变动成本，则厂商可以选择暂时终止生产，等到市场情况好转，再重新动工，即厂商拥有暂时停工再重新开始的期权（shut down and restart）。

二、放弃期权

假若市场情况不如预期，则厂商可选择永久放弃此投资计划，并将已投资的机器设备以残余价值卖出。因此，投资计划具有放弃期权（option to abandon）的效果。

三、延迟期权

假设厂商拥有一个可以延迟 1 年投资的租约或是权利，则投资者可以等 1 年后，从市场获得更多、更新的信息后，再决定是否要投资此计划，故又称为等待期权。延迟期权（option to defer）可有效降低投资环境的不确定风险，以免成本一投入，变成沉没成本而无法收回。

四、延续性投资期权

假设投资计划是由一系列的投资支出所组合的阶段性投资项目，每个阶段有其必要的投资支出。若市场新信息显示未来的市场不乐观，投资厂商可以选择中途退出此一投资计划，以免蒙受更大损失，因此，延续性投资期权（time-to-build option）又可称为违约期权（default option）。每一投资阶段皆可视为一期权，其目标物为后续阶段投资所产生的价值，此类期权就是第十七章提过的复合期权（compound option）。这种期权如同以前我们提过的购买预售屋时分期支付房屋价款，如果发现房价大幅下跌，可以选择放弃继续支付屋款的例子。此种违约期权常见于制药、高科技等行业的研究开发计划。

五、转换期权

当厂商面临市场需求改变，或原料、产出的价格变动时，厂商可选择改变其生产投入组合或产出组合，以获取最高利润。例如，当市场原料价格上涨，投资者可选择将原来的生产原料改为比较便宜的原料，以降低成本。或者当产品的价格下跌时，生产者可以将设备转换，改为生产价格较高的他种产品。其中，转换期权(option to switch)是投资者拥有转换的权利，因此具有价值。

六、成长期权

成长期权(growth option)可显现出公司策略运用的重要性。例如许多研究发展(R&D)计划在现阶段可能无法显现其效益，但若未来发展成功，将会带来可观的收益。此类项目使公司未来的成长机会大增，因此，对公司而言是一成长期权。

七、多重交互影响期权

若投资计划包含多个不同实质选择权，譬如，扩充、放弃、延迟等期权，就是多重交互影响期权(multiple interacting option)。此时，各个期权可能会交互影响彼此的价值，其计算因而比较复杂。

八、加入实质选择权的 NPV

在此举一个例子说明如何用二项式模型来求改变营运规模期权的价值。

【例题 3】 假设有一投资计划，未来有 50% 的机会有 1 800 万元的收入(当油价每桶上涨到 36 元)，有 50% 的机会有 600 万元的收入(当油价每桶下跌到 12 元)，如下图。若以必要报酬率 20% 来折现，则此投资机会的现金流入现值为 = 1 000 万元。假设此计划的原始投入成本为 1 040 万元，依照传统净现值法估计，此计划传统的 NPV = 40 万元，则此投资计划不会被执行。但是，假若此时允许此投资计划有一投资弹性，即可以在市场情况好的时候扩充 50% 的产能，而所增加的支出为 400 万元，此时的 NPV 将变为多少呢？此扩充期权的价值又是多少呢(假设已知目前油价每桶 20 元)？

$$1\ 000\ 万元(20\ 元) \begin{cases} 50\% \longrightarrow 1\ 800\ 万元(36\ 元) \\ 50\% \longrightarrow 600\ 万元(12\ 元) \end{cases}$$

解：我们利用第十八章提过的二项式定价法在风险中性下的模型，求出转换后的概率 P。因为风险中性转换的观念可以帮助我们了解实质选择权在投资决策弹性中的定价。

利用风险中性的方法计算目前油价为 20 元，未来油价为 36 元与 12 元的概率为 P 与 $1-P$。由于 $d=\frac{12}{20}=0.6$，$u=\frac{36}{20}=1.8$，假设无风险利率为 8%，所以 $P=\frac{a-d}{u-d}=\frac{1.08-0.6}{1.8-0.6}=\frac{0.48}{1.2}=0.4$，则 $1-P=0.6$，即收入为 1 800 万元的虚拟概率为 0.4，收入为

600万元的虚拟概率为0.6，如下图所示。

$$20\,\text{元}\begin{cases}P=0.4 \longrightarrow 36\,\text{元}\\ 1-P=0.6 \longrightarrow 12\,\text{元}\end{cases}$$

此扩充期权(option to expand, OTE)的价值为$\max(0.5V-40, 0)$，以V^+表示收入为1 800万元，V^-表示收入为600万元的情况。以OTE^+表示收入为V^+时OTE的价值，以OTE^-表示收入为V^-时OTE的价值，则：

$$OTE^+ = \max(0.5V^+ - 400, 0) = \max(0.5 \times 1\,800 - 400, 0)$$
$$= \max(500, 0) = 500$$
$$OTE^- = \max(0.5V^- - 400, 0) = \max(0.5 \times 600 - 400, 0)$$
$$= \max(-100, 0) = 0$$

根据二项式的看涨期权公式18-1，$C = \dfrac{P \times C_u + (1-P)C_d}{a}$，所以，扩充期权的现值为：

$$OTE = \frac{0.4 \times 500 + 0.6 \times 0}{1.08} = 185$$

由公式20-17得知，扩张的NPV=传统的NPV+扩充期权=$-40+185=145$。此时的NPV大于0，其实是一个可以投资的计划。此扩充的弹性价值为185万元，是一项不可忽略的价值。

风险中性假设告诉我们，任何证券的现值为未来期望值以无风险利率的折现，因此，不需要以主观的必要报酬率20%来折现。此外，风险中性假设也不需要事先假定收入为1 800万元及600万元的概率(如例题1为50%)，而是由给定的条件推算风险中性下的概率。

本节只是简单介绍实质选择权运用到投资决策分析的简单概念及定价。至于如何正确评估这些实质选择权的价值，或是在多期的情形下如何定价，或是多重交互影响期权如何定价，则属于另外一个较深入的主题，本书不拟在此讨论。由于实质选择权的评估方法比较合乎现实的投资决策弹性，因此，已经有学者尝试以实质选择权的方法，来评估许多各式各样的投资计划，如银行的合并案，有兴趣的读者可以参阅相关文献。

【实务专栏20】

巨灾债券——风险转移新工具

所谓巨灾债券(Catastrophe Bond)，简称Cat Bond，系指债券的本金与利息的偿还与否视约定的巨灾损失是否发生及损失的大小而定。所谓巨灾，根据美国保险局产险赔款部门的定义是造成2 500万美元以上的保险损失，且影响为数众多的保险人及被保险人的单一事件，如台风、地震等。美国佛罗里达联合汽车服务协会(United Service Automobile Association，以下简称USAA)，于1997年6月发行巨灾债券从资本市场募集资金,以承担美国发生飓风造成该公司巨额的损失。

根据美国保险局的研究报告,当整个保险市场面临巨灾损失时,市场上将会有三分之一的保险公司无法清偿。因此,保险企业便想通过结合资本市场将保险证券化,亦即将巨灾风险移转给资本市场。通过风险的转移,一方面解决传统保险市场承保能量不足的困境,提供保险公司或是企业更好的风险转移工具;另一方面对于投资人来说,多了新的投资工具。USAA 巨灾债券为 1 年期的短期债券,发行总额为 4 亿 7 000 万美元,分为 Class A-1 和 Class A-2 两种等级的债券。Class A-1 为部分保证本金债券,票面利率为 LIBOR+2.73%。此等级的债券当飓风造成损失小于 10 亿美元时,100% 本金偿还;当损失介于 10 亿~15 亿美元时,11%~42% 本金于债券期满日偿还,其余部分于 10 年后偿还;当损失超过 15 亿美元以上时,本金于 10 年后偿还。Class A-2 为无保证本金债券,票面利率较高,为 LIBOR+5.75%。当损失小于 10 亿美元时,100% 本金偿还;当损失介于 10 亿~15 亿美元时,20%~80% 本金于债券期满日偿还,其余部分没收;当损失超过 15 亿美元以上时,本金没收不偿还。

USAA 公司成功地发行巨灾债券,使得美国其他保险公司、再保险公司和企业也纷纷发行巨灾债券来转移加州地震、佛罗里达州飓风、中西部新马德里地震等巨灾风险。其中,Swiss Re. 紧随着 USAA 公司脚步发行巨灾债券来转移加州地震风险,发行总额高达 13.7 亿美元。随后,日本阪神大地震的发生唤醒日本地区对于巨灾债券的注意。Tokyo Fire & Marine、Yasuda Fire & Marine、Disneyland Tokyo、Soremau 等也纷纷发行巨灾债券,以承担日本地震和台风所造成的损失。Disneyland Tokyo 的巨灾债券更是第一家由公司本身直接发行巨灾债券的案例。该公司因担心地震造成东京迪士尼乐园发生损失乃发行此债券。法国于 1999 年 12 月底遭受冬季暴风雪的侵袭后,法国 AGF 保险公司也于 2000 年 11 月发行欧洲第一张巨灾债券,承担法国冬季暴风雪和摩洛哥地震所致的理赔巨额损失。

芝加哥期货交易所(CBOT)曾于 1992 年推出巨灾期货;于 1995 年推出巨灾期权。其中巨灾期货的交易量一直不大,而巨灾期权在刚开始几年交易量还有一万口以上,1999 年后就没什么交易量了。大概是因为巨灾衍生性市场很难找到卖方吧。

2003 年 8 月 25 日,我国台湾地区发行第一张巨灾债券,为亚洲第二个发行巨灾债券的地区。此债券本金为 1 亿美元,风险期间为 3 年(2003.8.25—2006.6.30),票面利率为 LIBOR+3.3%,损失条件为风险期间内,台湾地区地震造成的损失程度超过台币 200 亿元。此巨灾债券的持有人,多为专业基金持有,约占 53%,其次为对冲基金,约占 31%,而保险公司约 5%,这表明这张巨灾债券成功地转嫁了风险。然而至今,台湾地区尚未有第二张巨灾债券出现。

2006 年于德国举办第 18 届 FIFA 世界杯足球赛,因为担心恐怖分子或天然灾害造成无法举办的损失,于是在波士顿第一信贷的规划下,于 2003 年 9 月发行 35 亿瑞士法朗(4 亿欧元)的巨灾债券。如果比赛因恐怖分子或其他天然巨灾等风险取消时,债券将需要赔付 FIFA 损失,而投资人将损失投资本金的 75%。此一债券的票息为 LIBOR+150 Bps。其中 80% 卖至不同的欧洲足球风行的国家。

由于台湾地区地处环太平洋地震带且每年夏季遭受台风的威胁,台湾地区产险公司承保能量有限，面对这些巨灾风险，可考虑利用巨灾债券来转移风险。巨灾债券发行可以吸引资本市场投资人的资金来承担保险市场对于巨灾巨额赔款的损失，以分散风险，稳定保险市场的价格，扩大承保能量。对于投资人而言，巨灾债券与资本市场相关性很低，可作为额外的投资工具以有效地分散风险。

小 结

1. B-S 模型的主要概念是假设有一包含股票及其看涨期权的证券组合，借由不断调整股票与看涨期权的比率，可使证券组合在短时间内达到无风险的状态。
2. 风险中性是假设所有的投资者均为风险中性；而风险中性的假设具有下列两项特性：(1) 所有证券的预期报酬均为无风险利率；(2) 看涨期权或任何证券的价值可视为未来预期现金流量以无风险利率折现所得到的折现值。
3. 二项式是借由买入股票卖出某金额的债券而来复制看涨期权的报酬型态。
4. delta 用来衡量期权目标资产价格变动对期权价格的影响。
5. gamma 用来衡量 delta 的敏感度，也就是当股价变动时，对冲比率 delta 变动的情况。
6. vega 或称 kappa 用来衡量目标价格波动率改变对期权价格的影响。
7. rho 用来衡量无风险利率变动对期权价格的影响，或者期权价格对无风险利率变动的敏感度。
8. theta 用来衡量到期期限变动对期权价格的影响。
9. lambda 用来衡量当股价变动1%时，期权价格变动多少百分比。
10. delta 中立，表示证券组合的价值不受股价变动的影响。
11. 当股价大幅上涨或下跌时，delta 中立无法完全对冲，而有 gamma 风险。
12. 要规避 delta 风险，需要购买目标资产；而要规避 gamma 风险，还必须买进或卖出相同目标股的其他认购权证。
13. 实质选择权用来衡量投资计划中弹性的价值，以扩张的 NPV 或广义的 NPV 来弥补传统的 NPV 法的缺失：

$$\text{扩张的 NPV} = \text{传统 NPV} + \text{实质选择权价值}$$

习 题

1. B-S 如何形成一个无风险证券组合？
2. 何谓风险中性假设？有何特性？
3. 为何说 $N(d_2)$ 是在风险中性的假设下，到期时股价大于执行价格的概率？
4. 何谓 gamma？何谓 vega？
5. 何谓 lambda？lambda 和 delta 及杠杆比率有何关系？
6. 有哪些方法可以用来估计未来资产报酬的波动率？
7. 期权在不同的履约价格下有不同的隐含波动率，那么请问应利用何种契约的隐含波幅作为估计沪深台股市波动率的预估呢?
   8. 何谓 VIX?
   9. 何谓实质选择权分析法?

期权评价及策略作图软件3.0版使用说明

- 运行环境

EXCEL 2007 或 EXCEL 2010。

本软件共分成 Black-Scholes 评价模型、奇异期权、二叉树模型、蒙特卡罗模拟、策略作图及敏感度分析等 6 大部分。各个模型中都有其适用的范围及限制，请参阅书中的说明。以下则针对本程序使用上的共通规则及特殊规则作一说明。

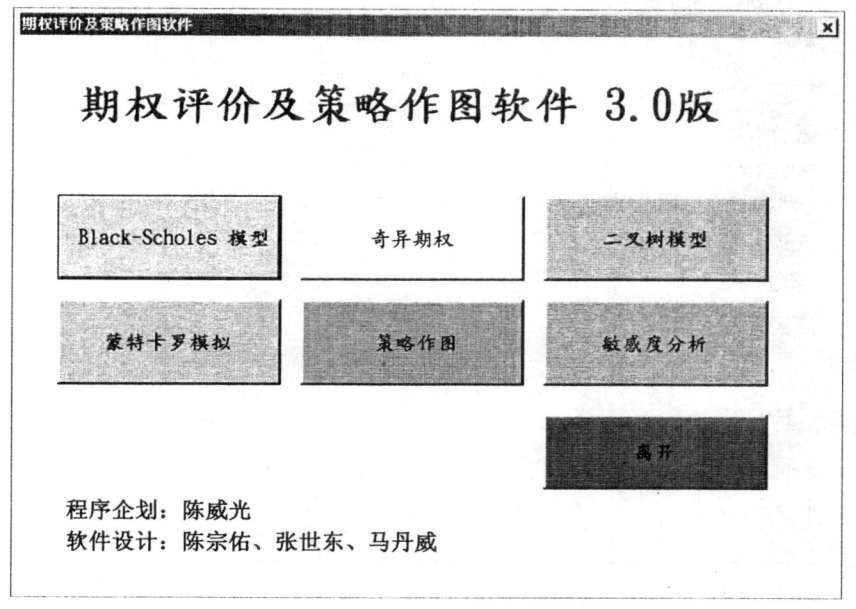

- 共通规则

本程序均以一年 365 天计，在到期期限部分，使用者可自行输入天数。在使用者输入的部分，凡是以红色及黑色字显示者均属于重要字段，都不可以空白表示，否则会有警告的信息及重新等待用户输入。以绿色字显示者则属于用户可选择输入或不输入的字段，但使用者必须注意，当使这些字段空白时，每个部分的处理方式略有不同，这将会在以下各部分说明，但我们仍希望使用者尽可能不要使字段空白，以免造成不良的后果。在结果输出部分，均采开放式的模式，亦即用户可任意编辑其中的数字，方便用户利用剪切粘贴或复制粘贴的指令来操作。

- Black-Scholes 模型

Black-Scholes 评价模型共分成认购(售)权证评价、股票期权评价、股价指数期权、外汇期权与期货期权等 5 部分。其中，在认购(售)权证及股票期权的部分为了符合我国台湾地区目前认购权证市场除权时比例会进行调整的特性，本评价软件允许用户调整执行比例。

另外，若点选执行隐含波幅计算，使用者可反推欧式买权、卖权的隐含波幅(ISD)，以及相关的避险比率。

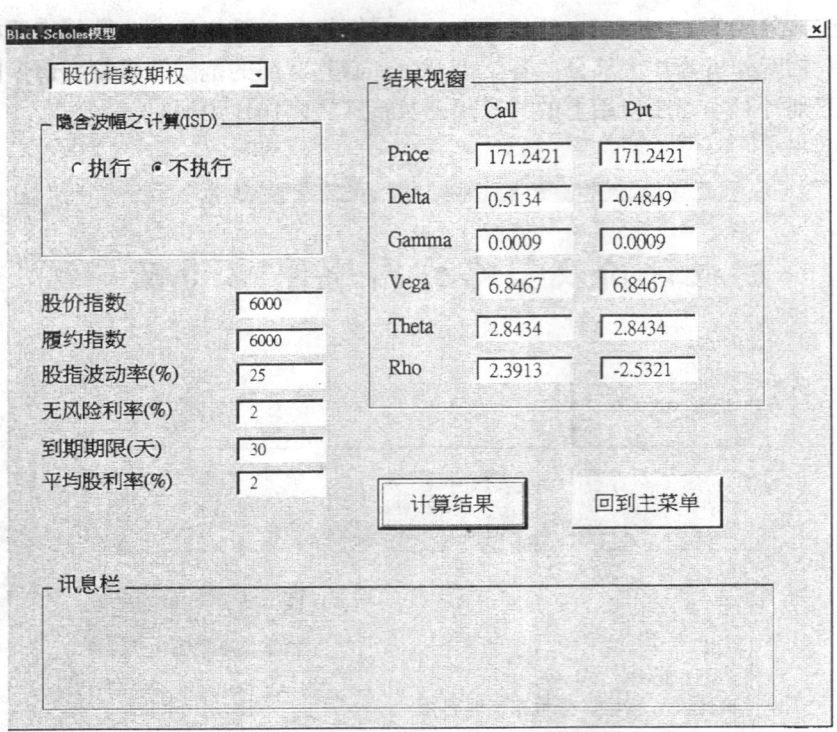

- 奇异期权

本版共可计算 9 种欧式的奇异期权，其详细的内容请参阅前面第十七章的说明。其中，绿色字的部分若为空白，则会出现提示错误的信息并等待用户重新输入。

- 二叉树评价模型

二叉树评价模型可用来计算欧式买卖权、美式买卖权的价格，以及相关的避险比率。针对绿色字的字段若为空白，则同样视为 0 来处理。此外，使用者在输入期数时最好不要超过 1 000 期，否则计算速度会较慢。

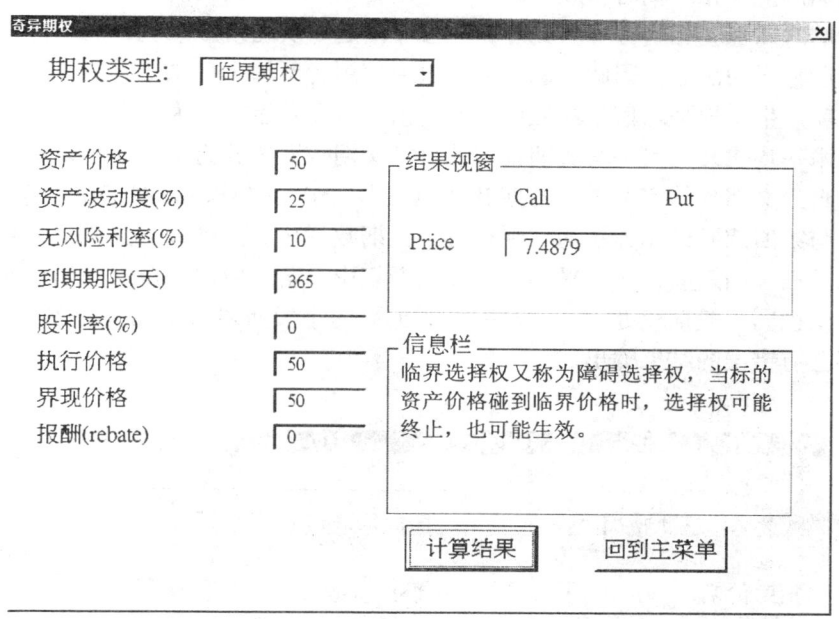

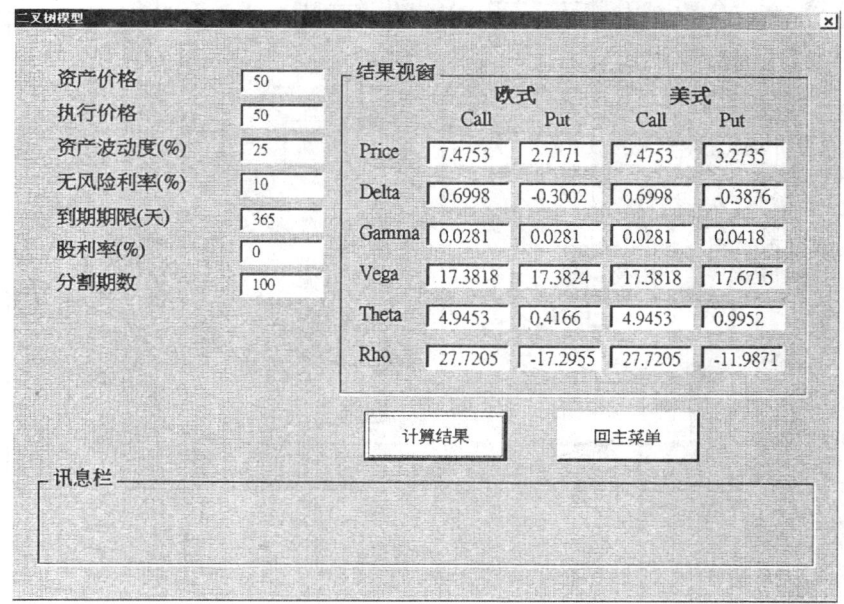

- 蒙特卡罗模拟

本版共可进行 4 种欧式买权的模拟，分别是欧式期权、算数平均式期权、几何平均式期权以及界限期权。但使用者必须知道，蒙特卡罗仿真本身就有速度上的限制，因此

301

模拟结果的产生会相对耗时，故在此建议使用者不要输入太大的仿真次数，否则计算机所须耗费的时间也会相当可观。此外，本程序内定每次均模拟5次，而每次模拟的次数为使用者所输入的次数，因此，总模拟次数为使用者所输入的次数乘以5，这5次模拟的结果，就产生模拟平均值与标准偏差的输出。若绿色字字段为空白，则以最小值来处理。但算术平均式及几何平均式期权中的自定义期数字段若为空白，则以所有股价平均为准，而自定义期数的字段中，各期数间以点"."作为间隔，举例来说1年分为四期，以第二期与第四期股价作为平均，则在自定义期数栏中打入2.4，否则若为空白则会以第一、二、三、四期股价作为平均。在界限期权中，若对应出局模式的出局金额字段若为空白，则视同一般期权处理，但其中上下出局的字段所对应的出局金额则不可空白，否则可能会有错误的结果输出。

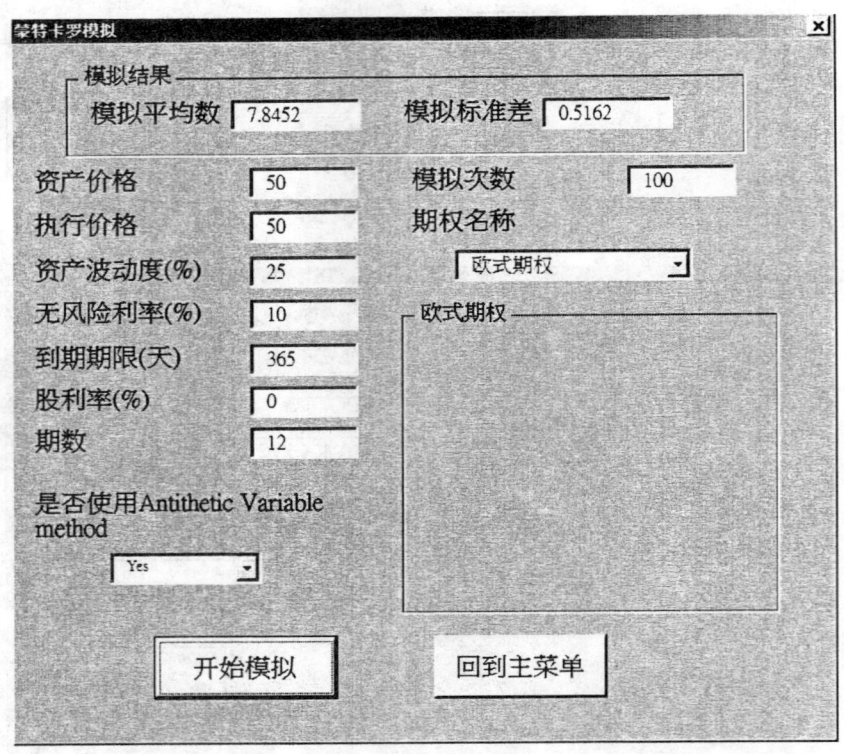

- 策略作图

此部分给使用者提供各种策略到期损益图形，计算原理是采用 Black-Scholes 评价模型。在交易数量上，正号代表买入，负号代表卖出。其中，期权价格为理论价格，若用户要以市价为准，可先利用本软件计算隐含波幅，再代入变量即可。此外，使用者还需输入天数，再执行绘图时即可看到未到期前的损益线图。

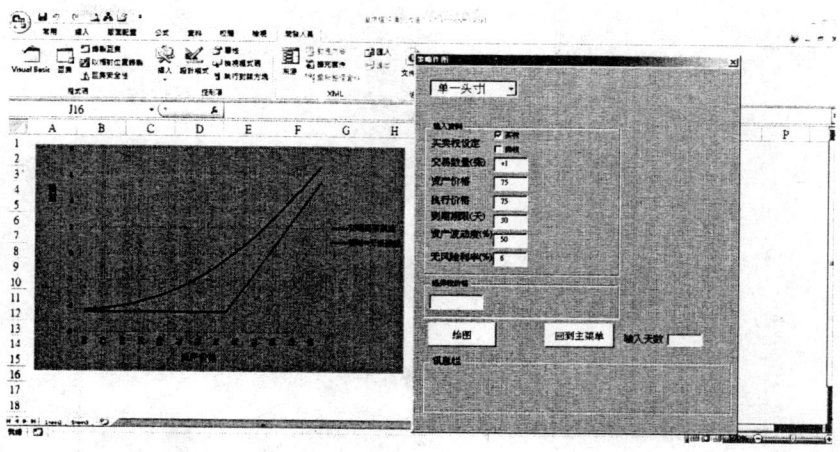

● 敏感度分析图形

敏感度分析图形可以让用户了解不同价内外程度及不同到期日下的 Delta、Gamma、Vega、Theta 及 Rho，使用者只要在输入框输入变量并点选确定按钮就可以看到各种图形。

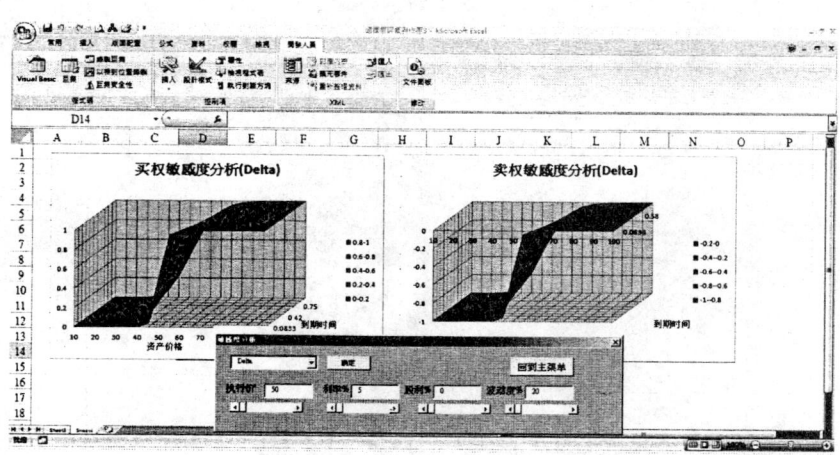